Energetics
of
Human
Activity

W.A.Sparrow

身体運動学

行動選択の規準と運動の経済性

W.A.スパロー =編

[訳]
松尾知之
門田浩二
木島章文
桜井伸二
橋詰 謙
深代千之
宮西智久
若山章信

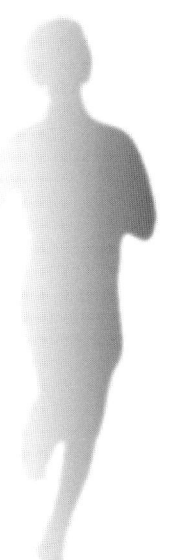

大修館書店

Energetics of Human Activity

W. A. Sparrow, editor

Copyright © 2000 by William A. Sparrow

Japanese translation rights arranged with Human Kinetics Publishers, Inc.
through Japan UNI Agency, Inc., Tokyo
Taishukan Publishing Co., Ltd., Tokyo Japan, 2006

まえがき

　本書に収められた各章は，運動スキルの学習や制御が，1つの方法（つまり，動作の協応や制御において，代謝エネルギーを最少にするように運動行動を実行する方法）で説明が可能かどうかという点に焦点を当てている。日常のいろいろな運動課題を行っている人を観察すると，最少のエネルギー消費で課題の要求に応じるように運動が企画されているという仮説に必ず到達する。運動科学の観点からすると，環境と相互作用するために行われる力学的仕事の代謝コストは，運動の"効率"もしくは"経済性"を表している。各章では，学際的な運動科学の立場から，経済性と効率について詳細で現代的な議論や定義が提示されている。

　経済的な運動とは，比較的少ない代謝エネルギー消費で課題の要求に見合った運動である。ここで"比較的"というのは，同一の課題を遂行している個人間の比較や，練習にともなうエネルギー消費の個人内変動の比較，あるいは特定の時点における選択可能な協応や制御の差あるいは"解法"の違いを意味している。したがって，運動経済性の観点からみると，個人差，運動学習，行為の制御の3つは興味深いトピックスである。さらに，運動科学に関連する種々の下位分野からは，代謝エネルギー消費に関連する考え方や運動パフォーマンスの遂行に必要な力学的仕事について，焦点が当てられている。各章で述べられる動作の力学，課題の要求に必要な生理学的コスト，およびパフォーマンスに対する練習の効果の3つは，運動科学における個別的で基本的な問題に影響を与える研究領域である。それゆえ，本書の大きな目的は，運動の学習と制御の研究に対するさまざまなアプローチを提示することである。これらのアプローチは，代謝エネルギー消費を最少にするということが運動パターンの構造化の1つの普遍的な拘束条件になる，という仮説を検証してきた。各章では，代謝エネルギー消費を調べるための基本原理や上述の問題に関する研究結果が示され，そして将来の研究に向けて貴重な提案がなされている。

訳者まえがき

　本書は，1つのテーマに対して，いろいろな研究領域からアプローチしたという点できわめて異質であり，しかし包括的に理解できるという点では優れた書である．1つのテーマとは，運動の経済性と運動規範についての関係である．人間は（実際には人間に限らないが），運動に熟練すると無駄な動きが削がれ，難しそうに見える動きでも簡単に，あるいは楽に行えるようになる．つまり，経済的に運動を実行できるようになる．このことは，日々の生活で実感できることであろう．この運動経済性，とくに，ランニング経済性に関しては，欧米では15年ほど前に非常に高い関心を持って多くの研究が行われている．そして，現在に至るまでつねに高い関心が持たれ続けているトピックである．

　運動経済性には，さまざまな要因が絡んでいるために身体運動に関連する複数の学問領域がこれを扱っている．呼吸器系から筋収縮にいたる代謝系に関連するものとして運動生理学が，筋収縮から運動実行段階での経済性に関連するものとしてバイオメカニクスが，さらに行動や動作の制御過程には，回避行動や報酬による強化（reinforcement）が大いに影響を及ぼしており，心理学も欠かせない分野である．また，動きの生成や制御という観点から，工学系の分野でも古くから関心が持たれており，最近では，自律したヒューマノイドロボットの動きの生成という観点で，大いに関心を集めている．本書では，バイオメカニクスの基礎が詳しく説明されているとともに，運動生理学や心理学の基礎的な内容も含まれており，今後，興味を持って調べる際に，どのようなことが必要なのかを把握することができよう．

　本書は，各章で異なる著者が書いているために，若干，重複している部分もある．この領域に精通した人にとっては，もしかしたら退屈な部分となってしまうかもしれないが，そうでない人にとっては，逆に理解を深めることにつながるであろう．

　欧米では，「Motor Control and Learning（運動制御と学習）」と呼ばれる学問領域が確立している．上記の領域が互いにオーバーラップしている部分をカバーする学問領域であり，最近の神経生理学とも共通項を持つ分野で，大変盛んな領域となっている．しかしながら日本の現状は，あちこちの分野でそれなりにまとまって研究されてはいるものの，誠に残念ながら，それらを統合した「運動制御と学習」という1つの学問分野としては確立されていない．そのために，「運動制御と学習」領域を知らない学生も多くいるだろうし，最近では，学問を修めるために欧米の大学，大学院に入学する者も少なくない．本書は，そのような現状を少しでも変えたいという願いを込めて翻訳させていただいた．本書を手に取った一人でも多くの人が，「動きの制御」に興味を持っていただければ幸いである．

　なお，日本語版には，読者の理解を深めるために，訳者注とコラムを書き添え，索引も項目を補った．

2006年2月

訳者代表　松尾　知之

第1章 エネルギー消費と運動の正確性：筋および呼吸循環系の活動水準と努力感との関係 ——— 1

1. 運動における代謝エネルギー消費 ——— 2
2. 代謝エネルギー消費の調節のための情報論的基盤 ——— 3
   - ［1］骨格運動系信号……4
     - ❶筋信号（muscle signals）/4
     - ❷中枢性指令信号 /5
     - ❸運動指令知覚に関する神経生理学的基盤 /8
   - ［2］心臓循環系および呼吸信号系……8
     - ❶筋反射信号（muscle reflex signals）/9
     - ❷中枢性指令信号 /10
     - ❸呼吸循環系制御の特徴 /12
     - ❹代謝コストに対する感度 /13
   - ［3］要　約……14
3. 運動の正確性と筋活性水準 ——— 14
   - ［1］筋活性に関する練習効果……14
     - ●脳性麻痺（cerebral palsy）/15
   - ［2］エネルギー消費に関する練習効果……18
   - ［3］筋活性とパフォーマンスの正確性……19
   - ［4］情報とエネルギー……23
   - ［5］要　約……24
4. 呼吸循環系—骨格運動系協応 ——— 24
5. まとめ ——— 26

第2章 ヒトのロコモーションの構造と行動を形成する要因 ——— 35

1. ヒトの二足歩行のエネルギーに対する進化的制約 ——— 36
2. ヒトの二足歩行のエネルギー論 ——— 38

［1］筋の質量分布と特性を変化させる力…………38
　　　［2］受動的セグメント間ダイナミクスによるエネルギーの省力化…………40
　　　［3］速度の調整と歩容の転移…………43
　　　［4］神経－筋骨格系疾患におけるエネルギーコスト…………44
　3．エネルギーコストで歩容の全特徴を説明できない ──────────────── 44
　　　［1］酸素摂取量と速度の選択とロコモーションの形─ある条件付で─…………45
　　　［2］最適化モデルは筋活動あるいはエネルギーコストを予測しない…………46
　　　［3］二点間で選択された移動経路は必ずしも最短経路ではない…………47
　　　［4］動的安定性の維持…………48
　4．まとめ─ロコモーション中には複数の目的が最適化される─ ─────────── 49
　　　■これからの研究…………50

第3章　運動の熟練：課題の要求と制約を考慮した動きの評価 ────────── 55

　1．運動経済性と効率 ─────────────────────────────── 57
　2．運動の熟練 ────────────────────────────────── 61
　　　［1］運動学的解析…………63
　　　［2］動力学的解析と筋活動の解析…………64
　　　［3］上り坂で自転車を漕ぐときに，なぜ立つのか？…………65
　3．歩容の転移とダイナミカル・システムズ・アプローチ ───────────── 70
　　　［1］エネルギー論と歩容の転移…………70
　　　［2］歩行の安定性と歩容の転移…………71
　　　［3］歩行の安定性とエネルギー消費…………73
　4．要約 ───────────────────────────────────── 74

第4章　運動経済性，選好様式，ペース ─────────────────── 81

　1．活動様式の経済性の定量化 ─────────────────────────── 82
　2．選好様式とペース ─────────────────────────────── 86
　　　［1］ペース…………89
　　　［2］協応パターンの転移…………92
　3．選好様式の選択に潜むメカニズム ──────────────────────── 93
　　　［1］生理学的制約…………93
　　　［2］結合または引き込み…………94
　　　［3］形態学的制約…………96
　4．運動経済性を規定する感覚情報 ───────────────────────── 96
　5．要約と結論 ────────────────────────────────── 98

第5章　歩‐走行相転移の引き金 ──────────────── 103

1. 歩‐走行相転移の現象学 ──────────────── 104
　［1］協応様式としての歩行と走行の分化…………105
　［2］ロコモーションにおける速度操作に関する方法論的諸問題…………105
　　❶ランプ式（スロープ型）プロトコルとステップ式（階段型）プロトコル /105
　　❷速度操作の方向 /106
　　❸地上でのロコモーションとトレッドミル上でのロコモーション /106
　［3］実験1：相転移特性の再現性…………107
　　❶方法 /107
　　❷結果 /107

2. シナジェティクスと走‐歩行相転移 ──────────────── 108
　［1］開放複雑系と非線形ダイナミクス…………108
　［2］シナジェティクス…………109

3. 人体測定学と歩‐走行相転移 ──────────────── 111
　［1］相対成長尺度と四足歩行の相転移…………111
　［2］二足歩行の歩容相転移と人体測定学との関連…………112
　［3］人間の歩行の数理モデル…………112
　［4］実験2：相転移速度の予測因子としての長さ，質量，慣性特性…………114
　　❶方法 /114
　　❷結果 /115
　　❸人体測定学と歩容相転移との関係に関する結論 /115

4. 歩‐走行相転移のエネルギー論 ──────────────── 120
　［1］歩行におけるエネルギー最少化…………120
　［2］走行におけるエネルギー最少化…………122
　［3］実験3：歩‐走行相転移のエネルギー論的な引き金…………122
　　❶方法 /123
　　❷結果 /124

5. 結論と今後の方向性 ──────────────── 126

第6章　学習がもたらす行動効率の変化：成功反応に対する外在的即時フィードバックと最終的フィードバックの効果 ──────────────── 135

1. 行動効率の決定における遺伝と環境の役割 ──────────────── 135
2. 行動効率の決定におけるフィードバックと強化の役割 ──────────────── 139
3. 即時あるいは最終的フィードバックが行動の効率に及ぼす影響 ──────────────── 140
4. 総括論議 ──────────────── 154

第7章　身体運動における力学的パワーと仕事 —— 159

1. 議論のトピックス—見かけのパワーと仕事 —— **160**
2. 主な論争 —— **162**
3. 力学的仕事と力学的パワー —— **164**
4. 基礎的概念 —— **165**
   [1] 生み出されたパワーおよび使用された（正味の）パワーと仕事……165
   [2] エネルギー補償（energy compensation）……167
   　❶導入例 /167
   　❷エネルギー相互補償 /170
   　❸時間遅れをともなうエネルギー補償（回復／再利用）/171
5. 仕事・パワー算出モデルと方法 —— **171**
   [1] 単一質量モデル……171
   [2] マルチセグメントモデル（エネルギー分割アプローチ）……174
   [3] 関節パワーモデル（エネルギー源アプローチ）……175
   　❶「関節モーメント」とは何か？/175
   　❷アレシンスキーのモデル：エネルギー源アプローチ対エネルギー分割アプローチ /176
   [4] 筋パワーモデル：プリルスキーのモデル……178
6. 身体運動における力学的パワーと仕事の懸案事項 —— **179**
   [1] 伸張性の筋活動（負の仕事）……179
   [2] エネルギー変換とエネルギー伝達……180
   　❶エネルギー変換 /180
   　❷エネルギー伝達 /181
7. まとめ —— **182**

第8章　周期的運動の学習における最適化 —— 187

1. 適応と最適化……188
2. 行為と反応……189
3. 適応と調整……190
   [1] 日常生活での活動 /191
4. 運動学習における効率の概念……195
5. エネルギー消費の最適化……195
   [1] エネルギー消費と動作パターン /196
   [2] エネルギー消費と協応パターン /196
6. 最少努力……197

7. 仕事率……197
8. 最小時間……198
9. 最適な安定性……198
10. 複合的な最適化基準……199
11. 周期的運動の学習……199
12. まとめ……203

第9章 動力学および熱力学的制約とロコモーションの代謝コスト —— 207

1. ロコモーションの振り子モデル —— 209
2. 固有振動数，最適性と振り子モデル —— 210
3. ストライド長—ストライド周波数への強力な拘束条件としての共振問題 —— 214
4. ロコモーションの逆ハイブリッド（振り子とバネ）モデル —— 215
5. 発達と疾病 —— 217
6. 痙性脳性麻痺のケース —— 218
7. ストライド周波数とストライド長の制御における熱力学 —— 221
8. 安定性と代謝コストの再考 —— 224
9. 将来の方向性：協応パターン —— 225
   ■要約……226

終　章 —— 231

1. 学　習 —— 231
   ［1］エネルギー保存はすべての動物の学習の基本である……232
   ［2］スキル学習の感覚情報……232
   ［3］筋活動と学習……232
   ［4］課題の要求に沿った学習……233
2. 歩行のエネルギー論 —— 234
   ［1］人間の歩行の最適基準としての代謝コスト……234
   ［2］歩–走行転移……235
3. 理論の方向性 —— 236
4. 測定と定義 —— 237
5. まとめ —— 237

索引 —— 241

コラム1　運動制御の父―ニコライ・ベルンシュタイン／34
コラム2　ベルンシュタイン問題／54
コラム3　歩行における視野の安定：エネルギー消費以外の最適化関数？／79
コラム4　歩‐走行相転移現象に対する省エネ説は完敗か／102
コラム5　ベルンシュタインの仮説―熟練による慣性力の有効利用―の検証／158
コラム6　パフォーマンス向上のための身体特性の有効利用／186
コラム7　断熱変換仮説は周期運動に幅広く適用可能か？／230
　　　　（執筆：松尾知之／1，2，4～7，木島章文／3）

第1章

エネルギー消費と運動の正確性
筋および呼吸循環系の活動水準と努力感との関係

ニコラス・オドワイヤー / ピーター・ニールソン

　本章では，運動研究における2つの重要な問題，すなわち代謝の経済性と運動の正確性について取り上げる。代謝エネルギー消費（metabolic energy expenditure）全体についての信号が中枢神経系（CNS：central nervous system）で同定されないという事実は，運動における代謝効率の最適化（optimisation）にとって，重大な問題である。日々の運動は代謝効率を最適化する規則によって制約されていると思われるので（SparrowとNewell, 1998），代謝エネルギー消費を調整する感覚情報源は非常に重要ではあるが，未解決の問題である。運動の正確性の最適化に関する重要な問題として，力や筋出力の大きさにともなって運動出力（motor output）のノイズも増大することがあげられる（Schmidtら，1979；CarltonとNewell, 1993）。このことは，筋出力を小さくすることでノイズを抑えることが，運動の正確性を最大にすることを示唆している。これら2つの問題点に関する文献を概説し，代謝効率と運動の正確性の両者の最適化が，筋活動を最少にする過程を介して，関連していることを述べる。

　この章は3つの節で構成されている。最初に局所的な筋活動に焦点を当て，運動経済性に関連する情報を中枢神経系に提供する有用な信号について考える。筋活動にともなって努力感（sense of effort）を生じさせる中枢性の運動指令の知覚に関する文献と，筋活動に対する心臓血管系および呼吸系応答についての文献を概説する。代謝エネルギー消費という観点では，努力感と呼吸循環系活動とは直接的には結びつかないが，筋の相対的な活性水準という観点では，関連づけられることを述べる。

　第2節では，練習やスキル水準により筋の活性水準がどのように変化するかを考える。この問題は，運動出力のノイズが力または筋出力の大きさにともなって増大するという，インパルス－変動性モデル（impulse variability theory）（Schmidtら, 1979）と関連する。筋活

動の大きさと運動出力のノイズとの関係は，筋の活性水準に対する出力の正確さの重要性を強調している。したがって，この2つの節では，筋の相対的な活性水準が運動の重要な変数として同定される。それゆえ，この変数は代謝の経済性と運動の正確性の両者の最適化を結びつける。さらに，努力感は，筋の相対的な活性水準と代謝エネルギー消費の水準の両者を反映するようである。したがって，努力感は，代謝の経済性と運動の正確さの両者が最適化されるような基本的な知覚メカニズムを提供してくれるだろう。このメカニズムは，出力水準全体よりも局所的な筋水準に作用するようであり，エネルギー消費の減少が最終的には特定の筋の活動の減少を介して達成されるという事実とも符合する。

第3節では，骨格運動系および呼吸循環系に対する運動指令間の協応[訳注1]（coordination）について考え，両方の指令が運動の企画過程の一部を形成するという考えを提案する。

1．運動における代謝エネルギー消費

静的なエクササイズでは，換気や心臓血管系のパラメータに関する証拠に基づいて，最大筋収縮の15％以下の収縮では疲労が見られないと報告されている（MonodとScherrer，1965；Muzaら，1983）。しかし，15％を越える収縮力の静的なエクササイズの継続では疲労がおこり，換気や心臓血管系の応答も上昇してくる。継続的なエクササイズに比べると，低い水準の筋活動しか動員されない運動や，単発，低周波数，短時間の運動では，代謝エネルギー消費についてあまり考慮する必要はないだろう。まれにしか行わない運動のパフォーマンスは，継続的なエクササイズや日常的な運動と同じようには洗練されそうもない。したがって，これらの運動ではエネルギー消費は，練習しても最少化することはないだろう。逆にいえば，頻繁に行われる運動ほど，エネルギーコストの最少化がより重要となる。したがって，歩行や会話は長時間継続できるのである。

どんな運動を実行する場合でも，最も重要なことは意図したことや課題の目的を実現することである。新たなスキルを獲得する初期段階では，課題の要求に応じることが最重要事項であり，これらの要求にしたがっている場合にはエネルギー消費は高いだろう。しかし，長い練習期間を経た後，あるいは練習の後期段階では，運動はより正確に実行できるようになり，課題の要求は十分に満たされるので，エネルギー消費は減少するだろう。このようにエネルギー効率は，熟練動作に共通した特徴の1つである。運動の正確性とエネルギー消費がスキルの獲得とともに変化する関係は，人間が両者の妥協点を変えることによって行動を変化させることを示唆している。スパローとニューウェル（SparrowとNewell，1998）は，課題の要求に応じた仕事を遂行するために，生物は代謝エネルギー消費を調整すると考えた。この問題に関する広範な文献をもとに，彼らは，日常的な運動スキルのパフォーマンスが，運動の代謝経済性を最適化するという規範によって制約を受ける，という説得力のある証拠を示した。彼らは進化的適応の自然の成り行きとして，日常的行為の代謝コストを最少にする性質について考察した。

スパローとニューウェル（1998）は，運動行動を「生物が，環境と適応的に相互作用するために，食物の代謝を通して化学的エネルギー（chemical energy）を力学的エネルギー[訳注2]

(mechanical energy) 変換する過程である」と記述した。この力学的エネルギーは筋活動により供給される。したがって，筋は運動中にエネルギーのやり取りが行われる主要な部位である。それゆえ，運動中の代謝エネルギー消費の制御を考える際に，筋そのものや中枢神経系で利用できる筋関連信号に焦点をおく。このことは重要である。なぜなら以下に示すように，特定の課題で動員される筋の大きさは，参加している筋および筋群の活性の強さよりも重要な制御要件のように見えないからである。たとえば，歩行と書字ではまったく異なる大きさの筋が動員され，異なる代謝エネルギー消費をともなう。全身的な消耗によるものでなくとも，参加しているどの筋が疲労し始めるのかによって，歩行や書字を継続的に行うことはできなくなる。これは運動連鎖（kinetic chain）の強さは最も弱い部分に依存しており，そして最も弱い部分は最も強い筋張力下にある，つまり非常に高い水準で活性化している筋または筋群である。結果的に，消費全体よりも局所的な筋エネルギー消費が運動の制御においてより重要な事項であると思われる。

　筋活性は，必然的に，代謝エネルギー消費と相関関係を示す。たとえば，ストラッサーとエルンスト（StrasserとErnst, 1992）は，座位で物を持ち上げる課題中の酸素消費（oxygen consumption），心拍数，および胸や上腕，肩の7つの筋の筋電図（EMG）を計測した（7筋は挙上課題に参加する代表的な筋であり，座位で上体を立てるために活動する姿勢筋とは異なる）。負荷の重さが異なる3条件で，酸素消費と心拍数によって示される全体的な生理学的コストが，EMG活動の大きさ（最大随意収縮に対する%で表す）で示される局所的な生理学的コストと相関関係を示した。また，相関は負荷の増加とともに強まった。これは多くの運動単位（motor unit）が動員されるほど筋のエネルギー消費率が増加するという知見（Goldspink, 1981）とも一致する。したがって，筋全体の活動水準が，運動課題の遂行において消費される代謝エネルギーの尺度となるというストラッサーとエルンストの結論は，驚くものではない。もし，筋のエネルギーを最少にできれば，代謝エネルギーは最少となるだろう。中枢神経系は筋活動に関する複数のチャンネルの情報を自由に使うことができる。われわれは次に，代謝エネルギー消費の制御を促進する信号について考える。

2．代謝エネルギー消費の調節のための情報論的基盤

　スパローとニューウェル（1998）は代謝エネルギー消費の感覚性の調節機構について調べ，最も重要で有益な情報は内受容器（interoceptor）からのものであると結論を下した。彼らは内受容器を，「代謝エネルギー消費についてのいくつかの感覚刺激を提供する内部器官からの情報」源であると考えた。内受容器とは，消化管や心臓血管系，リンパ系および他の内臓のすべての受容器官をさす（Chernigovskiy, 1967）。

　以下の議論では，心臓血管系について頻繁に描写されるが，運動においては筋がエネルギー処理の主要な部位であるため，全体的な強調点は筋においている。中枢神経系は筋活動を直接制御するので，筋は代謝エネルギー消費が調節される主要部位でもある。したがって，代謝エネルギー消費に関する感覚情報源を探す際に，局所的な筋活動との関連性を最も注意する必要がある。以下では，骨格運動系と心臓血管系の両方について検討する。

［1］骨格運動系信号

　本節と次節では，末梢の筋由来の信号と中枢由来の指令信号とを分けて考え，筋活性水準に関する尺度となる信号を探索する．

❶筋信号

　ゴルジ腱器官（Golgi tendon organs）は筋紡錘に比べあまり注目されてこなかったが，骨格筋中に豊富にあり，筋活性，ひいてはエネルギー消費についての情報を供給する秀でた役割を持っていると考えられている．ハッサンとスチュワート（HasanとStuart, 1984）によって紹介されたように，この受容器の活動に関する最も重要な知見を要約する．ゴルジ腱器官は，筋の起始と停止の腱膜（腱の延長により形成される繊維状の膜）の近傍に見られる．腱膜が広がるいくつかの筋では，それらは深部に見られ，腱自体にはほとんど見られない．ゴルジ腱器官は筋全体とは直列に連結しておらず，むしろ，個々のゴルジ腱器官がわずか5～25本（平均で約10本）の筋線維（muscle fibres）とだけ直列に連結している（他の筋線維とは平行する）．ゴルジ腱器官のつながった筋線維は，基本的には異なる運動単位に属している．単一運動単位の分布領域は，筋の横断面の中で比較的広がっていることを考えると，個々のゴルジ腱器官は性質の異なる約10個の運動単位が分布する領域から抽出した力情報をサンプルとして与えていると思われる．そのサンプルは，本来ランダムであり，それゆえ全体として筋を代表するものとなろう．

　ゴルジ腱器官はとりわけ低い閾値（いきち）を持つ力感知器で，筋長に対する筋紡錘感度と同程度の感度を持つ．しかし，受動的な筋伸張はゴルジ腱器官に対してはあまり有効な刺激ではなく，受容器応答の閾値に到達するには強い伸張が必要である．一方，直列に連結された単一の筋線維の収縮力（4 mg重ほどの強さ）は，受容器を興奮させるのに十分である．応答の非線形性と力の変化に対する感度は強くないので，受容器の出力は力に対してダイナミックでない様式で，少なくとも一次近似的には直線的な関係にある．ゴルジ腱器官は，局所的で能動的な筋内の力の瞬時変化に関する信号を発し，筋内のすべての腱器官の合算された応答が，筋全体の力の推定値となる（HasanとStuart, 1984）．したがって，ゴルジ腱器官が，中枢神経系にとって有用な筋力もしくは筋張力に関する主要な信号源であることは明らかである．しかし，筋の代謝活動は筋の活性水準によって決まる．はたして，腱器官が筋の活性水準の信号を出すのであろうか？

　筋の興奮水準を表す最もよい尺度は筋電図（EMG）である．これは，中枢性運動指令と反射入力の両者の寄与を反映する．EMG活動は機能的には筋張力に関係しているが，等尺性収縮時と等速性収縮時のみで筋張力と直線的な関係を示す（Inmanら，1952；Lippold, 1952；BiglandとLippold, 1954；GottliebとAgarwal, 1971；Lindstromら，1974；Milner-BrownとStein, 1975；Hofとvan den Berg, 1977）．動的条件下では，ある一定水準の筋活性時に生み出される張力水準は，筋長やその変化率，そして筋が短縮しているのか伸展しているのかといったいくつかの要因によって有意に影響される．たとえば，同程度の水準の収縮命令が，母指内転筋の協同筋に与えられたとしても，両方の筋が同じ長さであれば生み出される張

力は両者で等しいが，一方が短縮位におかれるとその筋張力は低い（Cafarelli, 1982）。逆に，求心性収縮よりも遠心性収縮時において，筋の活性水準がより低いときや（Komi, 1986），より酸素摂取の少ないとき（Asmussen, 1963）でも同じ水準の筋張力が発揮されることがよく知られている。筋活性水準と発揮された筋張力との関係は，疲労によっても明らかに変化する。筋が疲労しているとき，張力を同じ水準に維持するためには，別の運動単位が動員されなければならず，その結果，代謝活動は増大する。このような筋張力と筋活性のあいだに，機能的に重要な解離があるために，ゴルジ腱器官によって信号化される筋張力水準は，筋の活性水準，もしくは代謝エネルギー消費の水準についての明確な信号を供給することはできない。

❷中枢性指令信号

　ゴルジ腱器官からの末梢性情報以外で，筋の代謝に関連する信号を供給しそうな候補を見わたしながら，主な情報源として可能性のある中枢性信号について考えてみよう。中枢神経系でつくられた運動指令は，運動ニューロンの活性化に先行して出される。心理学者，生理学者，神経学者，そして哲学者ですら，このような運動指令に関連した信号が直接的に感覚を引き起こすことを長いあいだ疑ってきた。マクロスキー（McCloskey, 1981）は，この問題に関する総説の中で，中枢性運動指令が知覚処理に入り込むことについて説得力のある証拠を提出した。この総説はガンデヴィア（Gandevia, 1987）に紹介されている。運動制御において実体のあるフィードバック信号が強調される一方で，知覚される中枢性運動指令信号が筋への出力を監督し，出力量を決定し，出力のタイミングをはかることについて重要な証拠があるとされている。マクロスキー（1981）は，中枢神経系内に完全に残っている運動指令由来の神経信号を「内的指令側枝（internal command collateral）」と定義した。「随伴発射（corollary discharge）」あるいは「遠心性コピー（effrent copy）」という言葉の使用法においてかなりの不一致があることから，彼は随伴発射を感覚に影響する内的指令側枝に限定することを提案した。彼はまた，感覚処理に対する内的指令側枝の関与に関する証拠はまだわずかではあるが，この側枝についての電気生理学的証拠はたくさんあることに言及している。

　知覚される中枢性運動指令信号の役割についての証拠の大部分は，重量合わせ課題や力または重量の知覚課題に関する人間の実験から得られたものである。力や重量の知覚は，ウェーバー（Weber, 1834/1978）にまでさかのぼり，実験心理学や生理学では長い歴史を持っている。ウェーバーの研究以来，多くの研究結果は力や重さの感覚は種々の感覚受容器からおこる求心性発射に由来するのではなく，中枢性運動指令に由来することを示している（McCloskey, 1981；Jones, 1986；Gandevia, 1987）。

　これらの実験では，運動指令とそれに誘発される筋張力との標準的な関係は，局所性の神経筋麻痺，反射系の変化，または疲労により多様に妨害される。このようなことがおきた際にも，筋力または重さの知覚は，発生した筋張力や圧力よりも，少なくとも質的には，運動指令との関係を維持する。この知見を支持する重要な実験の1つは，マクロスキーら（1974）によるものである。その実験では，被験者は片手（参照側）に重りを保持し，

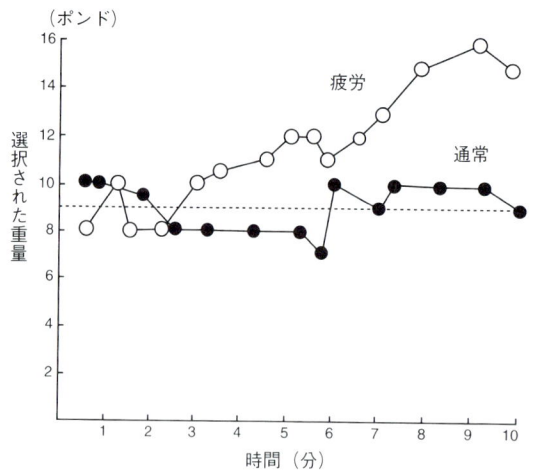

図1-1
被験者は片方の腕(参照側)に9ポンド(4.09kg)の重りを持ち，他方の腕にこれと同じ重量と感じられる重りを保持する。比較重量がここに示されている。参照側が試行の間に休息していた場合には被験者は9ポンド付近の重りを選んだ(●)。参照側が持続的に重りを保持していると疲労が進み，徐々に重い重りを選ぶようになった(○)。これは持続的に保持していた重りの知覚される重量がしだいに増加することを示している(マクロスキーら，1974より許可を得て改変)。

いろいろな時間間隔でこの重りと反対の腕で持ち上げた重りとを比べることが要求された(図1-1)。試行のあいだに参照側が休息しているときには，被験者は参照重量に近い重りを選んだ。参照側が継続して重りを保持していると腕の疲労は徐々に増していくので，選択する重りも徐々に重いものが選ばれた。これは継続的に保持された重りの重さ知覚が増大したことを示している。

マクロスキーら(1974)が記述した，重りの重さを重く知覚する現象に関する末梢からの求心性入力の役割は，高周波筋振動を用いた実験結果に基づいて退けることができる。振動を腱に当てると，筋紡錘の一次求心性神経が強力に興奮し，筋紡錘の二次求心性神経やゴルジ腱器官の発射も増加する(Burkeら，1976a,b)。振動を加えられた筋には，筋紡錘の興奮に由来する緊張性振動反射(tonic vivration reflex)として知られる不随意な反射収縮が誘発される(De Gailら，1966；HagbarthとEklund，1966)。一定の筋張力がこのような緊張性振動反射の補助によって達成されると，被験者自身は通常の筋力に比べ小さい力を発揮しているように知覚し(McCloskeyら，1974)，そして実際に，「疲労感を打ち消すように思えるほっとした感じや筋張力が減少する感じ」を得る(HagbarthとEklund，1966)。振動によって供給された反射性の補助が，一定の筋張力を達成するのに必要な中枢性運動指令の減少を可能にするために，このような筋張力の減少を知覚する。振動によって筋紡錘や腱器官の発火が増加していたので，この発見は筋力感覚における筋紡錘や腱器官の役割に対する反証となる。

疲労した筋によって持ち上げられた物体が重く感じられるという共通の体験は，現在では末梢の感覚における変化の結果ではなく，それを持ち上げることを要求した中枢指令の増加の結果であると考えられている。同じことが中枢神経疾患患者や部分的な神経筋麻痺実験の被験者における弱体化した筋についてもいえる(McCloskey，1981)。両者とも物体がより重い感じがする，腕が重い感じがする，物体を持ち上げるのに多くの努力が必要であることを報告している。ある物体を持ち上げるのに必要な筋力は一定であり，皮膚，関節，腱および筋の感覚受容器は圧力や力発揮についての正確な情報を供給しつづけるので，筋の求心性信号は増加した重量感あるいは増加した努力感に関する信号を供給することはできない。しかし，筋が弱体化すると，その結果として，重量が増したという知覚や多くの努力が必要だという知覚に関連した信号を筋が供給するので，負荷を保持するのに必要な力を供給することを要求する中枢性運動指令が増加する。実際に知覚される物体の重さが

それを持ち上げるのに必要な中枢性運動指令の強さを反映するという見解によって，運動指令の変化を調べるために重さの知覚を実験的に用いることを保証している（GandeviaとMcCloskey，1977a,b）。

したがって，中枢性運動指令の強さに関する情報は感覚中枢にとって有用であり，マクロスキーら（1974）が提案した「努力感 (sense of effort)」の知覚を引き起こすことは明らかである。上述の重量マッチング実験で得られた証拠は，異なる筋間または筋群間で中枢運動指令がいかに確実に比較され得るかを示している。ガンデヴィアとロスウェル（GandeviaとRothwell，1987）は，求心性フィードバックなしに，中枢指令が特定のセットの運動ニューロンに与えられた場合の運動制御の正確性について明らかにした。彼らは，被験者が手の2つの内在筋のうちの1つに対し，内的運動指令を選択的に送ることを素早く学習できることを示した。被験者が選択した筋は活性化の閾値近くまで導かれたが，実際の筋活動あるいは手の運動はおこらなかった。中枢性運動指令と付随する努力感は筋に関して分離可能のようである。

われわれは，冒頭から，筋活性水準の尺度を提供する信号を探していると述べてきた。中枢性運動指令の強さが筋活性の強さを適切に反映するのなら，努力感はこのような筋活性の尺度となり，それゆえ筋代謝エネルギー消費も反映するだろう。しかし，中枢指令と筋活性との関係は，アルファ運動ニューロンへの随意的駆動に反射が加わることで変化する。メイスフィールドら（Macefieldら，1993）は，筋の求心性信号が運動ニューロンプールへの促通を供給し，随意的な神経駆動のすべての水準において運動出力をおよそ3分の1ほど反射的に増加させることを示した。マクロスキーら（1974）は，先に引用した研究において，この反射による補助作用を操作した。つまり，ある水準の筋張力では，主働筋への振動刺激を加えることで反射補助が増加すると，中枢指令は減少し，逆に，拮抗筋への振動刺激によって反射補助が減少すると，中枢指令は増加した。努力感は中枢指令の大きさにしたがって変化したが，筋活性水準は変化しなかった。それゆえ，努力感は筋の活性水準を直接反映しておらず，むしろ中枢性駆動に由来する活性の要素のみを反映しているようにみえる。筋活性に対する末梢性の求心性入力は，上記のような様式で努力感に影響を与えることが可能だが，努力感には反映されない。

努力感の校正（calibration）：求心性入力による筋活性への貢献を認める一方で，中枢性運動指令の大きさが筋活性の強さや筋代謝エネルギー消費と相関することも明らかである。これらの信号間の関係の校正は，将来の研究に求められる重要な問題である。マクロスキー（1981）とガンデヴィア（1987）は，運動指令と知覚される力との量的関係の複雑さを指摘した。たとえば，部分的な神経筋麻痺によって最大随意張力が正常の20％も減少したときでさえ，知覚される力はみごとに通常の2倍を超え，その状況は明らかに疲労状態や脳卒中後の麻痺と類似していた（McCloskey，1981）。ガンデヴィア（1987）は，運動指令と知覚される力の非線形的関係は古典的な精神物理学よって支持されていると記しているが，マクロスキー（1981）はその非線形性が指令と達成された筋張力との関係の非線形性を部分的に反映していることを示した。両者とも，求心性入力の役割は知覚された

中枢指令信号を校正することにあると提案している。ノーブルとロバートソン（NobleとRobertson, 1996）も，収縮している筋の大きさや強さによって中枢性運動指令をスケーリングしたり，校正したりする役割を求心性信号に与えている。熟練した運動パフォーマンスは，運動指令と達成された筋張力との非線形的関係が中枢神経系によって習得されることを示唆するので，運動指令信号と知覚された力との関係も経験によって学習され得るということを疑う理由はほとんどない。われわれは，このような非線形的なダイナミックな関係を学習する神経回路の輪郭を報告している（Neilsonら, 1992）。

　筋張力の知覚 vs 努力：運動指令と知覚される筋力との関連性を示す多くの実証は，実際に発揮された筋張力が知覚できないことの証拠として取り上げられるべきではない。被験者が発揮された筋張力の末梢性感覚と中枢を介した努力感を区別できることが報告されている（McCloskeyら, 1974；GandeviaとMcCloskey, 1977b；RolandとLadegaard-Pedersen, 1977）。しかし，物体の重さを判定するときには，被験者は通常，それを持ち上げるのに必要な筋張力よりも，持ち上げることに注がれた努力に気を配る（McCloskeyら, 1974；GandeviaとMcCloskey, 1977b）。末梢からのフィードバックは，筋の状態についての感覚情報源としては無視されるのではないが，運動指令の大きさ，筋活性の範囲，および筋の代謝活動の水準に関する発信情報についてはフィードフォワード機構（feedforward mechanism）が主要な役割を果たしているようだ。以下に示すように，エクササイズに対する心臓血管系および呼吸系応答に関連した信号について十分に検討することによって，さらなる注目が代謝活動に向けられるだろう。

❸運動指令知覚に関する神経生理学的基盤

　マクロスキー（1981）は，中枢性運動指令からの内的指令側枝が，随伴発射を介して筋力ないしは努力の知覚の原因となると結論づけ，運動指令と知覚される筋力との関連性についての最も単純な説明として，運動指令が感覚中枢に投射していると述べている。言い換えると，感覚を誘発する信号は運動指令の側枝として生じるにすぎない。彼は，運動および感覚の中枢間で投射がおこりそうな部位が，電気生理学的および解剖学的研究によって多数示されると述べている。彼は，力に関する運動信号が，意思と実行とのあいだの指令系列の中で比較的遅く生じるが，脊髄運動ニューロンへ到達する以前に現れることを示唆している。ガンデヴィア（1987）は，（大脳半球と連絡する軸索の大部分が通過する）内包を介して運動皮質に到達または運動皮質から出ていく神経伝達が，運動皮質および皮質下入力（橋，中脳および小脳を除く）の両者と密接に関連して，運動指令の感覚に必要な信号の重要な要素を与えると提唱した。

［2］心臓循環系および呼吸系信号

　筋収縮は代謝率を高め，その結果，血圧や心拍数，換気が互いに協調し合いながら増加する（Paterson, 1928）。実際に，エクササイズに応答する心臓血管系の基本的な代謝機能が広範に知られている（Sherwoodら, 1986）。無酸素性作業閾値（AT）[訳注4]以下の負荷では，

仕事率，換気，心拍数，酸素消費，二酸化炭素産生のあいだに線形でダイナミックな関係が証明されている（Casaburiら，1977）。換気のダイナミクスは，二酸化炭素産生と因果関係を示唆するような密接な関係があることが知られている。一方，心拍数のかなり高速なダイナミクスと酸素消費量とのあいだにも密接な関係がある。エクササイズに対する心臓血管系応答の生理学的な利点は，血圧が上昇したときに収縮筋群において血流量を増加できることである（HumphreysとLind，1963）。収縮水準が高ければ，このことはより重要となる。

歴史的にみると，代謝率の増加にともなう換気や循環の変化に対する制御には，2つの主要な仮説がある（Eldridge，1985）。第1の仮説は，働いている筋からの化学的あるいは機械的な，末梢性感覚フィードバックを介する制御である。第2の仮説は，脊髄よりも上位の中枢からのフィードフォワード制御である。先に骨格運動系信号に関する節で示したように，われわれは末梢の筋由来の信号と中枢由来の指令信号を区別して考えていく。

❶筋反射信号（muscle reflex signals）

ハッサンとスチュワート（HasanとStuart，1984）は筋の受容器に関する総説の中で，筋内にある未分化な自由神経終末の役割を検証した。この受容器は筋紡錘やゴルジ腱器官より豊富にあり，主としてⅢおよびⅣ群求心性線維により情報が伝えられる。彼らは，これらの受容器のうちのいくつかがエクササイズに関連した血圧や換気率の上昇へ寄与するような「運動性受容器」の機能を有する可能性があると言及している。候補としては，非侵害性温覚，接触，圧，および収縮に応答する（とくにⅢ群求心性線維支配の）受容器である。機械的刺激に対するこれらの受容器の応答潜時は，筋紡錘やゴルジ腱器官に比べ非常に長いが，このように遅い反応であることと発射が刺激よりも長くつづく傾向は，継続中のエクササイズ中には重要な意味があるとしている。パターソン（Paterson，1928）が示したように，心臓血管系と呼吸系の応答はエクササイズの開始と終了の両方で遅延する。

ⅢおよびⅣ群線維（細い有髄線維および無髄線維）が，運動中の筋に由来する心臓血管系および呼吸系の反射的応答の媒介となっていることをマクロスキーとミッチェル（McCloskeyとMitchell，1972）が証明した。彼らは，除脳ネコで，脊髄前根への電気刺激によって誘発された等尺性運動が，心拍数と肺換気量のわずかな増加をともないながら動脈血圧を上昇させることを示した。運動している筋からの求心性信号を受け取る脊髄後根を切断するとこの応答が消失するが，後根を選択的にブロックすることで，こうした応答を媒介するのがⅢおよびⅣ群線維であることが示された。ゴルジ腱器官や筋紡錘からの太い有髄線維はこうした応答に関与していないようであった。マクロスキーとミッチェルは，反射応答が筋の化学受容器(chemoreceptor)や機械受容器(mechanoreceptor)によって媒介されていると結論づけた。

このように，収縮している筋からの求心性入力は，呼吸や循環調節に影響する代謝活動水準に関係した情報を信号として送っている。このような求心性活動については筋紡錘やゴルジ腱器官からの求心性活動と同じようには詳細には研究されておらず，その特性については明瞭には理解されていない。たとえば，メンスとシュターンケ（MenseとStahnke，

1983）によって，収縮に対する感度が高い2つのタイプのⅢ群とⅣ群求心性入力がネコにおいて記録された。そのうちの1つの活性化メカニズムは機械的刺激であるが，残りの1つについては不明である。さらに，これらの求心性入力の作業受容機能は確立されたわけではない。最後に，実際のエクササイズ中の末梢性反射信号の重要性を定量化することはきわめて困難である（McCloskeyとStreatfeild, 1975；Eldridgeら, 1985；GandeviaとHobbs, 1990）。

❷中枢性指令信号

1913年にはクローグとリンダード（KroghとLindhard）が，筋エクササイズ中に，心臓循環系および呼吸系中枢に対して「運動野から活動電位の放散がある」と報告した。エルドリッジら（Eldridgeら, 1985）は，この提案を支持する実験的証拠を示した。彼らは，麻酔下で脳が無傷であるネコや，麻酔なしの除皮質（視床下部以下）および除脳（中脳以下）のネコを実験に用いた。そして自発的に誘発される，あるいは電気的または薬理学的に誘発されるトレッドミル歩行やフィクティブ・ロコモーション（fictive locomotion：麻酔などによって非動化した動物の四肢に延びる運動神経で生じる歩行様活動）について調べた。フィクティブ・ロコモーションでは，筋収縮および肢の運動はおこらず，代謝率の変化もなかった。能動的な運動かフィクティブな運動かにもよるが，すべてのケースで，歩行の活動水準に比例して呼吸と動脈血圧がともに上昇した。このことから，エクササイズ中，運動系，呼吸系，循環系を均斉のとれた状態で働かせるために，視床下部から発する神経信号が主として働いていると結論づけた。彼らはまた，マクロスキーとミッチェル（1972）で行われたような筋，運動神経，前根などへの刺激は，本来のロコモータ運動のメカニズムを再現するものではないと記した。

ヒトにおいても，エクササイズに対する換気および循環応答の制御についての中枢性指令のフィードフォワード仮説が提出されている。グッドウィンら（Goodwinら, 1972）は，長時間の等尺性エクササイズ中の中枢指令の変化に対する心臓循環系および呼吸系応答について，興味ある研究を行った。彼らは被験者に上腕二頭筋および三頭筋の継続的な収縮（最大随意収縮の20～50%を2～8分間）を行わせた。そして，収縮中の二頭筋の腱に振動を与え，筋紡錘一次求心性線維に強い興奮を発生させた。これは二頭筋の収縮中に二頭筋への反射性興奮を高める求心性入力を増加させ，それによって少ない中枢性指令で一定の筋張力を達成することが可能となり，随意収縮を補助することになる。上腕三頭筋の収縮中に，拮抗筋である二頭筋への振動を加えることは三頭筋に対して2シナプス性抑制を生み，一定の筋張力を達成するのにより多くの中枢性指令が必要であった。拮抗筋への振動によって一定の筋張力を生むためにより多くの中枢性指令が必要であるとき，その筋張力発揮にともなう主観的な努力感は大きかった。血圧，心拍数および換気は等尺性収縮中にはつねに増加した。しかし，実験中はつねに一定であった筋張力よりも，中枢性指令信号によって応答が等級づけられていた。筋張力水準が一定であったので，心臓・呼吸系に対する活動している筋からの反射性の影響は類似しており，著者らは上位中枢から活動する筋への中枢性指令が，随意運動中の心臓血管系および呼吸系を制御するための入力を提供

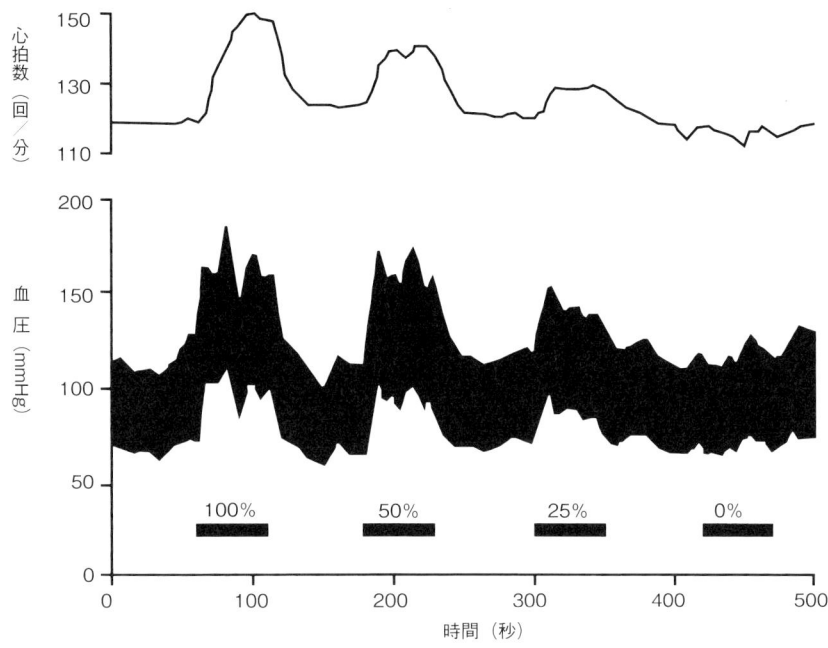

図 1-2　1名の被験者について，全身の筋を完全に無動化した上で足関節背屈を連続的に試みた際に 5 秒ごとに得られた血圧と心拍数の記録
水平な黒いバーは，それぞれの試行期間と試みられた最大努力に対するパーセンテージ。収縮を試みない疑似期間を含む（0%）。

したと結論づけた。さらに，筋張力水準は一定であったので，ゴルジ腱器官からの信号も一定であったということにも注目すべきだろう。この事実は，腱器官からの入力は，他の筋の求心性入力によって媒介される心臓血管応答には影響しないという知見と一致している（McCloskey と Mitchell, 1972）。

　最近，ガンデヴィアとホッブス（Gandevia と Hobbs, 1990）は無動化した筋を収縮させようと試みているあいだにも，中枢性指令の水準に見合うように，血圧ではなく心拍数の等級づけが維持されることを示した。この実験における無動化は，収縮期血圧以上に膨張させた血圧計のカフよりも末梢部への局所的リグノカイン注入によって生み出された。ホッブスら（Hobbs ら, 1980）は神経・筋の活動ブロックを行った場合と行わなかった場合の両条件で，一定負荷の収縮を維持するようにヒヒを訓練し，心拍数と血圧の両方が中枢性指令信号とともに増加することを示した。彼らは，中枢性指令信号が「運動単位の活性化の程度」を反映すると示唆した。その後，ガンデヴィアらは，3 名の被験者を用いて大胆な実験を行い，外科的無動化の場合より 5 倍も多い量のアトラクリウムの注入により全身の神経・筋活動ブロックを誘導した後に，心臓血管系応答を調べた（Gandevia ら, 1993）。筋の無動化中も被験者が努力を維持し等級化できることは以前から示されていた（Gandevia と Hobbs, 1990；Gandevia ら, 1990）。意識を保ちながら全身の筋を完全に無動化した条件下で腕や足，体幹の筋の収縮を試みると，心拍数と血圧が増加した。そして最大収縮の 0 〜 100% の範囲で努力の強さに応じて，その増加は等級化された（図 1-2）。手を握ることを試みた場合の増加は，無動化直前での収縮時において観察された場合と同程度であった。どの筋でも筋の代謝や機械的な作用はなかったので，心臓血管系への指令信号は末梢部から

のフィードバックがもたらしたものではなく，中枢神経系からのフィードフォワード制御信号によるものにちがいない。

❸呼吸循環系制御の特徴

　フィードバックおよびフィードフォワード制御機構が，エクササイズに対する心臓血管系および呼吸系の応答に寄与していることは明白である。エルドリッジら（Eldridgeら，1985）は，フィードバック機構は呼吸循環調節の駆動には必要ないが，微細な制御に関係しているだろうと述べている。ガンデヴィアとホッブス（1990）は，中程度の強度の静的収縮に対する心臓血管系応答は基本的には運動指令によって生み出されるが，強いエクササイズにおいては運動指令と筋の化学的反射の両者が貢献するとしている。

　等尺性エクササイズに対する心臓血管系応答のいくつかの重要な特徴を記述しておく必要がある。筋反射によって生じる心臓血管系の応答は，収縮している筋の質量に比例することが示されている（McCloskeyとStreatfeild, 1975）。したがって，手の把握と小指の屈曲を最大筋張力との比率について比較すると，小指の屈曲よりも手の把握のほうが大きな反射的駆動を生み出す。しかし，等尺性エクササイズに対する実際の心臓血管系応答は，収縮している筋の質量や達成された純粋な筋力によるのではなく，筋収縮の相対的張力によって決定される（LindとMcNicol, 1967；McCloskeyとStreatfeild, 1975）。したがって，2つ以上の筋群がそれぞれの最大筋張力に対して同じ比率で収縮するときには，心拍数と血圧の増加は筋群が別々に収縮しても，同時に収縮しても同じである。繰り返すと，2つ以上の筋群がそれぞれの最大張力に対して異なる比率で同時に収縮するとき，心拍数と血圧の増加は，ある筋群が単独で最大収縮力に対してより高い比率で収縮した場合と同じである（LindとMcNicol, 1967）。関係する筋群がまったく異なる総重量であるときでも，この知見は適用される。ガンデヴィアら（1993）は，心臓血管系の応答が，手を握る，足関節の背屈，すべての肢の筋の収縮，最大吸気努力といった筋群の大きさではなく，運動指令の水準，努力の強度で等級づけられることを発見した。これらの知見はハンフリーズとリンド（HumphreysとLind, 1963）の示唆とも一致し，筋の質量にかかわらず，最も強く収縮している筋群の血流を維持することが，エクササイズに対する心臓血管系応答の最も重要な生理学的利点であることを示している。

　クローグとリンダード（1913）は，1人の被験者が自転車エルゴメータの重い負荷を予測したが，実際には負荷なしにペダリングが開始されたために，明らか換気量が増加してしまったという事実に影響され，上位中枢から収縮する筋へ下降する指令信号要素が心臓血管系および呼吸系制御中枢に対して投射するという説を提唱した。通常，心臓血管系応答は筋収縮の開始時においてのみ始まり（Iwamotoら，1983），10～15秒後にピークに到達する（Gandeviaら，1993）。それにもかかわらず，中枢性指令によって誘発された心臓血管系および呼吸系応答は，指令を受けた筋活動によって課せられる代謝エネルギー必要量を予測する。心臓血管系の活性化は運動準備応答（motor preparatory response：生理的作業に対する行動準備）であるという見解は，シャーウッドら（Sherwoodら，1986）によって提示されているが，このときの予測が，全身的な無動化中に試みられた収縮時の予測よりも（図

1-2に示したような筋のエネルギーコストは実際には生じない），正確なものであるという証拠はどこにもない．さらに，予測されたエネルギーコストは，試行に付随した努力感に関連している．

❹代謝コストに対する感度

努力感，中枢性指令の強さ，心臓血管系および呼吸系応答，実際もしくは予想される代謝エネルギーコストのあいだには明らかになんらかの関係がある．これらの変数は筋の最大活性の比率，言葉を換えれば，運動単位の活性化の程度と関係しているようだ．どのような筋においても，すべての運動単位を最大限に活動させる場合には最大中枢性指令または努力量が必要となるように，筋に対する駆動力の増加とともに努力感は必ず増加する．心臓血管系および呼吸系応答は，筋の質量や張力の絶対量ではなく，指令を受けた最大活性の比率に応じて，筋に対する中枢性駆動の増加とともに増加する．そして，すでに述べたように，酸素消費量によって示される代謝エネルギー消費は，筋電位活動で示される個々の筋の活性の強さと相関し，この相関の強さは筋活性水準にともなって増加する（StrasserとErnst, 1992）．

上記のような解釈は，知覚された努力に関する研究によって支持される．ノーブルとロバートソン（1996）は，神経系構造が同定されている基本的な感覚モダリティー（sensory modality）あるいは運動感覚（kinaesthesia）と「努力感」とのあいだに類似性があるといえるのかという疑問を呈した．彼らは，努力というのは，単一の受容器や神経系の構造物に直接結合していない複雑な感覚経験であると述べているが，身体的努力の知覚を中枢性運動指令の随伴発射に結びつけ，随伴信号が強いほど身体的努力の知覚も強くなるとしている．

知覚された努力はボルグ指数（Borg Scale, 自覚的運動強度：ratings of perceived exertion）[訳注5]のような評価スケールを用いてしばしば計測される．このような知覚努力の評価は心拍数とよく相関し，身体的ストレスの生理学的指標と知覚努力の心理学的指標とのあいだの基本的な関係を示している（Borg, 1973）．静的な握力発揮中に被験者に知覚された努力感の時間経過や大きさが，換気応答の時間経過や大きさと非常によく似ていることも示されている（Muzaら，1983）．同じ運動強度では，知覚される努力は短縮性収縮（concentric contraction）よりも伸張性収縮（eccentric contraction）で弱い．また，酸素消費水準が同じ場合には，伸張性収縮は知覚された努力についてより高い評価を生む（Henrikssonら，1972）．絶対運動強度が等しいときには，知覚された努力はより大きな筋や多くの筋群が使われた場合に低い．しかし，相対強度が等しいときには知覚された努力に差はない（SargeantとDavies, 1973）．これらは，知覚された努力は中枢性運動指令の随伴発射によって信号を送られ，また，最大筋活性に対する比率とも結びついていることを示唆している．とくにヘンリクソンら（Henrikssonら，1972）とサージェントとデイビーズ（SargeantとDavies, 1973）の研究は，知覚された努力は，酸素消費量によって計測できる総代謝エネルギー消費とは関係しないが，局所的な筋のコストや最大値に対する相対的な出力に関係していることを示唆している．総代謝エネルギー消費の信号は，知覚された努力の心理学的評価においてさえ，同定されていないようである．

[3] 要約

　これまでに概説した研究は，努力感とエクササイズに対する呼吸循環応答が，収縮している筋の運動単位の活性水準と連結していることを示唆している。努力感は，筋張力ではなく筋への中枢性駆動の尺度となり，したがって筋のエネルギー消費と相関する。それゆえ，短縮性（concentric），等尺性（isometric），伸張性（eccentric）の各収縮中や筋疲労中では，努力感は動員している筋における局所的な代謝負荷の信頼できる指標となると思われる。筋に関する努力感を細分化することができると考えられ，それによりエネルギー消費の知覚も細分化されるだろう。運動を計画する際，中枢性指令の強さと動員する筋の活性の強さとを関連づけるということが，運動の代謝経済性を最適化するための規範にとって，最も重要な考えであろう。最後に，もし努力感が減少すると代謝エネルギー消費全体も減少するということはあり得ることである。次節では，努力とエネルギー消費の減少が運動の正確性と安定性の向上に直接関係することを示す証拠について概観する。

3．運動の正確性と筋活性水準

　これまで私たちは運動にともなう努力感の中心として，そして運動に対する代謝エネルギー消費の観点から重要なものとして，筋の相対的な活性水準について強調してきた。この章の第2のパートでは，筋活性の相対水準が運動の正確性と安定性の観点から重要であり，そしてそれは運動の制御における情報処理問題と直接関連するという証拠を検討する。最初の実例では，運動のパフォーマンスにおいて観察される筋活性水準が，練習やスキルの関数としてどのように変化するのかを考えたい。

[1] 筋活性に関する練習効果

　筋活性の強さに関する練習効果についての筋電図を用いた研究では，矛盾する結果がみられる。いくつかの研究では練習後に筋活動の減少が報告され（Kamon と Gormley, 1968；Herman, 1970；Payton, 1975），他の研究では増加が報告されている（Finley ら, 1968；Vorro ら, 1978；McGrain, 1980；Vorro と Hobart, 1981a,b）。また，他の報告では活動に変化がないとされ（Hobart と Vorro 1974；Payton, 1975；Payton ら, 1976），さらには筋ごとに増加，減少，変化なしとの報告もある（Payton と Kelley, 1972；Hobart ら, 1975）。これらの研究の大部分の欠点は，モニターする筋の数に制限があることである。研究の多くはボールをトスする課題（主に単関節運動）を用いており（Payton と Kelley, 1972；Hobart と Vorro, 1974；Hobart ら, 1975；Payton, 1975；Vorro ら, 1978, Vorro と Hobart, 1981a,b），キャモンとゴームリー（Kamon と Gormley, 1968）のみが多関節運動を見ている。こうした多様な結果は，動作時間（通常は練習によって短縮する）や動作速度（通常は練習によって増加する）の変化によってさらに複雑化する。ランニング，水泳，キックの研究（Asami ら, 1976）で示されたように，動作速度の増加によってエネルギーは指数関数的に増加する。マグレイン（McGrain, 1980）は，もし，関節角速度の増加を必要とする課題であれば，ある関節における主動筋と拮抗筋の

活動はともに増加するだろうと結論づけている。また，練習後に動作時間が短縮すれば，あるいは動作速度が増加すれば，先に述べてきたような筋活動強度も増大する。

　筋の同時収縮（co-contraction）の程度は，明らかにスキル水準と関連がある。ハンフリーとリード（HumphreyとReed, 1983）は，運動学習の初期段階では，主動筋と拮抗筋の持続性同時収縮が有意に増加しており，それによりセグメント[訳注6]の剛性（スティフネス：stiffness）を高め，外乱に対し運動や姿勢を安定化させると記している。たとえば，アブスとグラコ（AbbsとGracco, 1984）は予期できる外乱の見越しにおいて，口唇の筋活動全体の増加を報告している。しかし，ハンフリーとリード（1983）が記したような同時収縮を増加させる戦略は，外乱に限定される必要はなく，不適切な指令によって生み出される運動エラーの大きさを減じるために用いられている。このような状況は，筋活動水準の増加が観察される吃音者の発音に当てはまるだろう（Guitarら, 1988）。不適切な指令は，スキル獲得の初期においても予想され，これは，おそらく同時収縮の増加によるものと思われる。スキルの改善にともなって，同時収縮が減少することがいくつかの研究で観察されている（Person, 1958；Finleyら, 1968；KamonとGormley, 1968；McConaillとBasmajian, 1977）。

●脳性麻痺（cerebral palsy）

　熟練運動と非熟練運動における筋活動水準に関する別のアプローチとして，脳性麻痺患者の相対的な筋活性水準を調べるものがある。というのは，この症状を示す人は非熟練運動の特徴の多くを見せるからである。痙性や不随意運動のような徴候は，伝統的に脳性麻痺において多くの注目を集めてきたが，多くの研究はこの症状の主な障害が，運動スキル獲得に役立つ生理的メカニズムの崩壊にあることを示している（NeilsonとO'Dwyer 1981, 1984；O'DwyerとNeilson 1988；Vaughanら, 1988；Neilsonら, 1990）。

　オドワイヤーとニールソン（O'DwyerとNeilson, 1988）は，アテトーゼ型脳性麻痺患者[訳注7]の発話における筋活動の再現性について詳細な分析を行い，患者の随意的制御が異常な時間的空間的パターンを有する筋活動からなっていることを示した（図1-3）。健常者の発話筋活動のピークは最大随意収縮の5〜50％のあいだで変化するが，脳性麻痺者では30〜100％で変化した（NeilsonとO'Dwyer, 1981）。また，筋電波形の2乗の積分値から計算される筋エネルギーは，脳性麻痺者では健常者より著しく大きく，文章を発音するのに口唇筋では平均で約20倍，舌筋では30倍近いエネルギーを使っていた（図1-4）。顎筋は5倍ほどでそれほど高くなかった。脳性麻痺者では過度の顔面運動が1つの特徴であるが，文章を発音している被験者を観察することで筋エネルギー消費における相違は難なく認識できる。脳性麻痺者が健常者より多くの力学的仕事（mechanical work）を行っており，過度の筋エネルギー消費はこうした人びとの随意運動障害の主な部分である。

　脳性麻痺患者は進行中の発話の途中で筋を弛緩させることができ，活動水準を調節することもできるので，この過剰のエネルギー消費は単に制御されていない筋活動の結果ではない。筋活動の増大は，不随意的もしくは不適切な随意的活動によって意図した運動から逸脱したことに抵抗する，もしくは少なくとも逸脱を最少にするための戦略であるようにみえる。脳性麻痺患者は，満足するパフォーマンス（明瞭でわかりやすい発話）の達成が困

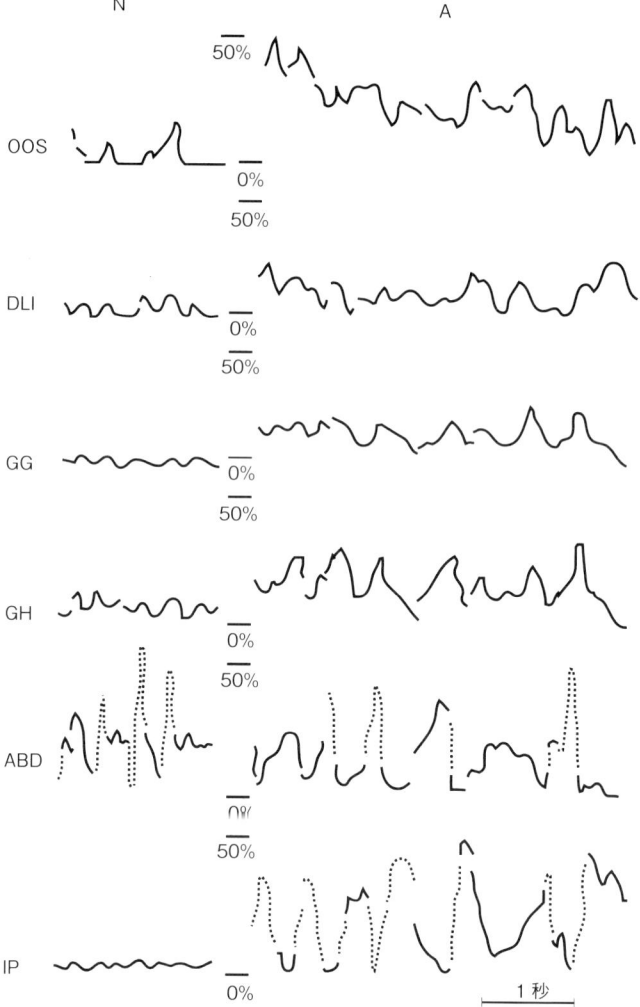

図1-3 テスト文「Do all the old rogues abjure weird ladies」を20回暗唱した際の平均筋活動
口唇筋（OOS: 口輪筋上部，DLI: 下唇下制筋），舌筋（GG: オトガイ舌筋前方部，GH: オトガイ舌骨筋），顎筋（ABD: 顎二腹筋前方部，IP: 内側翼突筋）。Nは健常者，Aはアテトーゼ型脳性麻痺患者。文中の10の文節を別々に解析し，平均した後に，それぞれを連結したものを示している。各筋の最大随意収縮の50％を校正のために記している。
（オドワイヤーとニールソン，1988より許可を得て掲載）

難なので，長年の練習によってもエネルギーの過剰な消費を減らすことができない。

　成人の脳性麻痺患者で見られるこのような知見は，脳性麻痺を持つ子どもの歩行の研究とも一致する。歩行ではエネルギー消費（CampbellとBall, 1978；Roseら，1994；Unnithanら，1996）や筋活動（Csongradiら，1979；Roseら，1994）が健常者に比べ過剰であることが示されている。エネルギー消費の増加は障害の度合いと関係する（Roseら，1990）。脳性麻痺児の顕著な特徴は主動筋と拮抗筋の同時収縮であり，下腿および大腿筋での主動筋と拮抗筋の同時収縮が酸素消費量と有意な相関を示すこと，そして高いエネルギーコストを導く主要な要因であることが報告されている（Unnithanら，1996）。さらに，脳性麻痺児は中程度のスピードで歩いても疲労困憊になることも報告されている（Berg 1970；Dahlbäckと

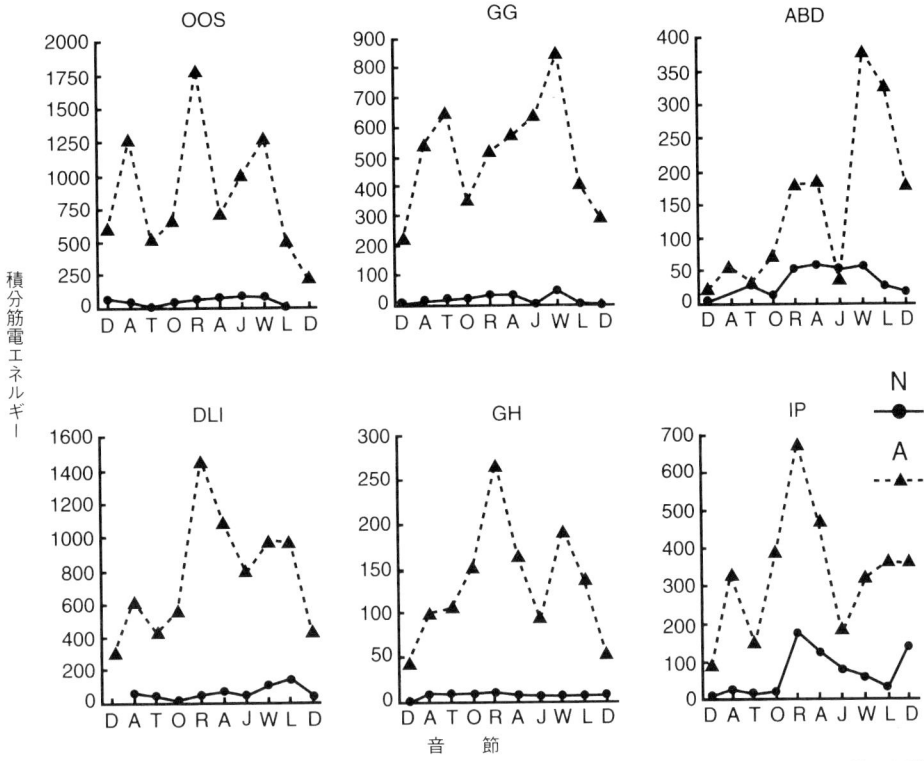

図 1-4 健常者 (N) とアテトーゼ型脳性麻痺者 (A)(各 5 名) の 10 個の音節波形に対する 6 つの筋の平均エネルギー
「Do All The Old Rogues Abjure Weird Ladies」という文章の各音節の先頭の文字（大文字）を略語として横軸に記している。エネルギーは，各筋の最大随意収縮に対する％（units of %）として，2 乗された筋電活動の積分値によって定義される。OOS: 口輪筋上部，DLI: 下唇下制筋，GG: オトガイ舌筋前方部，GH: オトガイ舌骨筋，ABD: 二腹筋前方部，IP: 内側翼突筋（オドワイヤーとニールソン，1988 より改変）

Norlin, 1985）。脳性麻痺児は最大酸素摂取量の 50 〜 60％以下で歩いていたので，ダールベックとノーリン（Dahlbäck と Norlin, 1985）も，疲労は心肺要素よりも局所的な筋の要因によるものであると述べている。すでに示唆されたように，これは全体的な代謝エネルギー消費というよりも局所的な筋疲労によりパフォーマンスが低下するケースであろう。

大人の脳性麻痺患者の運動学習の効果に対する疑問が，ニールソンら（1990）の研究で取り上げられている。肘関節の等尺性最大随意屈曲力の 10 〜 40％の力でカーソルを動かし，標的を連続的に追跡する能力が健常者と脳性麻痺者で比較された。標的は要求される筋活動の視覚的表現を与える一方で，応答カーソルは実際の筋活動の視覚的表現を与える。被験者が筋活動からのフィードバックを制御できれば，標的を追跡することができる。拮抗筋など他の筋との協応異常や，不適切な筋収縮あるいは別のセグメントの運動が，課題のパフォーマンスを妨害できないように設定されており，この課題は肘関節屈筋群の制御のみが求められていて，比較的単純であった。研究の目的は，他の状況への学習の転移はともかくとして，新規ではあるが単純な課題を練習することでパフォーマンスの向上が生じるか否かを検証することであった。

成人の脳性麻痺患者に，運動の学習の可能性が残されているかどうかという観点からは，この研究の結果は失望させられるものであった。被験者は練習初日の最初の数分で最高水

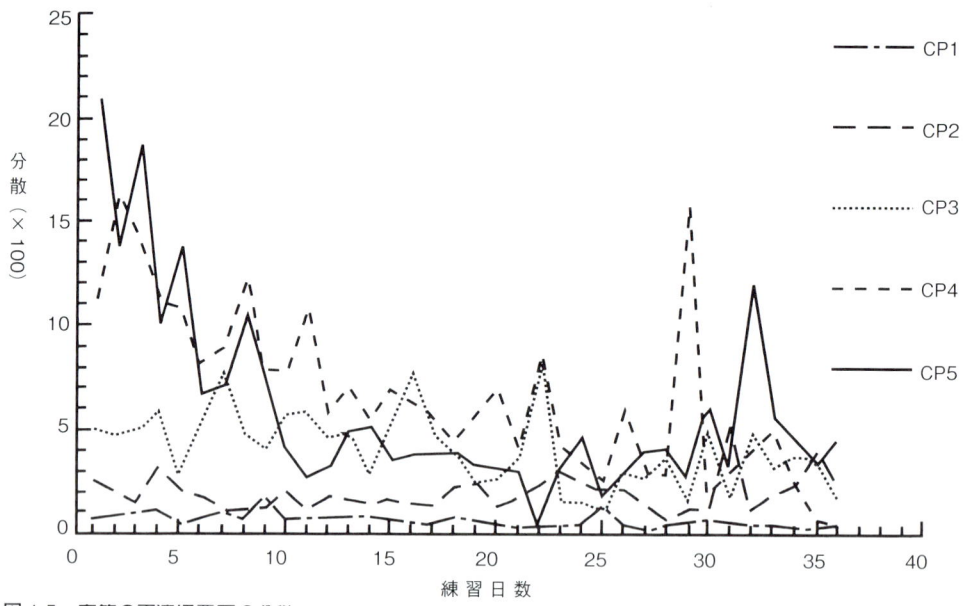

図1-5 応答の不適切要素の分散
5名の脳性麻痺患者について，横軸は練習日を，縦軸は分散を示す。ただし，分散は，追跡用スクリーン上の偏りの分散に比例した任意の単位で表記。(ニールソンら，1990より許可を得て改変)

準に到達してしまい，それ以降は向上しなかった。被験者の筋応答は「適切応答」と「不適切応答」の2つに分けられた。適切応答は標的と直線的に相関する応答の構成成分で，不適切応答は標的と直線的に関係しないものであった。当然，適切応答を最も多くして不適切応答を最も少なくすることが求められた。健常者では応答の大部分が適切であったが，脳性麻痺者では適切応答の分散は数分の練習でプラトーに達してしまい，その後は12週間で18時間も行われた練習でもパフォーマンス水準を維持するのみであった。

消費された筋エネルギーの点からは，この研究は興味ある結果を示した。練習初日の脳性麻痺患者の筋応答の総計の分散と不適切な筋応答の分散は，1人を除いて，健常者よりも大きかった。さらにパフォーマンスが低いほど，それらの分散は大きかった。36日間の練習で，パフォーマンスが最も低かった者では不適切応答の分散（追跡エラー）は有意に減少した（図1-5）。脳性麻痺者では不適切応答が優勢であるので，その分散の減少は，筋応答の総計の分散および消費された筋エネルギーの分散も，練習によって減少したことを意味している。運動学的レベル（kinematics level）[訳注8]でも同じように，練習による不適切な応答出力の減少が観察されている（Neilson と McCaughey, 1982）。このように，課題のパフォーマンスの向上はあまり見られないという事実はあるが，脳性麻痺患者は練習によって，過度のエネルギー消費をある程度減らすように思える。

［２］エネルギー消費に関する練習効果

練習効果やスキル獲得が筋活動に及ぼす影響を調査する研究とは別に，それらが筋活動の総計を反映する総エネルギー消費に及ぼす影響を調べた研究がある。アビトール（Abitol, 1988）は，歩き始めたばかりの幼児（12〜15ヵ月齢）と大人について，休息時，二足立位時，ハイハイ時および歩行時のエネルギー消費を比較した。彼は，幼児が最も熟練していると

考えられるハイハイを除くすべての姿勢で，大人のエネルギー消費量のほうが少ないことを発見した。ここで重要な点は，比較されたパフォーマンス間で仕事量が一定であるかどうかであるが，この研究では言及されていない。デュランドら（Durandら，1994）は，スキルの発達にともなって仕事量が増大する課題でエネルギー消費量を調べた。被験者はスラローム・スキー・シミュレータ上でのリズミカルな繰り返し運動を行うことが求められ，練習により運動の振幅と周波数が増加した。この課題では，練習とともにエネルギー消費量も増加した。浅見ら（Asamiら，1976）は熟練および未熟練サッカー選手に標的に向けてボールを蹴らせ，エネルギー消費とボール速度との関係を調べた。一定のボール速度では，未熟練選手よりも熟練選手でエネルギー消費量が低く，ボール速度の増加にともなうエネルギー消費の増加率も熟練選手で少なかった。一定速度で動くトレッドミル上で，四つん這いを練習した被験者に関するスパローとイリザリー・ロペス（SparrowとIrizarry-Lopez, 1987）およびスパローとニューウェル（SparrowとNewell, 1994）の研究では，仕事率が一定に保たれていた。最も少ないエネルギーを用いて目的を達成するために運動を適応させるという最少努力の原理（principle of least effort：Tolman, 1932）にしたがって，人間は練習にともなって代謝エネルギー消費を減少させることが示された。

　これらの研究は，運動の経済性が練習後やより習熟した人で高く，その結果，筋活動の総計も減少することを示している。さらには，エネルギーコストの減少と平行して，主観的な評価点が努力の減少やパフォーマンスの容易さの上昇を示している。たとえば，スパローとイリザリー・ロペス（1987）の研究では，練習により課題が容易になったという被験者の内省報告は，エネルギー消費の減少と比例していた。これは最近のスパローとヒューズ（SparrowとHughes, 1997）の研究によっても支持された。そこでも課題の要求は一定であったが，練習とともにエネルギー消費を減少させつつ，知覚される努力は系統的に，かつ確実に減少した。

　代謝エネルギー消費に加え，関連した機械的効率（mechanical efficiency）^{訳注2),9)}の問題が，これらいくつかの研究の中で検討されている。スパローとイリザリー・ロペス（1987）は，統計的に有意でなかったが，練習によって機械的効率は上昇する傾向にあったことを報告している。デュランドら（1994）は，学習期間中に「運動コスト」（運動の振幅と周波数の積に対する酸素摂取量の比率）は一般的には減少し，練習による効率（efficiency）の上昇を示すとしている。浅見ら（1976）は，機械的効率が最大速度の約80％のところまで増加しつづけ，その後，ベル型の二次関数のように減少することを発見した。また，すべてのボール速度において熟練者は未熟練者よりもより効率がよかった。とくに興味深いのは，熟練者と未熟練者（各4名）がともに，最も高い機械的効率を達成した速度で最も高いキックの正確性を示したことである（最大機械的効率と正確性とのあいだの相関が $r = 0.96$ であった）。この事実をもとに浅見らは，スキルの評価に機械的効率を用いることができると考えた。

［3］筋活性とパフォーマンスの正確性

　さてここで，筋活性水準とパフォーマンスの正確性の関係についての特別な疑問に戻ろ

う。前節で概観した研究は，少なくとも仕事率が考慮されている場合には，筋活動の総計，代謝エネルギー消費，および努力感のすべてが，スキルの向上とともに減少することを示していた。パフォーマンスの正確性がこれらの変数と系統的に関係しているということは，浅見ら（1976）によって示された。急速運動の正確性は，その速度と反比例の関係にあることはよく知られており（Fitts, 1954；Fitts と Peterson, 1964），運動パフォーマンスの研究領域における重要なテーマとして，その関係の頑健さが確かめられてきた。運動における速度と正確性のトレード・オフとして提出された最も重要なこの原理は，運動出力には変動性，または「ノイズ」があり，その大きさは出力が増すほど増大するというものである。これはインパルス変動性理論を，最もよく例証するものとしてシュミットら（Schmidtら, 1979）により最初に提出され，つづいてマイヤーら（Meyerら, 1982）によってより厳密な理論に展開された。急速運動は，短時間の力の「力積」により生み出され，個々の力積は加速のために必要な力－時間曲線下の面積で求められる。動作速度が増すと，四肢を急速に加速するために必要な力積の大きさも増大しなければならない。それゆえノイズの大きさが増し，そのためにより大きなエラーを導く。正確性を維持するためには速度を落とさなければならない。

　カールトンとニューウェル（Carlton と Newell, 1993）が述べているように，シュミットら（1979）の主張は，運動学および動力学において変動性を直接扱う最初の試みであった。カールトンとニューウェル（1993）は同様に，力産生時の変動性を完全に記述できれば，運動の空間・時間変動を説明できると考えた。彼らは多数の実験結果を統合して，種々の力に関連する変動性（力の最大値の変動，力積の変動，さまざまな力産生条件における力産生率の変動）の記述を詳細に行った。力－時間関数の基本型を図 1-6-A に示した。この力の代わりに，調べようとしている種々の力に関連するパラメータを用いてもよい。力の大きさとその標準偏差との関係を図 1-6-B に示した。シュミットら（1979）やマイヤーら（1982）の研究とは異なり，カールトンとニューウェル（1993）の研究や彼らが概説した他の研究では，力積の大きさとその変動性との関係は比例していないことが示されている。その関

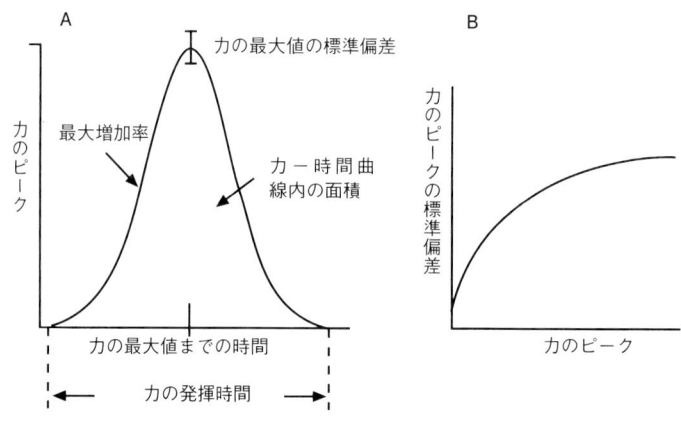

図 1-6
（A）基準となる力の最大値に合わせるように被験者が生み出した力—時間関数の基本型。検討すべき種々の力に関するパラメータに適応できる。
（B）力の最大値と標準偏差間の平方根関係。（カールトンとニューウェル，1993 から許可を得て改変）

係は比例関係を前提とするウェーバーの法則（Weber's law）[訳注10]にしたがうように見えないが，多様な感覚尺度に適用できることが示されているスティーブンスのべき乗則(Stevens' power law)[訳注11]によく一致している（Stevens, 1957）。カールトンとニューウェル（1993）は，時間的パラメータを組み込むことで，力水準や最大値までの時間について広範囲をカバーした多数の実験データに正確に適合する以下のような一般的力変動性方程式を提案した。

$$SD_{pf} \propto PF^{1/2} / T_{pf}^{1/4}$$

ここで PF は力の最大値，T_{pf} は力の最大値までの時間，SD_{pf} は力の最大値の標準偏差，∝は比例である。

　カールトンとニューウェル（1993）が力の変動性の説明の基盤とした研究は，パルス状に短時間に発揮される力に関連するものであったが，速度－正確性のトレード・オフの研究は，より一般的には，急速で通常は間欠的な運動に関連するものであった。最近，オドワイヤーとニールソン（1998）は，持続的にゆっくり変化する等尺性の力産生課題で，力の変動性の問題を調べた。2つの運動出力（上唇の等尺性 EMG〈筋電トラッキング〉と等尺性肘屈曲トルク〈力トラッキング〉）とともに，視線追従（視覚トラッキング）が用いられた（図1-7）。被験者は，両方の運動出力を介してコンピュータ・モニタ上で応答カーソルを操作し，標的カーソルと応答カーソルが一致するように追跡する。標的は 0.3 Hz というゆっくりした速度で，サイン波様にスクリーン上を上下に動いた。つまり，頂点から最下点までの範囲を標的が移動するのに 1.67 秒かかる。

　制御の熟達度を，運動出力の2つの平均値と2つの振幅で比較するために，4つの実験条件が用いられた。条件1（平均：15%，振幅：30%）では，標的を追跡するために，被験者は運動出力（力または筋活性）を最大値の 0～30% の範囲で変化させなければならなかった。たとえば，出力平均が正確に 30%，15% および 0% の場合，応答カーソルは画面の

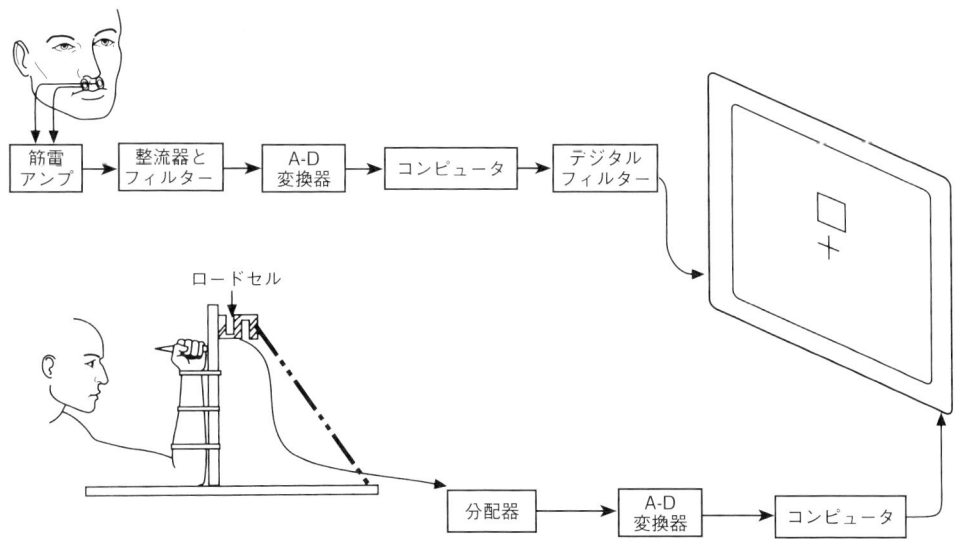

図1-7　筋電位および力による追跡実験の模式図
視覚表示画面上の標的（□）と応答カーソル（＋）。上唇に電極を貼り，腕を装置に固定された被験者が描かれている。

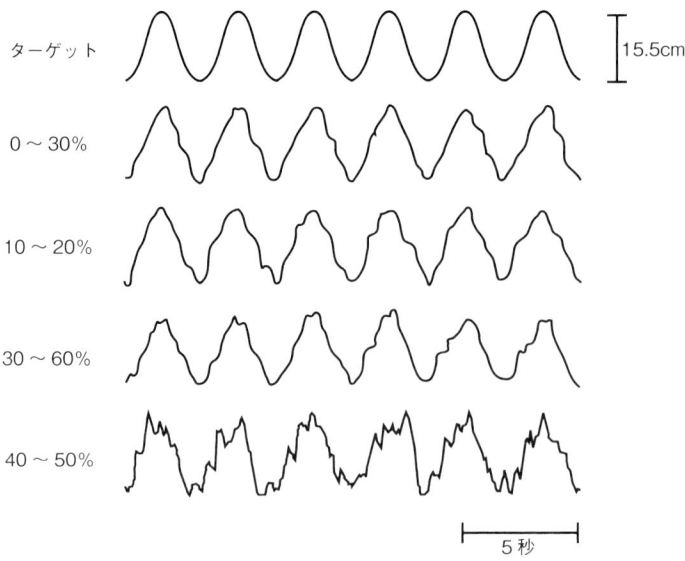

図1-8 視標の動きと4条件での力トラッキング
図は1分間の試行のうち20秒間の記録を示しており，各試行で全体の平均値に近いエラー得点を示した1人の被験者の例である。垂直の校正値は表示画面上の振幅を示している。%は最大肘屈曲力に対する相対値である。

最上部，中央部および最下部にそれぞれ位置した。条件2（平均：15%，振幅：10%）では，出力範囲は最大値の10〜20%であった。条件3（平均：45%，振幅：30%）では，出力範囲は最大値の30〜60%であった。条件4（平均：45%，振幅：10%）では，出力範囲は最大値の40〜50%であった。4条件とも，表示の範囲，つまり要求された視覚的正確性は同じであったが，力または筋制御の要求精度は2つの振幅条件間で変化した。

標的の動きがゆっくりで予測可能であったために，この追跡課題は表面的には非常にやさしいが，予期せぬ事態が出現した。筋電信号固有のノイズ特性のために，力による追跡のほうが全体的に見て筋電信号による追跡より優れているようにみえた。しかし，運動出力の異なる平均値と振幅においても，パフォーマンスの変動は両方の追跡方法で非常に類似していた。図1-8に力による追跡の顕著な結果を示した。インパルス－変動性理論およびカールトンとニューウェル（1993）の知見に一致して，標的を追跡するために必要な力または筋活性の平均値が増加すると，追跡パフォーマンスは劣化した。これは0〜30%の平均値よりも30〜60%での応答におけるノイズ（そして追跡エラー）の増加によって明らかであった。しかし，標的の追跡に利用される力または筋活性の振幅が少ないとき，つまり制御のより微細な調整が必要になると，パフォーマンスも劣化した。これは0〜30%の平均値よりも10〜20%での応答におけるノイズの増加に示されている。40〜50%での応答は予期されなかったもので，平均値の増大と振幅の減少が結びついていた。両者の組み合わせによる影響は，平均値および振幅の影響の合計よりも大きく，パフォーマンスの明らかな劣化を招いていた。高い出力水準におけるノイズの増加のために，微細な運動調整は実現できていなかった。明らかに，運動出力の等級づけは，操作範囲全域にわたって不変ではない。従来認識されなかったこの結果の重要な点は，もし同じ課題がより大きな力または筋出力で行われれば，同じ水準の正確性を維持することができないということである。これらは，優れた正確性や制御が，小さな力または筋出力において達成されることを明示している。

[4] 情報とエネルギー

　この領域の知見は，小さな力または筋出力において運動制御の一貫性と正確性が高められることを示唆している。さらに，この原理は，急速で間欠的な出力と同様に，ゆっくりで持続的な運動出力にも適用されるようである。代謝コストは筋活性や力の全体的な水準と等しいので，低い水準の筋活動は低いエネルギーコストと運動出力の小さなノイズを意味することになる。このように，エネルギーコストと運動制御における情報処理とのあいだには直接的な結合があり，少ないエネルギーコストはパフォーマンスの正確性に優れていると期待できる。このことは，先に概説したように，運動スキルの向上にともなってエネルギー消費が減少するという証拠と一致する。しかし，この結合に対するより直接的な支持は，ホルトら（Holt ら，1995）の研究によって与えられている。彼らは，選好ストライド周波数（preferred stride frequency）[訳注12]でない周波数で歩くときに比べ，選好ストライド周波数で歩く際に，最少代謝コストと頭部や関節の最大安定性とが関連しているとことを明らかにし（第9章，図9-2），「（生理学的な）エネルギーの制約と安定性の制約間の相補的関係」という考えを提唱した。上記の実験結果は，動員されている筋の相対的な活性水準が，この関係を補強する重要な変数となり得ることを示唆している。また，努力感と安定性とのあいだにも類似した関係があることが期待できる。ムザら（Muza ら，1983）は，静的な握力発揮時の1回換気量は，安静時に比べて変動が大きいことを観察しており，制御の不安定性を示唆しているようである。この変動性の増大は，被験者の知覚された努力の増加と同時におこる。

　ホルトら（1995）の研究では，低いストライド周波数よりも高いストライド周波数で大きな不安定性が観察されているが（図9-2），少なくともその一部は筋活性や力の水準で説明がつく。運動周波数を増加する場合には，必ず力や筋活性の増加が必要となり，四肢の筋にかかる慣性負荷が，運動にますます大きな影響を及ぼすことになる。（スティッフネスや粘性要素を無視した）純粋な慣性負荷と考えると，四肢を加速させるのに必要なトルクは運動周波数の2乗の関係で増加する。必要とされる筋力と筋活性の大きさは，トルクに比例して増加するだろう。運動周波数の増加とともに，筋電位活性の急速な立ち上がりがおこることも実証研究で確認されている（Cathers ら，1996）。健常者や片麻痺患者，脳性麻痺患者の口周囲の顔面筋と四肢の筋の研究で，高い筋活性水準において筋電位活動の変動性が上昇することが示されている（Tang と Rymer，1981；Neilson と O' Dwyer，1984；Gielen ら，1985；O' Dwyer と Neilson，1988）。このように，運動出力のノイズは運動周波数と比例して増加する。課題が要求する正確性は，通常，運動周波数が増加するのと同じようには変化しないので，力「信号」を制御するために必要な絶対的な正確性は変化しない。しかし，力の信号に重ねられた「ノイズ」の大きさは増加し（図1-8），そのために同じ水準の絶対的正確性は維持できないことになる。さらに，運動周波数の増加によって時間的正確性の要求度が増すために，さらにその難しさは増すだろう。たとえば，運動周波数の増加とともに力産生率は増大しなければならないが，これによって力が最大値になるまでの時間は減少する。そして，これは上で述べたように出力の変動性またはノイズを増加させる要

因となる（CarltonとNewell, 1993）。この説明は，リズミカルな肘の屈伸運動の周波数が増加するとともに，運動や屈筋と伸筋の活動の一貫性が明確に減少するというキャザーズら（Cathersら，1996）の知見によっても支持される。

　近年，筋の活性水準も自己受容感覚（proprioception）に影響し，それによりパフォーマンスの正確性に重大な影響を与えることが示されている。ワイズら（Wiseら，1998）は，最大値の15〜20％で屈筋・伸筋を同時収縮させたときには，弛緩した場合と比べ，課せられた肘運動を検出する閾値が上昇したと報告している。この実験では，被験者は同時収縮中に「システム内のノイズ」がより大きかったと感じ，課せられた運動の方向を検出することがより困難であったと報告している。しかし，テイラーとマクロスキー（TaylorとMcCloskey, 1992）は，弛緩条件と比べ肘屈筋の収縮中（同時収縮ではない）に自己受容感覚パフォーマンスが非常に高まったが，たぶんそれは筋紡錘発射の増加によるものだろうと述べている。この研究に用いられた収縮強度（5 Nと20N）は，ワイズら（1998）に比べ小さいものであった。明らかに矛盾したこれらの結果は，収縮や同時収縮が増加すると，いかに自己受容感覚が変化するか，そしてこの変動がいかにパフォーマンスの正確性に影響するかという重要な疑問を提起する。

[5] 要　約

　この節では，健常者や脳性麻痺患者について，スキルの向上にともなう筋活性や主動筋と拮抗筋の同時収縮の水準の変化を調べた研究が概説された。脳性麻痺患者は，熟練していない運動パフォーマンスのモデルを提供すると考えられた。いくつかの証拠は多義的ではあるが，動作時間や動作速度の変化を考慮すれば，これらの研究はスキルの向上にともなう筋活動や同時収縮の減少という点で一致する。しかし，筋全体の活動を反映する総代謝エネルギーコストは，スキルの向上にともなって，確実に減少することが報告されている。エネルギーコストの減少は，効率の増加の証拠として用いられる。運動にともなう努力感はこれらの変化に付随して減少する。それゆえ，筋活動や努力感はスキル学習の初期には最少化されない。おそらく，課題の目標の達成が最も重要なのであろう。制御の正確性や安定性は低い筋活性水準の場合に高まるので，スキルの向上にともない運動の正確性や安定性が増すことは，使用する筋の活性水準や力の水準と関連があると思われる。努力感を通して知ることができる筋全体の調和のとれた活動は，練習によってより高い正確性や動的安定性の探究を導くだろう。

4．呼吸循環系—骨格運動系協応

　前節では，スキルの向上にともなう筋活性，代謝コスト，および努力感の変化について概観した。この節では，呼吸循環系指令信号が運動計画の一部分を形成すると考えられるか，そしてその結果として，スキル学習にともなってそれが修正されるのかについて考える。随意運動系と心臓血管・呼吸系が協調して働き，心臓血管・呼吸系への指令信号が運動に関する中枢性指令と密接に連結していることは明らかである。ガンデヴィア（1987）は，

心臓循環系制御に使われる中枢性信号が，知覚される中枢性の運動指令や努力の信号と同じであると，しばしば暗黙のうちに考えられていると述べている。運動指令が増加すると，達成される筋作業が変化しないときでさえ，心臓血管・呼吸系の応答はより大きくなる。この効果は，たしかに「中枢性放散（central irradiation）」によるものだろう（McCloskey, 1981）。自律系応答を喚起する際の運動指令の明らかな関与は，中枢神経系内で体性神経系と自律神経系の制御メカニズムがある程度は重なり合っていることを示している。自律系応答を随意的に制御する能力（Smith, 1974）は，これによって説明できる。

こうした重複する中枢神経系メカニズムを考えると，骨格運動に対する呼吸系と心臓系の活動の結合がエクササイズの持続中におこる，ということは驚くべきことではない。ヤシンスカら（Jasinskas ら, 1980）は，選好ペダリング周波数で自転車エルゴメータを漕いでいる被験者の大部分（87%）で，ペダル漕ぎ運動に対する呼吸の引き込みがあり，負荷強度が上がると，その引き込みも強くなる傾向があることを明らかにした。ブランブルとキャリア（Bramble と Carrier, 1983）は，四肢と呼吸周期の位相の固定が，野うさぎや犬，馬，ヒトの歩行中に記録されたと報告している。また，彼らは，人間のランナーはいくつかの位相固定パターン（呼吸数に対する歩数が 4：1, 3：1, 2：1, 5：2, 3：2）を採用していることを示した。ただし，2：1 の結合比率が最も好まれているようであった。この文脈においてとくに興味深いことは，スキルとともに結合が強まることであった。経験豊富なランナーは最初の 4～5 歩で位相固定を示すが，経験の少ないランナーは結合をおこすのにいくらか長い時間を要し，未経験者は足の動きと呼吸を同期させることがないか，あってもわずかであった。

心拍数と歩調（cadence）とのあいだの結合についてはカービーら（Kirby ら, 1989）が研究している。彼らは，大部分の被験者で，トレッドミル上で 1 つ，もしくはいくつかの速度（したがって，歩行もしくは走行）で結合があることを確認した。歩調と呼吸との結合も観察された。心拍数と歩調とのあいだの結合について彼らが考えたメカニズムは，ランニング中の心臓や腹部の内臓の垂直運動が心臓からの，あるいは心臓への血流を機械的に増加させるというものである。したがって，彼らは，ランニングに比べ胸部の運動が非常に少ない自転車エルゴメータ上のペダル踏みについても研究した。しかし，ここでも多くの被験者で，心拍数とペダル踏みの周波数のあいだで結合が記録された。

運動に対して呼吸系と心臓系の両系が結合することに，信頼できる生体力学的理由があるようである。ブランブルとキャリア（1983）は，歩行中に胸腔への周期的な負荷－無負荷状態と呼吸の呼気－吸気とのあいだで相反するような作用を生じさせないような生体力学的拘束によって，歩行リズムと呼吸の結合特性が決定されるという説を提案した。走者がランニングから歩行へと歩を緩めるとき，しばしば呼吸が多様な期間で身体動作に対して固定されてしまうので，歩行リズムが呼吸に引き込まれるのではなく，すべてのケースで呼吸が歩行に引き込まれることがわかった。カービーら（Kirby ら, 1980）は，中程度の強度の反復運動中には，筋が弛緩しているときかわずかに収縮しているときにのみ，酸素を含有した血液が流れることを報告した。この状況は，骨格筋，横隔膜，そして心筋で確かめられている。彼らは，もし筋内圧周期が最も低いときに，心筋の収縮によって動脈内

圧が最大になると，心臓と歩行リズムの結合が筋血流の増加と心臓負荷の減少を可能にするのであろうと推論している。これは，明らかに筋に対する代謝を支援することになろう。しかし，彼らは，運動周期中の異なる位相と関連が深い筋が複数あり，その複雑さから，仮説を検証するには，動物においてより直接的な測定が必要であると強調している。先に解説した研究から考えると，心筋の収縮による動脈内圧の最大値が，筋（群）の筋内圧周期の最少相と結合しているのではないだろうか。

　これらの研究は，随意運動系と心臓・呼吸系とが互いに協応している明白な事例といえる。最も重要なことは，協応の度合いがスキル水準とともに増加するようにみえることである。ブランブルとキャリア（1983）が示唆した拮抗的な相互作用の回避は，スキルの発達にともなう，妥当な考え方のように思える。しかし，この考え方をより積極的に解釈すると，反作用力や他の方法で共同的相互作用を促進するものをうまく活用するというターヴィーとフィッツパトリック（TurveyとFitzpatrick, 1993）の提案に近い。これはベルンシュタイン（Bernstein, 1967）の，「協応の秘訣は反作用現象を消すことに余剰な力を浪費しないだけでなく，それとは反対に，能動的な筋力を相補的な力の範囲内でのみ使うように，反作用現象を利用することにある」という記述を思いおこさせる。

　エクササイズに対する心臓・呼吸系応答の中枢性制御と骨格運動への心臓・呼吸系の結合の両者に関する実験結果は，心臓・呼吸系指令信号がたしかに運動計画の一部を形成していると考えられることを，そしてそれらがスキル学習にともなって修正していることを示している。運動制御に関する文献の中に頻繁に目撃されるように，心臓・呼吸系指令を運動計画へ組み込むことは，運動計画の範囲を拡大する。それでもなおそのことは，心臓・血管系の動員は運動への準備応答であるというシャーウッドら（Sherwoodら, 1986）の示唆と一致している。

　運動学習やスキル獲得とともにおこる筋活動の変化は，心臓・呼吸系指令信号の変化をともなうようである。しかし，この関係性の正確な性質の解明は残されたままである。たとえば，心拍数と酸素消費量（それゆえ筋活動の総計）との関係は，静的または動的なエクササイズでは異なることが示されており，回帰は静的エクササイズでは急勾配で，切片は小さな値を示す（Carrollら, 1987）。さらには，代謝の要求に対する心臓の活動の過剰な増加が，心理的な難題のような，いくつかの環境においても報告されている（Obrist, 1976；Sherwoodら, 1986；Turnerら, 1983）。したがって，心臓・呼吸系と骨格運動系との結合は不変ではない。随意的指令および心臓・呼吸系指令の学習による変化については，明らかに将来研究する価値があるが，中枢性の随伴発射と努力感はこれらの変化を導く重要な役割を果たしているだろう。

5．まとめ

　多様な課題において，選好周波数（preferred frequency）で最少の代謝コストとなるという知見は，人間が代謝コストに対して感度が高いことを示している（Sparrow, 1983；CavanaghとKram, 1985；Holtら, 1995）。パフォーマンスの失敗や不正確性から，人間が運

動出力におけるノイズにも感度が高いことは明らかである。われわれは個々の筋の活性水準を最少にすることが，運動中に代謝エネルギー消費と運動出力のノイズを最少にする方法であると提案する。努力感は，スキルの向上にともなうエネルギー消費量減少の過程を導く知覚可能な信号を与えてくれる。努力感は，筋への中枢性指令によって決定され，そしてこの指令は逆に運動単位活性の程度に依存して，その強さを決定する。運動に対する心臓・呼吸系応答を決定するのは，運動に対する努力の強度であって，それはとくに筋の大きさよりも，最大値に対する筋の活性化の比率に依存する。筋活性の相対的水準が増加すると，運動出力のノイズが増大するので，制御の精度やパフォーマンスの正確性は減少する。スキルを獲得すると，代謝の経済性や制御の正確さが向上し，努力感は減少する。これは，運動学習での経験論と一致する。

【謝辞】
　本研究の草稿に目を通していただいたサイモン・ガンデヴィア氏とルイーズ・エイダ氏に感謝いたします。

【訳者注】
1) 協応…Coordination。本文では，coordination を協応と協調という 2 つの用語を使って訳した。山田（1997）は，前者は要素間の協力関係が（自然発生的に）成立している状態を，後者は協力関係を生じさせている状態を表すものとして用いているが，それらを正確に分けることは難しい。本書では，主に，前者を使い，どうしても合わない部分にのみ後者を用いた。
2) 力学的エネルギー…Mechanical energy のこと。本書では，mechanical energy, mechanical power, mechanical work を，それぞれ力学的エネルギー，力学的パワー，力学的仕事あるいは力学的仕事量とした。しかし，mechanical efficiency については，その経緯と慣習に基づいて，力学的効率とはせず機械的効率とした。
3) 緊張性振動反射…高周波の振動刺激によって，刺激された筋に生じる持続的で緊張性の反射収縮。その拮抗筋では弛緩が生じることが多い。
4) 無酸素性作業閾値…運動負荷を徐々に増加する際に，比較的軽い負荷のあいだは，血中乳酸濃度や換気量・二酸化炭素排出量は線形増加するが，ある閾値を越えると，急激に増加し始める。その閾値を無酸素性作業閾値という。実際には，血中乳酸濃度と換気量・二酸化炭素排出量の急増する閾値は必ずしも一致せず，前者を LT や OBLA，後者を VT と呼ぶようになってきた。
5) 自覚的運動強度…運動強度を心理的な負担度から表す指標の 1 つ。代表的なものとして，Borg 指数（RPE：Ratings of Perceived Exertion）があり，6 から 20 までの 15 段階で運動の主観的きつさを表す。20 歳代の若者の場合，この値を 10 倍すると心拍数に相当するように作成されている。
6) セグメント…身体の各部位，体節，身体部分。たとえば，前腕，大腿，頭部など。
7) アテトーゼ型脳性麻痺患者…アテトーゼは不随意運動のこと。アテトーゼ型脳性マヒでは，異常な筋緊張や不随意運動が意識とは関係なしに出現する。
8) 運動学…キネマティクス。物体の運動の特徴を記述する学問。変位，角度，速度，角速度，加速度，角加速度などがその変数。動力学[訳注25]も参照のこと。
9) 機械的効率…使われたエネルギーに対して行われた仕事の比率
10) ウェーバーの法則…C（一定）＝ΔW/W の式で表される，認識可能な刺激の増加分が，刺激の強さに比例することを述べた法則。ΔW は弁別閾，W は刺激の大きさ。
11) スティーブンスのべき乗則…多くの感覚領域で，感覚の大きさを以下の式のように刺激強度のべき乗で表すことができるとする法則。$\phi = \alpha I^{\beta}$（ϕ：感覚の大きさ，I：刺激強度，

α, β：定数）

12) 選好ストライド周波数…preferred stride frequency のこと。至適ストライド周波数と訳されることもある。ストライドは，右足（または左足）が着地してから，次に同側の足が着地するまでの2歩（2ステップ）分の動作のこと。したがって，選好ストライド周波数とは，歩行者が好んで選択する（あるいは自然に選択する）1分あたりのストライドの数。

【引用・参考文献】

Abbs, J.H., and V.L. Gracco. 1984. Control of complex motor gestures: orofacial muscle responses to load perturbations of lip during speech. *Journal of Neurophysiology* 51: 705-723.

Abitol, M.M. 1988. Effect of posture and locomotion on energy expenditure. *American Journal of Physical Anthropology* 77: 191-199.

Asami, T., H. Togari, T. Kikuchi, N. Adachi, K. Yamamoto, K. Kitagawa, and Y. Sano. 1976. Energy efficiency of ball kicking. In *Biomechanics V-B*, ed. P. Komi, 135-140. Baltimore: University Park Press.

Asmussen, E. 1953. Positive and negative muscular work. *Acta Physiologica Scandinavica* 28: 364-382.

Berg, K. 1970. Effect of physical training of school children with cerebral palsy. *Acta Paediatrica Scandinavica* 204 (Suppl. 204): 27-33.

Bernstein, N.A. 1967. *The co-ordination and regulation of movements*. Oxford: Pergamon.

Bigland, B., and O.C.J. Lippold. 1954. The relation between force, velocity and integrated electrical activity in human muscles. *Journal of Physiology* 123: 214-224.

Borg, G.A.V. 1973. Perceived exertion: a note on "history" and methods. *Medicine and Science in Sports* 5(2): 90-93.

Bramble, D.M., and D.R. Carrier. 1983. Running and breathing in mammals. *Science* 219: 251-256.

Burke, D., K.E. Hagbarth, L. Löfstedt, and B.G. Wallin. 1976a. The responses of human muscle spindle endings to vibration of noncontracting muscles. *Journal of Physiology* 261: 673-694.

Burke, D., K.E. Hagbarth, L. Löfstedt, and B.G. Wallin. 1976b. The responses of human muscle spindle endings to vibration during isometric contraction. *Journal of Physiology* 261: 695-711.

Cafarelli, E. 1982. Peripheral contributions to the perception of effort. *Medicine and Science in Sports and Exercise* 14: 382-389.

Campbell, J., and J. Ball. 1978. Energetics of walking in cerebral palsy. *Orthopedic Clinics of North America* 9: 374-377.

Carroll, D., J.R. Turner, and S. Rogers. 1987. Heart rate and oxygen consumption during mental arithmetic, a video game and graded static exercise. *Psychophysiology* 25(1): 112-118.

Carlton, L.G., and K.M. Newell. 1993. Force variability and characteristics of force production. In *Variability and motor control*, eds. K.M. Newell, and D.M. Corcos, 15-36. Champaign, IL: Human Kinetics.

Casaburi, R., B.J. Whipp, K. Wasserman, W.L. Beaver, and S.N. Koyal. 1977. Ventilatory and gas exchange dynamics in response to sinusoidal work. *Journal of Applied Physiology* 42(2): 300-311.

Cathers, I., N. O'Dwyer, and P. Neilson. 1996. Tracking performance with sinusoidal and irregular targets under different conditions of peripheral feedback. *Experimental Brain Research* 111: 437-446.

Cavanagh, P.R., and R. Kram. 1985. Mechanical and muscular factors affecting efficiency of human movement. *Medicine and Science in Sports and Exercise* 17(3): 326-331.

Chernigovskiy, V.N. 1967. *Interoceptors*. Washington, DC: American Psychological

Association.

Csongradi, J., E. Bleck, and W.F. Ford. 1979. Gait electromyography in normal and spastic children, with special reference to quadriceps femoris and hamstring muscles. *Developmental Medicine and Child Neurology* 21: 738-748.

Dahlbäck, G.O., and R. Norlin. 1985. The effect of corrective surgery on energy expenditure during ambulation in children with cerebral palsy. *European Journal of Applied Physiology* 54: 67-70.

De Gail, P., J.W. Lance, and P.D. Neilson. 1966. Differential effects on tonic and phasic reflex mechanisms produced by vibration of muscles in man. *Journal of Neurology, Neurosurgery, and Psychiatry* 29: 1-11.

Durand, M., V. Geoffroi, A. Varray, and C. Préfaut. 1994. Study of the energy correlates in the learning of a complex self-paced cyclical skill. *Human Movement Science* 13: 785-799.

Eldridge, F.L., D.E. Millhorn, J.P. Kiley, and T.G. Waldrop. 1985. Stimulation by central command of locomotion, respiration and circulation during exercise. *Respiration Physiology* 59: 313-337.

Finley, F.R., R.W. Wirta, and K.A. Cody. 1968. Muscle synergies in motor performance. *Archives of Physical Medicine and Rehabilitation* 49: 655-660.

Fitts, P.M. 1954. The information capacity of the human motor system in controlling the amplitude of movement. *Journal of Experimental Psychology* 47: 381-391.

Fitts, P.M., and J.R. Peterson. 1964. Information capacity of discrete motor responses. *Journal of Experimental Psychology* 67: 103-112.

Gandevia, S.C. 1987. Roles for perceived voluntary motor commands in motor control. *Trends in Neurosciences* 10: 81-85.

Gandevia, S.C., and S.F. Hobbs. 1990. Cardiovascular responses to static exercise in man: central and reflex contributions. *Journal of Physiology* 430: 105-117.

Gandevia, S.C., K. Killian, D.K. McKenzie, M. Crawford, G.M. Allen, R.B. Gorman, and J.P. Hales. 1993. Respiratory sensations, cardiovascular control, kinaesthesia and transcranial stimulation during paralysis in humans. *Journal of Physiology* 470: 85-107.

Gandevia, S.C., and D.I. McCloskey. 1977a. Effects of related sensory inputs on motor performances in man studied through changes in perceived heaviness. *Journal of Physiology* 272: 653-672.

Gandevia, S.C., and D.I. McCloskey. 1977b. Changes in motor commands, as shown by changes in perceived heaviness, during partial curarization and peripheral anaesthesia in man. *Journal of Physiology* 272: 673-689.

Gandevia, S.C., and J.C. Rothwell. 1987. Knowledge of motor commands and the recruitment of human motoneurons. *Brain* 110: 1117-1130.

Gielen, C.C.A.M., K. van den Oosten, and F. Pul ter Gunne. 1985. Relation between EMG activation patterns and kinematic properties of aimed arm movements. *Journal of Motor Behavior* 17: 421-442.

Goldspink, G. 1981. Design of muscle for locomotion and the maintenance of posture. *Trends in Neurosciences* 4: 218-221.

Goodwin, G.M., D.I. McCloskey, and J.H. Mitchell. 1972. Cardiovascular and respiratory responses to changes in central command during isometric exercise at constant muscle tension. *Journal of Physiology* 226: 173-190.

Gottlieb, G.L., and G.C. Agarwal. 1971. Dynamic relationship between isometric muscle tension and the electromyogram in man. *Journal of Applied Physiology* 30: 345-351.

Guitar, B., C. Guitar, P. Neilson, N. O'Dwyer, and G. Andrews. 1988. Onset sequencing of selected lip muscles in stutterers and nonstutterers. *Journal of Speech and Hearing Research* 31: 28-35.

Hagbarth, K.E., and G. Eklund. 1966. Motor effects of vibratory muscle stimuli in man. In *Muscular afferents and motor control,* ed. R. Granit, 177-186. New York:

Wiley.

Hasan, Z., and D.G. Stuart. 1984. Mammalian muscle receptors. In *Handbook of the Spinal Cord,* ed. R.A. Davidoff, 559-607. New York: Marcel Dekker, Inc.

Henriksson, J., H.G. Knuttgen, and F. Bonde-Peterson. 1972. Perceived exertion during exercise with concentric and eccentric muscle contractions. *Ergonomics* 15: 537-544.

Herman, R. 1970. Electromyographic evidence of some control factors involved in the acquisition of skilled performance. *American Journal of Physical Medicine* 49: 177-191.

Hobart, D.J., D.L. Kelley, and L. Bradley. 1975. Modifications occurring during acquisition of a novel throwing task. *American Journal of Physical Medicine* 54: 1-24.

Hobart, D.J., and J.R. Vorro. 1974. Electromyographic analysis of the intermittent modifications occurring during the acquisition of a novel throwing skill. In *Biomechanics IV,* ed. R.C. Nelson and C.A. Morehouse, 559-566. Baltimore: University Park Press.

Hobbs, S.F., L.B. Rowell, and O.A. Smith. 1980. Increased cardiovascular responses to voluntary static exercise after neuromuscular blockade (NMB) in baboons. *The Physiologist* 23(4): 120.

Hof, A.L., and J. van den Berg. 1977. Linearity between the weighted sum of the EMGs of the human triceps surae and the total torque. *Journal of Biomechanics* 10: 529-539.

Holt, K.G., S.F. Jeng, R. Ratcliffe, and J. Hamill. 1995. Energetic cost and stability during walking at preferred stride frequency. *Journal of Motor Behavior* 27(2): 164-178.

Humphrey, D.R., and D.J. Reed. 1983. Separate cortical systems for control of joint movement and joint stiffness: reciprocal activation and coactivation of antagonist muscles. *Advances in Neurology* 39: 347-372.

Humphreys, P.W., and A.R. Lind. 1963. The blood flow through active and inactive muscles of the forearm during sustained handgrip contractions. *Journal of Physiology* 166: 120-135.

Inman, V.T., H.J. Ralston, J.B de C.M. Saunders, B. Feinstein, and E.W. Wright. 1952. Relation of human electromyogram to muscular tension. *Electroencephalography and Clinical Neurophysiology.* 4: 187-194.

Iwamoto, G.A., J.H. Mitchell, M. Mizuno, and N.H. Secher. 1987. Cardiovascular responses at the onset of exercise with partial neuromuscular blockade in cat and man. *Journal of Physiology* 384: 39-47.

Jasinskas, C.L., B.A. Wilson, and J. Hoare. 1980. Entrainment of breathing rate to movement frequency during work at two intensities. *Respiration Physiology* 42: 199-209.

Jones L.A. 1986. Perception of force and weight: theory and research. *Psychological Bulletin* 100: 29-42.

Kamon, E., and J. Gormley. 1968. Muscular activity pattern for skilled performance and during learning of a horizontal bar exercise. *Ergonomics* 11(4): 345-357.

Kirby, R.L., S.T. Nugent, R.W. Marlow, D.A. MacLeod, and A.E. Marble. 1989. Coupling of cardiac and locomotor rhythms. *Journal of Applied Physiology* 66(1): 323-329.

Komi, P.V. 1986. The stretch-shortening cycle and human power output. In *Human Muscle Power,* ed. N.L. Jones, N. McCartney, and A.J. McComas, 27-39. Champaign, IL: Human Kinetics.

Krogh, A., and J. Lindhard. 1913. The regulation of respiratory and circulation during the initial stages of muscular work. *Journal Physiology* 47: 112-136.

Lind, A.R., and G.W. McNicol. 1967. Circulatory responses to sustained handgrip contractions performed during other exercises, both rhythmic and static. *Journal of Physiology* 192: 595-607.

Lindström, L., R. Magnusson, and I. Petersén. 1974. Muscle load influence on myo-electric signal characteristics. *Scandinavian Journal of Rehabilitation Medicine* 6 (Suppl. 3): 127-148.

Lippold, O.C.J. 1952. The relation between integrated action potentials in a human muscle and its isometric tension. *Journal of Physiology* 117: 492-499.

MacConaill, M.A., and J.V. Basmajian. 1977. *Muscles and movements: a basis for human kinesiology*. Huntington, NY: Krieger.

Macefield, V.G., S.C. Gandevia, B. Bigland-Ritchie, R.B. Gorman, and D. Burke. 1993. The firing rates of human motoneurons voluntarily activated in the absence of muscle afferent feedback. *Journal of Physiology* 471:429-443.

McCloskey, D.I. 1981. Corollary discharges: motor commands and perception. In *Handbook of Physiology*, ed. Brookhart, J.M., V.B. Mountcastle, V.B Brooks, and S.R. Geiger, 1415-1447. Bethesda: American Physiological Society.

McCloskey, D.I., P. Ebeling, and G.M. Goodwin. 1974. Estimation of weights and tensions and apparent involvement of a "sense of effort." *Experimental Neurology* 42: 220-232.

McCloskey, D.I., and J.H. Mitchell. 1972. Reflex cardiovascular and respiratory responses originating in exercising muscle. *Journal of Physiology* 224: 173-186.

McCloskey, D.I., and K.A. Streatfeild. 1975. Muscular reflex stimuli to the cardiovascular system during isometric contractions of muscle groups of different mass. *Journal of Physiology* 250: 431-441.

McGrain, P. 1980. Trends in selected kinematic and myoelectric variables associated with learning a novel motor task. *Research Quarterly for Exercise and Sport* 51(3): 509-520.

Mense, S., and M. Stahnke. 1983. Responses in muscle afferent fibres of slow conduction velocity to contractions and ischaemia in the cat. *Journal of Physiology* 342: 383-397.

Meyer, D.E., J.E.K. Smith, and C.E. Wright. 1982. Models for the speed and accuracy of aimed movements. *Psychological Review* 89: 449-482.

Milner-Brown, H.S., and R.D. Penn. 1979. Pathophysiological mechanisms in cerebral palsy. *Journal of Neurology, Neurosurgery, and Psychiatry* 42: 606-618.

Milner-Brown, H.S., and R.B. Stein. 1975. The relation between the surface electromyogram and muscular force. *Journal of Physiology* 246: 549-569.

Monod, H. and J. Scherrer. 1965. The work capacity of a synergic muscular group. *Ergonomics* 8: 329-338.

Muza, S.R., L-Y. Lee, R.L. Wiley, S. McDonald, and F.W. Zechman. 1983. Ventilatory responses to static handgrip exercise. *Journal of Applied Physiology: Respiratory, Environmental and Exercise Physiology* 54(6): 1457-1462.

Neilson, P.D., and C.J. Andrews. 1973. Comparison of the tonic stretch reflex in athetotic patients during rest and voluntary activity. *Journal of Neurology, Neurosurgery, and Psychiatry* 36(4): 547-554.

Neilson, P.D., and J. McCaughey. 1982. Self-regulation of spasm and spasticity in cerebral palsy. *Journal of Neurology, Neurosurgery, and Psychiatry* 45: 320-330.

Neilson, P.D., M.D. Neilson, and N.J. O'Dwyer. 1992. Adaptive model theory: application to disorders of motor control. In *Approaches to the study of motor control and learning*, ed. J.J. Summers, 495-548. Amsterdam: Elsevier.

Neilson, P.D., and N.J. O'Dwyer. 1981. Pathophysiology of dysarthria in cerebral palsy. *Journal of Neurology, Neurosurgery, and Psychiatry* 41: 1013-1019.

Neilson, P.D., and N.J. O'Dwyer. 1984. Reproducibility and variability of speech muscle activity in athetoid dysarthria of cerebral palsy. *Journal of Speech and Hearing* 27: 502-517.

Neilson, P.D., N.J. O'Dwyer, and J. Nash. 1990. Control of isometric muscle activity in cerebral palsy. *Developmental Medicine and Child Neurology* 32: 778-788.

Noble, B.J., and R.J. Robertson. 1996. *Perceived exertion*. Champaign, IL: Human Kinetics.

Obrist, P.A. 1976. The cardiovascular-behavioral interaction—as it appears today. *Psychophysiology* 13: 95-107.

O'Dwyer, N.J., and P.D. Neilson. 1988. Voluntary muscle control in normal and athetoid dysarthric speakers. *Brain* 111: 877-899.

O'Dwyer, N.J., and P.D. Neilson. 1995. Learning a dynamic limb synergy. In *Motor control and sensory motor integration: issues and directions,* eds. D.J. Glencross, and J.P. Piek, 289-315. Amsterdam: Elsevier.

O'Dwyer, N.J., and P.D. Neilson. 1998. Motor output variability: variation with average level and range of force. *Australian Journal of Psychology* 50 (Suppl.): 8.

Paterson, W.D. 1928. Circulatory and respiratory changes in response to muscular exercise in man. *Journal of Physiology* 66: 323-345.

Payton, O.D. 1975. Electrical correlates of motor skill development in an isolated movement: the triceps and anconeus as agonists. *World Confederation for Physical Therapy. Proceedings of the Seventh International Congress*, 132-139. London: The Confederation.

Payton, O.D., and D.L. Kelley. 1972. Electromyographic evidence of the acquisition of a motor skill. A pilot study. *Physical Therapy* 52: 261-266.

Payton, O.D., S. Su, and D.L. Kelley. 1976. Abductor digiti quinti shuffleboard: a study in motor learning. *Archives of Physical Medicine and Rehabilitation* 57: 169-174.

Person R.S. 1958. An electromyographic investigation on coordination of the activity of antagonist muscles in man during the development of a motor habit. *Pavlovian Journal of Higher Nervous Activity* 8: 13-23.

Rose, J., J.G. Gamble, A. Burgos, J. Medeiros, and W.L. Haskell. 1990. Energy expenditure index of walking for normal children and for children with cerebral palsy. *Developmental Medicine and Child Neurology* 32: 333-340.

Rose, J., W.L. Haskell, J.G. Gamble, R.L. Hamilton, D.A. Brown, and L. Rinsky. 1994. Muscle pathology and clinical measures of disability in children with cerebral palsy. *Journal of Orthopaedic Research* 12(6): 758-768.

Sargeant A.J., and C.T. Davies. 1973. Perceived exertion during rhythmic exercise involving different muscle masses. *Journal of Human Ergology* 2: 3-11.

Schmidt, R.A., Zelaznik, H., Hawkins, B., Frank, J.S., and Quinn, J.T. 1979. Motor-output variability: a theory for the accuracy of rapid motor acts. *Psychological Review* 86: 415-451.

Sherwood, A., M.T. Allen, P.A. Obrist, and A.W. Langer. 1986. Evaluation of beta-adrenergic influences on cardiovascular and metabolic adjustments to physical and psychological stress. *Psychophysiology* 23(1): 89-103.

Smith, O.A. 1974. Reflex and central mechanisms involved in the control of the heart and circulation. *Annual Review of Physiology* 36: 93-123.

Sparrow, W.A. 1983. The efficiency of skilled performance. *Journal of Motor Behavior* 15: 237-261.

Sparrow, W.A., and K. Hughes. 1997. Minimum principles in human learning: the effects of practice and non-preferred work rates on metabolic energy expenditure and perceived exertion. *Australian Journal of Psychology* 49 (Suppl.): 23.

Sparrow, W.A., and V.M. Irizarry-Lopez. 1987. Mechanical efficiency and metabolic cost as measures of learning a novel gross motor task. *Journal of Motor Behavior* 19(2): 240-264.

Sparrow, W.A., and K.M. Newell. 1994. Energy expenditure and motor performance relationships in human learning a motor task. *Psychophysiology* 31: 338-346.

Sparrow, W.A., and K.M. Newell. 1998. Metabolic energy expenditure and regulation of movement economy. *Psychonomic Bulletin and Review* 5(2): 173-196.

Stevens, S.S. 1957. On the psychophysical law. *Psychological Review* 64: 153-181.

Strasser, H., and J. Ernst. 1992. Physiological cost of horizontal materials handling while seated. *International Journal of Industrial Ergonomics* 9: 303-313.

Tang, A., and W.Z. Rymer. 1981. Abnormal force-EMG relations in paretic limbs of hemiparetic human subjects. *Journal of Neurology, Neurosurgery, and Psychiatry* 44: 690-698.

Taylor, J.L., and D.I. McCloskey. 1992. Detection of slow movements imposed at the elbow during active flexion in man. *Journal of Physiology* 457: 503-513.

Tolman, E.C. 1932. *Purposive behavior in animals and men.* New York: Century.

Turner, J.R., D. Carroll, and H. Courtney. 1983. Cardiac and metabolic responses to "Space Invaders": an instance of metabolically-exaggerated cardiac adjustment? *Psychophysiology* 20(5): 544-549.

Turvey, M.T., and P. Fitzpatrick. 1993. Commentary: development of perception-action systems and general principles of pattern formation. *Child Development* 64: 1175-1190.

Unnithan, V.B., J.J. Dowling, G. Frost, and O. Bar-Or. 1996. Role of cocontraction in the O_2 cost of walking in children with cerebral palsy. *Medicine and Science in Sports and Exercise* 28(12): 1498-1504.

Vaughan, C.W., P.D. Neilson, and N.J. O'Dwyer. 1988. Motor control deficits of orofacial muscles in cerebral palsy. *Journal of Neurology, Neurosurgery, and Psychiatry* 51: 534-539.

Vorro, J., and D. Hobart. 1981a. Kinematic and myoelectric analysis of skill acquisition: I. 90cm subject group. *Archives of Physical Medicine and Rehabilitation* 62: 575-582.

Vorro, J., and D. Hobart. 1981b. Kinematic and myoelectric analysis of skill acquisition: II. 150cm subject group. *Archives of Physical Medicine and Rehabilitation* 62: 582-589.

Vorro, J., F.R. Wilson, and A. Dainis. 1978. Multivariate analysis of biomechanical profiles for the coracobrachialis and biceps brachii (caput breve) muscles in humans. *Ergonomics* 21: 407-418.

Weber, E.H. 1978. *The sense of touch*, ed. and trans. H.E. Ross. London: Academic Press. (Original work published 1834.)

Wise, A.K., J.E. Gregory, and U. Proske. 1998. Detection of movements of the human forearm during and after co-contraction of muscles acting at the elbow joint. *Journal of Physiology* 508: 325-330.

著者紹介

ニコラス・オドワイヤー（Nicholas O'Dwyer）…シドニー大学（オーストラリア）準教授。主な研究テーマ：運動制御と学習に関する情報処理，多関節運動の協応メカニズム，神経障害の解析。

ピーター・ニールソン（Peter Neilson）…ニューサウスウェールズ大学（オーストラリア）準教授。主な研究テーマ：運動の適応的制御の神経機構，脳障害者の病理生理学。

> **Column 1**

運動制御の父—ニコライ・ベルンシュタイン（Nikolai Bernstein:1896-1966）—

　本書にもたびたび紹介されるベルンシュタインは，1896年にモスクワで生まれ，26歳のときに，新設された中央労働研究所に招聘される。そこで，現在でいうエルゴノミクス（人間工学，労働科学）という分野を時代に先駆けて開拓し，その後，脳による運動制御に関する研究に一生をささげることになる。

　彼の先見性はきわめて高く，彼の書いた書物の内容は，出版から半世紀以上経った現在でもつねに重要なトピックとして扱われつづけている。当時（現代の多くの生理学者たちにとっても）主流だったシェリントン学派の流れを汲む，最も単純な反射や自動的反応を発端として随意運動へと発展させていこうとする研究手法を批判し，複雑な運動の制御法を解明するためには，複雑な運動を丸ごと捉えることによってはじめて，そのシステム全体を解明できる，というスタンスを維持した。その考え方は現代の脳科学の中で新たな発展を遂げている。

　彼は，まず，運動を定量的に測定するための記録装置の作成からはじめ（現在の動作分析法の礎となっている），数々の装置を開発した。そして，それを使って精力的に数々の動きを記録に収めた。歩行動作や金槌で釘を叩く動作など，何の変哲もない動作から，現代の運動制御問題の中心的なトピックスとなっているいくつもの説を導き出したのである。

第2章

ヒトのロコモーションの構造と行動を形成する要因

アフタブ・パトラ／ウィリアム・スパロー

　すべての動物にとって，餌を獲得することと敵から逃れるという両者が生存のために最も重要である。そのためには，ある場所から別の場所に自分の身体を移動することが必要となる。したがって，ロコモーションのエネルギー消費が最少になるということが，進化の過程で獲得されたことは当然のことといえよう。進化によって，身体の大きさや構造，移動様式に関係なく，すべての動物がロコモーションにおける高いエネルギー効率を受け継いできた。本章では，歩行のステップ周期のような局所的な，あるいはルートの選択のような大局的なロコモーション行動が，どの程度代謝エネルギー消費を最少にするための制約を受けているのかを明らかにする。そして，1ストライドあたりのエネルギーコストを最少にする二足歩行システムの構造特性と行動特性に関する研究を紹介する。構造特性とは，骨格筋の特性や四肢間のダイナミクスを含む。行動特性とは，たとえば速度変化や障害物の回避のようなある特定の環境に適応するためのロコモーション行動の選択に関することである。疾患がロコモーションシステムの適応性に及ぼす影響についても考察する。また，エネルギーコストのみによって，特別なロコモーションパターンや行動の特徴を説明できるわけではないということについても検討する。その中には以下のことが含まれる。① 同一サイズの四足動物のエネルギーコストに比べて，ヒトの二足歩行（bipedal locomotion）のエネルギーコストは大きい。② エネルギー消費を最少にするロコモーション速度を正確に推定する研究の困難さ。③ 単一コスト関数による最適化モデルでは，ロコモーションのすべての様相や移動経路の選択をうまく予測できないこと。ロコモーション行動を形成する他の要因という枠組みの中で，動的な安定性の維持が歩容パターン（gait pattern）[訳注13]に与える影響についても検討する。ヒトの二足歩行の構造と行動の発現には，

代謝エネルギーコストという単一の目的関数が使われているというよりも、ロコモーションシステムの協応を保ち、制御するためのいくつかの制約をもとにした競合する別々の目的が使われている。これから、そのことを詳細に検討していこう。

1. ヒトの二足歩行のエネルギーに対する進化的制約

ホヤ[訳注14]は怠け者で、成体になった後はほとんど動かずに、水流に含まれる食物をフィルタリングして餌を得ている（Corlett, 1992）。しかしながら、他のほとんどすべての動物は、餌を獲得することと敵からの回避のために、ある場所から他の場所へと身体を移動させる必要がある。そして、生存しつづけることができるかどうかはこの能力にかかっている。生息地や餌確保の容易さによって、移動距離や移動最大スピードがかなり異なる。ヌーやカリブーなどのような移住性の動物は、餌や水を求めて長い距離を移動する。一方、キリンのように狭い領域でのみ生活をする種もある（Dagg, 1977）。また、特別な生息地を持たず、見晴らしのよい地をきわめて速く走って移動し、敵から逃れたり、獲物を追ったりする動物もいる。インパラのような動物は、きわめて高く跳び上がったり、移動方向を急激に変えたりという独特な動作を見せることがある（Dagg, 1977）。

しかしながら、どんな移動手段であっても、必要なエネルギーコストが通常は最少になるということは興味深い。サハラ砂漠にいるヒトコブラクダはロコモーションのエネルギー効率のよい例であり、食物をとらずにきわめて長い距離を移動することができる。対照的に、ホンダの二足歩行ロボット「ASIMO[訳注15]」は燃料補給までの15分間しか移動することができない。ただし、現状ではより多くの燃料バッテリーを積むことができないということで運動する時間が規制されているが、モーターとバッテリーの効率向上によって、移動時間を延長することができるであろう。ヒトや他の動物の移動を可能にする燃料源とモーターは、燃料補給なしで長い距離を移動できるように進化してきたのである。

移動のために動物によって使われる化学的（代謝）エネルギーは、動物の構造、大きさ、移動様式に左右される。その中で、彼らは生活に合ったさまざまなロコモーションの方法を採用してきた（Schmidt-Nielsen, 1972; Fedak と Seeherman, 1979）。動物の種や移動様式のあいだでの比較を行うために、車の特性評価に使用される単位質量あたりで単位移動距離あたりのエネルギーコストが用いられてきた（Taylor ら, 1982）。

同一速度では、陸上移動よりも空中を飛ぶほうが効率的であり、飛ぶよりも水中を泳ぐほうがさらに効率的である（Schmidt-Nielsen, 1972）。水中での移動は体重を支えるための仕事量が少なくてすむために、飛行や陸上移動に比べるときわめて効率がよい。地面との衝突および、弾力性や斜度のような表面特性の変化に対応する必要性が、陸上の移動運動を最も効率の悪いものにしている。しかし、もちろんこれは水中生活をする動物にとっての話であって、ヒトは効率的に水の中を泳いだり空を飛ぶようにはデザインされていない。

陸上の移動運動に関していえば、単位体重あたりの酸素消費量と移動速度の関係で表現すると、体重の重い動物のほうが標準化したエネルギーコストは少なくてすむ（Taylorら, 1982a）。ヒル（Hill, 1950）は、すべての脊椎動物の骨格筋は、断面積あたり同一の最大筋力を、

また筋重量あたり同じ最大仕事量を発揮することができ，さらに化学的エネルギーを力学的エネルギーに変換するための最大効率は等しいと仮定した。これらの仮定が正しいとすれば，同じ速度で移動する大きな動物に比べて，小さな動物は歩行率（step frequency）を上げる（ステップする回数を多くする）必要があるため，エネルギーをより多く消費することになるだろう。ある速度での1ステップあたりに要する体重あたりエネルギー消費量は，5〜6ジュールと動物の種類によらずほぼ等しいことが報告されている（Taylorら，1982）。動物の大きさが移動のためのエネルギーコストに与える影響が明らかになると，次に，ロコモーションの形態がエネルギーコストになんらかの影響を与えるかどうかという疑問が生じる。

　二足歩行が四足歩行よりも多くのエネルギーを消費するかどうか，古くから論議されてきた。初期の研究では，鳥の二足歩行は同一サイズで同一速度で移動する動物の四足歩行時よりも多くのエネルギーコストを必要とし，しかも動物のサイズが大きくなるほどその差はより大きくなるとされている。しかし，その後，ダチョウと馬を比較してエネルギーコストがほぼ等しいとの報告もある（FedakとSeeherman, 1979）。テイラーとラウントゥリー（TaylorとRowntree, 1973）の研究は，同一種の二足歩行と四足歩行の代謝コストを比較しているという点で興味深い。この研究では，チンパンジーとサルを1 km/h〜7 km/h，1km/h〜10 km/hでそれぞれトレッドミル上で歩行させた。酸素摂取量と走行速度の回帰直線の傾きのあいだには統計的な有意差が認められなかった。つまり，2つのロコモーション様式のあいだで単位時間あたりの酸素消費量は基本的には同じであったことになる。両動物は，それぞれのロコモーションに対し同じように十分に適応していたといえよう。スパローとニューウェル（SparrowとNewell, 1994）はヒトに二足歩行と四つん這い歩行を行わせたとき，同じスピード（2.4km/h）の四足歩行では直立二足歩行に比べ約3倍の酸素を消費したと報告している。明らかに，霊長類の二足歩行と四足歩行の相対的代謝コストは，身体の大きさや物理的，生理的な制約により大きく制約を受けるといえよう。

　テイラーとラウントゥリー（1973）らは，「手を自由にすることのエネルギー的な価値は何か」というテーマに注目して研究を行った結果，進化的な観点から，「エネルギーコストの計算結果によっては二足歩行が有利かどうかを明らかにすることはできない」と結論している。言い換えると，四足歩行から二足歩行へという大きな転換を行ったわれわれの祖先は，二足歩行にも四足歩行にも同様に適応できるようにデザインされていたという仮説に基づくと，2つのロコモーション様式の相対的エネルギーコストの違いが，進化的な圧力としては作用しなかったということになろう。四足歩行から二足歩行へという大転換において前肢（腕）が自由になるということの別の側面では，後肢がただ単にロコモーションに従事する役割のみを果たしていたのかという問題がある。もしそうだったとすれば，中枢神経系は後肢の筋群のために，別の制御信号を発達させなければならなかったであろう。しかし，そのようなことは明らかに正しくない。われわれは，いろいろな動作を行ったり，いろいろな姿勢をとるために後肢を使うことができる。多くの研究者に指摘されてきたように（Bernstein, 1967），中枢神経系は，多様な動きを実行するために，感覚レベルと運動レベルの両方で複数のオプションを持っているのである。

まず，感覚システムの冗長性について考えてみる。視覚や運動感覚の刺激が全身あるいは身体各セグメントの運動や姿勢に関係するとすれば，この両者はロコモーションを制御するためにともに同じ内容の情報を伝える。動作に対して複数の感覚器から同じ内容の情報を得ることによって，失敗を避け，これから使おうとする情報を多面的にチェックし，その妥当性を評価することができる。ロコモーションパターンを説明できるような，感覚情報処理を用いた制御モデルはない。たとえば，歩行中，重力に対する身体の方向は運動感覚から得られる。しかし，重力－慣性座標系における頭部の制御は，感覚情報源としては重要ではない（DunbarとBadam, 1998）。逆に，ランニングにおける遊脚期では，前庭入力や視覚入力からの身体の方向に関する情報を守るために頭部を安定することが重要である。

次に，運動システムの冗長性について考えてみる。こちらのテーマについてのほうが多くの研究がなされてきている。多くの筋肉は，ある関節で同じトルクを発生することができる。また，筋骨格系には多くの自由度があるので，ある場所から別の場所にものを動かすとしてもいろいろな関節運動で，いろいろな経路を通るやり方が考えられる（Rosenbaumら, 1995）。中枢神経系が協応・制御することができるのは機械的自由度だけであるとわかっていても，多くの研究者が，中枢神経系の働きの主要目的としてエネルギーコストに注目することで動作のプランニングや制御法の原理を解明しようと試みてきた。

次節では，歩容の選択がエネルギーコスト最少化という条件により，とくに1ステップ内という「局所的」なレベルと，経路選択のような「大局的」なレベルの両方において，どのように制約されるのかを理解するために，ヒトの直立二足歩行について詳しく検討することにしよう。

2．ヒトの二足歩行のエネルギー論

エネルギーコストを最少にする二足歩行の構造・行動特性についての研究レビューからこの項を始める。以下の項では，主にロコモーションのパターンに影響を与える動的安定性について評価する。歩行研究でよく使われる消費エネルギーコストの考え方はたしかに重要であるが，ヒトの二足歩行パターンの表現としては十分ではないと考えられる。ヒトのロコモーションパターンは，単一の目的というよりもいくつかの目的から生み出されていると考えられる。

[1] 筋の質量分布と特性を変化させる力

まず，筋の形状が二足歩行のエネルギー消費に与える影響について考えてみたい。大臀筋のような大きな質量を持つ筋は，身体重心点に近い近位部に位置している。身体重心から離れるにつれ，筋の重量は一般に減少する。これは下肢だけではなく上肢についてもいえることである。このような基本的デザインの効果は，質量分布を中心部に近づけることによって慣性モーメントを小さくするということにある。そして，ある与えられた関節角加速度では，より小さな関節トルクですみ，四肢の運動は少ないエネルギーですむことになる。このような身体の省エネ特性は，力学的原理としては乱流をおこさずに水中を泳ぐ

ことが可能なように流線型に設計されている魚の形に匹敵するものといえる。

　脊椎動物の骨格筋は，類まれな単位重量あたりのパワー発揮能力を示し，人工物では筋のエネルギー変換効率に比肩するようなものはない。足の底屈筋群は3分の1馬力以上のピークパワーを発揮するが重さは1 kgにも満たない。電気掃除機の吸引パワーとその電気モーターの重量を比較してみれば，筋肉の性能のよさは明らかであろう。低重量・高パワー比の意味するところは，移動にともなうこれらのモーターの運動エネルギーコストが少なくてすむということである。次に，このように驚くべき省エネを達成できる筋肉の特性に注目することにしよう。筋や腱の弾性特性（elastic property），あるいはその力－長さ関係，力－速度関係が，独特の省エネ特性をもたらしているということが明らかにされてきた。

　筋腱複合体（musculo-tendon complex）のバネのような弾性特性が，動作のある相でエネルギーを蓄えるために効果的に用いられ，また別の相でそれを解放することによってエネルギーの省力化につながっていることが報告されている（Alexander, 1990）。たとえば，カンガルーはこの機構を効果的に使い，走行スピードが大きい場合でも酸素摂取量は少ない（Alexander, 1989）。最近，ロバートら（Robertら, 1997）は走行中の七面鳥の筋力と筋長を直接測定し，着地時にエネルギーが蓄えられるように筋が腱のバネ終端を固定する機能を持っていることを明らかにした。この弾性エネルギーは，エネルギー消費量を最少化するために後に再利用される。ヒトにおいて，この機構によってどの程度のエネルギーが省力化できるのか議論のあるところであるが（van Ingen Schenauら, 1997），このような「バネ」がエネルギー最少化とは別の方法で運動の制御に貢献していることは間違いない。この点については，後で検討する。

　運動制御を専攻する学生がしばしば見落としがちであるが，筋の他の特性としては，力－長さ関係と力－速度関係があげられる（図2-1）。筋のアクチュエータとしての複雑な特性はこれらの関係によるものである。筋力の大きさは筋および神経活動のレベルが一定でも，筋長や筋収縮速度によって変化する。図2-1に示した筋の力－長さ関係は，ある一定の筋活動レベルで，筋の発揮張力は一定ではなく，筋長が増加すると非線形に力が増加することを示している。増加分の一部はアクチン・ミオシンフィラメント間の結合部の増大にともなう連結橋（cross-bridge）のダイナミクスに起因するものであり，別の一部は受動的な弾性要素に起因している。このバネのような弾性特性がある種の抵抗となり，それにより筋の活発な活動がなくても動作の安定性を保つことに役立つ。この筋の力－速度関係によって，外乱を減衰させたり，あるいは動作軌道を制御するために役立つ粘性特性が与えられる。筋活動において，エネルギーコストによらずに機能を発揮できるということは，明らかに価値があることである。

　最近，このような複雑な筋の特性

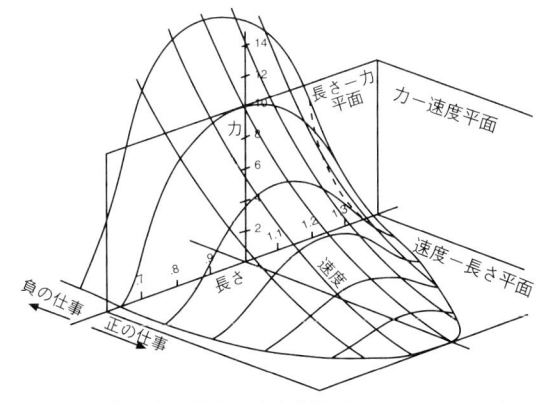

図2-1　筋の力，長さ，速度特性（ウインター，1991）

がどのように動作の制御を簡単にし，動作効率を高めるのかということが解明され始めている。グリブルら（Gribbleら，1998）は，複雑な筋特性が腕の運動制御に必要とされる命令信号を単純なものにしていることを示した。ヤングら（Youngら，1992）は，関節角度に依存したモーメントアームの長さの変化が，姿勢の安定性のために本質的に備わっているメカニズムであるという説を提唱した。キャリアら（Carrierら，1994）は，ヒトが走るときの足圧中心の動きが足首の伸筋群の可変ギアとしての役割を果たしていることを示した。車のエンジンの場合と同様に，この可変ギアによって，モーター（筋）は効率が最大になるような速度帯で力を発揮することができる。

［2］受動的セグメント間ダイナミクスによるエネルギーの省力化

「振り子理論」がヒトの歩行動作における下肢制御モデルとして使われてきた。摩擦がないとすると，エネルギーが補給されなくても振り子は理論的には動きつづける。位置エネルギーと運動エネルギーのあいだの相互変換により，運動の軌道も決定される。多くの研究者は体幹と四肢の運動を複合振り子としてモデル化できると指摘し，このような機構によってロコモーション時の運動制御が単純になり，四肢の動きのエネルギー効率も向上すると示唆している（Alexander, 1982；McGeer, 1990；MochonとMcMahon, 1980, 1981；ZernickeとSmith, 1996）。実際に，マックギア（McGeer, 1990）は重力を唯一のエネルギー源として下り坂を歩くことができる二足歩行ロボットを作製した（図2-2）。体幹や四肢の動きがあらかじめ企画，設計されているわけではなく，むしろ重力－慣性環境における身体各セグメントの相互作用から受動的にエネルギーが生み出される。このように，さまざまな優れたエネルギー保存機構を持つように組織がデザインされたとき，移動のエネルギーコストは著しく少なくてすむ。後の項で他のエネルギー省力化機構に注目するが，その前に，セグメントの相互作用のエネルギー保存に対する貢献に注目する。

ロコモーション中，身体重心の動きは位置エネルギーと運動エネルギーの相互変換を示す（Elfman, 1939）。この変換によってエネルギーは保存される。この機構は現在十分に理解されているが，エネルギー省力化に関する他の2つの機構については，あまり妥当に評価されているとはいえない。1つは，ウインターとロバートソン（WinterとRobertson, 1978）によって紹介されたセグメント間のエネルギー交換である。ある1つのセグメント

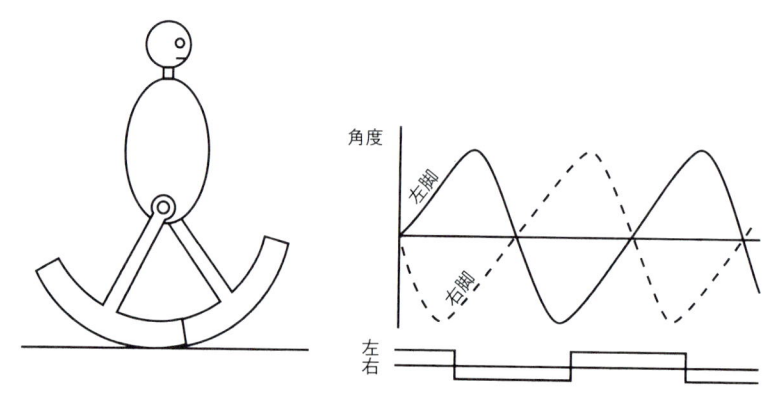

図2-2　マックギア（1990）の受動歩行ロボット

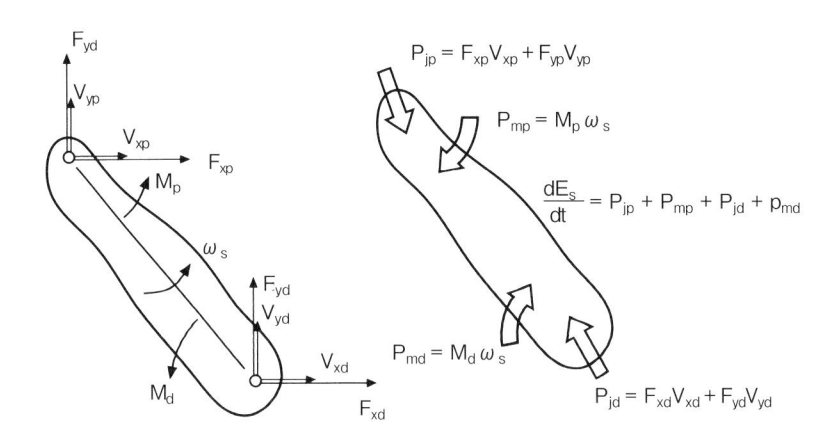

図 2-3 セグメント内でのパワー・バランス（ウインター, 1991）

のエネルギーバランスを考えた場合，そのセグメントに流入および流出するすべてのエネルギー源を考慮する必要がある。図 2-3 に示したように，セグメントに作用する筋はそのセグメントのエネルギー量を変化させる。さらに，隣接するセグメントから流入するエネルギーもそのセグメントのエネルギー量を変化させる。この最もよい例として，障害物を跨ぐ際に遊脚相（swing phase）[訳注16]にある脚を挙上するために働くさまざまな要因があげられる（Patla と Prentice, 1995）。股関節での垂直方向の並進運動エネルギー発揮は脚の上げ方と高い相関があり，これがスイング脚に流入する主なエネルギー源となる。

　2 つめの機構はしばしば見落とされる機構であるが，動作依存の項で発生するトルクの働きである（Zajac と Gordon, 1989；Zernicke と Smith, 1996）。セグメント間の力学的相互作用で生じるトルクが，スイング脚の軌道生成に重要な役割を果たす。モッカンとマクマホン（Mochon と McMahon, 1981）は，立脚相（stance phase）[訳注17]の最後に設定された初期条件によって，スイング脚の複合振り子の動きを特定することができれば，通常の歩行中のスイング脚の運動は受動的に生成されうることを示した。ただし，この結論を導き出す際には 2 つの仮定条件が必要であった。1 つは，足関節は 90 度で固定されていなければならないこと。もう 1 つは，遊脚相の最後で，動作を遅くするためにダンパーを導入しなければいけないということである。これらの条件のどちらかが欠けると，適切に離地し，かつ安定した着地が可能なスイング脚の運動を生成することができない。

　このような受動的ダイナミクスは通常の歩行で重要な役割を果たすが，最近パトラ（Patla と Prentice, 1995）のグループは障害物を避けるスイング脚の制御におけるセグメント間ダイナミクスの役割を調査した。スイング脚の挙上のために必要な股関節と足関節の屈曲の調整が，スイング脚の股関節や足関節の回転エネルギーを能動的に調整することで行われているのではないことを見出した。スイング脚の股関節と足関節の回転運動エネルギーは障害物の高さに応じて変化しているわけではなかった（図 2-5）。むしろ，股関節と足関節の屈曲が障害物の高さに応じて増加するのは，股関節および足関節における動作依存の屈曲トルクであることが明らかとなった。この動作依存トルクは，膝関節の能動的な制御と股関節の並進パワー（関節力パワー）によって生じている。したがって，股関節と足関節

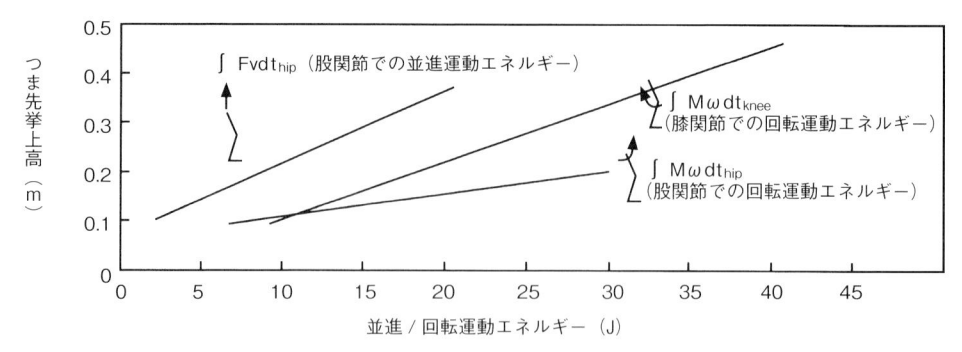

図 2-4 いろいろな力学的仕事源によるつま先挙上（アーマンドら，1994）

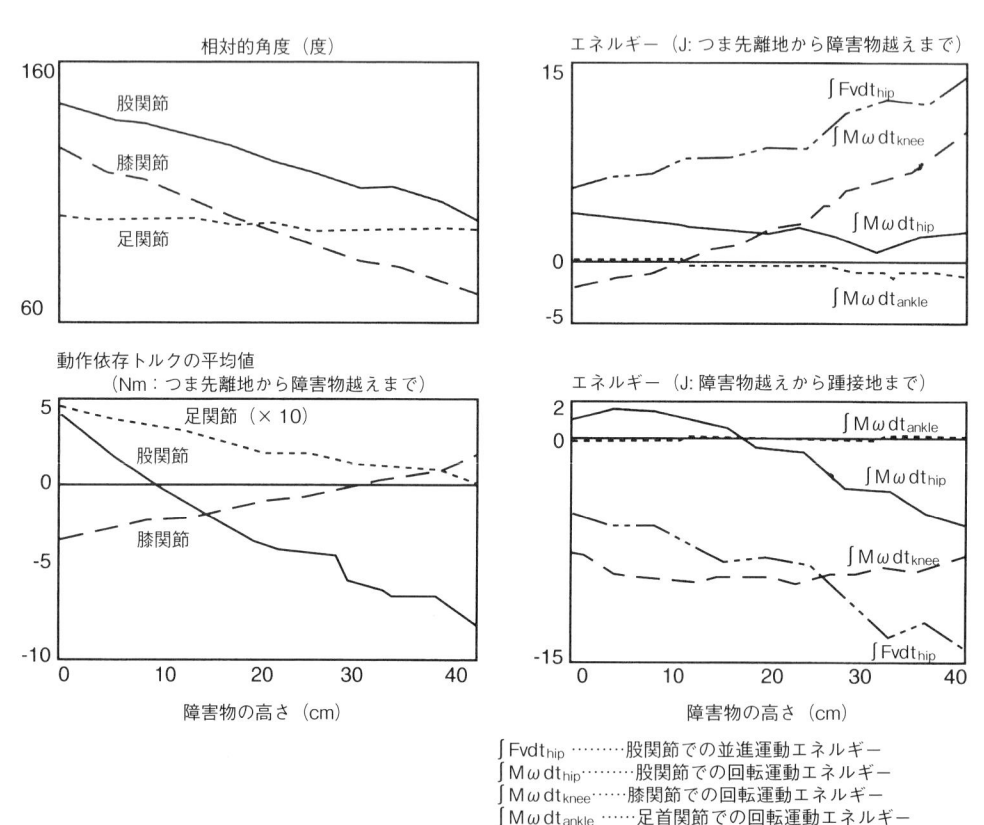

図 2-5 障害物を跨ぎ越す際の四肢の制御に必要とされる下肢関節の動力学変数の貢献度

$\int Fvdt_{hip}$ ………股関節での並進運動エネルギー
$\int M\omega dt_{hip}$ ………股関節での回転運動エネルギー
$\int M\omega dt_{knee}$ ……膝関節での回転運動エネルギー
$\int M\omega dt_{ankle}$ ……足首関節での回転運動エネルギー

は何のエネルギーコストを負っているわけではない。興味深いことに，中枢神経系がこのストラテジーを採用する理由を調査すると，股関節の並進パワーが最もエネルギーの面からみて効率的な機構であることがわかった。そして，膝関節の回転パワーが次につづき，股関節での回転パワーが最も非効率的であった。図2-5は，パトラとプレンティス（1995）の研究による関節エネルギー分析の結果を示したものである。エネルギー保存の観点から見ると，障害物を越すためにスイング脚を挙上するのに，中枢神経系が股関節の並進パワーと膝関節の回転パワーを使うことは驚くべきことではない。

さまざまな環境に適応するために下肢の局所的レベルで調整が行われているという四肢のダイナミクス制御を考慮して，特定の速度や歩容様式を選択することがエネルギーコス

トを減少させるためにどのような役割を果たしているのか調査することによって，歩行中の省エネ機構の論議を進めてみよう。

［3］速度の調整と歩容の転移

脚を使った陸上でのロコモーションには，いくつかの動作様式が認められる。ホイトとテイラー（Hoyt と Taylor, 1981）の有名な論文には，ポニーが歩行，速足，疾走[訳注18]の際に選択する速度では，エネルギーコストがそれぞれの動作様式の中で最も低くなることが示されている（図2-6）。つまり，動物はロコモーションのエネルギーコストには敏感で，ある動作様式で移動する場合の代謝コストを最少にする速度を無意識に「自己選択」するのである。同じ動作様式でも最適でない速度では，エネルギーコストは著しく大きくなる。ある速度に到達すると，動物は四肢の協応パターン（coodination pattern）を変えずに速度を上げるのではなく，より経済的な他の動作様式に切り換える。同様に，ヒトでもあるロコモーション速度で，より少ないエネルギーコストになるようなストライド長（stride length）[訳注19]を選択する。選好ストライド長より広くても狭くても，エネルギーコストは急激に増加す

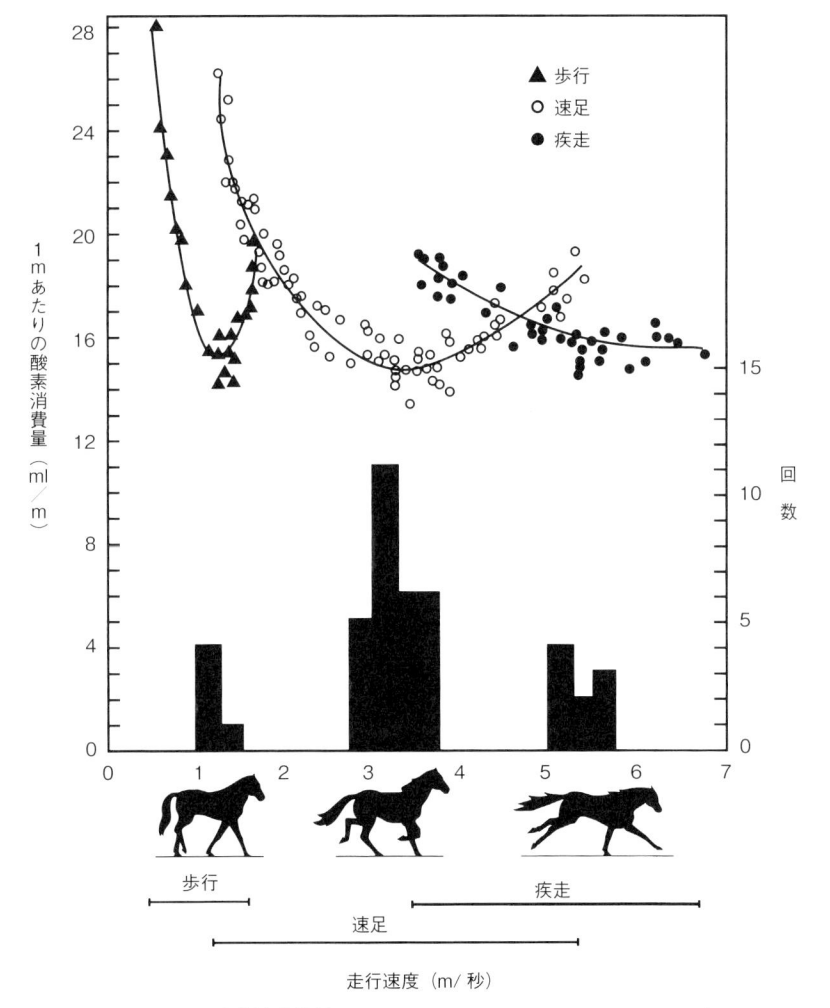

図 2-6　酸素消費曲線（Nature 292: 239-240 より許可を得て掲載）

るのである（CavanaghとWilliams, 1982）。

歩行の制御において，エネルギー最少となるように速度を選択するという方法をとることに加え，歩容パターンを異なるものへと変化させることによって，単位移動距離あたりのエネルギーコストを最少にすることができる。歩行や走行の速度と代謝エネルギーコストの関係は，ある速度で歩行からランニングに切り換えることで省エネを達成できることを示している（MinettiとAlexander, 1997）。

歩容の相転移（transition）は，主にロコモーション速度が変化した場合について研究されてきたが，地形の違いによるエネルギーコストの研究はあまり行われてこなかった。しかし，地形変化は歩容を変化させる要因でもある。たとえば，ウォレン（Warren, 1984）は階段の高さを変えることによって，ある高さ以上では二足登行から四足登行へと動作が移行することを示した。最近，パトラ（Patla, 1997）は進路に種々の高さの障害物を置いた際に，被験者がどのような選択を行うのか調査した。障害物の高さがある高さ（下肢長に等しい高さ）にまで達すると障害物を跨ぐよりも迂回する方法を選択した。このような動作パターンの移行もエネルギーコストで導き出されたものであると考えることができる。高い障害物を跨ぐために重力に抗して身体を挙上させることは，迂回するよりもコスト高になるのかもしれない。

[4] 神経－筋骨格系疾患におけるエネルギーコスト

通常行われるロコモーションが最も効率的であるというここまでの結果から，制御システムや筋骨格系に影響を与える病気は，多かれ少なかれエネルギーコストを増大させると考えられる（Winter, 1978）。たとえば，脳卒中患者はある時間内で長い距離を歩くことはできない。また，筋骨格系には障害のない脊髄損傷患者が歩行補助システムを装着して歩く場合にも，健常者に比べると高いエネルギーコストを示す（Massucci, 1998）。

まとめると，さまざまなロコモーションにおいては，エネルギー消費を最少にするという固有の節約機構が動物の神経系には組み込まれているということがいえる。とすると，次の重要な問題は，エネルギーコストを考えることだけでロコモーションパターンを完全に説明できるのか，あるいはヒトの歩行で見られるパターンを説明できるようなものが中枢神経系で他にあるのではないかということである。この疑問に関しては，次項で検討することにしよう。

3．エネルギーコストで歩容の全特徴を説明できない

ヒトの二足歩行は，同一サイズの動物の同一速度での四足歩行に比べると，多くのエネルギー代謝を必要とする。ある速度でのヒトのランニングのエネルギーコストは，同一サイズの四足動物のものに比べてはるかに大きい（TaylorとRowntree, 1973）。したがって，四足歩行から二足歩行への移行は，エネルギーコスト高を上回る利得がヒトにもたらされなければならなかった。熱帯雨林から草原に生息地を変えたことが四足歩行から二足歩行への移行の原動力となったと考えられる。草原は，新しい進化的な機会を与えたが，

敵からの危険も増加させた。ネイピア（Napier, 1967）は，サバンナの森林地帯が熱帯雨林と草原とのあいだの過渡的な生息地として存在したはずだと考えた。サバンナの森林地帯では，霊長類は新しい食物をとるためにときどき二足歩行をする必要があり，その経験が積み重ねられた。また，木が敵から逃れる道をつくってくれ，森林から食物が供給される。霊長類に見られる垂直姿勢での抱擁が習慣的な二足歩行につながる過渡的なロコモーター行動であるとも考えられる（Napier, 1967）。ロコモーションから解放された前肢で，別の場所へ食物を移動したり，離れた地点から獲物を捕れるように道具を開発した。狩のために道具を正確に用いなければならないということが，脳の発達の契機になったと考えられている。

相対成長理論（アロメトリー）[訳注20]を用いて種々のサイズの動物のある速度における移動運動のエネルギー消費量を予測するときにも（FedakとSeeherman, 1979；Taylorら，1982a），エネルギーコストにおいて2倍の違いが認められることに注意しなければならない。このようなエネルギーコストのばらつきは，見た目の「優美さ」，あるいは洗練された動作というような他の要因によるのかもしれないと考えられている（FedakとSeeherman, 1979）。

［1］酸素摂取量と速度の選択とロコモーションの形―ある条件付で―

先述したテイラーらのグループの先駆的研究（HoytとTaylor, 1981）は，エネルギーコストがロコモーションのパターンを決定づける重要な役割を果たしているという考え方を支持するものとして多く参照されてきた。その最も基本的な命題は，動物は酸素摂取量という観点から見て最も効率のよいロコモーション速度を選択し，またある速度で最も経済的なロコモーション様式（歩行，走行，速足[訳注18]，疾走）を選択するということである。実験データを提示して論議することは難しいが，もう少しこのことの根拠について詳しく確認する必要がありそうだ。

まず，ホイトとテイラー（1981）が示した酸素消費とロコモーション速度の関係は，ある1つの最少値を示すものではないことに気づく（図2-6）。底辺がやや平らなU字型曲線は，酸素消費量が類似したロコモーション速度がある程度広がっている。したがって，ロコモーションのある速度帯は他の速度帯に比べて低酸素消費になり，また一般に動物は酸素消費が低い速度帯で動いているが，唯一の最適ロコモーション速度というものが特定されるわけではない。

2番目に，酸素消費量を測定するということは，ロコモーション中の無酸素性の燃料源は主要な要因ではないということを前提にしている。これは，とくに高速の走行中にはありえないことである。さらに，酸素消費量の測定は動作1サイクルにおける平均値である。1サイクル中，筋収縮のエネルギー源が主に酸素であるという直接的な証拠はまったくない。たとえば，サイクリングの推進相（下肢が下方に動いている相）において筋は収縮し主に無酸素的にエネルギーを使い，回復相（下肢が上方に動いている相）において酸素が消費されるということも考えられる。

3番目としては，酸素消費の測定時間を考えてみる。歩行やランニングのあいだに，酸

素消費量を測定することが重要であることは直感的に理解できる。しかし，ロコモーションのような全身運動中，われわれは酸素負債を負うことになる。酸素負債とは，運動終了後に呼吸循環器系で返済される運動中に不足した酸素のことである。スポーツ選手が運動終了後に喘いでいるのを見れば容易に理解できる。通常のゆっくりとした速度でのロコモーションについて検討しているときには，呼吸循環器系の限界付近ではなく，エネルギーは安定して有酸素的に供給される。しかしながら，高速度での歩行やランニングを考えた場合，このエネルギー負債の影響を無視するわけにはいかない。つまり，無酸素性のエネルギーコストは，酸素消費量の測定では説明できないことを考慮すべきである。

4番目は，これらの研究で測定項目として使用されてきた酸素消費量には，動作効率という意味が暗に含まれている。酸素消費量が最少であることが，動作がより効率的であることと等しいと考えられている。上述してきたような問題点にもかかわらず，酸素消費量は，機械的効率を算出する際の唯一の分母である。力学的仕事量が算出式の分子となる。力学的仕事量は，ある点から別の点に動く身体重心の外的仕事量（external mechanical work）だけでなく，周期的に動く四肢の内的仕事（internal mechanical work）も含む。これらのエネルギーコストは多くはトレッドミル上の歩行やランニングについて研究されてきたので，重心が別地点へと移動することはなく外的に発揮される力学的エネルギーを求めることはできなかった。そのため，内的な力学的仕事量が分子として用いられることになる。問題は，内的力学的仕事量は簡単には計算できず，どの方法が最もよい方法なのか研究者間で同意が得られていないということである（Winter, 1979；WilliamsとCavanagh, 1983；Elftman, 1939）。本章の後半で，この問題についてもう一度論議しよう。ここでは，ロコモーションパターンの決定要因として，効率を求める計算式の分母，すなわち酸素消費量だけを使うことの是非を考えてみる。2つの異なる速度のロコモーションで内的力学的仕事が同じで酸素消費量だけが異なると仮定したとしよう。この仮定は，当然のことながら実験的な証明なしでは支持できないようなものである。しかし，このような場合，エネルギーコストだけで特定の筋活動パターンを正確に予測することは不可能である。そして，その正当性はすでに確認されている。以下で詳細を説明しよう。

［2］最適化モデルは筋活動あるいはエネルギーコストを予測しない

これまで，単一の目的関数を持った最適化モデルが，筋活動パターンを予測するために使われてきた（Pedottiら, 1978；Penrodら, 1974；CrowninshieldとBrand, 1981）。しかし，どれもあまり成功したとはいいがたい。視覚的に比較すると，筋電図によって示された筋活動パターンとモデルで予想された筋力はモデルの妥当性を示しているようにみえる。クラウニンシールドとブランド（CrowninshieldとBrand, 1981）は，最適化モデルの目的関数としてエネルギーコスト最少を用いたが，正確に筋活動パターンを予測することはできなかった。たとえば，モデルは中臀筋が立脚相全体で高い筋活動をすると予測したが，実際には立脚相の初期と終盤部分でしか筋活動はおこらなかった。同様に，前脛骨筋の活動は遊脚相に筋力を発揮していることを示しているが，モデルでは遊脚相の中期で筋力ゼロになった。モデルは筋活動を完全に予測できなかったわけではないが，筋活動のすべての

特徴を説明できるわけでもなかった。実際の筋放電パターンとモデルにより予想される筋活動パターンのあいだでの一致がみられなかった理由の１つとして，EMGと力の非線形な関係が筋それぞれによって異なっているということがあげられるだろう（Fuglevandら，1993）。結局，エネルギーコストだけでロコモーション中にみられる筋活動パターンを説明することは不可能なのである。

　エネルギー最適化法を利用する二足歩行の順動力学モデルは，実験データの一般的な傾向を予測することは可能であるが，ロコモーションのエネルギーコストを実際よりかなり低く見積もってしまうという（MinettiとAlexander，1997）。このシミュレーションの結果で示されたのは，「われわれが行っている実際の歩行は，エネルギー消費を最少にする歩行とは若干異なったものだ」ということである。

　最近，チョウら（Chouら，1997）はエネルギー最適化法を使って，障害物を跨ぎ越すようなロコモーションを説明しようと試みたが，予測されたモデルの運動と実際の運動とは一致しなかった。この結果は，とくに驚くべきことではない。通常の水平面での歩行ではグランドクリアランス[訳注21]が１cm以下と比較的小さいのに対し，障害物を越えるにはつま先のクリアランスは障害物から平均10 cmにもなるからである（PatlaとRietdyk，1993）。もし，エネルギーコストが最重要の制限因子であるならば，神経系はクリアランスを減少させ，スイング脚を挙上するのに必要なエネルギーを減少させるだろう。

　論議してきたように，このように一般的ではないロコモーションにおいてはエネルギーコストよりむしろ安全性がより重要なのである。しかしながら，ここで重要な点は，脚の挙上自体はエネルギーコストを減少するという制約を受けていなかったにもかかわらず，最もエネルギー効率のよい方法で行われる，ということである（PatlaとPrentice，1995；Armandら，1997）。

［3］2点間で選択された移動経路は必ずしも最短経路ではない

　ここまでは，ロコモーションにおけるステップ周期（step cycle）の構造変化という，いわば局所的なミクロな観点から論じてきた。歩行はこのような基本的パターンの繰り返しなので，ステップ周期が効率的ならば，ある場所から次の場所への移動は全体のエネルギーコストにおいても効率的であるという仮説が成立する。もう少しマクロな観点に立ち，ごく最近になり，歩行経路，すなわち小径の生成過程に関する研究が行われた（Helbingら，1997）。彼らは，大学のキャンパス内にある２つの建物間の芝生にできた小径を調査した。小径はヒトが歩くことによって日ごとに発達したが，利用者は必ずしも最短距離を通っているわけではなかった。つまり，２つの建物間の移動に対するエネルギーコストは最少化されていなかった。小径の生成は「より心地よい」ように選択されていたと報告されている。多くの人びとが通ることで形成される小径は，安心感を与えるようなロコモーションを引き出しているといえるだろう。

　利用者間の好みと最短経路が一致しないことは，とくに驚くべきことではないのかもしれない。マヤのピラミッドやエアーズロックのような場所では，他の旅行者によりつくられた，とくによく使いこなされた足跡を目にする。そして，その足跡はまた，新しい訪問

者も使うことになる。その足跡は必ずしも 2 点間の最短距離を通っているわけではない。したがって，エネルギーコストは移動距離の増加分だけ単純に大きくなる。他のヒトの足跡についていくような行動は，確実に生き残るために進化によって形成されたものであるといえよう。他の経路には，不安定な地形があったり，敵が潜んでいたりするかもしれない。よく踏み慣らされた跡を進むことはより安全で確率の高い方策なのである。

[4] 動的安定性の維持

四足歩行は，構造的にはつねに 3 本の足で支えられた広い支持基底面[訳注22)]を持ち，静的に安定しているといえる（Ting ら，1994）。静的安定性とは，重心位置が足によって定義される支持基底面の範囲内にあり，重心速度が無視できるぐらいに小さいことをいう。ところが，二足歩行ではストライド周期（stride cycle）中のほとんどは静的には不安定である。身体重心はその期間の 80％は支持基底面の外側にあるからである（Winter, 1991）。したがって，二足歩行の安定性を考慮することは，きわめて難しい。われわれは動的安定性を取り扱うことになるので，身体重心の位置と速度の両者を考慮する必要がある。非常に多くの感覚運動系の機能が動的安定性を維持するために動員されている。筋骨格系の構造的進化的変化によって，直立した大きな質量をもつ体幹部のバランスが，ピッチおよびロール平面，すなわち矢状面および前額面の両平面内でコントロールされている（Lovejoy, 1988）。

歩行中の動的安定性を制御するために直接関与している筋活動パターンを考えてみる。まず，支持脚相で股関節伸展筋群と屈曲筋群が，体幹の矢状面のピッチ動作を制御する（Winter, 1991）。膝関節周りの筋群は重力に対抗して，膝が折れるのを防ぐ。股関節外転・内転筋群が体幹のローリング動作を制御し，支持脚期を通じて身体重心が前額面内に位置するように制御する。遊脚相の最後にハムストリングが活動し，スリップしない程度まで下腿を減速させる。遊脚相の初期の，前脛骨筋の活動は，つまずきを避けるための適切なグランドクリアランス高を確保し，一方遊脚相の後半の活動によって，安定した着地をするための適切な足の位置を確保する。体幹の筋群は，股関節の加減速の結果として頭部で感じる加速度を減衰させ，視覚および前庭系に安定した土台を確保することになる。ステップ周期中の筋活動のこれらの役割が，歩行における動的安定性に非常に大きな影響を与えているのである。安定して安全な歩行動作が強く要求される中で，エネルギーコストについての考慮は取るに足りない位置を占めているといわざるをえない。

これまで，動作中に転倒しないために外的な安定性を維持するということに討論の焦点を当ててきた。ロコモーション中に発揮される力は，さまざまな身体組織にストレスを与えることが予想されるが，これらの力がロコモーションに関連する運動組織にダメージを与えないようにしなければならない。ここで，種々の組織の構造特性がロコモーションのパターン形成に重要な役割を果たす。たとえば，骨は大きな圧縮力にも耐えられるが，屈曲ストレスにはもろい（Biewwener, 1990）。そのため，ロコモーション中には骨の屈曲モーメントを最少にするために，圧縮力を増すような筋群の同時収縮と高エネルギーコストが優先される（Winter と Scott, 1993）。

4．まとめ―ロコモーション中には複数の目的が最適化される―

　上の副題が，この章の中心的なメッセージとなる．つまり，代謝エネルギーコストを最少にするというよりもむしろ，その他のいくつかの重要な目的によって，歩行動作は決定される．動作のモデル化のために，単一の目的関数を使った最適化研究は，失敗に終わってきた（Pedottiら，1978；Chow と Jacobson，1971；Crowninshield と Brand，1981；Collins，1995）．これまでに，歩行動作をモデル化するために複数の目的関数を使った研究は見あたらない．最近，このような観点からわれわれは障害物を跨ぎ越す際のスイング脚の動作をモデリングすることに焦点を当てた研究を行おうとしている（Armandら，1998）．

　スイングしている脚の運動を生成する制御入力を予測するために，つま先のクリアランス（エネルギーコスト），安定した着地（動的安定性），適切な歩幅（安定性とエネルギーコスト）を含む複数の目的関数を用いて研究を行っている．制御した入力は立脚相終盤の初期条件と遊脚相での二関節筋の活動である．キーポイントとなる結果の例を図2-7に示した．エネルギーコストだけ（つま先のクリアランスとつま先の最大挙上高）を最適化することにより，スイング脚はうまく障害物を跨ぎ越すことができる．しかし，着地時の重心位置は足の前方に位置し，明らかに現実とは異なるものであった．このシミュレーションでは，制御系がエネルギーコストと安定性の両方を満足したときだけ，うまく障害物を跨ぎ越すことができた．同様の結果は，支持脚でも見られた．

　このような新しい研究結果は，遊脚相で観察された実験パターンは，異なるいくつかの目的関数を満足させる必要があるということを示唆している．満足すべき目的変量の数が異なる場合には，制御入力は観察された動作パターンに応じて変化する．したがって，中枢神経系がその制御にあたって1つ以上の目的関数を考慮していると考えなければ，ヒトの歩行動作を正確にモデル化することはできない．

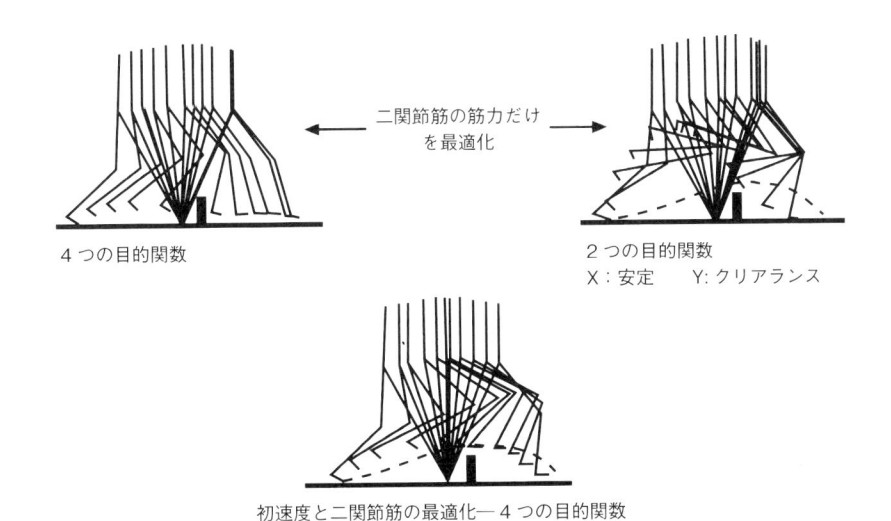

図2-7　障害物跨ぎ越し歩行時の四肢の軌跡を複数の目的関数で最適化した結果

■これからの研究

　熟練したロコモーション行動は生きるために重要で，進化のプレッシャーを受けて洗練されてきた。研究者が直面する難問は，神経系が何を最適化しようとしているかを解明することである。しかし，単一の目的だけで二足歩行の特徴を説明することはできないだろう。それよりもむしろ，課題に応じて，種々の競合する目的の重みづけにより調整されている可能性が高い。時間尺度も目的にともない変わる可能性があるだろう。長期にわたる生き残りのために重要なことが，短期間で見ると重要なことのために犠牲になるかもしれない。種々の地形でのロコモーションを研究する新しい実験パラダイムが，測定項目や解析方法の改善とともにこの重要な研究を進めていく際に必要となるだろう。

【謝辞】
　NSERC と MRC カナダからの助成に深謝いたします。

【訳者注】
13) 歩容…歩行やランニングなど，移動時の脚の運動パターン。足取り。
14) ホヤ…海鞘。尾索類ホヤ目に属する原索動物の総称。
15) ASIMO…本田技研工業株式会社が開発したヒューマノイドロボットで Adavanced Step in Innovative Mobility の頭文字をとって命名した。実質的に二足で歩行するヒューマノイドロボットとして 2000 年に発表された。
16) 遊脚相…歩行やランニングにおいて，脚が浮いている（地面に着いていない）期間。
17) 立脚相…歩行やランニングにおいて，脚が地面に着いている期間。
18) 歩行, 速足, 疾走…馬が歩いたり走ったりする際の脚の動かし方には4つのパターンがある。ゆっくりと歩く，通常の歩行の場合は常歩（なみあし）といい，①左後肢・②左前肢・③右後肢・④右前肢の順で歩を進める。それから徐々に速度を上げるにつれて，速歩（はやあし）（トロット），駈歩（かけあし）（キャンター），襲歩（しゅうほ）（ギャロップ）と呼ばれる歩容を示すようになる。速歩は，①右前肢と左後肢・②左前肢と右後肢の2拍子で着地，駈歩は，①左後肢・②左前肢と右後肢・③右後肢の順に3拍子で着地，襲歩は，①左後肢・②右後肢・③左前肢・④右前肢の順で速い4拍子で着地する。本書では，読者の理解を早めるために，この常歩－速歩－駈歩－襲歩のうち，頻出する襲歩とほとんど出てこない駈歩を合わせて疾走と呼ぶことにし，速歩は歩行に分類されるとの誤解を招きやすいために速足とし，歩行－速足－疾走の3つのパターンで示すこととする。
19) ストライド長…右足（または左足）が着地してから，次に同側の足が着地するまでの2歩（2ステップ）分の距離。ステップ長は1歩分の歩幅。本書では，ストライド長を使用しているが，歩幅と考えても大差はない。
20) 相対成長理論（アロメトリー）…生物の帰属単位を身体サイズの変化とともにどう変わるかを示した理論。成長を指数関数で表せるという前提の下に，$Y=aX^b$，あるいは $\log Y = a' + b \log D$ という方程式で成長関係を表したものを相対成長式という。
21) グランドクリアランス…遊脚期における地面と足底との最短距離。
22) 支持基底面…接地している足およびそれ（ら）に囲まれている地面または床の領域。

【引用・参考文献】

Alexander, R. McN. 1982. Simple models of the mechanics of walking in neural prostheses. In R.B. Stein, P.H. Peckham, and D.P. Popovic, 191-201. London: Oxford University Press.

Alexander, R. McN. 1989. Optimization and gaits in the locomotion of vertebrates. *Physiological Reviews* 69: 1199-1227.

Alexander, R. McN. 1990. Three uses for springs in legged locomotion. *The International Journal of Robotics Research* 9: 53-61.

Alexander, R. McN., and H.C. Bennet-Clark. 1977. Storage of elastic strain energy in muscle and other tissues. *Nature* 265: 114-117.

Armand, M., J.P. Huissoon, and A.E. Patla. 1998. Stepping over obstacles during locomotion: Insights from multiobjective optimization on set of input parameters. *IEEE Transactions on Rehabilitation Engineering* 6: 43-52.

Armand, M., A.E. Patla, and J. Huissoon. 1994. Modelling of human swing leg motion during locomotion. *Proceedings of the 18th Biennial Conference of the Canadian Society of Biomechanics*, 94-95. Calgary, Canada.

Batty, M. 1997. Predicting where we walk. *Nature* 388: 19-20.

Bernstein, N.A. 1967. *The coordination and regulation of movements*. London: Pergamon Press.

Biewener, A.A. 1990. Biomechanics of mammalian terrestrial locomotion. *Science* 250: 1097-1103.

Carrier, D.R., N.C. Heglund, and K.D. Earls. 1994. Variable gearing during locomotion in the human musculoskeletal system. *Science* 265: 651-653.

Cavagna, G.A., N.C. Heglund, and C.R. Taylor. 1977. Mechanical work in terrestrial locomotion: two basic mechanisms for minimizing energy expenditure. *American Journal of Physiology* 233: R243-R261.

Cavagna, G.A., and P.R. Margaria. 1983. A model for the calculation of mechanical power during distance running. *Journal of Biomechanics* 15: 115-128.

Cavanagh, P.R., and K.R. Williams. 1982. The effect of stride length variation on oxygen uptake during distance running. *Medicine and Science in Sports and Exercise* 14: 30-35.

Chou, L., L.F. Draganich, and S.M. Song. 1997. Minimum energy trajectories of the swing ankle when stepping over obstacles of different heights. *Journal of Biomechanics* 30: 115-120.

Chow, C.K., and D.H. Jacobson. 1971. Studies of human locomotion via optimal programming. *Mathematical Biosciences* 19: 239-306.

Collins, J. 1995. Redundant nature of locomotor optimization laws. *Journal of Biomechanics* 28: 251-267.

Corlett, J. 1992. The role of vision in the planning and guidance of locomotion through the environment. In *Vision and Motor Control*, eds. L. Proteau and D. Elliott, 375-397. Elsevier Science.

Crowninshield, R.D., and R.A. Brand. 1981. A physiologically based criterion of muscle force prediction in locomotion. *Journal of Biomechanics* 14: 793-801.

Dagg, A.I. 1977. *Running, Walking and Jumping: the science of locomotion*. London: Wykeham.

Diedrich, F.J., and W.H. Warren Jr. 1995. Why change gaits? Dynamics of the walk-run transition. *Journal of Experimental Psychology: Human Perception and Performance* 21: 183-202.

Dunbar, D.C., and G.L. Badam. 1998. Development of posture and locomotion in free-ranging primates. *Neuroscience and Biobehavioral Reviews* 22: 541-546.

Elftman, H. 1939. Forces and energy changes in the leg during walking. *American Journal of Physiology* 125: 339-356.

Fedak, M.A., N.C. Heglund, and C.R. Taylor. 1982. Energetics and mechanics of terrestrial locomotion. *Journal of Experimental Biology* 79: 23-40.

Fedak, M.A., and H.J. Seeherman. 1979. Reappraisal of energetics of locomotion shows identical cost in bipeds and quadrupeds including ostrich and horse. *Nature* 282: 713-716.

Fuglevand, A.J., D.A. Winter, and A.E. Patla. 1993. Models of recruitment and rate coding organization in motor unit pools. *Journal of Biomechanics* 70: 2470-2488.

Gribble, P.L., D.J. Ostry, V. Sanguineti, and R. Laboissiere. 1998. Are complex control signals required for human arm movement? *Journal of Neurophysiology* 79: 1409-1424.

Heglund, N.C., G.A. Cavagna, and C.R. Taylor. 1982. Energetics and Mechanics of Terrestrial Locomotion. *Journal of Experimental Biology* 79: 41-56.

Heglund, N.C., M.A. Fedak, C.R. Taylor, and G.A. Cavagna. 1982. Energetics and mechanics of terrestrial locomotion. *Journal of Experimental Biology* 79: 57-66.

Helbing, D., J. Keitsch, and P. Molnár. 1997. Modelling the evolution of human trail systems. *Nature* 388: 47-50.

Hill, A.V. 1950. The dimensions of animals and their muscular dynamics. *Science Progress* 38: 209-230.

Hoyt, D.F., and C.R. Taylor. 1981. Gait and the energetics of locomotion in horses. *Nature* 292: 239-240.

Lovejoy, C.O. 1988. Evolution of human walking. *Scientific American* 259: 118-125.

Massucci, M., G. Brunetti, R. Piperno, L. Betti, and M. Franceschini. 1998. Walking with the advanced reciprocating gait orthosis (ARGO) in thoracic paraplegic patients: energy expenditure and cardiorespiratory performance. *Spinal Cord* 36: 223-227.

McGeer, T. 1990. Passive dynamic walking. *International Journal of Robotics Research* 9: 62-82.

Minetti, A.E., and R. McN. Alexander. 1997. A theory of metabolic costs for bipedal gaits. *Journal of Theoretical Biology* 186: 467-476.

Mochon, S., and T.A. McMahon. 1980. Ballistic walking. *Journal of Biomechanics* 13: 49-57.

Mochon, S., and T.A. McMahon. 1981. Ballistic walking: an improved model. *Journal of Mathematical Biosciences* 52: 241-260.

Napier, J. 1967. The Antiquity of Human Walking. *Scientific American* 217: 50-60.

Patla, A.E. 1997. Understanding the roles of vision in the control of human locomotion. *Gait and Posture* 5: 54-69.

Patla, A.E., and S.D. Prentice. 1995. The role of active forces and intersegmental dynamics in the control of limb trajectory over obstacles during locomotion in humans. *Experimental Brain Research* 106: 499-504.

Patla, A.E., and S. Rietdyk. 1993. Visual control of limb trajectory over obstacles during locomotion: effect of obstacle height and width. *Gait and Posture* 1: 45-60.

Pedotti, A., V.V. Krishnan, and L. Stark. 1978. Optimization of muscle-force sequencing in human locomotion. *Mathematical Biosciences* 38: 57-76.

Pennisi, E. 1997. A new view of how leg muscles operate on the run. *Science* 275: 1067-1068.

Penrod, D.A., D.T.O. Davy, and D.P. Singh. 1974. An optimization approach to tendon force analysis. *Journal of Biomechanics* 7: 123-129.

Quanbury, A.O., and G.D. Reimer. 1976. Analysis of instantaneous energy of normal gait. *Journal of Biomechanics* 9: 253-257.

Roberts, T.J., R.L. Marsh, P.G. Weyand, and C.R. Taylor. 1997. Muscular force in running turkeys: the economy of minimizing work. *Science* 275: 1113-1115.

Rosenbaum, D.A., L.D. Loukopoulos, R.G.J. Meulenbroek, J. Vaughan, and S.E. Engelbrecht. 1995. Planning reaches by evaluating stored postures. *Psycho-

logical Review 102: 28-67.

Schmidt-Nielsen, K. Scaling in biology: the consequences of size. *Journal of Experimental Zoology* 194: 287-308.

Schmidt-Nielsen, K. 1972. Locomotion: energy cost of swimming, flying, and running. *Science* 177: 222-227.

Scott, W.H., and D.A. Winter. 1990. Internal forces at chronic running injury sites. *Medicine and Science in Sports and Exercise* 22: 357-369.

Sparrow, W.A., and K.M. Newell. 1994. Energy expenditure and motor performance relationships in humans learning a motor task. *Psychophysiology* 31: 338-346.

Taylor, C.R., N.C. Heglund, and G.M.O. Malloy. 1982. Energetics and mechanics of terrestrial locomotion. I. Metabolic energy consumption as a function of speed and body size in birds and mammals. *Journal of Experimental Biology* 97: 1-21.

Taylor, C.R., and V.J. Rowntree. 1973. Running on two or four legs: which consumes more energy? *Science* 179: 186-187.

Ting, L.H., R. Blickhan, and R.J. Full. 1994. Dynamic and static stability in hexapedal runners. *Journal of Experimental Biology* 197: 251-269.

van Ingen Schenau, G.J., M.F. Bobbert, and A. de Haan. 1997. Does elastic energy enhance work and efficiency in the stretch-shortening cycle? *Journal of Applied Biomechanics* 13: 389-415.

Warren, W.H. Jr. 1984. Perceiving affordances: visual guidance of stair climbing. *Journal of Experimental Psychology: Human Perception and Performance* 10: 683-703.

Williams, K.R., and P.R. Cavanagh. 1983. A model for the calculation of mechanical power during distance running. *Journal of Biomechanics* 15: 115-128.

Winter, D.A. 1978. Energy assessments in pathological gait. *Physiotherapy Canada* 30: 183-191.

Winter, D.A. 1979. A new definition of mechanical work done in human movement. *Journal of Applied Physiology* 46: 79-83.

Winter, D.A. 1991. *The biomechanics and motor control of human gait: normal, elderly and pathological.* Waterloo, Canada: University of Waterloo Press.

Winter, D.A., A.O. Quanbury, and G.D. Reiner. 1976. Analysis of instantaneous energy of normal gait. *Journal of Biomechanics* 9: 253-257.

Winter, D.A., and D.G.E. Robertson. 1978. Joint torque and energy patterns in normal gait. *Biological Cybernetics* 29: 137-142.

Young, R.P., S.H. Scott, and G.E. Loeb. 1992. An intrinsic mechanism to stabilize posture: joint-angle-dependent moment arms of the feline ankle muscles. *Neuroscience Letters* 145: 137-140.

Zajac, F.E., and M.E. Gordon. 1989. Determining muscles' force and action in multiarticular movement. *Exercise and Sport Sciences Reviews* 17: 187-230.

Zernicke, R.F., and J.L. Smith. 1996. Biomechanical insights into neural control of movement. In *Handbook of Physiology,* ed., 293-330.

著者紹介

アフタブ・パトラ（Aftab E. Patla）…ウォータールー大学（カナダ）教授。主な研究テーマ：歩行制御における視覚の役割，動的安定性（立位，歩行時）の維持戦略，知覚－運動連関。

ウィリアム・スパロー（William A. Sparrow）…ディキン大学（オーストラリア）上級講師。研究の主なテーマ：代謝エネルギー消費と運動制御。本章の他に第4章，終章，そして編集を担当。

Column 2

ベルンシュタイン問題

　人間の運動生成の根底にある選択問題。目の前にある書棚に入れてある本に手を伸ばす動作を例に考えてみよう。この本をとるために手を伸ばす経路（軌道）は無数に存在するが，われわれは無意識にある1つの経路を選択している。仮に経路が決まったとしても，それを達成するための関節角度の組み合わせも無数に存在する。そしてまた，関節角度の組み合わせが決まったとしても，その関節角度にするための筋張力の組み合わせもまた無数に存在する。さらにミクロな視点を考えれば考えるほど，筋線維，運動単位と，自由に選択できる変数の数（自由度）は爆発的に増加していく。しかし，実際に動作を行う際には，何の苦もなく何らかの組み合わせを選択し，本を簡単に手にすることができる。

　このように，ほとんどの運動課題に対して身体は冗長な自由度を持ち，何らかの拘束条件を生じさせることによって，冗長な自由度を消失させ，運動を実行している。このような多自由度性，冗長性を自由度問題と呼んでいる。この拘束条件を与える有力な候補の1つとして，最少化理論があげられている。

　さらに，身体の生理学的な特性を考えると，同じ神経インパルスを発したとしても，姿勢によって異なる運動が生じることもある。たとえば，肩甲骨から上腕骨についている大円筋は肩の伸展，内転，内旋，水平伸展のいずれにも関わる筋で，同じ指令でも発令時点の肢位により，それらの運動の発現度合いは大きく変わることになる。このような入力と出力の関係が1対1ではなく，1対複数になる関係を多義性といい，多義性を持った人間システムに関連する，運動生成の問題を文脈多義性の問題と呼んでいる。

第3章

運動の熟練：
課題の要求と制約を考慮した動きの評価

グラハム・コールドウェル / リチャード・ファンエメリック / ジョセフ・ハミル

　この30年ほど，運動科学者は「機械的効率」という概念を人間の動きに適用し，スキルレベルを分類しようと努力してきた。「効率：efficiency」は，工学系分野に由来する用語で，消費エネルギーあたりの仕事量として定義される。効率は，冷蔵庫や暖房機器を比較する際には有効な方法であるが，人間の動きを記述する方法としては，今のところ，あまりうまくいっていない。ノーマンら（Normanら，1976）は，トレッドミルを使った研究で効率計算の問題点を指摘している。同じ速度で走っている3人の被験者について，代謝や運動学的変数を測定し，力学的仕事量，代謝量，機械的効率を計算した場合を想定しよう。発揮した力学的仕事量は走者Aのほうが多く，走者Cが少ないとすると，高い仕事量と高い効率性を示した走者Aのほうが走者Cよりも技能が高いと結論づける人がいるだろう。しかし，走者Cは走者Aよりも少ない力学的仕事量で同じ速度で走ることができるのだから，走者Cのほうがよい，と解釈することもできる。また，この例には，スキルの指標として効率を使うもう1つの欠点が示されている。つまり，効率あるいは力学的仕事量という1つの測定項目だけでは，実際のパフォーマンスに関連する情報や走者の動作テクニックの長所・短所に関する情報をほとんど知ることができない，ということである。言い換えると，効果的あるいは「効率」のよいパフォーマンスを達成するために，四肢がどのように制御されているのか，あるいはどのように協応的に運動しているのかについて，「効率」は何の示唆も与えてくれない。運動科学者にとって最も重要な問題である，人間がどのようにして上手く動いているのかを知ることができないのである。

　本書の序文には，「経済的な動きとは，比較的少ないエネルギー消費で課題の要求に見合った動きをすること」と書かれている。われわれは，この文の強調すべき点は，課題の

要求にあると考えている。課題の要求に見合ったかどうかは，どんな動作においてもその動作が成功したかどうかを判定するための必須条件である。課題の要求に焦点を当てるためには，その運動パフォーマンスの重要なポイントを明示的に認識している必要がある。パフォーマンス基準を認識することは，どのように課題を成就するかについて評価する前の段階で必要なことである。機械的効率や経済性（「効果的」なテクニックを定量化する生理学的な測定項目）のような1つのパフォーマンス測度では，この点において十分とはいえない。本章では，課題の要求と制約の統合に焦点を当てるとともに，適応的な運動パターンを形成する際にそれらがどのような役割を果たしているのか，という点について検討する。パフォーマンスの熟練については，多様な動作からある動作を選択する際の拘束条件に焦点を当てることによって，検討していくべきだと考えている。これらの拘束条件は，内的な（行為者特異的な）ものと外的な（環境および課題特異的な）ものの両方から生じる（Newell, 1986）。

たとえば，ランニングで，走者に直面する課題の要求と制約について考えてみよう。基本的なランニングのストライドは，すべてのレースで使われるが，パフォーマンスに影響を与える制約は，競技種目によって大きく変化する。100 m走の場合，有酸素能力はほとんど関係ないが，1500 m走のようにもう少し長い距離になると，きわめて重要になる。中距離競技においては，代謝システムはパフォーマンスにある程度の制約を与えるが，果たして有酸素代謝システムが重要でなくなる距離はどのくらいからなのか？ 短距離選手と長距離選手では，同じランニング技術を使わないが，代謝の要求度は，どの程度，技術選択に影響を与えるのだろうか？ あるいは，短距離選手と長距離選手の技術の違いに代謝は無関係で，走行速度によって使われる技術が決定すると考えることもできる。クロスカントリー競技では，ランニングのもう1つの側面を見ることができる。クロスカントリー競技では，不整地を走ることによって，基本のランニング動作に新たな制約を加えることになる。このような状況で走動作様式あるいは協応パターン（coodination pattern）を確立する際には，外的な安定度（つまずいたり転んだりしないこと）が最も重要になる。すべての競技で，ランニング・パターンは基本的に類似しているが（すなわち，遊脚期をあいだに挿んで左右交互の片足立脚期となるパターン），いろいろな状況下でランニングすることで，さまざまな環境と代謝の制約を与えていることになる。

上記のランニングの話は，ニューウェル（Newell, 1986）によって提唱された課題の制約の概念をうまく例示したものといえる。ニューウェルは，最適な協応パターンを決定するために相互に影響し合う3つのカテゴリーの制約を提案している。そのカテゴリーとは，生体，環境，課題の制約である。生体の制約には，身長や体重，体型などの時間に依存しないものとシナプス結合の変化のような時間依存のものとがある。環境の制約とは，一般に，生体外のもので，重力のような時間に依存しないものと，時間によって急激に変化する温度や風や湿度などがある。これらは，通常，実験者が操作できないものである。最後に，課題の制約には，具体的な目標，反応ダイナミクスのルール，反応ダイナミクスに制約を与える道具や機械が具体的にあげられる。上述の特徴から明らかなように，動作の最適性は，これらの3つの制約源が統合した結果である。多くの動作で考えるべき重要なことは，

行為者が意識的にあるいは無意識に探索している最適性の基準を同定することである．

人間のロコモーションに関する力学的仕事の研究では，効率の代わりに「熟練度（proficiency）」という用語を使うことが提案されている（CaldwellとForester, 1992）．彼らの考えでは，熟練は課題の目標に直接的に関係のある用語であり，課題の目標を達成しようとする行為者の能力を反映する変数を使うことによって測定できる．そして，熟練の概念の最も重要な点は，筋による力産生と手足のセグメントの動作との調和のとれた動きにあるとした．このアプローチでは，単一の効率計算法に欠けていたこと，すなわち，どのようにして課題を成功に導くような動作パターンを生成するのか，という点に焦点を当てている．コールドウェルとフォレスターの研究（CaldwellとForester, 1992）では，熟練度を検討するために，歩行やランニングにおける力学的仕事（mechanical work），パワー生成（power production），エネルギー転移メカニズム（energy transfer mechanism）が使われた．本章では，動作の評価に課題の要求や制約を含むことの重要性を指摘するために，スポーツや臨床の現場から多くの例を引き合いに出しながら，さまざまな観点から熟練や協応性について検討していく．このような分析のツールにはいろいろなものがあり，伝統的なニュートン力学からより現代的なダイナミカル・システムズ理論まで幅広い．まず，運動経済性と効率に関する話題から始め，その後，運動の熟練に関するより詳細な説明を行う．そして，運動制御におけるダイナミカル・システムズ理論（dynamical systems theories），運動と課題の制約の理解に対するダイナミカル・システムズ理論の貢献，エネルギー論的観点におけるシステムの安定性と変動の考え方へと進む．

1．運動経済性と効率

「経済性（economy）」と「効率（efficiency）」という用語は，あたかも同じ概念を示しているかのように，区別をつけずに使われることが多い．しかし，「経済性」はパフォーマンスの代謝量についての生理学的測定項目（酸素消費量，$\dot{V}O_2$，を計測することによって間接的に求められる）であるから，そのような使い方は間違いである．経済性は，通常，最大下努力での定常状態時の酸素消費率と定義される．たとえば，コスティル（Costill, 1970）は，最大酸素摂取量が等しい2人の走者のデータを示した．最大下のランニングにおいて，1人の走者はもう1人の走者よりもつねに少ない酸素消費で走っていた．最大酸素摂取量は同じであるが，必要とする酸素需要量は明らかに異なっており，この差がランニングの効率に大きく影響した．「ランニング」の効率は機械的効率に起因すると推測できるが，この研究では機械的効率を求めていない．

効率について検討する場合は，いかなる場合でも筋レベルから始めるべきである．それは，代謝系と力学系のあいだを直接結びつけるものだからである．筋内での化学的エネルギーから力学的エネルギーへの変換過程は複雑であり，熱力学の法則（the laws of thermodynamics）[訳注23]によって支配されている．このエネルギー変換（energy conversion）についての詳細な議論は，本章の目的から外れているので省略するが，2つのステップが関わっていることを頭に入れておくと，基本的な部分は理解できよう．1つめは，食物

の基質に含まれる化学的エネルギーをATPに変換すること（リン酸化結合：phosphorylative coupling）で，2つめはATPから力学的エネルギーや力への変換である。リン酸化結合の効率は60％と見積もられており，収縮時の効率は40％と考えられている（van Ingen Schenau, Bobbert, de Haan, 1997）。つまり，筋収縮の効率は約25％となる。ただし，疲労時には必ずしもこの限りではない（van Ingen Schenau, Bobbert, de Haan, 1997）。ある動作の全身の力学的エネルギー効率は，これらの筋活動の効率を含むものであることに注意すべきである。

全身の効率を計算するためには，入力エネルギーと出力エネルギーの2つの値が必要となる。人間の動きに関していえば，効率は消費した代謝エネルギーに対する行われた力学的仕事の割合であり，通常，パーセント（％）で示される。

効率（％）＝（筋が行った力学的仕事／筋が行った仕事の代謝量）× 100

効率計算に用いられる力学的仕事あるいは生理学的仕事の測定項目はたくさんある。したがって，異なる研究間で効率の値を比較することは難しい。「効率」という用語を使う際の主な欠点は，上記の式の分母の計算にも分子の計算にも欠点があり，しばしば誤解されていることである。

分母は，非タンパクの呼吸商[訳注24]を使って酸素摂取量と等価のカロリー量から計算する。この計算では，酸素消費1リットルあたりの変換率が5 kcalとして扱われることが多い。この方法を使って計算されたエネルギー消費量は全身のエネルギー消費を意味し，骨格筋の収縮によるエネルギー消費だけではない。つまり，必ずしも仕事に使った筋収縮によるエネルギー消費量を単離しているわけではない。このエネルギー消費量のことを総代謝量と呼んでいる。特定の課題に対する代謝量を決定するために，さまざまな方法が使われてきた（DonovanとBrooks 1977；Stainsbyら，1980）。一般的に，これらの方法は酸素摂取量からなんらかの基準値を差し引いたものである。たとえば，総代謝量から安静時代謝を引いて求めたものを純代謝量あるいは正味の代謝量（net metabolic cost）と呼ぶ。

効率を計算する際に総代謝量を使うことは，測定時の力学的仕事量に対して酸素消費量を多く見積もることになり，結果的に効率を低く見積もることになる。このように，効率の計算をする際には，純代謝量（総代謝量－安静時代謝量）を使ったほうが適切であるように思える。しかし，純代謝量は運動に起因する代謝の増加を示すものであり，必ずしも力学的仕事に関係しているとはかぎらない。つまり，主動筋と拮抗筋が同時収縮した場合や関節の安定性増加のための筋活動の増加は，力学的仕事の増加を反映していないのである。このように，筋活動だけでなされる仕事を単離することはほとんど不可能なのである。純代謝量は課題を達成するための実際の筋活動を過小評価することになる。したがって，実際の機械的効率よりも高い運動効率が得られる。

最も論争の火種になるのは，効率計算の分子の部分である。カヴァーニャら（Cavagnaら，1963, 1964）は，歩行やランニング中の仕事量を評価する際，全身の力学的エネルギーを代表するために，質点モデル，すなわち身体重心を用いた。身体重心の位置エネルギーと運動エネルギーを計算し，総力学的エネルギーあるいは仕事量を，前進速度の変化と垂

直変位の和として定義した。カヴァーニャ（Cavagna, 1964）は，運動エネルギーと位置エネルギーを足し合わせることによって，両者間で生じるエネルギー変換を無視できるようにしたのである。しかし，この研究では，歩行やランニング中の四肢の運動によって生じる仕事量と四肢の運動に関係して生じる内的な力学的仕事量を含んでいない。彼らの研究の最大の欠点は，全身のエネルギーを重心の運動に代表させたことである。

力学的仕事量は，内的仕事量（セグメントを動かすためになされた仕事量）と外的仕事量（物体を動かすためになされた仕事量）で構成されている（Winter, 1979）。外的仕事量は比較的計算しやすい。たとえば，自転車エルゴメータを漕ぐ際には，通常，抵抗をセットする。これは，身体によってなされた外的仕事に相当する。外的仕事は，力（自転車エルゴメータの場合，セットされた抵抗）とその力が働いた距離の積である。歩行やランニングの場合，被験者が坂道歩行やランニングをしている際に外的仕事がなされる。この場合，重力（体重）と身体が上昇した分の距離の積が外的仕事量である。上り坂では正の仕事がなされ，下り坂では負の仕事が行われる。しかし，水平歩行の場合，何の外的仕事も行われないことになる。これによって，力学的仕事を定量化するために内的仕事量の推定を行う必要性が生じ，水平歩行やランニングの研究をしている研究者たちがその推定値を使うようになったのである。また，それゆえに，内的仕事量の計算には，問題が残ってしまったのである。

内的仕事量の計算方法は，複数の研究者によって提唱されてきた。その方法は，セグメントの並進運動エネルギー（translational kinetic energy），位置エネルギー（potential energy），回転運動エネルギー（rotational kinetic energy）を求め，それらの合計を全身のエネルギーとするものである（Normnanら, 1976；Winter, 1978, 1979）。たとえば，総セグメントエネルギーは，以下のように計算できる。

$$TE_{segment} = KE + PE + RKE$$

ここで，$KE = \frac{1}{2}mv^2$，$PE = mgh$，$RKE = \frac{1}{2}I\omega^2$。ただし，mはセグメント質量，vはセグメント重心の速度，gは重力加速度，hはセグメント重心高，Iはセグメントの慣性モーメント，ωはセグメントの角速度。この計算方法には，エネルギー源のあいだでエネルギーの転移を考慮するのかしないのかによって2つの方法があり，エネルギーの転移を考慮する場合には，符号を残したまま合計し，考慮しない場合には絶対値を合計する。ウィンター（Winter, 1979）は，セグメント間およびセグメント内でのエネルギー転移を仮定しており，ノーマンらは仮定していない。ノーマンらの欠点は，正の仕事も負の仕事も同一とみなしていることである。正の仕事の代謝量と負の仕事の代謝量は同じではない。正の仕事（つまり短縮性筋収縮している際の筋活動による力学的仕事）の際の酸素消費量は，負の仕事を行っているときよりも多い。事実，負の仕事をしているときの酸素消費量は，正の仕事に比べて約3分の1である（Nagleら, 1965）。全身の力学的仕事量を計算する際の種々の方法に関する秀逸な総説がアレシンスキー（Aleshinsky, 1986d）とコールドウェルとフォレスター（1992）によって記されている。

アレシンスキー（1986d）とコールドウェルとフォレスター（1992）の総説によれば，仕事量推定法の多くは，力学的エネルギー源のすべてを網羅していない。たとえば，靭帯や

腱などの受動的な役割を果たす組織に蓄えられる弾性エネルギー (elastic energy)，セグメント重心に対する末端の動き，多関節筋を介したエネルギーの転移などを無視している。なされた力学的仕事の推定には，セグメントの動き（正の仕事，負の仕事の両方）を含むすべてのタイプの仕事，セグメント間やセグメント内のエネルギーの転移，弾性エネルギーの貯蓄と再利用を含む必要があるのは明らかである。ウィリアムズとカヴァナー (Williams と Cavanagh, 1983) は，上で示した要因を説明する係数を導入した，ランニングのための力学的パワーモデルを提唱した。全身のエネルギーを計算するために彼らが提唱した方程式を以下に示す。

$$PTOT = (1 - a_i)(1 - b_j) TPOS + \{(c_k) TNEG / d_l\}$$

ここで，TPOS は正の総エネルギー，TNEG は負の総エネルギー，a_i はセグメント間のエネルギー転移で生じる TPOS の割合，b_j はエネルギーの弾性貯蓄 (elastic strage) に起因する TPOS の割合，c_k は伸張性収縮による TNEG の割合，d_l は正の筋パワーに対する負の筋パワーの相対的代謝量。係数を系統的に変化させることによって，31%から197%の範囲で効率が変わった。このように，計算によって求められた効率の推定範囲は幅広く，その一部は現実的ではない値であったことから，ウィリアムズとカヴァナーは，力学的パワーの計算方法を確立するためには，さらなる研究が必要であると結論づけた。

力学的仕事量のもう1つの計算方法は，力学的パワー法 (mechanical power method) と呼ばれる方法である。この方法は，剛体リンク法を使った筋モーメントや関節間力の計算に関係したもので，人体計測値，運動学的変数[訳注8]，動力学的変数[訳注25]のデータが必要となる。筋が関節でなす仕事量をパワーの時間積分値として求める。

$$W_m = \int M \omega \, dt$$

ここで，M は筋モーメントで，ω は関節角速度である。関節中心を経由するエネルギーの転移は，

$$W_j = \int Fv \, dt$$

で表される。ここで，F は関節間力，v は関節中心の絶対速度である。総仕事量は，この値をすべての関節で足したものである。セグメントのエネルギーの時間微分とすべての関節パワーおよび筋パワーの合計を等式で表すことによって，力学的エネルギー法と力学的パワー法の関係を知ることができる (Robertson と Winter, 1980)。

この計算方法は，アレシンスキー (Aleshinsky, 1986a-e) の提唱する最も完全なセグメントエネルギーの解析方法の基礎となっている。彼は，この方法を展開し，力学的仕事量に関する他の計算法では省かれているエネルギー源を加えている。アレシンスキーのモデルには，セグメントが回転した結果生じるセグメントの末端とセグメントの重心位置との速度差に関わる項を含んでいる。ロバートソンとウインター (Robertson と Winter, 1980) が提唱した力学的パワーモデルには1セグメントにつき6つのパワー項が含まれているが，アレシンスキーのモデルには，さらに5つの項が付け加えられている。彼のモデルは，コー

ルドウェルとフォレスター（1992）による歩行とランニング中の下肢の遊脚相の研究に用いられている。アレシンスキー（1986a-e）とコールドウェルとフォレスターは，エネルギー法で計算した力学的仕事量の値は，実際に行われた力学的仕事量を表すものではないことを示した。

「効率」という言葉は，残念ながらバイオメカニクスや生理学の文献では誤用される用語の1つである。その意味を混同することが未だによく見受けられる。分母，分子ともに，実際には計測されないという点が最大の弱点である。ある効率計算では，その値が100％を越えることもあり（WilliamsとCavanagh, 1983），また負の値を示すこともある（GaesserとBrooks, 1975）。どちらも理論的にありえないことであり，熱力学の法則に反している。したがって，種々の研究における効率の値を比較することは，無駄な努力である。効率は，システムがどのように上手に生化学的エネルギーを力学的エネルギーに変換するのかを示す指標である，とみなすこと自体が正確ではない。

2．運動の熟練

人間の動きを研究する最も一般的な方法の1つは，ニュートン力学の法則[訳注26)]を適用することである。この方法では，1つのセグメントについて，観察された動きと，その動きを発生するための外力や内的な力で表す。力学的パワーモデルの際に述べたように，剛体リンクモデルによる逆動力学を用いることにより，ある物体の各関節に作用する力やモーメントを計算することができる。これらの計算から，セグメントの動き（運動学的変数）や力（動力学的変数）を詳細に記した時系列グラフを作成できる。この方法は，いろいろな動きにおけるセグメントの協調性に関する研究に利用されてきた（BreslerとFrankel, 1950；Enoka, 1988; RobertsonとWinter, 1980）。逆動力学分析は，それだけでも，動作パターンを記述したり，その動きの背後にある力を理解するのに有効なツールである。

パフォーマンスを最大限に理解するためには，行われた動きの文脈の中で逆動力学や他の分析の結果を検討すべきである。研究者は，個々の動きの詳細を検討するだけでなく，同じニュートン力学の枠組みの中で運動の目的を理解する必要がある。たとえば，最大努力で行う垂直跳びの目的は，重心をできるだけ高く上げることである。この目的は，ある制約のもとで実施されることになる。その主な制約とは，助走をつけずにその場で跳躍しなければいけないということである。研究者によっては，実験条件を統制するために他の制約を加えることもある（腕を胸の前で交差させておくなど）。しかし，垂直跳びは，かなり特定の運動パターンが要求される運動であり，もっと複雑で制約の少ない他の運動では，その運動の目的をこのように単純に記述することは容易ではない。たとえば，多くの研究がロコモーションの目的について言及しているが（Hardt, 1978；Dulら, 1984；CrowninshieldとBrand, 1981），現時点で生体としての人間がどんな目的を探索しているのか正確にはわかっていない。最少エネルギー，最少筋ストレス，最少関節トルクのような種々の基準に関連する筋力であると予想することはできるが，これらのうちのどの基準も活動筋群を正確に同定するに至っていない（Collins, 1995）。後述するダイナミカル・システム理論に関

する項で，人間のロコモーションの最適基準に関する論議を再び取り上げるつもりである．

　このような観点からすると，パフォーマンスの有効性は，必ずしも機械的効率や経済性の概念を用いて評価できるとは限らない．前項で述べた問題点の有無とは関係なく，効率の計算は，代謝量に対する力学的仕事量（この仕事が課題の目標を達成するのに有効であるかどうかは別として）を厳密に扱うものである．機械的効率の計算は，われわれが垂直跳びを理解するのにどのように役に立つのだろうか？　最も高く跳べる人が，最も効率がよいのだろうか？　このような考えをもとにして，運動目的の成就にどれだけ貢献していたかという観点で個々の動きの評価をする，力学的熟練度（mechanical proficiency）という概念が提案されている（CaldwellとForrester, 1992）．この概念は，以下に大雑把に示したいくつかの分析段階のもとに成り立っている．

　1. **運動目的の同定**：上述したように，連続して行われる運動の目的は明確にできないし，また1つの動きでもいくつかの別々の目的によって制約を受けている場合もある．また，それらが矛盾する場合もある．動作には，単に記述できるもの以上のことが含まれているので，個々の技術が「よい」のかどうかを理解するためには，運動課題に関する理解が，ある一定レベルに達している必要がある．しかし，どのようにしたら理解できるのだろうか？　ある特定の状況では，垂直跳びのように，目的を力学で記述することができる．歩行のように幅広い定義を持った動作では，目的は明確ではなく，運動の目的を同定することは難しい．ザルツマンとケルソー（SaltzmanとKelso, 1987）は，力学的なことよりも運動目的を定義することの重要性を強調している．彼らは，効果器システムのふるまいは，課題特異的なシステムの動的変数（剛性，減衰など）によって制御されている，としている．いわゆる課題－ダイナミクス理論は，ニュートン力学だけでは明示的に表されない運動目的を同定することで，多くの成果をあげることになるだろう．

　2. **目的の力学的関係性の同定**：ステップ1で同定された運動目的は，より特定の力学的用語で系統的に記述されなければならない．たとえば，最大努力による垂直跳びの目的は，身体重心（CM）をできるだけ高くあげることである．しかし，身体の空中での運動は，基本的に投射された物体と同じなので，この目的を離陸時のCMの垂直速度成分を上げることと言い換えたほうが教育的である．このように目的を変えてやると，離陸時の垂直速度に貢献する動作パターンに注意を向けやすくなる．ジャンプ時にどのような蹴り方をすれば，垂直速度を高めることができるのだろうか？　そして，どのような蹴り方が，垂直速度に無関係なのだろうか？　垂直跳びの運動目的をこのように変換することで，離陸速度に影響を与える可能性のある力学的変数（たとえば，離陸前に地面に加える力積の生成）に着目するようになる．

　3. **目的達成のための運動パターンの同定**：では，どのように実行者が力学的な目的を達成するのか，ということに焦点を当てよう．この点に関しては，人間の生態学的な特性を考えることが重要である．筋神経系固有の特性によって，要求された運動目的を達成できるかどうかが必然的に決まる．したがって，当然，実行者のスキルレベルも影響する．代謝系は，必要なエネルギーを筋神経系に供給するという点で制約を与えることになる．ある運動では，この代謝系の制約が動作を規定することになるが，他の運動ではその役割はほ

とんどなくなる。どのような運動の場合でも，最終的に運動パターンを形成し，運動目的がうまく成就するかどうかを決定する内的要因と外的要因によって，システムは制約を受ける。

4. 運動パターンを評価するための分析法の決定：実行者が何をしようとしているのか，何が成功を決定づける重要な変数なのかを同定した後は，パフォーマンスを評価するために最もよい分析ツールを決める必要がある。運動目的は幅広くあるので，同じツールをすべてのパフォーマンス評価に使うわけにはいかない。運動学的変数，動力学的変数，あるいは筋活動に関連する変数を使ってうまく分析できる場合もあるし，標準的なバイオメカニクス技法を使う場合も，ダイナミカル・システムズ理論による解析法を使う場合もある。

動きの理論的理解（ステップ1と2）とある特定の運動解析の実証データを合わせた，このアプローチの仕方は非常に強力である。いくつかのレベルで運動をモデル化することを奨励し，また，解析ツールに制限を与えていない。人間の動きの研究には，多くの異なる運動タイプや制約の種類があり，種々の運動目的があることが予想される。また，スキル評価に必要となる分析ツールも多様なものが必要となる。しかし，だからといって，できるだけ多くの方法でデータを解析する「散弾銃」的な方法を推奨しているわけではない。逆に，最初の2つのステップでは，データ収集と解析の前に，できるだけ研究者の経験と動きに対する深い洞察を利用することを推奨している。以下の節では，熟練度を研究するための種々の変数（運動学的変数，動力学的変数，筋活動に関連する変数）について紹介する。それぞれのケースで，理論的背景と動作解析の強い関係に着目すべきである。短い例を示した後に，われわれの研究室で行われている自転車の例を示す。

[1] 運動学的解析

垂直跳びは，実証研究（Bobbertとvan Ingen Schenau, 1988）でもモデリング研究（van Soestら, 1993；Pandyら, 1990；PandyとZajac, 1991；SelbieとCaldwell, 1996）でも，精力的に研究されてきた。上述したように，この動作の目的はできるだけ高く身体重心（CM）を上げるという点で，明解であり定義しやすい。踏切り後の空中では，CMは地球の重力にしたがう投射物のようにふるまう。したがって，踏切り時の目的は，垂直方向の速度を最大にすることである。踏切り時の垂直跳び動作を研究する1つの方法は，CMの垂直方向速度へのセグメントや関節の貢献度を調査することである（Bobbertら, 1986）。足関節とCMの速度パターンを比較することによって，踏切り直前0.1秒の間の底屈が重要であることが示されている。同様の方法で，短距離走のスタートで，CMの加速に別の関節の貢献度が高いことを示した報告もある（Jacobsら, 1993）。短距離走のスタートの目的も，静止した状態からCMの水平速度を最大にするという目的が明白であることに注目されたい。

打撃スキルや投球スキルも運動学的解析が有効な運動パターンである。投距離を最大にするような，あるいは投球速度を最大にするような投球では，手からボールが離れるときの各セグメントの回転速度が，ボールの直線速度に貢献する（HerringとChapman 1992）。テニス，バドミントン，ラケットボール，そしてスカッシュのようなラケットスポーツで

は，目的の1つはボールを打つときにできるだけラケット速度を上げることである。インパクトのあいだ，ラケット速度がボール速度に転移してボールが飛び出す。明らかに，このようなラケットスポーツでは，高い打球速度が望まれる。したがって，体幹，腕，前腕の回転運動によって高いラケット速度を生むことが重要なのである。スプリギングス（Sprigings, 1994）は，この連続する回転運動の三次元的特性を明らかにし，ラケット速度を得るための各セグメントの貢献度を定量化した。ジャンプや短距離走，あるいは投球や打撃の例は，パフォーマンスの本質的な要素を理解する際の運動学的変数の利用の仕方を例示してくれる。異なったパフォーマンス（シーズン前，シーズン中，シーズン後）を比較することは，選手に経過を知らせるのに役立ち，テクニックの修正やパフォーマンスの改善の根拠を与えてくれる。

［2］動力学的解析と筋活動の解析

運動学的解析は，CM速度がパフォーマンスの目的の重要な部分を占めるような運動を研究するには有効であるが，他のレベルの解析が必要とされる場合もある。よい例は自転車である。この運動は，相容れない複数の目的を持つ。というのは，水平方向の速度を最大にする必要がある一方で，長距離レースの場合には，代謝的な要求が速度を維持する能力に制約を加えることになる。生理学的な観点からは，長距離サイクリングの際の最適回転数は，1分間に約60回転（CoastとWelch, 1985）であるが，実際には選好回転数として1分間に約100回転で漕いでいる。ハルら（Hullら, 1988）は，最適化手法を用いて，下肢の筋群の筋ストレスを最少にするモデルで，この選好回転数100回転を予測できることを示した。これらの研究は，運動目的を達成するために不可欠ないくつかの変数の相対的な重要性を理解する必要があることを示している。

短距離走で最大速度を得る能力に関する研究では，動力学的変数がパフォーマンスに関して価値ある情報を提供するという報告がある（ChapmanとCaldwell, 1983）。ランニング中のストライドは，足が地面に着いている推進相（立脚相）と，足を宙に浮かして次の推進相のために前に持っていく回復相（遊脚相）に分けられる。全速力で走っているときには，回復相の時間を短くすることが重要である。回復相を逆動力学やパワー解析で分析することによって，走速度が全速力の少し手前まで上がったときに絶対値が増加するような，そして走速度が最大まで上がったときには上限に達しているような，いくつかの動力学的変数を同定した（ChapmanとCaldwell, 1983）。この限界が生体の制約なのか（たとえば，走者の筋力や力−速度特性に関連するような），あるいは高い速度でうまく回復相を乗り切る際に必要となるセグメントの動きに直接関係する課題の制約なのか，はっきりしていない。

筋パワー，エネルギーの生成，吸収，転移の計算は，パフォーマンスに対する力学的な関与と筋の関与を結びつけるので，人間の動作の評価には有効な方法である（Aleshinsky, 1986a-e；CaldwellとForrester, 1992；ChapmanとCaldwell, 1983；RobertsonとWinter, 1980）。筋パワー（$M\omega$）は，ある関節での主働筋が短縮性収縮（正のパワー）をしているのか伸張性収縮（負のパワー）をしているのかを示し，関節力パワー（Fv）は隣接するセグメント間のエネルギー転移の大きさと方向を示す。これらのパワー要素を合わせることによって，

セグメント内や隣接するセグメント間でのエネルギーの流出入を時系列で表すことができる。これによって，動作中のある特定の筋エネルギーの変化と課題成就に重要なイベントを関係づけることが可能となる。

関節モーメント（joint moment）やパワー計算の限界は，単関節筋のみ仮定していることと拮抗筋の同時収縮が評価されないということにある。これらの限界は，2つの方法で克服することができる。1つめの方法は，ある運動中の個々の筋や協働筋群の活動やそのタイミングを評価するために筋電図（EMG）を使うことである（PandyとZajac, 1991；Bobbertとvan Ingen Schenau, 1988）。2つめの方法は，筋の力学的特性を取り入れたモデルを使うことである（Hill, 1938；Gordonら, 1966）。このような筋モデルでは，ある特定の筋を運動中の筋骨格系内に表すことができる（Bobbertら, 1986；CaldwellとChapman, 1991；DavyとAudu, 1987；PandyとZajac, 1991；van Soestら, 1993）。これらの筋骨格モデルは，ある運動に熟練するのに関係する重要な筋群を同定するのに，きわめて有効であるが，解が一意に決定する逆動力学と違って，1つの関節に複数の筋を持つ筋骨格モデルは，未知である筋力項が運動方程式よりも多いので，不良設定問題となる（CrowninshieldとBrand 1981）。したがって，神経制御モデル（PierrynowskiとMorrison, 1985；CaldwellとChapman, 1991）あるいは最適評価関数を仮定すること（SeiregとArvikar, 1975；PandyとZajac, 1991；Collins, 1995）によって，神経制御的にシステムに制約を与える必要がある。前述したように，多くの運動では，動作の目的は明確ではなく，神経的な評価関数は知られていない。

[3] 上り坂で自転車を漕ぐときに，なぜ立つのか？

熟練度を分析するアプローチ例として，われわれの研究室で行っている上り坂サイクリングの研究を紹介しよう（Caldwellら, 1988；Caldwellら, 1999；LiとCaldwell, 1998）。平地での自転車漕ぎでは，自転車競技の選手は，進行方向に対する体表断面積を減らすことで，前進する際の最大の障害である空気抵抗が減るように流線型の姿勢をとる。上り坂では重力がさらなる抵抗となる。長く，そして急な坂では，体表断面積が増えるにもかかわらず，立って漕ぐ人が出てくる。長い上り坂でも座ったまま漕ぐ人もいるかもしれないが，徐々に急になっていく上り坂では，どこかで必ず立つ地点が出てくる。急な坂道では，なぜ立ち漕ぎをするのだろうか，そして立ち漕ぎは，どのように自転車漕ぎの技能をあげることになるのだろうか？　最初に浮かぶ考えは，上り坂では速度が遅くなり，空気抵抗が弱くなるので，立つことが代謝的に何か有利に働くのではないかということである。しかし，異なる姿勢（座位，立位，両者の混合）で10分間，8度の上り坂を登った際の代謝量は変わらなかった（Hagbergら, Caldwell, & McCole, 未発表データ）。

なぜ立つことを選択するのかを理解するために，まず最初に，この運動の目的を把握する必要がある。自転車競技では，目標は空気抵抗や摩擦力，そして重力に負けない高い前進速度を維持することである。総抵抗力は，以下のような関数で定量的に記述することができる。

$$総抵抗力 = 0.5 C_d A \rho v^2 + \mu_k R + mg \sin\theta$$

この方程式では，空気抵抗，摩擦，重力の3つの項が右辺に示されている。空気抵抗に関しては，C_dは抗力係数，Aは体表断面積，ρは空気密度，vは自転車の速度を示す。摩擦に関しては，μ_kは摩擦係数，Rは法線方向の力を示し，自転車内（チェーン，クランク，車輪の抵抗）で生じる摩擦と自転車と道路間で生じる摩擦のすべての摩擦を代表するものとした。重力項のmは乗り手と自転車の質量，θは坂道の角度である。空気抵抗や重力に比べて摩擦抵抗はかなり小さい。また，平地では，重力項がゼロになるため，空気抵抗が主な抵抗力となる。しかし，上り坂では空気抵抗と重力の両方が重要になり，これらの2つの抵抗力に打ち勝たなければいけない。

一般の人が自転車に乗って急な坂道を登る場合の最終的な目標は，速く漕ぐことではなく，つねに前進を維持することである。競技者であれ一般の人であれ，乗り手はペダルとクランクにかかる力とトルクを通じて環境と相互に影響し合い，乗り手がクランクに加えたトルク（これはタイヤと地面との境界面で力に変わる）と抵抗力とのあいだのバランスで，速度が決定する。抵抗力は環境に依存し，乗り手の制御下にはないので（ただし，姿勢／断面積を変えることで空気抵抗に影響を与えることは可能であるが），運動目標はクランクに与えるトルクであると言い換えることができる。乗り手の目標は，前進速度を減少させるような抵抗力に負けない十分なクランクトルクを与えることである。もし，乗り手が外部抵抗より小さなトルクしか与えられなければ，前進速度は減少し，坂道が急になればなるほど，減少率が高まり最終的には止まってしまう。

さて，今度は，ペダリング周期全体でクランクにトルクを加える乗り手の能力に焦点を当ててみよう。いろいろな理由（幾何学的，解剖学的，筋生理学的）によって，足が最も高くなる地点（0°，上死点＝top-dead-center[訳注27]）から最も低くなる地点（180°，下死点＝bottom-dead-center[訳注27]）を通り，再び上死点に戻るまでの1周期の中で，クランクトルクは一定していない。座ったまま漕いでいる場合，最もトルクが高くなるのは，片足が90°

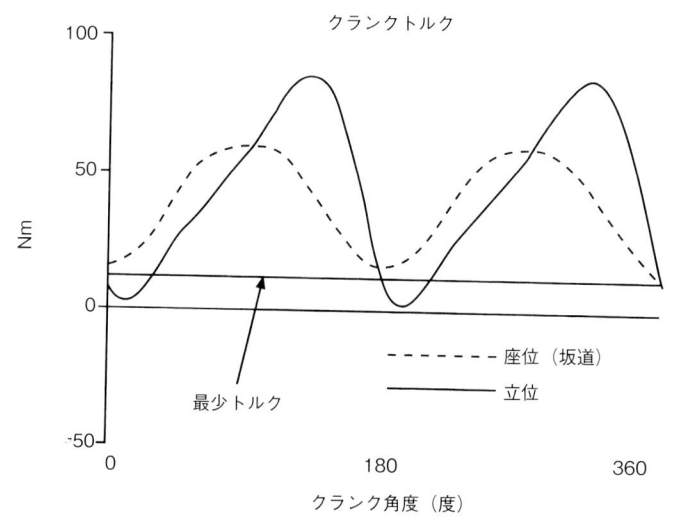

図3-1 8％の勾配を模した上り坂サイクリング時のクランクトルク
横軸は，クランク角度を示し，上死点（0°）から下死点（180°）を経由してもとの位置（上死点，360°）に戻る。クランクに加えられるトルクを示している。点線は，座位で漕いでいる場合，実線が立ち漕ぎの場合である。水平の線は，必要とされる最少レベルのトルク（本文参照）。

でもう一方の足が270°の地点のときである．逆に，片足が上死点でもう片方が下死点にあるときには，クランクトルクは弱くなる．坂道を座位のまま漕いだときのクランクトルクの発揮パターンを図3-1に示した．片足（右足）が下死点付近で左足が上死点付近のときに最も弱い点が現れるのがわかる．この位置では，乗り手は駆動トルクを生成するために右足をほぼ真っ直ぐに後方に，左足をほぼ真っ直ぐに前方に押す必要がある．しかし，解剖学的には低い位置にある右足はほぼ真っ直ぐに伸びており，後方に力を発揮しにくい位置にある．また，左足はかなり屈曲しており，前に力を発揮しにくい位置にある．さらに，上死点の前にペダルを引き上げ，前方に押し出すことに失敗すると，逆方向のトルクを発生することになる．上死点を過ぎると，慣性と足の質量によって楽に駆動トルクを生成できるようになる．

われわれは，運動目標（空気抵抗と重力抵抗に勝るクランクトルクの発揮）とクランク周期全体でクランクトルクを発揮する乗り手の能力の両方を考えることによって，クランク周期内の上死点／下死点の重要性を理解できるようになった．図3-1に，理論上必要とされる最少レベルのクランクトルクを示した．これは，外部抵抗に釣り合い，前進速度を維持するために必要な最少限のトルクを表している．このレベル以上のトルクを発揮すれば，自転車の速度は増加し，下回ると速度は減少する．坂道を登っていくと，重力負荷（mg sin θ）が増加するので，この最少トルクのレベルも高くなる．クランク周期内の下死点で，十分なクランクトルクを与えられなくなり，前進速度を維持できなくなる時点がある．この下死点直前の地点は，きわめて重要な地点である．というのは，速度がほとんどゼロに近い場合でも，逆側の足は上死点付近にあるために，ほとんど駆動力を加えられないからである．上側の足が上死点を超えると，体重をペダルにかけることが可能となり，この状況は一変する．

坂道での立ち漕ぎ戦略は，前述したようにクランクトルク発揮の観点，つまり最少限のクランクトルクの発揮が運動目標である，という観点で見ることができる．前に述べたように（Caldwellら，1998），立つことによって，ペダルへの力の加え方が変わり，クランクトルクの発揮パターンが変わることになる．図3-1は，上り坂を立ち漕ぎしているときのクランクトルクのグラフも示している．立ち漕ぎの際のトルクパターンは座位でのトルクパターンとはかなり異なり，やや遅れて大きなピークが現れ，その後，深い谷が上死点あるいは下死点の直後に生じる．クランクに力を発揮していることを示すトルクの面積は両姿勢条件でほぼ同等である．このように，両条件の差はトルク量でなく，トルク発揮のパターンにある．立ち漕ぎの際には，最大トルクと最少トルクが，上死点／下死点の直後にシフトするように，時間的に遅らせることが重要である．このトルクパターンは，乗り手が駆動トルクを発揮するのにふさわしいダウンストロークの後半でより加速し，上死点／下死点の直後までトルク発揮しにくい時期をシフトしていることを意味する．乗り手はペダルの上に立っているので，単に上死点を通過した側に傾けることによって駆動トルクを発生することができる．さらに，もう片方の足は下死点付近にあり，ほぼ伸展しており，腕はハンドルバーに伸ばしたまま突っ張っているような姿勢をとっている．この姿勢をとることで，腕を下方に押し付けて土台をつくり，下方の足を（股関節および膝関節の屈筋を

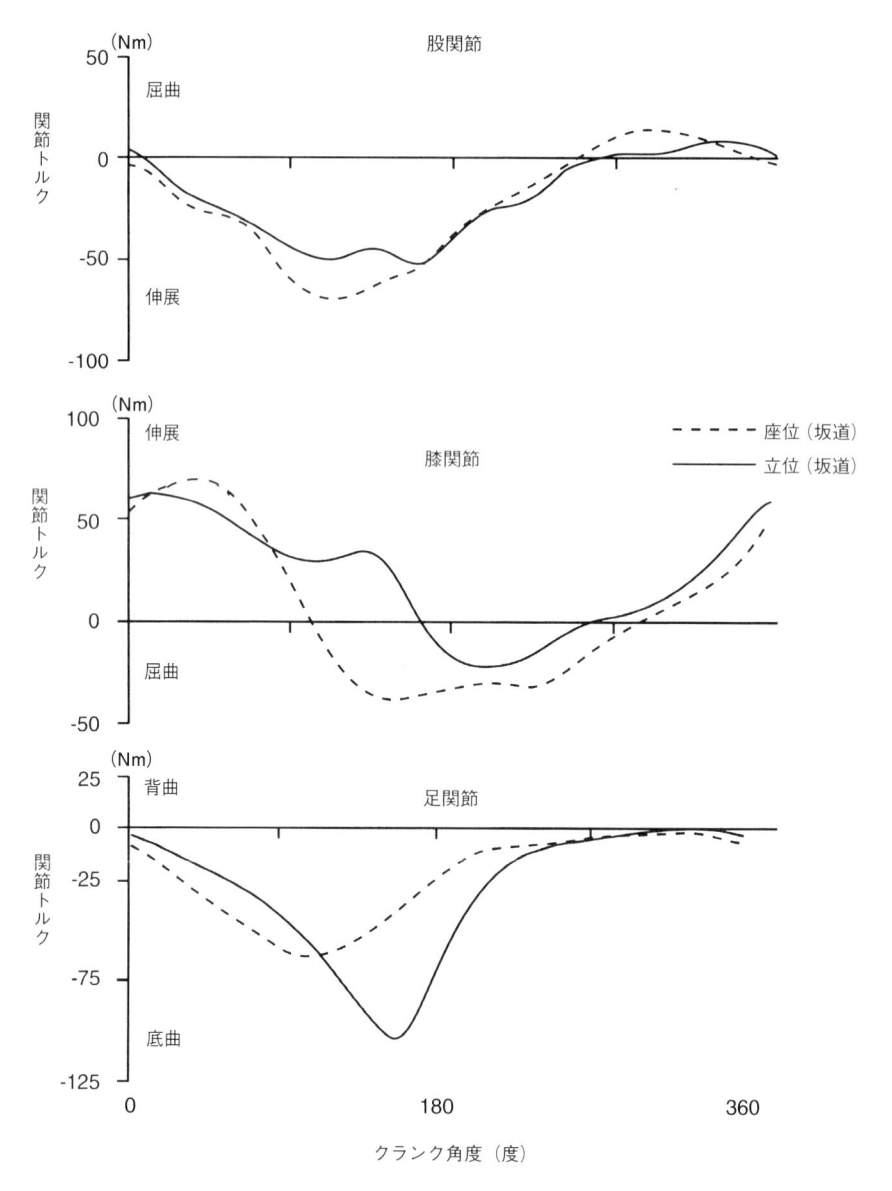

図 3-2 上り坂サイクリング中の下肢のモーメント（トルク）
破線は座位条件，実線は立位条件

使って）引き上げることができる．このように，下肢を上に引き上げられるような姿勢をとり，前のペダルの重力を利用することによって生成されたトルクを増強して，力と駆動トルクを与える．

　立ち漕ぎ技能に関する詳細は，1クランク周期分の関節トルクの時間変化を調べることによって評価できる（Caldwell ら，1999；図 3-2）．関節トルクが急激に変わる地点が，どの関節でも下死点に近いダウンストローク後半にシフトする．立ち漕ぎでは，ダウンストローク後半まで膝の伸展トルク発揮が延長され，通常の座位の場合，クランク回転角が 90°を超えると下肢を後方に引き寄せるために，膝関節では伸展トルクではなく屈曲トルクを発揮するようになる．同様に，立ち漕ぎの場合の足関節は，下死点直前に底屈トルクが大

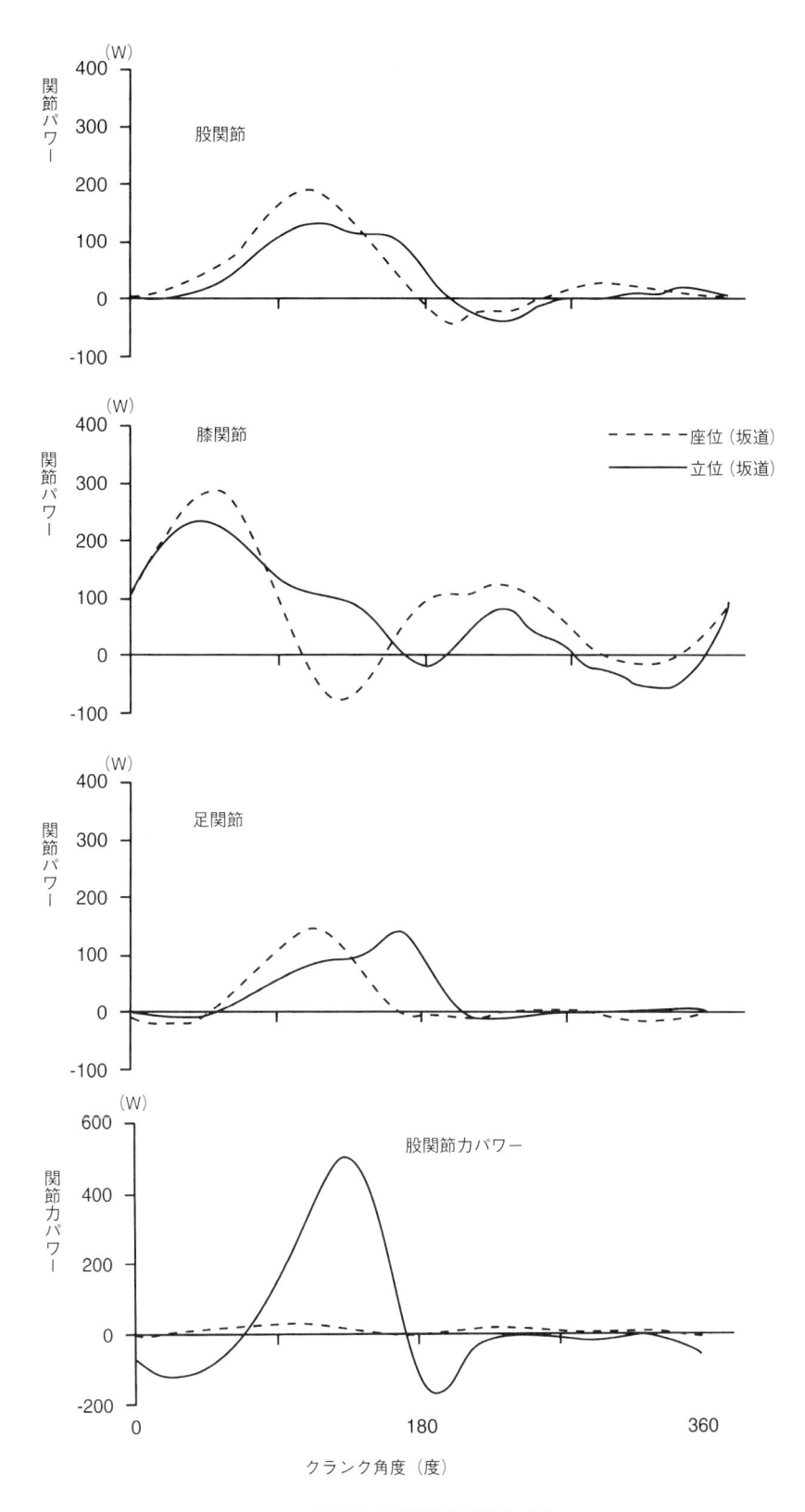

図 3-3 下肢の各関節のパワー
破線は座位条件，実線は立位条件。下のパネルは，股関節における下肢への関節力パワー。

きなピークを迎え，座位の場合には90°付近でピークを迎えるが，そのピークの値はかなり小さい。乗り手は，前方駆動力を得るためにできるだけ片足に体重をかけようとするので，その際の体重を支持するために，ダウンストローク後半に生じるこれらのトルク変化が必要なのである。さらに，足とペダル間に適切な角度をつけることで，膝の伸展トルクを下死点直前の駆動力発揮のために使えるようになる。

また，パワー解析でエネルギー源を調べることによって，立ち漕ぎのさらなる情報を得ることができる（Caldwellら，1997）。図3-3は下肢の3つの関節回りの筋によって発揮される関節パワー（joint power）と股関節の関節力パワー（joint force power：エネルギーの転移として知られる，股関節を経由する骨盤から大腿へのエネルギーの移動）を示している（RobertsonとWinter，1980；van Ingen Schenauら，1990）。関節パワーは，エネルギー生成（正のパワー）がダウンストローク後半へ，あるいはさらに下死点を過ぎてアップストローク前半へシフトしている。ダウンストローク後半の重要性は，股関節の関節力パワーの図を見れば理解できるだろう。座位では見られなかった大腿への大きなエネルギー転移が立ち漕ぎで見られている。このエネルギーの流入は，ペダルへの体重移動と腰を自由に下方に動かせるような姿勢だったことが関係している。このエネルギー転移は，サドルに腰掛けていては生じないのである。

要約すると，ペダル，クランク，人間の動きを動力学的に解析することで，上り坂自転車漕ぎの座位と立位による違いを明らかにすることができた。自転車課題では何が要求されているのかをよく把握することから始めることによって，この違いを理解できるようになる。動力学的なデータは，両条件の自転車漕ぎを単に記述したものにすぎないが，課題の理解と合わせることで，乗り手の立ち漕ぎ技能に対して深く洞察できるようになる。

3．歩容の転移とダイナミカル・システムズ・アプローチ

ここで，別の制約に話を移し，ダイナミカル・システムズ理論の観点から歩容の転移について検討していくことにする。

[1] エネルギー論と歩容の転移

人間や動物の歩行に関する多くの研究では，代謝エネルギーによって歩容が選択されることを示唆してきた（たとえば，Margaria，1976；HoytとTaylor，1981）。その中の有名な研究にホイトとテイラー（HoytとTaylor）の研究があるが，彼らは馬をトレッドミル上で歩行，速足，疾走[訳注18]という三種の歩容で，速度を変えて歩かせた（走らせた）。その結果，単位距離あたりの酸素消費量と速度のグラフは，U字型の関係になることがわかった。この結果は，酸素消費が馬の歩容の決定や歩容の変換に重要な決定要因となることを明白に示す証拠となった。人間の歩行では，単位距離あたりの代謝量は1.2 m/sのときに最少になり，それ以上の速度では再び増加する。歩行からランニングへの転移は2.2 m/s付近でおこり，この時点のエネルギー消費量は，歩行でもランニングでもほぼ等しくなる。この転換点を過ぎると，歩行では一気にエネルギー消費量は増加するが，ランニングでは同程度かやや

増加する程度である．歩行では，1.2 m/s 付近で最少となり，それよりも遅くても速くてもエネルギー消費量は増加する（たとえば，Hreljac, 1993）．

もし，代謝の省エネルギーメカニズムによって，歩容パターンの変化がおこっているならば，歩容の転移はいつもエネルギー消費が最少になる地点でおこると予想される．この考え方に反する証拠も確実に増えつつある．たとえば，ファーリーとテイラー（Farley と Taylor, 1991）は，馬が速足から疾走に歩容を変えるときの速度では，速足よりも疾走のほうが代謝的に効率が悪いことを示している．ハールジャック（Hreljac, 1993）は，人間が歩行からランニングへ自然に歩容を変えるときの速度（平均 2.07m/s）は，代謝的に最適な転移速度（2.24 m/s）よりも低い，ということを報告した．彼は，代謝エネルギー消費を最少にするために歩容を変化させているのではないと結論づけている．

セルズら（Selles ら，投稿中）は，人間の 3 つの異なる歩行パターンでの酸素消費量を調査した．1 つめの歩行パターンは，速度 0.2 〜 1.2m/s の範囲での通常歩行，2 つめは腕の振りをステップ周波数で左右同位相で歩行するパターン，3 つめは腕の振りを左右逆位相に保ちながら，ストライド周波数（stride frequency）で歩行するパターンである．これらの条件はまったく異なるパターンを生成しているが，エネルギー消費量に有意差は認められなかった．これらの結果は，四肢がまったく異なるような周波数や位相を持つようなパターンで歩行しても，エネルギー消費にはあまり差がないことを示している．

［2］歩行の安定性と歩容の転移

上述した例から，代謝エネルギー消費量を最少にすることが歩容の転移を引き起こす唯一の，あるいは主要なメカニズムではないと思われる．歩容の転移を引き起こす他の要因としては，協調パターンの安定性があげられる．運動の協応と制御を研究対象とするダイナミカル・システムズ理論の観点から，転移過程に生じる運動パターンの変動と安定性の役割を調べるための独特の分析法が生まれた（Haken, 1977；Kugler と Turvey, 1987；Kelso, 1995；Schöner と Kelso, 1988；Turvey, 1990）．古典的な工学では，パターンの不安定性は排除すべきノイズとみなされているが，ダイナミカル・システムズ理論では，不安定性は異なる行動パターン間に生じる現象として，明白な識別子となる（Kelso, 1995）．それぞれの行動パターンは，「秩序パラメータ」（order parameter, collective parameter）と呼ばれる．秩序パラメータは，要素間（たとえば，筋，関節，四肢など）の協応パターンのある特定の傾向を反映している．個々の要素を制御するというよりも，むしろこのような秩序パラメータを制御することによって，自由度——ベルンシュタイン（Bernstein, 1967）によって初めて提唱された生体の持つ自由度問題——を減少できるものと思われる．言い換えると，秩序パラメータによって，システムの動的特性を低い次元で定量的に表すことが可能となる．秩序パラメータの動的特性は，運動の周波数や速度に代表されるような制御パラメータ（control parameter）を操作することで，完全に同定することができるだろう．たとえば，四足歩行では，歩容は四肢間のある特定の協応パターン（位相関係）で識別することができる．馬の疾走では，前脚と後脚はほぼ逆位相で動き，速足の場合，対角線上にある脚が同位相で動く．秩序パラメータによって，このようなそれぞれの歩容パターンを表すことができ

る。さらに，ダイナミクス・システムズ理論によって，このような歩容パターンの安定性を明らかにできる（Schönerら，Jiang, & Kelso, 1990）。たとえば，制御パラメータとして機能する速度を操作することによって，歩容パターンを変えることができる。歩行速度を系統的に変えることによって，異なるパターン（歩行，速足，疾走）が出現する。

これまでのモデリング研究や実証研究によると（Hakenら，1985），セグメント間の位相関係が秩序パラメータとなり得る。セグメントや関節間の位相関係によって，協応パターンの基本的な違いを評価できるような，システムの動的特性が質的に異なる状態（たとえば，四足動物における脚の同位相，逆位相）を同定することができる。相転移の重要な特徴は，転移前に位相差の変動が大きくなることである。この不安定性は，位相差の劇的な変動（標準偏差の増大）と過渡的な外乱が生じた後の緩和時間を調べることで測定できる（Kayら，1991；van Emmerik, 1992）。

このような考え方の典型的な例は，指の運動における相転移にみることができる（Kelso, 1995）。被験者は，逆位相で両人差し指を動かし始め，しだいに動作速度を上げていく。すると，急に同位相パターンに相転移する。相転移の重要な特徴は，制御パラメータの周波数を上げたときに位相差の安定性が失われる（変動が増加する）ということである。ケルソーの研究で最も言いたかったことは，変動性は協調性の変化にとって必要な要因である，ということである。

ディドリッヒとウォレン（DiedrichとWarren, 1995）は，同一脚の異なる関節間での角度の位相ズレを観察することによって，人間の二足歩行での歩行からランニングへの相転移現象を明らかにするためにダイナミカル・システムズ・アプローチ（dynamical systems approach）を用いた。協応性の測定項目として位相差を扱い，歩行からランニングに相転移する付近の足関節と股関節，足関節と膝関節の位相関係が，突然，転移することを明らかにした。これらの相転移は，下肢関節間の位相差の変動増大とともにおき，この変動の増大は主に隣接する関節間（たとえば，足関節と膝関節）で認められた。歩行からランニングへの転移とランニングから歩行への転移の両条件で，速度増大とともに位相差の標準偏差が大きくなり，相転移後に減少した。

これらの転移と安定性は，下肢のみで観察されている現象ではない。ファンエメリックとワーグナー（Van EmmerikとWagenaar, 1996）は，この方法を使って種々の速度で歩いた際の体幹の安定性を調べ，低速度では骨盤と胸郭の位相差はほぼ同位相にあるのに対し（約20°），速度が増すと逆位相

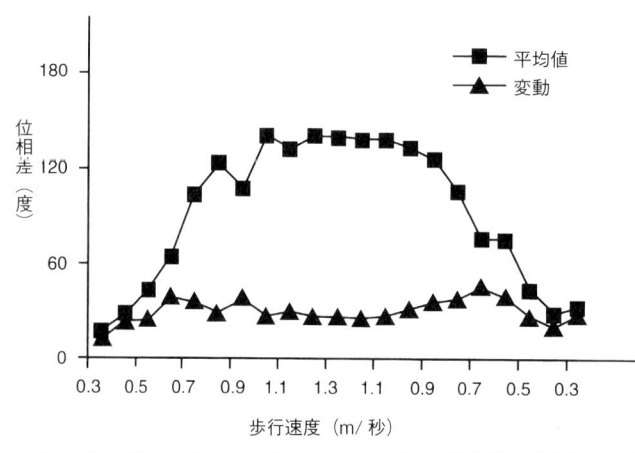

図3-4 若い健康な成人の骨盤と胸郭の水平面での回転の位相差の変化
位相差0°は両者の完全な同位相を，180°は完全な逆位相を示す。両者の位相差のサイクルごとの変動は，位相結合の安定性を示す。

（約120～140°）に変化することを示した（図3-4）。この体幹の逆回転は，高い速度での安定性を維持するために重要であり，上半身全体が右や左に過度に回転することを防いでいる。同様の協応性の変化が，足と手の関係でも観察されている（WagnaarとVan Emmerik, 1994）。ファンエメリックとワーグナー（1996）の研究では，位相差の変動は歩行速度の関数として系統的に変化した。ここでいう変動とは，1サイクルごとの被験者内の協応関係の変化を表す。図3-4には，骨盤と胸郭の回転の位相差の変動が中程度の歩行速度（0.7～0.9m/s）で最も高くなっており，それよりも速くても遅くても変動は小さいことが示されている。このことは，この不安定領域によって2つの安定様式が分けられることを示唆している。

同様の位相差解析を用いることで，ワーグナーとファンエメリック（WagnaarとVan Emmerik, 1994）は，パーキンソン患者ではこの骨盤と胸郭の協応パターンの変化の割合が小さいことを示した。骨盤と胸郭の位相差が，同位相から逆位相に変化することは，歩行中の全身の安定性を維持するために必要であり，この能力に劣っていることは，この協応パターンの変動が小さいことで確認できる。これらの患者では，腕と脚の協応関係の切り換えにも問題がある。

上述したような健康な人の歩行や患者の歩行の例は，運動パターンの変化や相転移がシステムの安定性の維持あるいは改善に影響を与えているという説を支持するものである。障害を持った患者では，このような安定性を考えることが，最も重要な最適化基準となった。また，上り坂自転車漕ぎの際に，「なぜ，立つのか？」という疑問に注目すると，上り坂では姿勢（座位と立位）によって代謝量が異なるが，それよりも，前進速度を維持できるかどうか，あるいは速度を上げることができるかどうかは，力学的に（クランクトルクパターンという観点で）決まってしまう。まとめると，これらの結果は，課題の熟練技能を理解するためには，運動の運動学的な側面と動力学的な側面での課題目標を統合して考えることが最も重要なことである，ということを示している。

［3］歩行の安定とエネルギー消費

安定性の最適化とエネルギーの制約を同時に扱った研究ははとんど見当たらない。ホルトら（Holtら, 1995）は，被験者に選好ストライド周波数，力駆動型調和振動子モデル（force-driven harmonic oscillator model）[訳注28]の共振（resonance）[訳注29]で予測した場合の最適ストライド周波数，およびその近傍のいくつかのストライド周波数を条件として，ある選好速度でトレッドミルを歩いてもらう実験をした。その結果，選好ストライド周波数とモデルで予測したストライド周波数での歩行時に代謝量が最少になった。さらに，ホルトら（1995）は，頭部および下肢関節の安定性を測定し，頭部の安定性と代謝量のあいだに相補的な関係があることを示した。つまり，代謝量が最少になった周波数付近で，頭部は最も高い安定性（頭部の垂直成分の標準偏差が最少になる）を示したのである。ホルトら（1995）の研究では，代謝および安定性は互いに密接に関係していたが，最少エネルギー消費になる前に，頭部の最大安定性が得られた。

図3-4に示したように，人間の歩行では，体幹の協応パターンは（上肢と下肢の運動結合

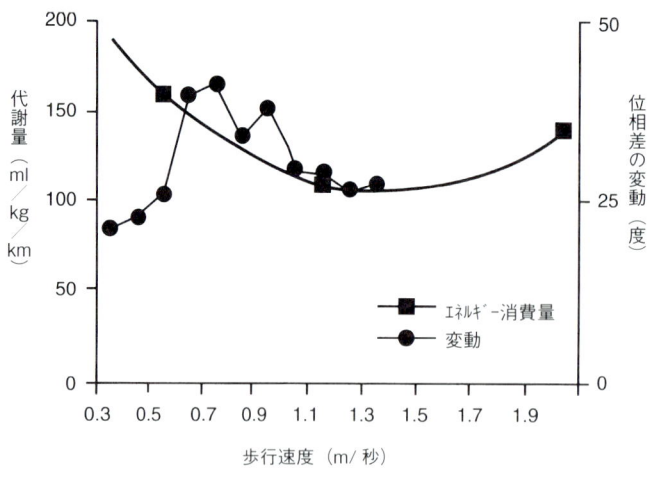

図 3-5 代謝エネルギー量と位相の安定性の変化
代謝エネルギー量は代表的な文献からのデータを示している（たとえば，ハールジャック，1993）。位相差の変動は，骨盤と胸郭の回転の協調を表す。

も同様であるが），0.7〜0.9 m/s の範囲外の速度のときに，程度の差はあるにしろ，より安定したパターンを示す。これは，歩行にも複数の協応パターンが存在することを示唆している。図 3-5 は歩行速度を横軸にとったときのエネルギー代謝をプロットしたもので，パターンの安定性の特徴を示している。図 3-5 からわかるように，単位距離あたり，体重あたりのエネルギー消費量は 1.0〜1.2 m/s 付近で最少になるが，代謝エネルギーが最少になる前に，体幹の協応性の変動が最大になる。この例から，代謝エネルギー量と安定性は，異なるパターンで変化することがわかる。この異なるパターンについては，四肢に非対称的な負荷を課し，システムの安定性を変えるなどして，さらに詳細に研究する必要がある。

先に指摘したように，省エネルギーメカニズムは，かつて信じられていたほど歩容の転移について強力な決定要因とはなりえないことが，多くの研究結果からわかってきた。たとえば，ファーリーとテイラー（1991）は関節内の骨と骨のあいだで生じる力の最大値が馬の速足から疾走への相転移を引き起こすと主張している。不整地をランニングする，あるいは荷物を持って歩くというような安定性を確保しにくい状況では，パターン変化に対する拘束条件の1つである安定性がきわめて重要になる。上述した実験では，動物や人間は，不安定を引き起こすような不整地を歩いているわけではなく，トレッドミル上を歩いているのである。このような状況のもとでは，安定性とエネルギー消費との相対的な重要性がシフトしている可能性が十分にある。一方，人間の歩行中のエネルギー消費に関する研究（たとえば，Hreljac, 1993）では，対象とする時間は数分単位と比較的短い。エネルギー消費と安定性の相対的な貢献度を調査するには，計測する時間スケールも含めて，いろいろな制約のもとで計測されるべきであろう。

4．要　約

本章では，特定の運動に対する課題の要求と制約を十分に理解することが，いかに上手く運動を成し遂げるかを決定する際に最も重要なことであると主張してきた。ある場合では，代謝系が重要な役割を果たし，機械的効率や経済性が重要な最適化変数となるであろう。しかし，運動課題の要求によっては生理学的な制約が重要になることもあるし，100m 走のようにスピードに関連する競技の場合では，代謝的な要求は比較的重要ではな

くなる場合もある．運動の熟練度の考え方は，要求された課題の文脈の範囲内で，パフォーマンスの熟練度を評価する枠組を与える．課題の要求を強調することによって，種々の運動サブシステム（代謝系，機械系，知覚系など）の相互作用を考慮する必要性が生じ，すべての運動パターンを評価したり理解したりする際に，1つの解析テクニックでは不十分なことを認識することになるだろう．人間の運動に関する質問への答えは，いろいろな方法で運動系を観察することで見出せるにちがいない．しかし，実験データの解釈の際には，課題特有の目標と制約をつねに考慮すべきである．

【訳者注】

23) 熱力学の法則…第0法則から第3法則までの4つがある．第0法則は，熱平衡の法則．2つの物体A，Bが熱平衡状態にあり，BとCが熱平衡にあれば，AとCも熱平衡にあることを表す．第1法則は，熱現象におけるエネルギー保存則．第2法則は，熱現象におけるエントロピー増大の法則．第3法則は，絶対零度でエントロピーは0になるという法則．

24) 呼吸商…二酸化炭素排出量と酸素摂取量の商（$\dot{V}CO_2/\dot{V}O_2$）．糖代謝のみの場合には，この値は1になる．ヒトのおおよその値は0.82といわれている．

25) 動力学…キネティクス，ダイナミクス．物体が動く原因である力の作用を中心に，その力と運動の因果関係を論じる学問．その変数には，力やトルクがある．運動学[訳注8]も参照．

26) ニュートンの（運動の）法則…第1法則は慣性の法則と呼ばれ，物体は外界から力の作用を受けない限り，静止しつづけるか，等速直線運動を継続することを示す．第2法則は物体の運動量の変化率は，物体に力を加えられた外力に等しいことを示す，加速度の法則．第3法則は2つの物体間に作用し合う力は大きさが等しく向きが反対であることを示す作用・反作用の法則．

27) 上死点，下死点…ペダルが最上端にきた位置が上死点．最下端の位置は下死点．車のエンジンのピストン運動にたとえて，この地点ではペダルの上下の動きがなくなることから，そう呼ぶ．

28) 力駆動型調和振動子モデル…調和振動子とは，理想的なバネのように定まった周期で振動運動をする振り子のこと．したがって，力駆動型調和振動子モデルとは，外力を補助的に働かせることによって理想的なバネ運動に近づくようにした振り子モデル．

29) 共振…ある物体（振動体）の固有振動数と等しい振動数の外力が作用することによって，その物体の振幅が最大となること．

【引用・参考文献】

Aleshinsky, S.Y. 1986a. An energy 'sources' and 'fractions' approach to the mechanical energy expenditure problem - I. Basic concepts, description of the model, analysis of a one-link system movement. *Journal of Biomechanics* 19: 287-293.

Aleshinsky, S.Y. 1986b. An energy 'sources' and 'fractions' approach to the mechanical energy expenditure problem - II. Movement of the multi-link chain model. *Journal of Biomechanics* 19: 295-300.

Aleshinsky, S.Y. 1986c. An energy 'sources' and 'fractions' approach to the mechanical energy expenditure problem - III. Mechanical energy expenditure reduction during one link motion. *Journal of Biomechanics* 19: 301-306.

Aleshinsky, S.Y. 1986d. An energy 'sources' and 'fractions' approach to the mechanical energy expenditure problem - IV. Criticism of the concept of "energy transfers within and between links." *Journal of Biomechanics* 19: 307-309.

Aleshinsky, S.Y. 1986e. An energy 'sources' and 'fractions' approach to the mechanical energy expenditure problem - V. The mechanical energy expenditure reduction during motion of the multi-link system. *Journal of Biomechanics* 19: 311-315.

Bernstein, N.A. 1967. *The coordination and regulation of movements.* London: Pergamon Press.

Bobbert, M.F., P.A. Huijing, and G.J. van Ingen Schenau. 1986. A model of the human triceps surae muscle-tendon complex applied to jumping. *Journal of Biomechanics* 19: 887-898.

Bobbert, M.F., and G.J. van Ingen Schenau. 1988. Coordination in vertical jumping. *Journal of Biomechanics* 21: 249-262.

Bresler, B., and J.P. Frankel. 1950. The forces and moments in the leg during level walking. *American Society of Mechanical Engineering* 48-A-62: 27-35.

Caldwell, G.E., and A.E. Chapman. 1991. The general distribution problem: a physiological solution which includes antagonism. *Human Movement Science* 10: 355-392.

Caldwell, G.E., and L.W. Forrester. 1992. Estimates of mechanical work and energy transfers: demonstration of a rigid body power model of the recovery leg in gait. *Medicine and Science in Sports and Exercise* 24: 1396-1412.

Caldwell, G.E., L. Li, S.D. McCole, and J.M. Hagberg. 1998. Pedal and crank kinetics in uphill cycling. *Journal of Applied Biomechanics* 14: 245-259.

Caldwell, G.E., Hagberg, J.M., McCole, S.D., and L. Li. 1999. Lower extremity joint moments during uphill cycling. *Journal of Applied Biomechanics,* 15: 166-181.

Caldwell, G.E., D.G.E. Robertson, L. Li, and J.M. Hagberg. 1997. Lower extremity power and work in level and uphill cycling. In *Proceedings of the XVIth International Congress of Biomechanics*, eds. M. Miyashita et al., 226. Tokyo, Japan.

Cavagna, G.A., F.P. Saibene, and R. Margaria. 1963. External work in walking. *Journal of Applied Physiology* 18: 1-9.

Cavagna, G.A., F.P. Saibene, and R. Margaria. 1964. Mechanical work in running. *Journal of Applied Physiology* 19: 249-256.

Chapman, A.E., and G.E. Caldwell. 1983. Kinetic limitations of maximal sprinting speed. *Journal of Biomechanics* 16: 78-83.

Coast, J.R., and H.G. Welch. 1985. Linear increase in optimal pedaling rate with increased power output in cycle ergometry. *European Journal of Applied Physiology* 53: 339-342.

Collins, J.J. 1995. The redundant nature of locomotor optimization laws. *Journal of Biomechanics* 28: 251-267.

Costill, D.L. 1970. Metabolic responses during distance running. *Journal of Applied Physiology* 28: 251-255.

Crowninshield, R.D., and R.A. Brand. 1981. The prediction of forces in joint structures: distribution of intersegmental resultants. *Exercise and Sports Science Review* 9: 159-181.

Davy, D.T., and M.L. Audu. 1987. A dynamic optimization technique for predicting muscle forces in the swing phase of gait. *Journal of Biomechanics* 20: 187-201.

Diedrich, F.J., and W.H. Warren. 1995. Why change gaits? Dynamics of the walk-run transition. *Journal of Experimental Psychology: Human Perception and Performance* 21: 183-202.

Donovan, C.M., and G.A. Brooks. 1977. Muscular efficiency during steady-rate exercise II. Effect of walking speed and work rate. *Journal of Applied Physiology* 43: 431-439.

Dul, J., M.A. Townsend, R. Shiavi, and G.E. Johnson. 1984. Muscular synergism - I. On criteria for load sharing between synergistic muscles. *Journal of Biomechanics* 17: 663-673.

Enoka, R.M. 1988. Load- and skill-related changes in segmental contributions to a weightlifting movement. *Medicine and Science in Sports and Exercise* 20: 178-187.

187.

Farley, C.T., and C.R. Taylor. 1991. A mechanical trigger for the trot-gallop transition in horses. *Science* 253: 306-308.

Farley, C.T., and T.A. McMahon. 1992. Energetics of walking and running: insights from simulated reduced-gravity experiments. *Journal of Applied Physiology* 73: 2709-2712.

Gaesser, G.A., and G.A. Brooks. 1975. Muscular efficiency during steady-rate exercise: effects of speed and work rate. *Journal of Applied Physiology* 38: 1132-1139.

Gordon, A.M., A.F. Huxley, and F.J. Julian. 1966. The variation in isometric tension with sarcomere length in vertebrate muscle fibres. *Journal of Physiology* 184: 170-192.

Hagberg, J.M., G.E. Caldwell, and S.D. McCole. Unpublished observations.

Haken, H. 1977. *Synergetics: an introduction. Nonequilibrium phase transitions and self-organization in physics, chemistry, and biology*. Heidelberg: Springer.

Haken, H., J.A.S. Kelso, and H. Bunz. 1985. A theoretical model of phase transitions in human hand movements. *Biological Cybernetics* 51: 347-356.

Hardt, D.E. 1978. Determining muscle forces in the leg during normal human walking—an application and evaluation of optimization methods. *Journal of Biomechanical Engineering* 100: 72-78.

Herring, R.M., and A.E. Chapman. 1992. Effects of changes in segmental values and timing of both torque and torque reversal in simulated throws. *Journal of Biomechanics* 25: 1173-1184.

Hill, A.V. 1938. The heat of shortening and the dynamic constants of muscle. *Proceedings of Royal Society London* B126: 136-195.

Holt, K.G., S-F. Jeng, R. Ratcliffe, and J. Hamill. 1995. Energetic cost and stability during human walking at the preferred stride frequency. *Journal of Motor Behavior* 27: 164-178.

Hoyt, D.F., and C.R. Taylor. 1981. Gait and the energetics of locomotion in horses. *Nature* 292: 239-240.

Hreljac, A. 1993. Preferred and energetically optimal gait transition speeds in human locomotion. *Medicine and Science in Sports and Exercise* 25: 1158-1162.

Hull, M.L., H.K. Gonzalez, and R. Redfield. 1988. Optimization of pedaling rate in cycling using a muscle stress-based objective function. *International Journal of Sport Biomechanics* 4: 1-20.

Jacobs, R., M.F. Bobbert, and G.J. van Ingen Schenau. 1993. Function of mono- and biarticular muscles in running. *Medicine and Science in Sports and Exercise* 25: 1163-1173.

Kay, B.A., E.L. Saltzman, and J.A.S. Kelso. 1991. Steady-state and perturbed rhythmical movements: a dynamical analysis. *Journal of Experimental Psychology: Human Perception and Performance* 13: 178-192.

Kelso, J.A.S. 1995. *Dynamic patterns: the self-organization of brain and behavior*. Cambridge, MA.: MIT Press.

Kugler, P.N., and M.T. Turvey. 1987. *Information, natural law, and the self-assembly of rhythmic movement*. Hillsdale, NJ: Erlbaum.

Li, L., and G.E. Caldwell. 1996. Muscular coordination in cycling: effects surface incline and posture. *Journal of Applied Physiology* 85: 927-934.

Margaria, R. 1976. *Biomechanics and energetics of muscular exercise*. Oxford: Claredon Press.

Nagle, F.J., B. Balke, and J.P. Naughton. 1965. Gradational step tests for assessing work capacity. *Journal of Applied Physiology* 20: 745-748.

Norman, R.W., M.T. Sharratt, J.C. Pezzack, and E.G. Noble. 1976. Reexamination of the mechanical efficiency of horizontal treadmill running. In *Biomechanics V-B*, ed. P. Komi, 87-93. Baltimore: University Press.

Newell, K.M. 1986. Constraints on the development of coordination. In *Motor development in children: aspects of coordination and control,* eds. M.G. Wade and H.T.A. Whiting, 341-361. Dordrecht, the Netherlands: Martinus Nijhoff.

Pandy, M.G., and F.E. Zajac. 1991. Optimal muscular coordination strategies for jumping. *Journal of Biomechanics* 24: 1-10.

Pandy, M.G., F.E. Zajac, E. Sim, and W.S. Levine. 1990. An optimal control model for maximum-height human jumping. *Journal of Biomechanics* 23: 1185-1198.

Pierrynowski, M.R., and J.B. Morrison. 1985. A physiological model for the evaluation of muscular forces in human locomotion: theoretical aspects. *Mathematical Biosciences* 75: 69-101.

Robertson, D.G.E., and D.A. Winter. 1980. Mechanical energy generation, absorption and transfer amongst segments during walking. *Journal of Biomechanics* 13: 845-854.

Saltzman, E.L., and J.A.S. Kelso. 1987. Skilled actions: a task dynamic approach. *Psychological Review* 94: 84-106.

Schöner, G., and J.A.S. Kelso. 1988. Dynamic pattern generation in behavioral and neural systems. *Science* 239: 1513-1520.

Schöner, G., W.Y. Jiang, and J.A.S. Kelso. 1990. A synergetic theory of quadrupedal gaits and gait transitions. *Journal of Theoretical Biology* 142: 359-391.

Seireg, A., and R.J. Arvikar. 1975. The prediction of muscular load sharing and joint forces in the lower extremities during walking. *Journal of Biomechanics* 8: 89-102.

Selbie, W.S., and G.E. Caldwell. 1996. A simulation study of vertical jumping from different starting postures. *Journal of Biomechanics* 29: 1137-1146.

Selles, R.W., J.M. Dirks, R.C. Wagenaar, R.E.A. Van Emmerik, and L.H.V. van der Woude. Oxygen cost and coordination in human walking. Manuscript submitted.

Sprigings, E., R. Marshall, B. Elliott, and L. Jennings. 1994. A three-dimensional kinematic method for determining the effectiveness of arm segment rotations in producing racquet-head speed. *Journal of Biomechanics* 27: 245-254.

Stainsby, W.N., L.B. Gladden, J.K. Barclay, and B.A. Wilson. 1980. Exercise efficiency: validity of base-line substractions. *Journal of Applied Physiology* 48: 518-522.

Turvey, M.T. 1990. Coordination. *American Psychologist* 45: 938-953.

van Emmerik, R.E.A. 1992. Kinematic adaptations to perturbations as a function of practice level in a rhythmic drawing movement. *Journal of Motor Behavior* 24: 117-131.

van Emmerik, R.E.A., and R.C. Wagenaar. 1996. Effects of velocity on relative phase dynamics in the trunk in human walking. *Journal of Biomechanics* 29: 1175-1184.

van Ingen Schenau, G.J., M.F. Bobbert, and A. de Haan. 1997. Does elastic energy enhance work and efficiency in the stretch-shortening cycle? *Journal of Applied Biomechanics* 13: 389-415.

van Ingen Schenau, G.J., W.W.L.M. van Woensel,. P.J.M. Boots, R.W. Snackers, and G. de Groot. 1990. Determination and interpretation of mechanical power in human movement: application to ergometer cycling. *European Journal of Applied Physiology* 48: 518-522.

Van Soest, A.J., A.L. Schwab, M.F. Bobbert, and G.J. van Ingen Schenau. 1993. The influence of the biarticularity of the gastrocnemius muscle on vertical-jumping achievement. *Journal of Biomechanics* 26: 1-8.

Wagenaar R.C., and R.E.A. van Emmerik. 1994. The dynamics of pathological gait: stability and adaptability of movement coordination. *Human Movement Science* 13: 441-471.

Williams, K.R., and P.R. Cavanagh. 1983. A model for the calculation of mechanical power during distance running. *Journal of Biomechanics* 16: 115-128.

Winter, D.A. 1978. Calculation and interpretation of mechanical energy of movement. *Exercise and Sports Science Review* 6: 183-201.

Winter, D.A. 1979. A new definition of mechanical work done in human movement. *Journal of Applied Physiology* 46: 79-83.

著者紹介

グラハム・コールドウェル（Graham E. Caldwell）…マサチューセッツ大学（アメリカ）準教授。主な研究テーマ：熟練動作の制御と協調性，協応動作の骨格筋の力学的特性。

リチャード・ファンエメリック（Richard E.A. van Emmerik）…マサチューセッツ大学（アメリカ）準教授。主な研究テーマ：姿勢と歩行時の協応動作の学習や運動障害による変化。

ジョセフ・ハミル（Joseph Hamill）…マサチューセッツ大学（アメリカ）教授。主な研究テーマ：下肢のモデリング，走行時の下肢運動の最適化，走行時の下肢のオーバーユース症候群のメカニズム。

Column 3

歩行における視野の安定：エネルギー消費以外の最適化関数？

人ごみを縫って目的地まで到達することはわれわれにとってたやすい。しかしこのような状況で要求される制御は非常に複雑で，外部環境を視覚的に把握しながら，同時に四肢の動作を制御しなければならない。移動者はいかにして2つの要求を同時に満たしているだろうか？ 歩行においてはそれぞれの部位が水平軸（頭部でいえば両耳を結ぶ軸）まわりに回転する自由度を持つ。そして各部位が一定の時系列パターンで協応回転することにより，結果的に全身が上下動する。この全身運動から生ずる視野のブレを相殺し，視野の安定を確保することが移動において必要となる。身体部位間の協応がこの機能を実現する仕組みを説明するため，まず以下に平崎（2000）の知見を要約する。

視野の安定は頭部と眼球が体幹の回転・上下動に対して，反射的に逆位相で回転することによって確保される。頭部の回転加速度を検出する半規管系と，上下動の加速度を検出する耳石系とがこの反射を引き起こす情報の入力となる。この2つの系統の反射動作が歩行中の眼球－頭部の動作を規定しているのだが，2つの系の重みづけを決定するパラメータは頭部と眼球とで異なる。たとえばまず頭部に関しては，歩行速度によって頸部の前後屈を支配する系が変わる。低速の場合は半規管系が優勢であり，体幹の前後屈と逆位相で頸部を前後屈させる。速度を上げ全身の上下動が大きくなると耳石系が優勢になる。すると頸部の前後屈は体幹の上下動と逆位相になる。つまり歩行速度に応じて，視野のブレを規定する変数が前後屈から上下動へと代わり，それに応じた前庭器を仲介して頭部－体幹の協応が確保されるのである。

一方，眼球の制御は頭部より複雑である。なぜなら体幹の上下動およびそれと逆位相で回転する頭部，それぞれと協応しながら眼球が動かねばならないからである。上下動に対しては耳石系，頭部回転に対しては半規管というように，頭部の反射に対応した系が利用されるとして，さて眼球運動を優位に支配するのはどちらか？ 実は歩行者の眼の置き場によってどちらかが決まる。歩行者がおよそ1m前方を見ながら歩いた場合は頭部の補償動作のみで十分で，眼球運動は必要でない。しかし，これよ

り遠くを見た場合には半規管系が優勢となり，頭部回転と逆位相で眼球を回転させることが必要になる。また1m未満前方を見た場合は，半規管系の機能に歪みが生じ，頭部の回転と同位相の眼球運動が生ずるという。この動作は上下動と逆位相となるため，結果的に視野の安定は確保される。

要約はここまでに留めるが，注意すべき点は，視野の安定を保つために協応するセグメントの組み合わせが，条件に応じて柔軟に変更されることである。こういった眼球－頭部－体幹の協応は水平面上でも同様に起る（たとえば，Imai, Moore, Raphan と Cohen, 2001）。これらのきわめて精巧な協応，そしてそこから確保される視野の安定は歩行の制御にいかなる役割を担うのであろうか？　現在，この情報が四肢の制御に基準座標系 (reference frame) を与えるといった仮説がある。基準座標系とは半規管・耳石系から得られる自らの移動加速度の方向と，網膜上に投影された外界を対応づける空間表現である。こういった表現を仮定することで，外界に対する身体定位，そして運動計画の方略を形式的にとらえることができる。

未だ数こそ多くはないが，近年では曲線歩行（Pozzo, Berthoz と Lefort, 1990 他），走方向を急激に変更する動作（Hollands, Sorensen と Patla, 2001 他），また後方宙返り（Berthoz と Pozzo, 1994）など，さまざまな全身動作・姿勢の制御にこの機構が作用している可能性が示されている。その根拠は，これらの運動において全身運動を先導するように頭部が定位される位相が観測されることにある。視線・頭部が移動方向を先取りすることで前庭情報と視覚情報とをすり合わせて，全身運動の計画が立てられると考えたのである。後方宙返り（Berthoz と Pozzo, 1994）においては，脚で地面を蹴って全身が宙に浮くとき，頭部を垂直に維持するように頸部を屈曲させる。そしてその後身体の向きが逆さまに近づくと，頸部が伸展して頭部が水平方向，つまり顔面が地面に向くように定位される。これら頸部の屈曲・伸展の各位相は，地面に対して視線を水平・垂直それぞれの方向に定位する機能を有する。まず水平に視線を安定化することで空中に身体を投げ出す計画を立て，その後，垂直方向に定位することで着地の計画を立てると考えられている。

本書はエネルギー消費を最少化する最適制御の系として歩行の制御系をとらえている。一方で当コラムの内容は，視野の安定という関数が最適化の目的関数となりうる可能性を示す。ここで筆者が主張したいことは，現実には複数の関数のすり合わせが制御の目的関数となる可能性があるということである。当面では個々の関数を詳細に検討することが必要である。しかし歩行の本質を理解する上では，最終的に複数の目的関数がいかに歩行動作を制約するのかを検討する必要が生じるだろう。

【引用文献】

Berthoz, A. and Pozzo, T. (1994) Head and body coordination during locomotion and complex movements. In S. P. Swinnen et al. (Eds.) Interlimb Coordination, pp. 147-165, Academic Press, San Diego.

平崎鋭矢（2000）歩行中の頭部と視線の安定は如何にしてなされるか。バイオメカニズム学会（編），バイオメカニズム 15, pp. 107-117, 東京大学出版会：東京。

Hollands, M. A., Sorensen, K. L., and Patla, A. E. (2001) Effects of head immobilization on the coordination and control of head and body reorientation and translation during steering. Exp Brain Res. 140(2):223-33.

Imai, T., Moore, S. T., Raphan, T., and Cohen, B. (2001) Interaction of the body, head, and eyes during walking and turning. Exp Brain Res. 136(1):1-18.

Pozzo, T., Berthoz, A., and Lefort, L. (1990) Head stabilization during various locomotor tasks in humans I: Normal subjects. Exp Brain Res. 82(1):97-106.

第4章

運動経済性，選好様式，ペース

ウィリアム・スパロー / カースティ・ヒューズ
アーロン・ラッセル / ピーター・ル・ロシニョール

　1970年代初期，サルバンディ（Salvendy）とコルレット（Corlett）は，関連する2つの現象を調査するために共同研究を行った。1つめは，ペースがパフォーマンスに及ぼす影響である。サルバンディやコルレットらは，選好ペースよりも速くても遅くても疲労を感じてしまうと考えた。ここでいう，選好ペースとは，自分以外の命令系統から何の制約も受けないときに採用されるペースのことである（SalvendyとPiltisis, 1971；CorlettとMahadeva, 1971）。この研究グループが興味を持った2つめの現象は，練習がパフォーマンスに及ぼす影響である。とくに，産業における作業課題に練習が及ぼす効果について，興味を抱いていた（SalvendyとPiltisis, 1971）。彼らの研究の最も特徴的なことは，ペースや練習の効果を調査する際の従属変数の選択であった。伝統的に使われてきた時間や誤差ではなく，「生理学的パフォーマンス」を選択したのである。つまり，現在では呼吸生理学の分野では普通となった技術（呼気に含まれる酸素濃度測定によって間接的に代謝カロリーを計算する呼気ガス分析）によって労働作業に関連する代謝エネルギー消費量を計測したのである。

　初めにサルバンディ（1972）の研究を紹介したのは，本章では，選好様式（preferred modes）が代謝エネルギー消費に及ぼす効果について考えていくからである。練習が代謝エネルギー消費に及ぼす効果については，折に触れ，手短に論議する。しかし，そのことについて最近，スパローとニューウェル（SparrowとNewell, 1998）が詳しい総説を発表しているので，本章では，ペースと選好様式に，より焦点を当てていくことにする。また，運動の協応や制御についての現代の理論を踏まえながら，選好様式の概念を発達させたいと考えている。

　本章は，大きく5つのテーマで構成されている。第1節では，「経済性」とそれに関連

する用語の定義について触れ，日常の種々の活動の「経済性」の違いについて焦点を当てる。たとえば，歩行，ランニング，水泳などの人の移動様式の代謝量を比較する。第2節では，選好様式とペースについて紹介する。ここでは，選好様式の範囲内で，仕事量が最少になる，というような動作の「自己組織化（self-organising）」の特性を表した体系的な研究を紹介する。第3節では，最近話題となっている協応様式の転移の問題について討議するとともに，協応様式の転移が代謝エネルギー量によって説明可能かどうか検討する。第4節では，選好様式の選択に関する3つの「メカニズム」を同定し，それによって選好様式選択時の「自己組織化」現象の基礎となる処理過程について考えてみる。最後の第5節では，上記の処理過程に関する基本的考え方を拡張し，選好協応様式を確立するために使われた感覚情報源について提案する。

1．活動様式の経済性の定量化

経済的な動きとは，比較的少ない代謝エネルギー消費で，要求された課題を達成する動きである。要求課題達成のために消費される代謝エネルギーは，「効率性」や「経済性」のような関連する概念を使って記述できる。効率は，パワー出力と課題に関係する酸素消費量が計測された際に計算することができる。しかし，効率を定義する際の1つの大きな問題は，課題パフォーマンスに関係した仕事率（パワー）を計算する点にある。実験室にある標準的なエルゴメータ（自転車エルゴメータやローイング・エルゴメータなど）は，ハンドルやペダルを通して発揮された力やある時間内に力を発揮していた距離の関数として仕事率を計測する。これらの装置では，課題を遂行するために四肢がどのように動いたかということは計測できないので，エルゴメータを動かすために行った外的仕事は決定できるが，四肢を動かすために要求された内的な仕事を計測することはできない。本書の1つの大きなテーマは，練習によって動作パターンがより洗練され，四肢のコーディネーションを調整・制御するために必要な内的な力学的仕事が減少する様子を観察することである。内的な力学的仕事の変化は，単関節筋と二関節筋の貢献度やセグメント内やセグメント間のエネルギー転移の貢献度の違いに起因する。したがって，動作中の身体の全パワー出力を計測することはきわめて難しく，実用的な目的で，外的な機械的効率だけが計測される。

運動中の酸素摂取に影響を与えるもう1つの要因は，規則的な周期運動パターンの開始と強度に関する酸素消費動態（oxgygen consumption kinetics）である。効率の適切な測定は，無酸素性作業閾値（AT）[訳注4] 以下の強度で定常状態（steady-state）に入っているあいだに酸素消費量をサンプリングする必要がある。すべてのエネルギー需要が有酸素的に供給されるためには，一定パワー出力で，酸素消費がプラトーになるのに3分間ほど必要とする。このプラトー状態は，AT以下の強度で定常状態に入ったことを示す。しかし，ATを超える強度では，さらに酸素摂取が増大する。ATを超える強度での酸素消費量の増大は，酸素摂取動態の「slow component（緩成分，O_2ドリフト）」と呼ばれており，とくに強度の高い運動時には機械的効率を低下させる。

これらの注意すべき事項を踏まえながら，外的パワー出力あるいは仕事率の効率は伝統

的に以下のような4つの異なる方法で計算されてきた。

$$総効率（\text{Gross efficiency}）\% = \frac{パワー出力}{エネルギー消費} = \frac{P}{E} \times 100$$

$$純効率（\text{Net efficiency}）\% = \frac{パワー出力}{安静時消費量を超えた分のエネルギー消費} = \frac{P}{E-e} \times 100$$

$$仕事効率（\text{Work efficiency}）\% = \frac{パワー出力}{空回りサイクリングを超えた分のエネルギー消費} = \frac{P}{E_L - E_U} \times 100$$

$$差分効率（\text{Delta efficiency}）\% = \frac{差分パワー出力}{差分エネルギー消費} = \frac{\Delta P}{\Delta E} \times 100$$

ここで，P は外的パワー出力に等価なカロリー．
E は安静時消費分を含んだ総カロリー消費．
e は安静時カロリー消費．
E_L は負荷を加えた際のカロリー消費．
E_U は負荷のない時のカロリー消費．
ΔP は増加分のパワー出力．
ΔE は ΔP 測定時のエネルギー消費の増加分

効率を定義した上記4つの方法は，それぞれ利点と欠点がある．それらのいくつかを以下に簡単に示す．総効率は，計算するのは簡単だが，安静時の酸素摂取量が含まれているのが欠点である．というのは，安静時の酸素摂取量は運動効率の要素ではないからである．純効率は安静時代謝の分を引いている分，総効率よりも適切な計算方法だと思われる．しかし，安静時代謝を測定することは，姿勢（立位，座位，仰臥位）に影響を受け，また人のバイオリズムに連動して変化するので難しい．

仕事効率は付加が加えられていないときの四肢の動きに関係する内的仕事を取り除く方法である．たとえば，自転車エルゴメータでのサイクリングの効率を計算する場合，付加を課した際の酸素摂取量から付加なしの際の酸素摂取量を引くことによって内的な仕事率が表される．しかし，この方法の1つの限界は，付加なしの仕事が内的仕事として表されるだけではなく，付加なしのエルゴメータを動かす際の摩擦力に対抗する外的仕事も若干含まれるということである．この付加量は排除することはできず，小さいが外的仕事の効率を求める際には有意な誤差となる．

もし，酸素消費が仕事率の増加に比例して増加すれば，効率は，パワー出力と酸素消費量の回帰式の傾きで表現できる．これは，差分効率と呼ばれる．差分効率は総効率や純効率を決定する際に逃れられなかった固有の誤差が生じないので，優れた測度であるように思える．しかし，この方法は，測定したパワー出力の範囲でパワー出力と酸素消費量のあいだに線形な関係がある場合にだけしか使うことができない．

自転車エルゴメータを使った同じ実験条件で，上記の4つの方法によって求めた効率は，異なる値になる．デブリーズとハウシュ（DeVriesとHoush, 1994）は，総効率は7.5～

20.4%の範囲を示し，純効率は9.8〜24.1%，差分効率は24.4〜34.0%を示したことを指摘した。仕事効率は，真の仕事0のペダリング条件をつくることが難しいので，この研究では計算されなかった。

　課題に関係するパワー出力が知られていないか，それが活動に必要とする内的あるいは外的仕事量を正確に反映していない際には，動作の効率性を測定する上記のような方法を用いることはできない。多くの「実際のスキル」，たとえば採鉱，林業や他の作業スキル，の総パワー出力を定量化することは難しい。このような状況のもとでは，課題を遂行するのに必要なエネルギー消費量として定義される「経済性」は，化学的エネルギーを力学的エネルギーに変換する生体の能力を表すのにふさわしい測度となり得る。ある課題を遂行するのにエネルギー量が少なければ少ないほど，その動作はより経済的といえるのである。

　上記に定義したように，経済性はロコモータ課題での代謝コストを定量化するのにしばしば使われてきた。速度の違いを考慮して経済性を標準化するために，酸素消費量をロコモータ速度で割る。この式の2つの項の単位は，時間がキャンセルされるように選択される。たとえば，酸素消費量の単位はml/kg/minで，速度の単位はm/minまたはkm/min。したがって，標準化された経済性の単位は，単位距離あたり体重1 kgあたりに消費される酸素となる。このように効率の計算に類似した方法を使って，ロコモーションの経済性は以下の3つの方法で計算することができる。

$$総経済性（Gross\ economy）= \frac{エネルギー消費}{速度} = \frac{E}{S}$$

$$純経済性（Net\ economy）= \frac{安静時消費量を超えた分のエネルギー消費}{速度} = \frac{E-e}{S}$$

$$差分経済性（Delta\ economy）= \frac{差分エネルギー消費}{差分速度} = \frac{\Delta E}{\Delta S}$$

ここで，Eは安静時消費分を含む総酸素摂取量，Sは速さ，eは安静時の1分間あたり酸素摂取量，ΔEは酸素摂取量の増加分，ΔSは速度増加分

　これまで述べてきたことを参考にすると，差分経済性が動作の経済性を推定する最も適した測度といえるだろう。差分効率に関していえば，その妥当性は，ある特定の動作様式が行われる速度帯で速度と酸素消費量の関係が線形関係にあるかどうかに依存する。ランニングでは，広い速度帯でその線形性が確認されているが（Hreljac, 1993），歩行では線形性は保たれていない。歩行では，選好速度よりも遅い場合と速い場合に高い酸素消費が必要で，酸素消費−速度の関係はU字型を示す。

　いろいろな動作様式の経済性を標準化された単位で比較するには，酸素消費−速度の関係をよく理解しておくことが必要である。総経済性は安静時代謝を考慮していないので，種々の動作様式の経済性を標準化した方法で比較するには，純経済性が最も適しているだろう。表4-1には，歩行，ランニング，四つん這い歩行，水泳の純経済性を示してある。

表 4-1 歩行，四つん這い，ランニング，水泳時の純経済性

	速度（m/min）	平均純経済性（ml/kg/km）	著者
緩徐歩行	40	120	スパローとニューウェル，1998
急速歩行	124	173	ハールジャック，1993
理想歩行	75	110	ハールジャック，1993
緩徐走行	124	201	ハールジャック，1993
最良走行	268	162	ジョイナー，1991
最悪走行	268	192	ジョイナー，1991
四つん這い	40	450	スパローとニューウェル，1998
最良水泳	66	300	コスティル，1992
最悪水泳	66	820	コスティル，1992

表4-1にある4つのロコモーション動作を比較すると，歩行が最も経済的なロコモーション動作であることがわかる。歩行では，酸素消費－速度関係がU字型を示すことを前に述べたが，歩行の経済性は，約75 m/min（4.5 km/h）で最少コストとなり，速度帯が拡がると経済性も大きく変動する（表4-1）(Hreljac, 1993)。歩行中の酸素消費－速度関係に最も近似するような二次モデルから予測すると，最適な4.5 km/hよりも遅くても速くても1 kmあたりの純酸素消費は増加し，したがって，動作の経済性は低下する。一方，ランニングでは幅広い速度帯で1 kmあたりの代謝コストは比較的一定であることが知られている。ランニングのコストは，活動的な被験者が1 kmあたり体重1 kgあたりに平均約200mlの酸素消費であると報告されている（Hreljac, 1993）。平均的な体力の持ち主よりもよくトレーニングを積んだ選手では，移動のための代謝コストは低くてすむが，純経済性には個人差がある。ジョイナー（Joyner, 1991）の研究によると，よくトレーニングされた12名のマラソン走者の中で，最も経済的な走者と最も経済的でなかった走者との差は，18%であった。

水泳の自由形は，ランニングよりも不経済なロコモーション様式であるだけではなく，動作の経済性に関して大きな個人差がある。コスティルら（Costill et al., 1992）によると，最も経済的なスイマーと非経済的なスイマーの差は270%に及んだ。トレーニングを積んだスイマーのこのような変わりぶりは，練習が水泳スキルへ及ぼす影響が大きいことを示しているものと思われる。

表4-1のデータで，さらに興味深い比較は，四つん這いと通常歩行間の比較である。スパローとニューウェル（1998）は，同じ被験者について比較的遅い40 m/minの水平トレッドミル上での四つん這いと通常歩行で，約400%の差があったことを報告している。四つん這いできわめて大きな酸素消費を示したことは，この新奇複雑スキルの非効率な特性を示している。この差が練習効果にどの程度起因しており，四つん這い歩行に対する身体固有の制約にどの程度起因しているのかということは興味深い。練習効果に関していえば，スパローとニューウェル（1998）の研究の被験者は，3分×16試技しか経験していなかった。直立歩行が生涯を通じて練習してきたことを考えると，四つん這いの経済性に対する練習の潜在的貢献がどのようなものであるのか興味深い。

本節の最初に，「経済的」という言葉が質的な概念であり，「経済的」な動作と「非経済的」

な動作を区別することは難しいということを伝えるために,「比較的」という単語を使った。本章では,たとえば,練習の最初では被験者は比較的,非経済的に動作し,練習が進むと経済的になることを示す。同様に,上で述べたように,水泳のようないくつかの動作様式は他の様式よりもかなり非経済的である。以下の節では,主なトピックのうち,動作の経済性,ペース,選好様式に焦点を当てる。ここで基本的にいいたいことは,外部から与えられたペースと比較すると,セルフペースや選好様式はより経済的に酸素を消費しているということである。

2．選好様式とペース

　外部から何の制約も与えられなかったときに,人は自然に選好様式を採用することが,幅広い種類の活動において観察されている。選好様式を採用する傾向は,「自己最適化」と呼ばれ,付加的フィードバックを必要としない場合に,自己選択的であり,仕事量,時間,あるいはエネルギーという観点で最適であるということを意味する。選好様式は,最も一般的には,時間あたりの繰り返し数や回転数という点から研究されてきたが,自転車の最適サドル高のような他の最適変数に関しても調査されている (Nordeen-snyder, 1977)。いくつかの例外はあるものの,運動の種類にかかわらず,選好様式での代謝エネルギー消費が,それ以外の様式で行ったものと比べると最少になることが共通に認められている。たとえば,サルバンディの初期の研究（1972）では,ペダリング動作の回転数と経済性のあいだに逆U字型の関係があることが示されている。図4-1に示したように,自転車エルゴメータを漕いでいるとき,手で操作するポンプ操作時,踏み台昇降（ハーバード・ステップ・テスト）の際に自由に選択した回転数（選好様式）のときに最も低い生理学的コストになり,したがって,最も高い効率になる。

　より最近の研究によって,歩行やランニング中の選好速度と運動経済性間の関係が明らかになっている (Gotshallら, 1996; CavanaghとWilliams, 1982; MartinとMorgan, 1992; RedfieldとHull, 1984)。歩幅を変えて歩く研究を行うことで,最適な歩幅とは,その歩幅よりも長くしても短くしても代謝エネルギー消費が増加する歩幅であることが示されている (Heinertら, 1988; Högberg, 1952; Hreljac, 1993)。歩幅と経済性の関係について以下のことが示唆されている。選好様式より遅く（短い歩幅で）歩いた場合には,筋活動の静的要因によって筋に蓄えられた弾性エネルギーが浪費され,さらに,遅い歩行では,移動方向に身体を推進するために有効な仕事に対して,比較的長い時間にわたって体重を支える必要がある。選好様式よりも速く歩くことは,なされた仕事の有効分よりもエネルギー消費を素早く増加させ,経済性が再び低下する。これは,おそらく,身体各セグメントを加速・減速するために費やされるエネルギーの不均衡な増加のためであろう。

　たとえば,カヴァナーとウィリアムズ (CavanaghとWilliams, 1982) は,10名のトレーニングを積んだ男性走者が1マイルを7分ペース（約230 m/min, 13.8 km/h）で走る際に,選好ストライド長 (stride length) を採用する理由を明らかにした。つまり,選好ストライド長は,酸素消費量を最少にするストライド長であることを立証した。最も経済的なス

トライド長をその人の脚の長さの比で表し，±20％のストライド長で1マイル7分走を行った。その結果，20％減のストライド長では2.6 ml/kg/min の酸素消費量の増加，20％増のストライド長では3.4 ml/kg/min の酸素消費量の増加が認められた。ランニングの経済性とストライド長との類似した関係は，選好ストライド長を操作したハイネルトら（Heinertら，1988）によっても報告されている。彼らは，16名の長距離走者のランニングを調査し，選好ストライド長よりも8％ストライドが伸びると酸素消費量が3.8％増加し，8％短縮すると2.1％増加することを示した。ストライド長と酸素消費の関係を示すために，カヴァナーとウィリアムズ（1982）の研究に示された2名の被験者に最もよく近似した曲線を図4-2に示した。

歩行の選好様式とともに，サイクリングの選好様式も興味の的になってきた。また，時折，他の課題についても選好様式の観点から研究が行われてきた。パワー出力を一定に保つようなサイクリング

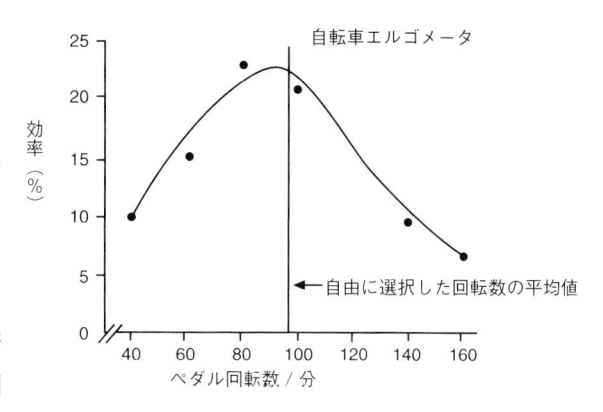

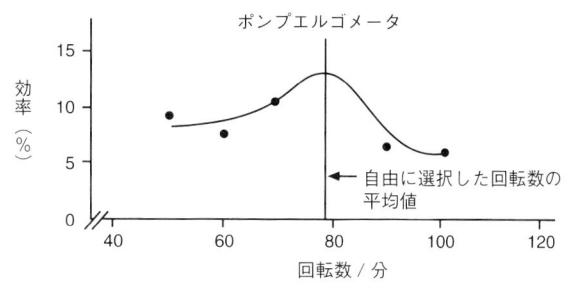

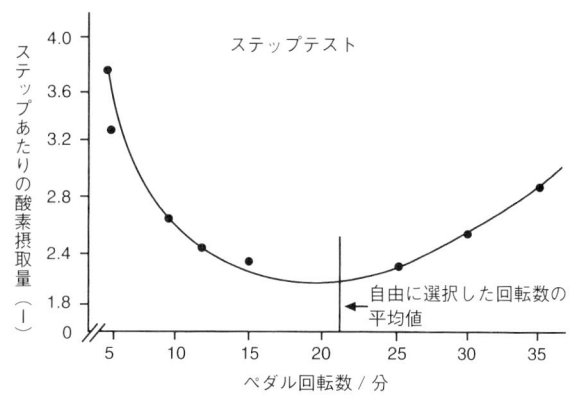

図4-1 ペダル回転数が身体運動の効率に及ぼす影響
上：自転車エルゴメータ，中：腕によるポンプ操作，下：ハーバード・ステップ・テスト（サルバンディ，1972より許可を得て掲載）

の研究では，興味深いことに，最も経済的なペダル回転数は選好回転数よりも遅いことが観察されている（PattersonとMoreno, 1990；MarshとMartin, 1993）。たとえば，マーシュとマーチン（MarshとMartin, 1993）は，被験者のトレーニング経験の有無にかかわらず，選好回転数は最も経済的な回転数よりも高いことを明らかにした（図4-3）。彼らは，選好回転数では有酸素需要が高いという不利な点があるが，筋出力を上げる必要性や周辺部のストレスを最少にするという必要性のほうが勝っていると結論づけた。また，神経筋系の疲労を最少にするペダル回転数は被験者の選好回転数と一致するということも報告されている（Takaishiら，1996）。この結果は，より速いペダル回転数は代謝経済性を改善するよりも，むしろ筋パワーを増加したり，周辺部のストレスを最少にすることに関係していることを示唆している。

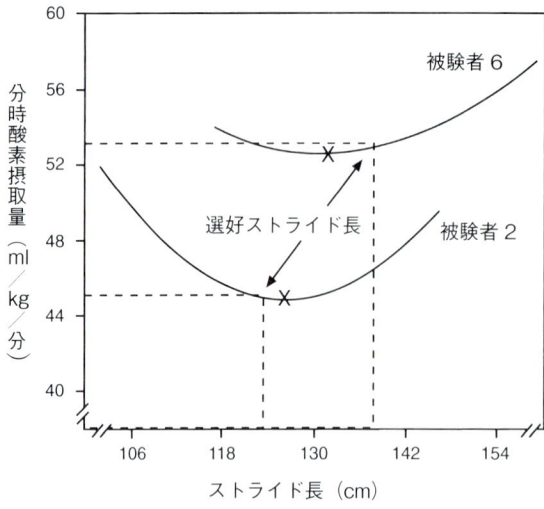

図4-2　ストライド長と酸素摂取量の近似曲線
X印は，各被験者が最も少ない酸素摂取量を示した際のストライド長。点線は被験者が選択した最適ストライド長。被験者2は，被験者6に比べてストライド長が短く，酸素摂取量は少ない。(カヴァナーとウィリアムズ，1982より許可を得て掲載)

高石ら（1996）は，神経筋系の疲労を最少にするペダル回転数は，酸素消費量を最少にする回転数とは一致せず，むしろ選好ペダル回転数と一致することを示した。この研究は，回転数40rpmから80rpmに回転数を上げると，ペダルに加わる力が減少することも示唆している。このことにより，遅筋線維動員の割合が増加する。遅筋線維は速筋線維に比べて高い酸化能力および機械的効率を有することが知られている（Coyleら，1992）。この結果は，もし遅筋線維がより多く動員されたとしたら，低いペダル力しか必要としない，やや高めのペダル回転数のほうが，エネルギー消費においてより経済的であることを示唆する。

最適ペダル回転数はクランクアームに直角な方向に力を加える能力に依存するという考えは，トレーニングを積んだサイクリストのほうがレクリエーション程度でしか自転車に乗らない人に比べて，効果的にクランクアームに直角に力を加えることができるという報告と一致する。トレーニングを積んだサイクリストは，パワーや経済性の損失なしに高い回転数でペダリングすることができる。このことは，選好回転数での運動経済性に，練習に関連するメカニズムがあることを示唆している。

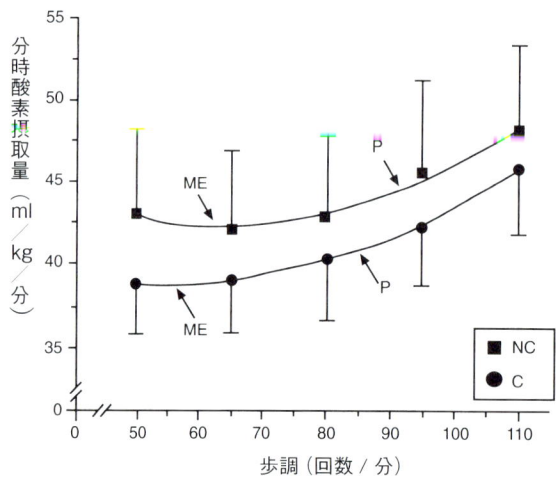

図4-3　出力200ワットでペダルを1分間に50, 65, 80, 95, 110回転で漕いだときの酸素消費量（VO$_2$）
Cはサイクリスト群，NCは統制群。最も経済性の高かった回転数（ME）と選好回転数（P）をグラフに示した。(マーシュとマーチン，1993の図を改変)

車椅子の推進における回転数の影響も研究されており，回転数の増加にともなって速度が上昇する（Vanlandewijckら，1994）。車椅子ロードレーサーは，高い回転数で練習しているため，その高い回転数でより効率よく走行することができ，最適ペダル回転数も高い。一方，初心者は自由に回転数を選択させると，低い回転数を選択し，最適ペダル回転数も低い。車椅子の速度が増加したとき，ユーザは速い回転数を維持するための動作パターンを採用する必要がある。サイクリングに関しては，この適応過程は学習によって獲得され，

練習によってパフォーマンスがより経済的になるだけでなく，選好様式も変化する。

最近のスパローら（Sparrowら，1999）の研究では，非熟練者に一定のパワー出力で，選好ストローク周波数あるいはその＋20％でローイングマシーンを漕ぐ課題を課した。その研究では，選好ストローク周波数の効果がパワー出力の変動と独立して調査できるように慎重に実験を行った。この研究の結果，選好ストローク周波数でのパフォーマンスは，そうでない場合よりもパワー出力に対する酸素消費という観点で，より経済的であったことが確かめられた。しかし，酸素消費と速度（ここではストローク周波数）との伝統的なU型の関係（最少点が最も経済的であることを示す）は，パワー出力とストローク周波数の混合型の関数と考えられた。+20％のストローク周波数でのパフォーマンスは最も非経済だったが，－20％のストローク周波数でのパフォーマンスは選好条件の際の代謝需要とかなり類似していた。この結果は，遅い様式が最適に近いために生じたためであり，ストローク周波数を遅い様式に設定することによって，被験者がより経済的な反応を採用する手助けになったのだろう。

選好ストローク周波数やそれ以外のストローク周波数が，スパローら（1999）の研究における動作制御特性（ストローク相やリカバリー相の時間や距離）に与えた影響に関していえば，被験者は+20％条件では素早く短いストロークで，－20％条件ではゆっくりと長いストロークで漕ぐ傾向が認められた。このように，他の研究でも見られたように(Dawson, 1998)，ストローク長と時間の組み合わせが，選好様式の選択に影響を与える重要な制御変数あるいは「スケーリング」変数であるように思われる。

要約すると，選好様式は運動制御現象の1つとして特徴づけられる。ある与えられた練習のレベルで，代謝エネルギーが最少になるように，動作は制御されている，あるいは「パラメータ化」「スケーリング」されていると考えられる。この観察を修飾するものは，他の必然的要請が代謝コストを最少にする性質を凌駕する場合と少なくとも短期間でも組織・器官が代謝的な最適制御パラメータに耐えられない場合である。

［1］ペース

ここで，スポーツや他の活動で使われるようなペースの練習と選好様式，とくに選好回転数（ランニングや自転車などの反復運動の場合）の関係に関する疑問が出てくる。この2つの概念のあいだに関連性がありそうだが，今日までに，これらの概念を体系的な方法で統合されてきたかどうかは明白ではない。

ペースについて述べるにあたって，最初に行うべき重要な点は，自己ペース（self-pace），内的ペース（internal-pace），外的ペース（external-pace）間の区別をすることである。ほとんどの日常的な活動は自己ペース，つまり外部エージェントによって制約されずに自分自身のペースで要求された課題を遂行する。日常の多くの課題は，自己ペースで受け入れられる程度の生産性レベルを維持できると考えられる。パフォーマンスを最大にするために，平日のうちに自分であらかじめ決めた休憩を除いてだれにも邪魔されずに仕事できるようなペースをつくり出そうとすることは，普通のことである。たとえば，プールとロス（Pooleと Ross, 1983）は熟練した羊の毛刈り屋は，未熟な毛刈り屋よりも平日に多くの羊の毛を

刈ることができるが，酸素摂取量によって測定された代謝エネルギー消費は，両グループで同じ割合であったことを示した。余談ではあるが，熟練毛刈り屋は羊1頭あたりの代謝エネルギーコストにおいて経済的であり，この基準からすると同じ代謝エネルギーコストでより多くの結果を出すことができるという点において，より熟練していたといえよう。

　いくつかの活動では，雇用者，機械，競争相手，チームメイトのような外部エージェントによって，外的にペースが決定される。そして，これらの外部エージェントは代謝エネルギー消費あたりの仕事量を最大にするという意味では最適ではないペースの採用を強いることになる。スポーツやおそらく他の領域においても，コーチやインストラクターあるいは雇用者が課すべく，パフォーマンスを最大にするようなペースに関わる「因習的な知識（conventional wisdom）」が多く存在すると考えられるが，フォスターら（Fosterら，1993）が指摘したように，この問題はあまり研究対象として注意が払われてこなかった。デブリーズとハウシュ（1994）は，ペース問題について，多くの有酸素運動（2マイルやそれ以上のランニングのような）では，一定のペースを保つことが一般的な特徴である，と述べている。1500m競泳においては，レースが進むと100mごとのスプリットタイムは遅延し，疲労のために1回あたりのストローク時に加える力は弱くなるものの，ストローク周波数は維持される。

　デブリーズとハウシュ（1994）によって提唱された仮説は，ペース変化で新たな代謝コストが生じるために，一定のペースを保つことが代謝エネルギーの保存の一助となる，ということである。最近のサイクリング中のペース研究で，フォスターら（Fosterら，1993）は，2kmのサイクリングではイーブンペース戦略が最も速いタイムを出すが，スロースタートのペースから逆に最初からペースを上げるファーストスタートペースまで，酸素消費量のような代謝量を測定した項目に有意な差がなかったと報告している。逆に，有吉ら（Ariyoshiら，1979）は，8人の中距離選手に3つの異なるペース；速いペースから遅いペースへ（fast-slow条件），遅いペースから速いペースへ（slow-fast条件），一定ペースで4分間走を3回実施し，他の2つの条件に比べてfast-slow条件の酸素消費が最も少なかったことを報告している（ただし，統計的有意差なし）。Fast-slow条件の最初の1分間は高い心拍数を示したが，その後，心拍数に差がなかった。Fast-slow戦略では回復がより素早く行われた。4分間の回復期の後，心拍数は88まで低下した。一方，slow-fast条件と一定ペース条件では，心拍数は90台半ばにとどまっていた。Fast-slow戦略の生理学的な利点は，酸素消費量が3.7%少ないだけであるが，それは多くのスポーツで成功するために重要な点であると考えられる。

　これまでペース戦略に焦点を当てて論議してきたが，ペース戦略の「時間依存性（time dependency）」に注目することも重要である。今日までの実験室的な研究の多くは，一試技の中で選好様式が変化しない，たとえば，自転車のサドル高について，選好サドル高が実験中に変化しない，というようなプロトコールを使ってペースの効果を検討してきた。実世界では，ペース戦略は時間に影響を受ける。つまり，被験者が採用するペース（内的ペース）あるいは採用するように制約されたペース（外的ペース）は，課題の時間経過にともなって，試技中に少なくとも1回は変化する。このように，時間依存型ペースは1つの

値で特徴づけられるものではなく，むしろペースや時間の関数によって受ける影響を受ける。今日まで，日々繰り返されるスキルについて，ペースの時間変化特性はほとんど知られていない。

最近のわれわれのいくつかの研究では，選好仕事量は1回の試技内で一定ではないことがわかっている。図4-4の上に示したように，ローイングエルゴメータを漕いでいるときの4人の被験者の選好ストローク周波数は，6分間の試技内で特徴的な時間変化を示した。したがって，個々のストローク周波数の時間変化は，あるパワー出力を時間内に発揮するという課題を被験者がどのように達成したかということを示し，それぞれ特徴的に異なった曲線を示す。

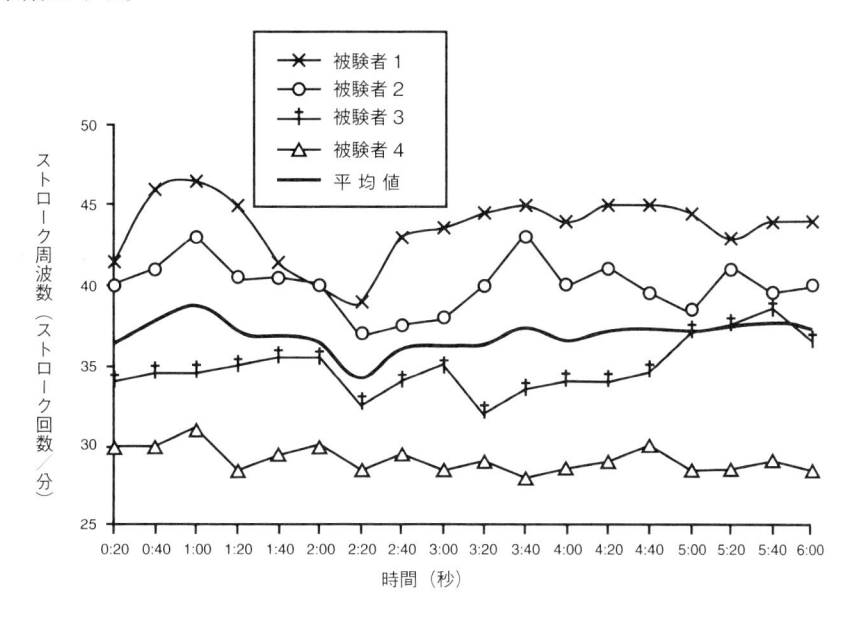

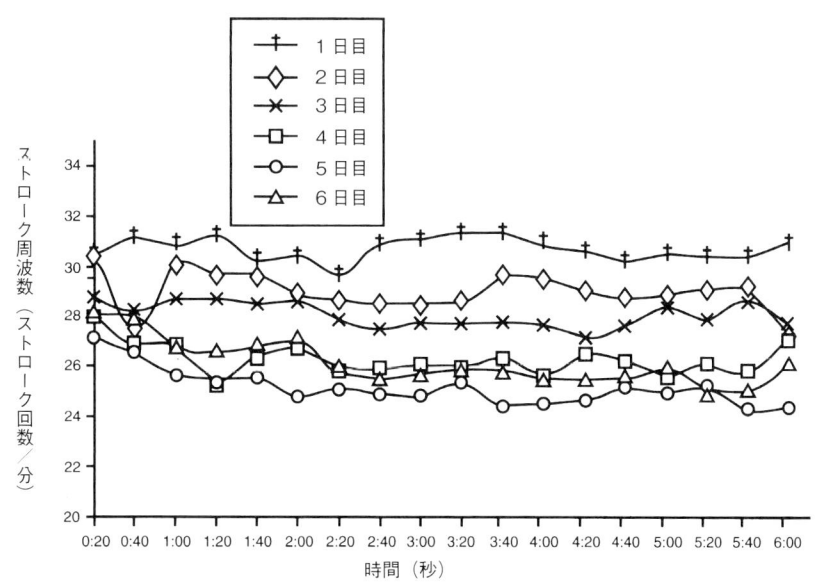

図4-4 上図：100ワットでローイングエルゴメータを6分間漕いでいる際の選好ストローク周波数の変化（グループの平均値も示されている）下図：練習による選好ストローク周波数の日間変動（1人の被験者）

図 4-4 には，選好様式の平均値も描かれている。この線は，いずれの内的ペース（各個人の選好ペース）の曲線とも異なる外部ペースのストローク周波数の時間変化曲線である。ある課題においては，たとえばグループのメンバー全員で仕事をするような場合など，個々の選好ペースとは異なる，外的に決められたペースで，他の被験者に追いつくためにがんばらなければいけないこともある。個々の選好ペースと外的に課せられたペース間の差によって，あまり経済的でないパフォーマンスになることも予想される。図 4-4 に示した平均曲線のように，個々としては最適ではない（代謝エネルギーコストの観点で）ストローク周波数で動いているが，グループ全体の仕事を最少にするような外的ペースは存在する可能性はある。今後の研究で興味深い問題は，パフォーマンスを最大にすることに関連して，自己選択的な内的ペースから引き離す外的ペース法の効果あるいは結果である。内的ペースを破壊することがパフォーマンスに不利であり，スポーツにおいてはペースを「設定」したり，「乱し」たりする戦略をとることによって，競争相手を選好様式から引き離そうとする場合もあると推測できる。漕艇のようないくつかの競技では，ペース戦略しだいで，競争相手のペースを外的に乱すことにチーム全体の努力が向けられることもあろう。

多くのスポーツ競技においては，最短時間で特定の距離を移動する能力で勝負が決まる。これは 2 つの異なる方法で達成される。1 つは，トラック競技のような複数の人間が一同に介して行う競技である。このような状況では，ペースは競争相手の戦術に影響を受ける。また，時計との勝負が要求される競技もたくさんある。ここでは，完全に内的ペースとなる。ノルディックスキーやいくつかの自転車競技では，自己選択ペース戦略を使ってできるだけ速い時間で課題を達成する能力で勝負が決定する。どちらの競技状況においても，ペースは勝利の重要な決定要因となる。たとえば，自転車などの反復運動では，パフォーマンスレベルによって選好回転数は異なる（Faria, 1984；Hoffman, 1992；Marsh と Martin, 1993；Smith と Spinks, 1995）。一般的に，酸素摂取量という観点から見ると，より上級の競技者ほど最適に近い回転数を採用していることが示されている。選好回転数やそれ以外の回転数がエネルギー代謝や運動経済性にどのように影響を与えるかを理解することによって，より詳細なトレーニングプログラムやより効果的な競技戦略をデザインできるようになるだろう。さらに，選好回転数あるいは最も経済的な回転数を上げる能力は，パフォーマンスレベルを向上させることになる。

［2］協応パターンの転移

最近，かなり注目を浴びている争点の 1 つとして，ある条件のもとで人や他の動物の動作協応パターンが，あるパターンから別のパターンへ移行する，あるいは転移する理由というものがあげられる。いくつかの条件では，このような転移は，省エネルギー機構の存在を示唆している。つまり，転移が行われる際に，同じ協応パターンを継続して行うよりも新しい協応パターンを採用したほうが経済的であるような場合である。「ダイナミカル・システムズ理論」によって，この転移現象を理論的に説明することにはずみがついた。というのは，協応の安定性やエネルギーの最少化が，ダイナミカル・システムズ理論の鍵となる特徴であるからである（Schmidt と Fitzpatrick, 1996）。ディドリッヒとウォレン（Diedrich

と Warren, 1995）は，以下に示した指摘の中でこの問題をうまく要約している。人や動物の行動は2つの顕著な特徴を持っている―協応の安定パターンの存在とそれらを切り換えたときに生じる急激な再組織化。しかし，基本的な問題は，このような協応の転移は，代謝エネルギーを保存するためにおこるのか，という点にある。もし，経済性を理由に転移が生じるという仮説が支持されるならば，代謝エネルギー需要が新しい協応パターンでより少なくなる時点で，別の選好様式への転移が行われることになろう。

多くの歩容パターン（人の歩行，ランニングや四足動物の歩行，速足[訳注18]，疾走，その他のパターン）の研究が，「転移のための刺激」に注目し，多くの有用なデータを収集してきた。歩行，ランニング，他の歩容（四つん這い，ホップなど）は下肢や体幹の大筋群を利用するため，協応の基本的な変化（歩行からランニング）や制御（ロコモーションの速度）の変化は，測定可能な代謝量の変化として反映される。協応の安定性や転移の問題を調査するために行われてきた多くの他の課題は，代謝エネルギーをあまり必要とせず，代謝エネルギー需要にあまり大きな影響を与えない。

人や動物の歩容転移に関する一般的な考え方の1つとして，代謝エネルギーを保存するための手段として異なる歩容への転移を行う，ということがあげられる。このような観点からすると，転移は本質的にエネルギー保存のためのメカニズムであるといえよう。エネルギー最少化仮説とは別の考え方として，組織が安定性を欠いたときに協応の転移が行われるという仮説がある。しかし，安定性が減少するとより多くの代謝エネルギーを消費することから，一般的には，より動作パターンが安定するとより効率的な動きになると結論づけられている（BrisswalterとMottet, 1996；Holtら, 1991; Holtら, 1995）。この結果を支持すると，選好歩行率で歩行したときに，代謝コストは最少になり，頭や関節運動の安定性は最大になる（Holtら, 1995）。Holtら（1995）は，最適でない歩行率で歩行した際に「不安定」「バランスが悪い」という感覚を被験者が抱いたことを報告している。不安定性の感覚を持った理由の1つとして，歩幅を広くあるいは狭くすることが被験者の動的平衡性を減少させたことも考えられる。

3．選好様式の選択に潜むメカニズム

本節では，選好様式選択に潜むメカニズムに焦点を当てる。多くの研究者が，選好様式選択の処理過程について推測してきたが，この過程についての体系的な論説は公表されていない。そこで，いろいろな運動課題について，選好様式選択に関連するメカニズムのいくつかを論説する。スパローとニューウェル（Sparrow & Newell, 1998）は，協応と制御の「制約を基にした」枠組みを提唱しており，選好様式選択の「メカニズム」をその枠組みに照らし合わせて，種々の制約に分類して特徴づける。

[1] 生理学的制約

筋収縮速度や筋線維タイプに関連した生理学的制約は，選好様式選択に影響を与える組織への2つの制約となる。ヒル（Hill, 1922）による初期の研究は，ヒトの筋で生成される

力の効率は，収縮速度に依存していることを示唆している．このように，以前指摘したように（Sparrow, 1983），選好様式が速度に依存しているとき，経済性は筋収縮時間に関連する筋収縮のタイミングによって影響を受ける．また，他の筋群の活動との関係によっても影響を受ける．チャップマンとサンダーソン（ChapmanとSanderson, 1990）の最近の研究では，ある筋のパワー―速度関係は，歩行やランニングあるいはサイクリングのような周期的運動中の選好ステップ周波数に影響を及ぼすことを示唆している．チャップマンとサンダーソン（1990）の実験で明らかになったパワー―速度関係は，逆U字型，つまりパワー出力が最大になるステップ周波数を決定できるような関係があることを示している．

選好ステップ周波数に影響を与えるもう1つの要因は，速筋線維と遅筋線維の割合や筋線維の横断面積に関わる形態学的な構造である．コイルらは，熟練サイクリストの中でもサイクリング経済性はかなりのばらつきがあるが，ペダルに加わる力の割合はサイクリング経済性とは関係がないというバイオメカニクス的データをもとに，その経済性の差はサイクリング技術の差ではないことを指摘した．サイクリング経済性は外側広筋のタイプⅠ線維の比率に関係していたのである．このタイプⅠ線維は，高い酸化能があり，パフォーマーの機械的効率をあげることに貢献する．同じ研究で，筋線維のタイプは両膝伸展運動中の経済性と明確な相関があることが観察されており，このことはタイプⅠ線維がタイプⅡ線維に比べて効率性が高いという仮説を支持している．

上述したように，最適ペダリング周波数やステップ周波数の経済性は，筋線維の選択的動員に関連があると思われる．筋線維のタイプにかかわらず，筋の効率は最大収縮速度の約3分の1で最も高くなることが知られている．しかし，タイプⅡ線維の最大収縮速度はタイプⅠ線維よりも3倍から5倍速い（Goldspink, 1978；Kushmerick, 1983；Fittsら, 1989）．このように，かなり速い速度あるいはペダリング周波数やステップ周波数では，タイプⅡが優位な動作でエネルギー消費を最適化することになる．したがって，本節で浮かび上がってくる応用科学の重要な問題の1つは，筋線維組成によって影響を受ける選好ステップ周波数において，個人差が生じるであろうということである．たとえば，漕艇や追跡サイクリングのような外的に決められたペースで仕事を行うような制約された運動の場合，チームの何人かのメンバーは最適ではないペースで運動を行うことになる．このような状況のもとでは，個々の選好ペースの時間変化とコーチによって課せられたペースの時間変化とのあいだの差，あるいは「距離」を最少限にするような共同ペースを選択することで，部分的にでも，パフォーマンスを最適にする手助けになると考えられる．

［2］結合または引き込み

ここ数年のあいだで，タイトルに表したような結合(coupling)または引き込み(entrainment)という範疇に入るような研究が増えてきた．引き込み現象とその運動経済性に対する貢献は一般的なものとなっているが，本章では選好様式との関連でこの引き込みについて論議していく．四肢の動きのタイミングに対する呼吸循環器系の結合または引き込みが，種々の周期的運動を行う人や動物で確認されてきた．結合に関する研究で最も多い運動課題は，サイクリングやランニングのようなロコモータ動作であるが，リフティングのよう

な他の課題においても，動作と呼吸あるいは他の内的処理過程とで引き込み合うことによって，パフォーマンスが促進されるものと思われる。呼吸あるいは心肺系と四肢の動作間で経済的な結合を生成するように選好ステップ周波数が決定されると考えることもできる。呼吸周期と動作周期との結合は，強い力を発揮するような動作遂行に適した条件を与える（Garlandoら，1985）。たとえば，漕艇ではローイング周期に対する呼吸の引き込みは，ローイング・ストロークの駆動相で最適なパワーを発揮するために必要である（Mahlerら，1991）。胸郭と腹部を動かすために活動する呼吸筋群間の協応およびローイング・ストロークに関与する上肢の筋群は，引き込み現象によって酸素消費量を削減させるメカニズムといえよう（Maclennanら，1994）。引き込み仮説と同様に，エリート漕者が選択する呼吸パターンは，呼吸に要する仕事量を最少にする，あるいは呼吸時の努力感を減少させる，あるいはその両方になるように行われている（Mahlerら，1991）。

　引き込み現象を支持する結果の重要性にかかわらず，研究に採用された動作タイプについて疑問がある。ランニングのようなとくに高いパワー出力が要求されるいくつかの動作では，代謝需要が増加すると，ロコモータ周期と呼吸周期は同調しなくなる（引き込み現象は生じない）。ランニングのような動作の場合，おそらく漕動作や水泳よりも呼吸への力学的な制約はきわめて少ないはずである。逆に，水泳ではストローク周期と呼吸が同調しないように泳ぐことはきわめて難しい。

　力学的な影響というよりもむしろ主に呼吸の必要性によって，どの程度まで呼吸パターンが決定するのかという一般的な問題がある。たとえば，ケイら（Kayら，1975）は，呼吸パターンの選択は刺激特性とは無関係であるが，身体の代謝的要求に密接に連動していると結論づけている。メトロノームや点滅光のような外部刺激にストライドあるいはサイクルを合わせるように被験者に求めると，リズムを認識し呼吸を引き込むようになると説明している。しかし，これは実験者が課したロコモータ結合であり，真の結合は長年のトレーニングで確立されるものだという批判もある。コールら（Kohlら，1981）は，ペダリングと呼吸リズムの関係がペダリングトレーニングで強化されるという結果を示し，この考え方を支持している。

　コールら（1981）はまた，中等度のサイクリングではロコモータと呼吸間の結合によって酸素消費量が減少することを報告した。さらに，同じ強度のサイクリングでは，呼吸の引き込みを示した被験者（フィードバックなし）は，ランダム呼吸のものと比較して少ない酸素コストですんだ，としている。また，呼吸とサイクリング間でうまく協応していない期間では，酸素消費の増加が認められたという報告もある（Garlandoら，1985）。呼吸制御に制約が与えられた場合（聴覚刺激），選好呼吸リズムで走っているときに比べて，酸素消費量が増大したことも認められている。また，自覚的運動強度[訳注5]は測定されていないが，呼吸リズムに制限を与えられたときに，不快感を覚えたことが報告された（Garlandoら，1985）。

　同じパワー出力でも，選好周波数のほうが心拍数や酸素消費量が少なくてすむ（CavanaghとKram，1985；Sparrowら，1999）。自己選択様式のほうが，実験者が設定した周波数よりも，呼吸と動作の引き込みが生じやすいのかどうかということは興味ある点である。コールら（1981）は，一定の負荷が維持された条件で選好周波数の実験を行った。その結果，自転

車競技者であるかどうかにかかわらず被験者のほとんどは，選好様式でペダリング動作と呼吸リズムが同調しており，それによって酸素消費量が減少していたと報告している。

選好周波数とトレーニングのレベルは，パフォーマンスの向上に寄与し，同じパワー出力での非トレーニング者と比べると，代謝量は少なくてすみ，バイオメカニクス的な効率性は向上する。非トレーニング者よりもトレーニングを積んだ者のロコモータ結合も同様の傾向となる。仕事量の最少化は，パフォーマンス向上のために活用されるべきエネルギーの保存につながる。結局，呼吸の引き込み現象の理論的な利点は，バイオメカニクス的な効率やパフォーマンスの向上にあると考えられる。

[3] 形態学的制約

形態学的制約は動作の選好周波数に影響を与える。前述したように，ストライド周波数（stride frequency）が選好周波数から離れると，代謝的経済性は減少する。バーグら（Berghら，1991）は，体重の重い人ほど体重1kgあたりの酸素需要量は少なくてすむことを報告した。

少年の歩行は成人男性に比べて歩幅は短く，ストライド周波数は大きいが，ストライドあたりの酸素消費量は両グループ間で類似している（Rowland, 1989；UnnithanとEston, 1990）。したがって，脚の長さの違いはランニング経済性に影響を与えないものと思われる。このことは，脚長とランニング経済性のあいだに有意な関係がないことを報告したペイトら（Pateら，1992）の研究によっても支持される。

一方，バークとブラッシュ（BurkeとBrush, 1979）は形態変数とランニング経済性に相関があったことを示唆した。彼らは，女子の優秀な長距離走者は，そうでない走者に比べて骨径がより小さく，大腿長／下腿長が小さいと報告している。このバイオメカニクス的制約，つまり，脚全体の重心位置が腰に近づくことにより，回復期に四肢の慣性モーメントが減少し，脚を動かすための代謝コスト軽減につながるという利点をもたらすだろう。

足長や体幹の角度のような他の形態学的要因も，ランニング経済性に影響を及ぼすことが報告されている。足の重さが増加すると，他のセグメントの重量が増えたときに比べて，よりランニング経済性が低下し（ClaremontとHall, 1988；Martinら，1993），エリートマラソン走者において足長はランニング経済性と負の相関があることが報告されている（WilliamsとCavanagh, 1986）。体幹の角度もランニング経済性に影響を与えることが観察されており，より経済的な走者の体幹の角度は垂直に対して平均5.9°であるが，あまり経済的でない走者は平均2.4°であった（WilliamsとCavanagh, 1987）。しかしながら，ジェイムズとブルーベイカー（JamesとBrubaker, 1973）は，垂直に近い体幹の角度は，腰椎－骨盤の可動性が増加し，そうすることで少ない努力で姿勢の平衡を保つことができると主張している。

4．運動経済性を規定する感覚情報

最も経済的な運動様式を自由に選択したときや練習で動作が洗練されたときに経済的な運動をみることができる。本節では，どんな情報をもとに運動経済性が実施されるのかということに焦点を当てるとともに，運動が代謝的な意味で経済的な様式に協応する，ある

いは制御されるための元になる感覚情報の特性について検討する。

　感覚情報の論議の前に，スパローとニューウェル（1998）の主要テーマの1つを繰り返し述べておこう。「運動行動における役割を明白に否定されてきたわけではないが，代謝エネルギー消費についての感覚情報は動作の調整に重要だとは思われてこなかった」。感覚情報は，ある部分，中枢性あるいは「内受容性（interoceptive）」であり，内部組織からの中枢性情報は，運動の協応や制御の感覚処理過程を理解するための中心的なものであるとは考えられてこなかった。そこで，本節では，エネルギー消費に関連する感覚情報あるいは課題実行時の「努力感」に対して感度を持つ自覚的運動強度の利用について，少しばかりページを割くことにする。

　自覚的運動強度は，選好周波数の決定に関わるメカニズムあるいは処理法について，なんらかの知見を与えると思われる。最もエネルギーコストの低いロコモータ・パターンを自発的に採用するという強力な証拠があるものの，他の基準が選好動作様式の選択に影響を与えているという指摘もある。たとえば，動物は筋骨格系の最大ストレスが最も小さくなるようなロコモーション様式を採用するということも報告されている（FarleyとTaylor，1991；Hreljac，1993）。おそらく，このストレスは労作に対する末梢での知覚に関連しており，ある場合には，この末梢知覚によってより低い代謝コストで動作を実行するという規範が覆される可能性もある。標準的な尺度を使って計測された自覚運動強度の中枢性および末梢性の知覚は，中枢で知覚された努力感により密接に関連している中枢性の感覚情報や筋骨格系のストレスに関連する末梢系の知覚を定量化したものとして使えるのかどうか，ということは興味深い問題である。

　ランニングの場合，選好様式から離れると経済性が低下するだけでなく，自覚的運動強度にも影響を与えることが報告されている（CavanaghとWilliams，1982）。メサイアら（Messierら，1986；BaileyとMessier，1991から引用）は，熟練走者が自由選択のストライド長よりも14％長いストライド長でランニングした場合には，局所（脚）と全身的な自覚運動強度が有意に増加したことを示した。局所の自覚運動強度は，同じ被験者が7％ストライド長を広げた場合と14％ストライド長を縮めた場合に，有意に増加した。選好様式と自覚運動強度との関係は，ローイング・エルゴメータのストローク周波数を20％増減した実験でも報告されている（Sparrowら，1999）。この実験では，自覚運動強度に統計的有意差が明白に認められた。中枢性あるいは末梢性の自覚運動強度のどちらも，エネルギー消費を最少にするような最適な運動パターンを探索するガイドになる可能性がある。「われわれの知覚の度合いは，エネルギー出力に関する決定を行うために生来備わっている主要な入力情報である（NobleとRobertson，1996）」。耐えがたいと感じることは，動作の協応と制御特性を調整することを要求することであり，そのことによりエネルギーが保存される。

　自由に周波数を選択し，練習によって代謝エネルギー消費を減少する際に，中枢性の情報源からの感覚刺激に対する感度，また筋，腱，関節の受容器からの末梢性の感覚情報，これらをもとに代謝的な意味で最適な協応と制御パラメータが採用される。より経済的な方向に運動パターンを導くのは，この労作の弁別能力にあろう。たとえば，モーガン（Morgan，1994）は，被験者の90％は自転車エルゴメータの出力25ワットの違いを正確

に認識することができると報告した。末梢ストレスへの感度はエネルギー的に最適な協応と制御作用のメカニズムとして役立つだけでなく，防御作用としても役立つ。器官損傷の危険性は，四肢に加わる最大ストレス（力）の観点から研究されてきた（Farley と Taylor, 1991）。初期のころに観察されたように，最適酸素消費量よりも多くなるような，しかしクランクに加わる力が小さくなるような回転数でペダリングすることで，末梢の筋疲労が最少になることが示唆されている（Patterson と Moreno, 1990；Marsh と Martin, 1993）。これらの結果から総合的にまとめると，関節力や筋疲労に関連する末梢ストレスの感覚は，ある場合においては，中枢性の代謝—エネルギー—関連の感覚情報よりも，運動パターンを調整する際のより有力な刺激を与えることになる。

5．要約と結論

　本章では，時には推論的な方法で，運動経済性に関する考えを述べてきた。しかしながら，たとえ推論が混じっていようとも，関連事項に関する読者の考えに少しでも刺激を与えたならば，何がしかの成功であったといえる。時折，「代謝エネルギー最少化」仮説の証拠の確かさに懸念をおぼえることもあるが，人や動物が日常活動のエネルギーコストをできるだけ減少させようとしているという直感に支えられてきた。科学的に重要な問題を探求しているという直感を強化するためには，種々の動作課題の学習や制御において代謝エネルギーを考慮していることを示す証拠を増やす必要があり，ここで紹介したことは，そのごく一部分である。

　われわれが達成しようとしている1つの目的は，動作の協応と制御に関する数多くの文献を統一するような単一の仮説を構築することである。この仮説は，課題達成の際に消費される代謝エネルギーを最少にする生体特性の結果として，運動の協応と制御のパラメータが決定されるというものである。選好様式を決定する際の動作制御において，あるいは練習で協応・制御パラメータを調整する際の運動学習において，代謝エネルギー量によって筋活動パターンが決定される可能性がある。この仮説を検証するために実験結果を精査してきたが，この仮説はかなりうまく成立していたように思える。しかし，ある状況のもとでは代謝エネルギーを保存する傾向は，他の基準によって塗り替えられる。たとえば，生体組織の正常な状態を脅かすような過度の力に関連する労作に対する末梢性の感覚，あるいは時間的制約は，より代謝コスト的に有利な運動を凌駕する。

　また，代謝エネルギー消費や運動制御に関するさまざまなトピックや下位問題について，体系的な方法で，概観したこともなんらかの貢献といえよう。文献を練習や運動学習，制御関連，ペース，パラメータ（引き込み現象に関する文献が分類される）にまとめたことは，運動学習と制御に関する問題，とくに代謝エネルギーに関する問題について，われわれの考えを整理する上で有益であった。同様に，文献をここで紹介できるぐらい丁寧に読んだこと，またわれわれの実験結果が，複雑で反復性があり，高いエネルギーを要求するスキルの日々の経験と一致したと主張できるぐらい慎重に考えたことから，多くの利益を得ることができた。われわれの日々の経験は，われわれの仮説を構築する手助けとなっている

し，実験室での研究結果が陸上トラックやプールで検証されてきた。このことによって，われわれは代謝エネルギー消費や運動学習と制御に興味を持ちつづけるための多大なモチベーションを得てきたのである。

【引用・参考文献】

Ariyoshi, M., K. Yamaji, and R.J. Shepard. 1979. Influence of running pace upon performance: effects upon treadmill endurance time and oxygen cost. *European Journal of Applied Physiology* 41: 83-91.

Bailey, S. P., and S.P. Messier. 1991. Variations in stride length and running economy in male novice runners subsequent to a seven-week training program. *International Journal of Sports Medicine.* 12: 299-304.

Bergh, U., B. Sjodin, A. Forsberg, and J. Svenenhag. 1991. The relationship between body mass and oxygen uptake during running in humans. *Medicine Science Sports and Exercise* 23: 205-211.

Brisswalter, J., and D. Mottet. 1996. Energy cost and stride duration variability at preferred transition gait speed between walking and running. *Canadian Journal of Applied Physiology* 21: 471-480.

Burke, E.J., and F.C. Brush. 1979. Physiological and anthropometric assessment of successful teenage female distance runners. *Research Quarterly* 50: 180-186.

Cavanagh, P.R., and R. Kram. 1985. Mechanical and muscular factors affecting the efficiency of human movement. *Medicine and Science in Sports and Exercise* 17: 326-331.

Cavanagh, P.R., and K.R. Williams. 1982. The effect of stride length variation on oxygen uptake during distance running. *Medicine and Science in Sports and Exercise* 14: 30-35.

Chapman, A.E., and D.J. Sanderson. 1990. Muscular coordination in sporting skills. In *Multiple Muscle Systems: Biomechanics and Movement Organization,* eds. J.M. Winters and S.L.Y. Woo, 608-620. New York: Springer-Verlag.

Claremont, A.D., and S.J. Hall. 1988. Effects of extremity loading upon energy expenditure and running mechanics. *Medicine and Science in Sports and Exercise* 20: 167-171.

Corlett, E.N., and K. Mahaveda. 1970. A relationship between freely chosen working pace and energy consumption curves. *Ergonomics* 14: 703-711.

Costill, D.L., E.W. Maglischo, and A.B. Richardson. 1992. *Swimming.* Oxford: Blackwell Scientific Publications.

Coyle, E., L. Sidossis, J. Horowitz, and J. Beltz. 1992. Cycling efficiency is related to the percentage of Type I muscle fibres. *Medicine Science Sports and Exercise* 24: 782 -788.

Dawson, R.G., R.J. Lockwood, J.D. Wilson, and G. Freeman. 1998. The rowing cycle: sources of variance and invariance in ergometer and on-the-water performance. *Journal of Motor Behavior* 30: 33-43.

DeVries, H.A., and T.J. Housh. 1994. *Physiology of Exercise for Physical Education, Athletics and Exercise Science.* Dubuque, IA: Brown & Benchmark.

Diedrich, F. J., and W.H. Warren. 1995. Why change gaits? Dynamics of the walk-run transition. *Journal of Experimental Psychology* 21: 183-202.

Faria, I.E. 1984. Applied Physiology of Cycling. *Sports Medicine* 1: 187-204.

Farley, C.T., and C.R. Taylor. 1991. A mechanical trigger for the trot-gallop transition in horses. *Science* 253: 306-308.

Fitts, R.H., D.L. Costill, D.L., and P.R. Gardetto. 1989. Effect of swim exercise training on human muscle fiber function. *Journal of Applied Physiology* 66: 465-475.

Foster, C., A.C. Snyder, N.N. Thompson, M.A. Green, M. Foley, and M. Schrager. 1993. Effect of pacing strategy on cycle time trial performance. *Medicine and*

Science in Sports and Exercise 25: 383-388.

Garlando, F., J. Kohl, E.A. Koller, and P. Pietsch. 1985. Effect of coupling the breathing and cycling rhythms on oxygen uptake during bicycle ergometry. *European Journal of Applied Physiology* 54: 497-501.

Goldspink, G. 1978. Energy turnover during contraction of different types of muscle. In *Biomechanics VI-A,* eds. E. Asumusses and K. Jorgensen, 27-39. Baltimore: University Park Press.

Gotshall, R.W., T.A. Bauer, and S.L. Fahmer. 1996. Cycling cadence alters exercise haemodynamics. *International Journal of Sports Medicine* 17: 17-21.

Hill, A.V. 1922. The maximum work and mechanical efficiency of human muscles and their most economical speed. *Journal of Physiology* 56: 19-41.

Heinert, L.D., R.C. Serfass, and G.A. Stull. 1988. Effect of stride length variation on oxygen uptake during level and positive grade treadmill running. *Research Quarterly* 59: 127-150.

Hoffman, M.D. 1992. Physiological comparisons of cross-country skiing techniques. *Medicine and Science in Sports and Exercise* 24: 1023-1032.

Högberg, P. 1952. How do stride length and stride frequency influence energy output in running. *Arbeitsphysiologie* 14: 437-441.

Holt, K.G., J. Hamill, and R.O. Andres. 1991. Predicting the minimal energy costs of human walking. *Medicine Science Sports and Exercise* 23: 491-498.

Holt, K.G., S.F. Jeng, R. Ratcliffe, and J. Hamill. 1995. Energetic cost and stability during human walking at the preferred stride frequency. *Journal of Motor Behavior* 27: 164-178.

Hreljac, A. 1993. Preferred and energetically optimal gait transition speeds in human locomotion. *Medicine Science Sports and Exercise* 25: 1158-1162.

James, S.L., and C.E. Brubaker. 1973. Biomechanical and neuromuscular aspects of running. *Exercise Sport Science Reviews* 1: 189-216.

Joyner, M.J. 1991. Modeling: optimal marathon performance on the basis of physiological factors. *Journal of Applied Physiology* 10: 683-687.

Kay, J.D.S., E.S. Petersen, and H. Vejby-Christensen. 1975. Breathing in man during steady state exercise on the bicycle at two pedalling frequencies and during treadmill walking. *Journal of Physiology* (London) 251: 645-656.

Kohl, J., E.A. Koller, and M. Jäger. 1981. Relation between pedalling- and breathing rhythm. *European Journal of Applied Physiology* 47: 223-237.

Kushmerick, M. J. 1983. Energetics of muscular contraction. In *Handbook of physiology, section 10: skeletal muscle,* eds. L.E. Peachey, R.H. Adrian, and S.R. Geiger, 189-236. Bethesda, MD: American Physiological Society.

Maclennan, S.E., G.A. Silvestri, J. Ward, and D.A. Mahler. 1994. Does entrained breathing improve the economy of rowing. *Medicine and Science in Sports and Exercise* 26: 610-614.

Mahler, D.A., C.R. Shuhart, E. Brew, and T.A. Stukel. 1991. Ventilatory responses and entrainment of breathing during rowing. *Medicine and Science in Sports and Exercise* 23: 186-192.

Marsh, A. P., and P.E. Martin. 1993. The association between cycling experience and preferred and most economical cadences. *Medicine and Science in Sports and Exercise* 25: 1269-1274.

Martin, P.E., G.D. Heise, and D.W. Morgan. 1993. Interrelationships between mechanical power, energy transfers, and walking and running economy. *Medicine and Science in Sports and Exercise* 25: 508-515.

Martin, P.E., and D.W. Morgan. 1992. Biomechanical considerations for economical walking and running. *Medicine and Science in Sports and Exercise* 24: 467-474.

Messier, S. P., W.D. Franke, and W.J. Rejeski. 1986. Effects of altered stride lengths on ratings of perceived exertion during running. *Research Quarterly for Exercise and Sport* 57: 273-279.

Morgan, W. P. 1994. Psychological components of effort sense. *Medicine and Science in Sports and Exercise* 26: 1071-1077.

Noble, B.J., and R.J. Robertson 1996. *Perceived exertion.* Champaign, IL: Human Kinetics.

Nordeen-Snyder, K.S . 1977. The effect of bicycle seat height variation upon oxygen consumption and lower limb kinematics. *Medicine Science Sports and Exercise* 9: 113-117.

Pate, R.R., C.A. Macera, S.P. Bailey, W.P. Bartoli, and K.E. Powell. 1992. Physiological, anthropometric, and training correlates of running economy. *Medicine and Science in Sports and Exercise* 24: 1128-1133.

Patterson, R.P., and M.I. Moreno. 1990. Bicycle pedalling forces as a function of pedalling rate and power output. *Medicine and Science in Sports and Exercise* 22: 512-516.

Poole, P.M., and B. Ross. 1983. The energy cost of sheep shearing. *Search* 14: 103-104.

Redfield, R., and M.L. Hull. 1984. Joint movements and pedalling rates in bicycling. In *Sports Biomechanics: Proceedings of the International Symposium of Biomechanics of Sports,* eds. J. Terauds et al., 247-258. California: Research Center for Sports.

Rowland, T.W. 1989. Oxygen uptake and endurance fitness in children: a developmental perspective. *Pediatric Exercise Science* 1: 313-328.

Salvendy, G. 1972. Physiological and psychological aspects of paced and unpaced performance. *Acta Physiologica Academiae Scientiarum Hungaricae* 42: 267-275.

Salvendy, G., and J. Piltisis. 1971. Psychophysical aspects of paced and unpaced performance as influenced by age. *Ergonomics* 14: 703-711.

Schmidt, R.C., and P. Fitzpatrick. 1996. Dynamical perspective on motor learning. In *Advances in Motor Learning and Control,* ed. H.N. Zelaznik, 195-223. Champaign, IL: Human Kinetics.

Smith, R.M., and W.L. Spinks. 1995. Discriminant analysis of biomechanical differences between novice, good and elite rowers. *Journal of Sports Sciences* 13: 377-385.

Sparrow, W.A. 1983. The efficiency of skilled performance. *Journal of Motor Behavior* 15: 237-261.

Sparrow, W.A., K.M. Hughes, A.P. Russell, and P.F. Le Rossignol. 1999. Effects of practice and preferred rate on perceived exertion, metabolic variables, and movement control. *Human Movement Science* 18:137-153.

Sparrow, W.A., and K.M. Newell. 1998. Metabolic energy expenditure and the regulation of movement economy. *Psychonomic Bulletin and Review* 5: 173-196.

Takaishi, T.T., Y. Yasuda, T. Ono, and T. Moritani. 1996. Optimal pedaling rate estimated from neuromuscular fatigue for cyclists. *Medicine Science Sports and Exercise* 28: 1492-1497.

Unnithan, V.B., and R.G. Eston. 1990. Stride frequency and submaximal treadmill running economy in adults and children. *Pediatric Exercise Science* 2: 149-155.

Williams, K.R., and P.R. Cavanagh. 1986. Biomechanical correlates with running economy in elite distance runners. In *Proceedings of the North American Congress on Biomechanics,* combined with the Tenth Annual Conference of The American Society of Biomechanics (ASB) and the Fourth Biannual Conference of the Canadian Society for Biomechanics, ed. P. Allard and M. Gagnon., 287-288. Montreal: Organizing Committee.

Williams, K.R., and P.R. Cavanagh. 1987. Relationship between distance running mechanics, running economy, and performance. *Journal of Applied Physiology* 63: 1236-1246.

Vanlandewijck, Y.C., A.J. Spaepen, and R.J. Lysens. 1994. Wheelchair propulsion efficiency: movement pattern adaptations to speed changes. *Medicine and Science in Sports and Exercise* 26: 1373-1381.

著者紹介

ウィリアム　スパロー（William A. Sparrow）…ディキン大学（オーストラリア）上級講師。主な研究テーマ：代謝エネルギー消費と運動制御。他に第2章，終章，編集を担当。

カースティ・ヒューズ（Kirstie Hughes）…ディキン大学（オーストラリア）大学院生。主な研究テーマ：練習とペースが代謝エネルギー消費と動作に与える影響。

アーロン・ラッセル（Aaron P. Russell）…ローマンデリハビリテーションクリニック（スイス）研究員。主な研究テーマ：筋肥大や筋萎縮に関する分子生物学的研究（遺伝子の転写・合成を含む）。

ピーター・ル・ロシニョール（Peter F. Le Rossignol）…ディキン大学（オーストラリア）研究員。主な研究テーマ：運動経済性の改善，無酸素性作業能と筋パワーの改善，高温環境下での体温調整。

Column 4

歩−走行相転移現象に対する省エネ説は完敗か

これまで，その歩−走行相転移現象の説明には，主に省エネルギーメカニズム説（Alexander, 1989; Hoyt & Taylor, 1981）とダイナミカル・システムズ・アプローチ説（Diedrich と Warren, 1995）によって行われてきた。エネルギー消費がより少なくてすむ歩容へ転移するという省エネ説は，これまで多くの実証を得ているものの，2つの大きな問題を残している。1つは，時々刻々と変化する酸素需要を感じ取る受容器の時間分解能の問題。もう1つはエネルギー的優位性が逆転する速度に完全に一致して歩−走行相転移が生じるわけではなく，エネルギー的に至適な速度よりも有意に低い速度で相転移が生じるということ（Minettiら 1994）。したがって，歩−走行相転移現象には他の要因の関与を否定できないのである。

ハールジャックら（2005）は，後ろ向きのロコモーションにおいても歩−走行相転移が生じることに着目し，歩−走行相転移速度（BPTS）とエネルギー的至適速度（EOS）との関係を後ろ向きロコモーションにおいて調査した。また，BPTSと前向き歩行の歩−走行相転移速度（PTS）との関係，歩行や走行中のBPTS時の自覚的運動強度（RPE）や酸素摂取量について調査することによって，省エネ説の有効性について検証した。その結果，BPTSはエネルギー的至適速度よりも有意に低い値を示し，BPTSとPTSには強い相関関係が認められた。また，BPTSにおける歩行と走行のRPEは等しく，酸素摂取量は走行時のほうが大きかった。これらの結果は，前向きロコモーションの結果と一致するものであり，人間のロコモーションでは，省エネ説とは別の要因によって歩容を変えていることを支持している。

【文献】

Alexander, R.M. (1989). Optimization and gaits in the locomotion of vertebrates. Physiological Reviews, 69, 1199-1227.

Diedrich, F.J. & Warren, W.H. (1995). Why change gaits? Dynamics of the walk-run transition. Journal of Experimental Psychology: Human Perception and Performance 21, 183-202.

Hoyt, D.F. & Taylor, C.R. (1981). Gait and the energetics of human locomotion in horses. Nature, 292, 239-240.

Hreljac, A., et al. (2005). Preferred and energetically optimal transition speeds during backward human locomotion.

Minetti, A.E., et al. (1994). The transition between walking and running in humans: metabolic and mechanical aspects at different gradients. Acta Physiologica Scandinavica, 150, 315-323.

第5章

歩－走行相転移の引き金

アラステア・ハンナ / ブルース・アバーネシー
ロバート・ニール / ロビン・バージェス - リメリック

　すべての生物種において，全身運動の動機づけとなる主たるものは，ある場所から別の場所へ移動する必要性の有無である。生体がおかれた環境（たとえば陸上か水中かなど），物理的属性（四肢の相対的長さや強さ，数），発達段階などによってロコモーション様式は影響を受ける。乳幼児期から年老いて歩けなくなるまでの生涯の中で，あるいは日々の生活の中で，人間の歩容には多くの重要な相転移が生じている。相転移は離散的であり，比較的不意になされる動作パターンもしくは協応様式の変化といえる。発達のある時期を迎えると，ハイハイのような特徴的な乳幼児パターンから，成人が歩いたり走ったりする場合に使う二足歩行へと変わる（ThelenとUlrich, 1989）。その段階では，動作は未熟であるが，二足歩行と認識できる。練習と成長によってこの成人の歩行パターンは精練されていく。動作パターンとしては同じだが，より巧みな出力へと精練されていくのである（Clark, 1995；Jengら，1997）。

　スパロウ（Sparrow, 1983）は，巧い動作特性の1つとして代謝エネルギー消費の最少化があげられることを示唆している。また，近年の研究によると，幼児から成人へといたる歩行パターンの相転移に代謝エネルギー消費の最少化が絡んでいるという（Jengら，1997）。本章では，歩行と走行とのあいだで繰り返し生じる相転移が生理学的コストの最適化（最少化が最適である場合）から説明されうるのか検討を加える。まずは，この最適化が歩行と走行とのあいだで生じる歩容の相転移を生じさせる引き金の1つとなりうるかどうかを検証する。

　ロコモーション全体からみると歩行は低速で，ストライド周波数（stride frequency）とストライド長（stride length）を増大させることで加速する。広範な歩行速度において，スト

ライド長とストライド周波数の関係は線形である（Grieve, 1968; Inmanら, 1981）。しかし，高速歩行においては，ストライド周波数よりストライド長が先に頭打ちになる（Woollacottと Jensen, 1996）。歩行速度が増大し臨界速度に達すると，明らかに自発的な動作パターンの変化がみられ，やがて走行へと至る。走行と歩行を独立に研究した例は多数あったが（Vaughanら, 1987；Williams, 1985），歩行から走行へ至る歩容の相転移（以後，歩-走行相転移と呼ぶ）に注目が向けられたのは，ごく最近のことである。2つの歩容のあいだに生ずる，動作パターンあるいは協応の変化は人間の歩容における重要かつ興味深い特性といえよう。とくにその変化をもたらす制御機構は，今日でも完全に理解されるに至っていない。他の運動知覚系に関しても，動作パターンの自発的相転移は制御機構を検討する手段となる（Kelso, 1986, 1995；Jekaと Kelso, 1988, 1989）。歩容の相転移に関する研究が少ないことは，このような現状を見落としていることの現れといえよう。本章は大きく4つの節に分かれる。各節で現在行われている研究のいくつかを詳説し，歩-走行相転移を引き起こす引き金は何であるかを提案する。

第1節では歩-走行相転移の現象に関して明らかにされてきたことを検討する。ここでは，この支配的な相転移のパラメータを記述しようとした過去の研究を概観する。さらに現状で用いられる実験デザインの利点と制約について議論する。とくに歩容速度を操作する手段，そして相転移のヒステリシス（hysteresis）[訳注30]要素，およびその信頼性・再現性を検討した実験について触れる。

第2節では相転移現象を検証する理論構造である，シナジェティクス（synergetics：パターン形成と変化の科学）を紹介する。歩容モードの相転移が非生体までをも含む複雑系，その中にある相転移の一般特性を備えていることを示唆する。

第3節では歩-走行相転移の移動速度に関して，その個人差を決定する人体測定学的側面を探る。本節においては四足歩行哺乳類を含む生物学的スケーリングの研究，人体歩行に関する現行の計測学研究，数個の異なる人体歩行数理モデルから得られる予見について，われわれの実験結果を提示しながら議論していく。相転移への力学的な引き金をより一般的に探索するという話の中で，計測学的個人差と相転移時の速度との関連が示される。

最後の節では，速度特有の歩容特性（ストライド周波数とストライド長）を決定する上で，代謝エネルギー消費，とくにその最少化が担う役割に注目する。実験データを示しながら，ある歩容様式内のエネルギー消費について幅広く検討する。これにより，エネルギー消費が相転移を生じる速度を説明もしくは予測する，生理学的パラメータとして使えるのか否かを判断する。

1．歩-走行相転移の現象学

歩-走行相転移の検証を始めるにあたり，まず目的とするパラメータを決めねばならない。パラメータにおいては少なくとも，異なる協応様式間（この場合は歩行と走行）に明らかな差が見られること，そして協応様式の変化を誘発する手段（この場合変化に必要な移動速度）が明確であることが必要である。第2節にて触れるシナジェティクスの用語で

いえば，これらはそれぞれ，秩序パラメータの測定，および制御パラメータの操作に関わる問題といえる。

［1］協応様式としての歩行と走行の分化

歩行と走行は，公式には接地率（duty factor）によって区別できる。つまり，片足が地面についている時間のストライド時間に対する割合である。この接地率が 0.5 以上であれば歩行とみなされるが，それ以下であれば跳躍相（両足が宙に浮いている位相）が存在することになり，その動作は走行とみなされる（Alexander, 1992）。歩行に関していえば，ストライド周波数とストライド長の両方の増大によって，2.0 m/s まで速度をあげることができる（Grieve と Gear, 1966；Murray ら，1966；Winter, 1979）。これ以上の速度になると，運動の組織化において自発的な切り換えが生じ，走行の動作パターンになる。このような歩行から走行への再組織化は，立脚相における前方への推進力の増大によってもたらされる。歩 - 走行相転移が 2.0 m/s で生ずることは多くの研究で一貫して確認されている（Beuter と Lalonde, 1989；Durand ら，1994；Hreljac, 1993a, 1993b, 1995a, 1995b；Mercier ら，1994）。

［2］ロコモーションにおける速度操作に関する方法論的諸問題

歩容速度の操作プロトコルは，歩 - 走行相転移が生じる速度に影響をもたらす要素を多く含んでいる。操作の方法を考えるときには，まず操作が連続的であるのか離散的であるのかを考慮しなければならない。また，速度を増大させていくのか減少させるのか，さらには地上での自然なロコモーションに操作を加えるのか，実験室研究のようなトレッドミル上でのロコモーションに操作を加えるのかも重要な考えどころといえよう。

❶ランプ式（スロープ型）プロトコルとステップ式（階段型）プロトコル

ランプ式プロトコル（ramped protocol）では，ロコモーションの速度を連続的に増大もしくは減少させる。一方のステップ式プロトコル（stepped protocol）は，名前が示すとおり，速度をステップ状に段階的に操作する。各ステップの継続期間内では速度は一定に保たれる。以前に公表したデータによれば，ステップ式プロトコル（0.3 km/h 増）を用いたほうが，歩 - 走行相転移速度の信頼性・再現性がともに高かった（Abernethy, 1995）。しかしながら，研究初期に用いていたトレッドミルの限界（速度増大の精度の問題）から，隣り合う速度条件間でベルトの変化率を正確に操作することができていなかった。すなわち高速であるほど，速度が上昇する試行において素早く加速した（低速の場合は逆）。このようなベルト特性はわれわれの研究（Abernethy ら，1995）に用いたモーター駆動トレッドミルに限ったことではなく，ほとんどの実験用トレッドミルに共通していた。この測定上の限界は，ランプ式試行においては大きな問題となりうる。それは相転移に対して速度の変化率（つまりはベルトの加速）が重要な刺激となりうるからだ。要求される歩容の速度変化率にばらつきがあると，異なる速度操作のプロトコルの効力を単純に比較することが難しくなるので，この問題は重大である。

❷ 速度操作の方向

　歩-走行相転移を検証する場合，最初に低速の歩行から始め，走行が出現するまで，徐々に速度をあげていく方法が普通である．しかし一方，走行から始め，歩行が現れるまで徐々に速度を落としていく方法も重要である．歩容相転移の被験者が加速，減速，両方の試行を経験しなければならないのは，歩行から走行への相転移と走行から歩行への相転移が現象学的に異なる，つまり相転移において，ヒステリシスが生じる可能性があるからである．

　ヒステリシスとは非生物系における相転移を決定する特徴である．制御パラメータの変化方向によって，秩序パラメータ（歩容様式）に相転移をもたらす時点が異なるなら，ヒステリシス現象があるといえる．先行研究によれば，人間の歩容においてもヒステリシスが存在することが示唆されている（たとえば Abernethy ら，1995；Beuter と Lalonde，1989；Getchell と Whitall，1997；Thorstensson と Roberthson，1987）．しかし，それらの観察結果は実験に用いられた速度操作プロトコルに依存した結果であり，そのヒステリシスの大きさも被験者が負荷を背負っているかいないかに依存していた（Beuter と Lalonde，1989）．ヒステリシスを検証するのにきわめて人工的な計画を用いた例もあったが，ステップ式プロトコルはより自然に人間の歩容相転移を引き出すことができるかもしれない．人工的なプロトコルの例としてはハールジャック（Hreljac，1993a）があげられる．彼が用いたステップ式プロトコルでは，速度条件を変えるときトレッドミルを停止し，いったん被験者を下ろしてからもう一度被験者をトレッドミルに乗せるといった方法を用いていた．

❸ 地上でのロコモーションとトレッドミル上でのロコモーション

　地上でのロコモーションとトレッドミル上でのロコモーションの差異に関しては，研究者のあいだで議論がつづいている．双方のあいだで要求されるエネルギー，または歩容の運動学的変数に関しても差がないことを示す証拠は多い（Bassett ら，1985；Pink ら，1994）．しかし，歩容のばらつきはトレッドミルのほうがやや少ないともいわれる（van Ingen Shenau，1980）．しかし，一貫した根拠は得られていない．高速の走行においては，エネルギー摂取，ストライド長，あるいはある歩容の時間的パラメータに違いがあることがわかっている（Elliot と Blanksby，1976；Nelson ら，1972；Pugh，1970）．一例として，フィッシュバーグ（Fishberg，1983）は，地上での全力疾走とトレッドミル上での全力疾走とのあいだでエネルギー摂取量に大きな違いがあることを示した．しかし，これらの相違は全力疾走でより積極的に支持脚を動かしたこと（トレッドミルベルトによって助長される）によるものであり，ジョギングなどの強度の低い走行には当てはまらない可能性もある．

　地上での走行とトレッドミル上での走行とのあいだに類似性を見いだせない研究があるのは，被験者の全員にではなく，何人かにおいて体系的でない相違があるからかもしれない（Nigg ら，1995）．過去の研究においては，トレッドミル群と地上群とのグループ間の差の有無を検討する統計デザインが用いられていた．このため，個人のばらつきは無視され，ほとんどの人にとって2つの条件による拘束が同一であるか否かを判断することが不可能であったのだ．トレッドミル上のロコモーションと地上でのロコモーションとで歩-走行

(または走 - 歩行)の相転移を決める速度が同一かどうかは，歩容の相転移を検証する上では大きな問題ではない．大事なことは両条件において，相転移に同一の特性が現れるのか否かにある．この問題に答えるためには，歩 - 走行相転移の再現性を考慮する必要がある．

[3] 実験 1：相転移特性の再現性

　ある現象を記述するときには，その現象がいかなる条件下で生じたのかを知るだけでなく，その現象の再現性（reproducibility）と信頼性（reliability）を検証せねばならない．歩行と走行のいずれか1つあるいは両方の歩容様式を検証した先行研究では，ストライド周波数とストライド長のある組み合わせが，特定の速度で繰り返し観察された（たとえば Inman ら，1981；Winter，1984）．しかし，相転移現象の信頼性／再現性をとくに強調した研究は皆無といってよい．そこで最初の歩 - 走行相転移の検討では，歩 - 走行，もしくは走 - 歩行相転移が生ずる正確な速度を明らかにし，さらにこの速度が各個人に恒常的でかつ再現可能であるのかを検討する．

❶方　法

　42名の被験者（男性17人，女性25人の身体運動学学部生，18～25歳）がモーター駆動型トレッドミル上で歩行や走行を行った．実験試行は4回で，第1，2，3回はそれぞれ3日おきに実施した．第4回は第3回より1週間おいて試行した．最初のセッションはトレッドミルに慣れさせる試行であり，第2，第3，第4セッションでデータ収集した．最初に1.11 m/s（4 km/h：ゆっくり歩く）から2.78 m/s（10 km/h：ゆっくり走るペース）まで，トレッドミルを0.083 m/s（0.3 km/h）で20秒ごとに加速し，その後，同様のステップで減速した．しかし，被験者が歩数を手がかりとして歩容様式を変化させることを避けるために，スタート時の速度，終了時の速度，ピーク速度についてはランダムに決定した．現象の再現性を考慮する上で好ましいといった理由でステップ式プロトコルを用いた（Abernethy ら，1995）．また，上昇・下降系列を用いることでヒステリシスを検証するとともに，相転移の再現性に速度方向の操作がいかなる影響を及ぼすか検討した．各セッションにおいて5回の上昇・下降系列を実施した．各試行は10分で完了した．試行間に最低5分の休憩を入れた．

　圧センサスイッチを両足の踵とつま先に入れ，それによってLEDを発光させた．それを高速度（200 Hz）カメラで撮影した．歩 - 走行相転移の速度は上昇系列試行において最後に両脚支持が記録された速度，走 - 歩行相転移の速度は下降系列試行において最後に跳躍位相が観察された速度と定義した．

❷結　果

　歩容の相転移速度は先行研究（Beuter と Lalonde，1989；Durand ら，1994；Hreljac 1993a, 1993b, 1995a, 1995b；Mercier ら，1994）の結果にきわめて近く，2.16 m/s（SD = 0.2 m/s）であった．ただし，ステップ式ではなくランプ式プロトコルを用いた研究ではこの値より若干低く報告されている（Noble ら，1973；Thorstensson と Robertson，1987；それぞれ 1.89 m/s,

1.88m/s）。

　先行研究によると，ある特定のロコモーション速度に対して，成人のストライド長とストライド周波数の組み合わせは一貫して同一だという。本実験データにピアソンの積率相関と級内（個人内）相関を適用したところ，歩容様式の相転移もまた一貫していた（1日目と2日目，1日目と3日目，2日目と3日目それぞれの相関は.924，.881，.922で級内相関は.745）。また，3つのテストセッション間で相転移速度に差はなかった（1日目：2.15 m/s；2日目：2.15 m/s；3日目：2.18 m/s）（F（2,88）= 4.117, p>.01）。さらにテスト日と相転移方向との交互作用はなかった(F(2,88)=1.371, p>.01)。成人における歩 - 走行と走 - 歩行相転移各々は共に一貫しており，2.2 m/s あたりで生ずる再現可能な現象であることがわかった。しかし一方で，詳細に相転移速度を見ると個人差も見受けられた（範囲：.78 m/s, [1.82 − 2.6 m/s]；SD=.17 m/s；群内のばらつきに関しては図5-1 〜 5-4を参照のこと）。

　ヒステリシス効果に関して興味深い結果が得られた。歩 - 走行相転移が生ずる速度と走 - 歩行相転移が生ずる速度との差（0.109 m/s）は有意であった（F(1,44) =110.632, p<.01）。この結果は，われわれが以前に示した研究結果（0.105 m/s），および他の研究と同様であった（Beuter と Lalonde, 1989；Durand ら, 1994；Thorstensson と Roberthson, 1987）。歩 - 走行相転移速度と走 - 歩行相転移速度との差は「ステップ」のギャップ 0.083 m/s の 131% にあたる値であった。先行研究（Abernethy, 1995）で結論したように，より細かな段階でステップ式プロトコルを示すことができるならば，ヒステリシスをより明確に示すことができるかもしれない。しかし，そのためには今以上の正確性でトレッドミルの速度を操作する必要がある。ランプ式プロトコルは，時間経過に対して線形に速度を増加させるプロトコルである。速度の変化率（加速度）を一様に保てるのであれば，有益な情報提供につながると思われる。

　歩行と走行の歩容とのあいだに明らかなヒステリシスがあるということは，歩容相転移の特性が純粋に物理的な，非生物系の相転移と同様であることを示す（Kugler と Turvey, 1987）。

２．シナジェティクスと走 – 歩行相転移

　本節では前節までに議論したテーマを発展させ，相転移をシナジェティクスとダイナミカル・システムズ理論の理論構造の枠組みで理解してみる。

［１］開放複雑系と非線形ダイナミクス

　異なる歩容間の相転移を理解する1つの方法として，人間を開放複雑系としてみる方法がある。開放複雑系（open complex system）とはエネルギーの流れに対して開かれた，多くの内的自由度を有する物理系である。身体は数多くの下位系から構成されている（神経，循環器，消化器系，骨格系，筋系）。それぞれの系は非線形にふるまい，また非線形の相互作用を持つ。複雑非線形を通したエネルギー流出入の結果として，内的拘束が自発的に生成される（Bingham, 1988；Iberall, 1978；Kugler と Turvey, 1987）。このエネルギーの流出入が

作業サイクルへと変換された結果，位相がそろった自己組織行動が生ずる。開放複雑系で考える範囲では，あらゆる姿勢および四肢の動作の中で安定しているといえるものは，ほんの2つ3つしか存在しない。この安定した協応パターン，そして他のパターンでも比較的安定したものは，人体系における非線形要素間の相互作用によって決定される（BeekとBinghanm, 1991；Warren, 1988a, b）。このような安定した姿勢と動作の組み合わせを用いることで課題目標を達成し，また身体にある多くの自由度が協応する。

意図のもとに，知覚情報の助けを借り，系のダイナミクスを探索することによって，人間の歩行のような目標指向性の行為が達成される。つまり，環境から課せられる拘束のもと，人間が知覚によって系の安定／不安定，そのあいだの境界そして相転移点を感じ，さらに安定した複数の協応パターンのあいだを切り換えることによって，運動の目標を達成できるのである（BeekとBingham, 1991；SchmidtとTurvey, 1989；Warren, 1988a, 1988b）。

[2] シナジェティクス

シナジェティクスはハーケン（Haken, 1983, 1990）によって構築された非線形開放系におけるパターン形成の理論である。この理論は物理系（たとえばレーザー，化学反応）や生物系における相転移を理解する上でとくに有用であることが証明されている。ロコモーションに始まる数多くの周期的運動で生ずる協応様式の相転移，もしくは相転移特性の記述・予測にシナジェティクスが用いられてきた（たとえば，KelsoとSchöner, 1988；JekaとKelso, 1988, 1989）。記述の中心は，総じて，2種類のパラメータ：秩序パラメータと制御パラメータの関係である。秩序パラメータとはパターンや協応様式の空間的組織化を特定・区別するパラメータであり，制御パラメータとは異なるパターンや組織化を離散的に切り換える連続的操作のことをいう。

周期動作における相転移をシナジェティクスの観点から体系的に検証した例としては，まず，両手指タッピングの研究があげられる（Kelso, 1981, 1984；MackenzieとPatla 1983；Yamanishiら, 1980）。両手の人差し指を同じ周波数で，180度位相をずらしてたたかせる（つまり，一方の指が最大に屈曲するとき，もう一方は最大に伸展する）。少なくとも低周波数であればこの協応様式は安定する。タッピングの周波数（制御パラメータ）を徐々に上げていっても，180度ずれのパターンはかろうじて保たれる。しかし，周波数が臨界点に達すると，指は突如として（1周期で）そして自発的に（不意に）変化し，指の屈曲／伸展運動は両手で同期して動く。こうなると同位相の協応様式が唯一の安定点となり，これ以上周波数を上げてもこの協応様式は安定に保たれる（Kelso, 1984, 1990）。

この現象は当初，細部に至るまで検証された（Kelsoとde Guzman, 1988；Kelsoら, 1986；SchönerとKelso, 1988a, 1988b）。タッピング周波数を相転移後に減少させても同位相で安定し，さらなる相転移は生じない（つまり，系はヒステリシスを示す）。同位相・低周波で系をスタートさせ，その後周波数を増加させていくと，自発的相転移は生じない。安定するのは同位相か逆位相のみであり，他の様式が自発的にとられることはない。また，逆位相は同位相より不安定である。意図的に中間の相対位相を生み出すのは困難で，同位相・逆位相に比べて変動が大きくなる（Hakenら, 1985；Kelsoら, 1987；ShönerとKelso, 1988a）。

2つの異なる協応様式あるいはパターンを簡潔に記述しているという意味で，両手指タッピング系の相対位相は秩序パラメータだといえる。そして制御パラメータは周波数である。この系は他の相転移現象における典型的な特性（秩序－制御パラメータ間の関係）を多く有している。たとえば，秩序パラメータに際立った値が2つ以上あったり（モダリティ特性：modality property），落ち着きやすい値を有する空間組織以外は不安定で，定常化しにくいこと（アクセス不可特性：inaccessibility property），制御パラメータが臨界値でわずかに変化すると秩序パラメータが大きく変わること（急激跳躍特性：sudden jumps property），相転移が生じる周波数が制御パラメータの操作方向に依存すること（ヒステリシス特性：hysteresis property）などが特性に含まれる。

　歩容や他の課題の相転移に関する他の検証可能な数多くの予見を，シナジーの枠組みによって立証できる。その中には臨界揺らぎ（critical fluctuations：相転移点近傍で秩序パラメータのランダムな揺らぎが増える），臨界減速（critical slowing down：微細な遥動を加えたとき，相転移点近傍のほうが離れているよりも，安定状態に戻る時間が長くなる），そして意図的切り換え時間（intentional switching time；安定様式からより不安定な様式へと意図的に切り換える時間は，逆の切り換え時間より長い）などが含まれる（Haken, 1990；Kelsoと Sholzら，1988；Kelsoと Schöner, 1988; Scholzと Kelso, 1989, 1990；Sholzら，1987）。これら際立った特性が両手協応だけでなく歩容にも見られるとしたら，歩容制御一般に，相転移に限らず，一連のシナジェティクスのツール（精巧な数理モデルを含む）をすべて活用できるかもしれない。すでに二足（Tagaら，1991），四足（Schönerら，1990），六足歩行（Collinsと Stewart, 1993）をダイナミカル系，もしくはシナジェティクス系と考え，また歩容の相転移を安定性の崩壊をともなう非平衡相転移としてとらえる研究がある。しかしながら，この観点からみた歩容相転移のダイナミクスに関する実験的根拠はいまだ乏しい（数少ない根拠として，Diedrichと Warren, 1995）。

　ロコモーションの速度を制御パラメータとして，シナジェティクスの観点からまず同定すべきは，歩行，走行協応様式の中にあって一定で，かつ様式間に明らかな違いが見られる秩序パラメータといえよう。つまり，両手指タッピングの相対位相と同じように，歩容様式を簡単に記述するパラメータがまず必要となる。ディドリッヒとウォレン（Diedrichと Warren, 1995）はニールソンら（Nilssonら，1985）につづいて各脚のセグメント間の相対位相が潜在的秩序パラメータであるとし，その急激跳躍，臨界揺らぎ，そしてヒステリシスを示した。また歩行と走行とを見分ける知覚実験（Cuttingら，1978；Hoenkamp, 1978；Todd, 1983）に基づき，われわれは水平方向に対する脛部の角位相特性が，潜在的な秩序パラメータであることを示唆した（Abernethyら，1995）。人間の歩容制御と相転移の理解・予測に関するシナジェティクスの基礎を固めるために蓄積された実験的証拠は他にも数多くある。このアプローチは間違いなく有望である。歩容の相転移と，神経系を持たない非生物系の相転移との類似性がある。このことは，神経運動学者が指向した脳や神経系に歩容の相転移を考える出発点があるわけではないこと，そしてその出発点は筋骨格系の物理的特性それ自体にあることを示唆している（Abernethyら，1995）。

3. 人体測定学と歩‐走行相転移

人体測定学とは人体のサイズ，体型，体組成のばらつきを調べる研究である。歩容の相転移を予測できる項目を探るわれわれの試みは，相転移が生ずる速度と人体測定学的特性との相関を調べることから始まった。その試みの正当性は，以下の根拠に基づいている。①四足歩行動物の歩行－速足－疾走[訳注18]間の相転移が物理的サイズのパラメータで決定されていること，②人間が四つん這いで進む際の四肢間の位相変化を，人体測定学的変数が方向づけていること，③人体測定学的特性に基づいた数理モデルを用いて，人体歩行に関連するパラメータを予測することが可能であること，④足の長い仲間と歩いたり走ったりしたときに得られる経験論などである。個人内で歩‐走行相転移が生じる速度が一定であることをふまえると，身体に関する1つ以上の物理パラメータ，たとえば四肢の長さや質量などは歩‐走行相転移の原因となるかもしれない。そこで本節では，人体測定学的なばらつきと歩‐走行相転移速度の個人差との関係性を振り返り，その関係性をとらえる実験デザインに言及する。

[1] 相対成長尺度と四足歩行の相転移

人体測定学的変数と歩容の相転移との関係性を示唆する研究は多い。さまざまな四足動物において，歩容パラメータのうちの多くを絶対的な身体サイズで推測できると報告されている（Heglund と Taylor, 1988；Heglund ら, 1974）。アレクサンダーとジェイズ（Alexander と Jayes, 1983）は，移動速度（v）を四肢長（L）で正規化し，v^2/Lg から割り出した数をフルード数[訳注31]とした。この関係性（を表現する定数）が安定に保たれていることから，四足歩行の相転移が物理特性から正確に予測できることがわかる。

さらに，さまざまな四足動物において，歩行，速足，疾走で生じるストライド周波数を，身体質量と脚長のパラメータから見積もることができる（Hoyt と Taylor, 1981；Kugler と Turvey, 1987）。動物を質量－バネ－レバーの振動系としてモデル化すると（McMahon, 1985），あるいは，より洗練された重み振り子系としてモデル化すると（Kugler と Turvey, 1987；Turvey ら, 1988），スケーリングの指数を正確に見積もることができる。さらに，四足動物のエネルギー消費量を動物の質量と足の接地時間から正確に予測できる（Kram と Taylor, 1990）。スパロウとニューウェル（Sparrow と Newell, 1994）は人間の四足歩行に関して興味深い実験を行った。モーター駆動のトレッドミル上を手と足を使って這うトレーニングを6週間行ったのち，段階的に速度を上昇させながらトレッドミルの上を這わせた。被験者が3名であったことから一般化は困難であるが，結果は動作パターンが系の物理的側面に左右されることを支持していた。とくに，ほぼ同一の形態測定的特性を示す2名の被験者は，まったく同一のストライドで同側性の相転移を示した。歩容パラメータは高次の神経制御の支配下にあると考えられてきたが，歩容パラメータを予測するうえで，人体測定学変数が十分な情報を有していることは明らかである。

［２］二足歩行の歩容相転移と人体測定学との関連

　四足歩行の話をふまえれば，人体測定学的特性が二足歩行の歩 - 走行相転移速度の個人差を記述する鍵の変数となることは十分考えられる。この問題にはあまり関心が集まっておらず，行われた研究の結果もあいまいである。ハールジャック（Hreljac, 1995b）は28名（13名の男性，15名の女性）の被験者から相転移速度の平均値を割り出し，それと同時に基本的な人体測定学的変数（体重，身長，外側踝高，脚長，腸骨高，大腿長，座高に対する大腿長，フルード数）を測定した。外れ値を示した2名の被験者（男性）を除いても，長さ変数と相転移速度との間には緩やかな相関があったにすぎなかった（r = 0.57）。ゲッチェルとウィトル（GetchellとWhitall, 1997）は歩 - 走行，走 - 歩行，そして疾走に至る相転移を予測する物理パラメータを割り出す目的で，ステップワイズの重回帰分析を用いた。10の身体パラメータ（立位および座位高；体重；大腿，下腿，足の長さ；腰，膝，足関節可動域；最大四頭筋パワー）を用いたところ，歩 - 走行相転移に関しては最大で0.35，走 - 歩行相転移に関しては最大で0.31の重相関係数が得られた。単一で最も高い相関を示したのは大腿の長さであり，最も高い相関を示した複合変数は大腿の座位高に対する割合であった。

　ハールジャック（Hreljac, 1995b）やゲッチェルとウィトル（GetchellとWhitall, 1997）の実験で見られた低い相関は，四足歩行哺乳類の結果から予想した結果に反する。これらの研究では脚長と質量は歩容様式の相転移をよく予測するパラメータであった。ここで，人間の歩行に関して人体測定学的変数と高い相関を得る確率は，さまざまな四足動物の研究から得る確率より低いことを断っておかねばなるまい。なぜなら，四足動物の研究では質量，四肢長，体高，その他の身体的パラメータに関して，種が異なるさまざまな固体間の差を検討しているのに対し，人間の個人差の研究では同一種内から得たデータを扱わざるをえないからである。さらに，ハールジャック（1995b）やゲッチェルとウィトル（1997）は相転移速度に影響する，潜在的かつ重要な人体測定学的特性を検討の枠に入れていなかった可能性もある。注意すべきはどちらの研究も下肢の慣性特性を考慮に入れていないことである。これがなぜ重要な見落としであるのかといった理由は，近年の数理，生体力学的な二足歩行モデルを検証することによって明らかになるだろう。

［３］人間の歩行の数理モデル

　二足歩行の数理モデルは数多く開発されている（たとえば，Alexander, 1980, 1989, 1992；AlexanderとMaloiy, 1984；Blickhan, 1989；McGreer, 1990a, 1990b；MaMahonとCheng, 1990；MochonとMaMahon, 1980）。歩行は逆振り子（inverted pendulum）でモデル化される。このモデルでは，運動エネルギーと位置エネルギーが変換されるが，全体のエネルギーは保持されている。歩行様式においては，運動エネルギーから位置エネルギーへ変換され（重心が高くなるにつれて速度は低下する），またその逆の変換も行われる。歩行が「転がるたまご（rolling egg）」（Cavagnaら, 1963）にたとえられるのに対して，走行は「弾むボール（bouncing ball）」としてモデル化されてきた。つまり，運動エネルギーから弾性エネルギーへの変換が中心となる。これらの変換は地面接地時における四肢の筋，腱の弾性エネルギー貯蔵に

よって可能となる．走行と歩行に関して，これらのモデルによって，ストライド周波数，ストライド長，接地率，垂直地面反力を高い正確性で予測できることが確認されている．

これらのモデルの大きな問題点は，歩容様式の相転移速度を正確に予期できない点にある（たとえば Alexander, 1980, 1984, 1992）．これらのモデルから予測されることは，歩容様式の相転移が物理系の力学的な限界により生ずるということである．逆振り子を基にしたモデル（たとえば McGreer, 1990a の「リムなし (rimless)」車輪モデル）は，1つの剛体として表された脚の周りを全身の重心が弧を描くように動くと仮定した（半径＝L）．足に対する重心の接線加速度は速度の自乗を L で除した値に等しい．反対側の足が遊脚相のあいだ，別の足が地面に触れているためには（歩行の場合），この接線加速度が重力加速度を超過してはならない．したがって，相転移は地面に対する重心の接線方向加速度が重力加速度を超過した点で生ずると考えられるのである．つまり，相転移は，

$$速度 > \sqrt{(重力 \times 脚の長さ)} \qquad (式5.1)$$

のときに生ずる．

この速度が増大して足が着地しつづけられなくなると，結果として跳躍相が現れ，走行様式となるのである．しかし，ディドリヒとウォレン（Diedrich と Warren, 1995）は，この方法で相転移速度を予測するのは不適切であると指摘している．脚の長さを 0.8 m から 0.9 m に変えて相転移速度を計算すると，3 m/s 以上差が出るという．この値は実測値よりはるかに大きい．

エネルギー保存の観点から，歩行と走行をまったく別の系（歩行エネルギーは振り子動作で保持され，走行のエネルギーはバネのような動作で保持される）として扱うのは困難である．それは，歩行と走行は振り子とバネ両方の方法でエネルギーの保存を実現しているからである (Holt, 1998)．各歩容様式の生体力学的特性と，そして，歩容間の相転移に関する生体力学的特性を知る上で，振り子とバネ（慣性と弾性）双方の要素を併せ持ったハイブリッドモデルが有効となろう．ホルト (Holt) ら（第9章：Holt ら, 1990, 1991；Holt ら, 1995；Holt ら, 1991）は，慣性要素が重力加速度と質量と距離（回転軸から身体重心あるいは問題となるセグメントの重心までの距離）で決まり，また弾性要素は軟部組織のスティッフネスで決まるハイブリッドモデル (hybrid model) を考えた．このハイブリッドな質量－バネ振り子モデルは2つのエネルギー保存力（重力下での身体慣性による力と，筋と連結組織による弾性力）を有しているが，各歩行周期で生じるエネルギー変換時の損失と軟部組織により生ずる粘性減衰を補正するための周期的な筋出力も必要とする．

とくに歩行に関して，このモデルが説明できる歩容現象はたくさんある．モデルの共振周波数[訳注32]は，児童 (Holt ら, 1990) や成人 (Holt ら, 1991) の歩行における選好ストライド周波数に一致した．また，足首に重りをつけて慣性負荷を操作したところ，ストライド周波数はモデルで予測されたものと一致するように変化した．さらには共振周波数で歩かせると代謝コストが最少化され，自己選択した選好速度から歩速を上下させると代謝コストは上昇した (Holt ら, 1995)．

ハイブリッドモデルは歩行制御のより一般的なモデルであるのみでなく，筋力発揮機能

とスティッフネスの制御を代謝コストと関連づけて考えることによって，代謝エネルギー最少化に関する実証的データ（最終節参照）とダイナミカルモデルとを連結する枠組みを提供してくれた．さらに，病理学的な意味での歩容のばらつき，そして「健常な」範囲内での個人差，これらを検証・理解する道具となりうると考えられる（Holt, 1998）．しかしながら，歩容モデルが発展していく一方，歩行や走行においてそれぞれ自己選択される快適な協応周波数がわかったからといって，その知見から双方間の相転移に対する理解が深めることができるだろうか？　ターヴィーら（Turveyら，1996）によるロコモーションの断熱変換仮説[訳注33]（adiabatic transformability hypothesis）はまだ発展段階にあるが，相転移の問題を前面に押し出した試みといえる．この仮説では，保持されるエネルギー量が保存されない代謝エネルギー損失に対してどれほどの割合を占めるか（Qファクター）が重要な変数とされる．歩-走行相転移は $Q=1$ のときに生ずる．

[4] 実験2：相転移速度の予測因子としての長さ，質量，慣性特性

　人体測定学的変数をもとに信頼性を持って歩容のパラメータを予測することができる．また四足動物の種間ではあるが，歩容相転移を人体測定学的変数でかなり予測可能である．このことをふまえれば，成人においても相転移速度と人体測定学的変数とのあいだに関係が仮定できそうなものである．その関係は先行研究で明らかにされてこなかったが，それは慣性特性のような重要視すべき人体測定学的変数が検討対象に上らなかったからと考えられる．この仮定をふまえ，人体測定学的変数の個人差と相転移が生じる速度の個人差との関係を検討する．人体測定学的特性に関して広範囲なサンプルを対象とすること，そして下肢の慣性と力量特性を分析対象に入れることによって，人体測定学と二足歩行相転移との関係がより明らかになるであろう．

❶方　法

　実験1に参加した42名の被験者の人体測定学的データを得た．被験者の歩-走行，走-歩行相転移時の選好速度は既知であった．前節にて触れたことを考えると，どの人体測定学的変数を選定し，選好相転移速度（preferred transition speed）と相関を取るかは難しい問題である．統計的な検定力を保つ上で，先行研究と現行の理論で相転移と関係が深いと示唆される変数に限らざるをえない．そこで本研究では，種々の体型を広範囲に区別する際に用いられる人体測定学的変数を選定した（Carter, 1995）．さらに，下肢筋力の測定も行った．それは，筋力測定項目の個人差によって要求されたロコモーション速度の違いに対する反応が変わってくる可能性があるからである．最終的に，いくつかの四肢の慣性値を計算した．なぜなら，これらの変数は人体歩行に関する現行の数理モデルの中核となる変数だからである．

　総体重（m），立位高（SH），座高（ST），脛部長（外側踝から膝軸までの距離：SL），大腿長（TL），脚長（大転子から外側踝までの距離：LL）を各被験者より測定した．さらに膝屈曲，伸展筋力をCybex340等速性筋力計で測定した（60 deg/s, 240 deg/s）．脚長データを式(5.1)に代入して相転移速度（PRT）を予測した．標準的な手続き（Winter, 1979）にしたがい，

人体測定学的変数から体格指数（BMI），脚長の脛部長に対する割合（LL/SL），最大伸展位における脚の慣性モーメントを割り出した。

相転移が生じる選好速度と人体測定学的変数との相関を求めるため，ピアソンの積率相関係数を計算した。頑健な予測式を立てるために，相転移速度と高い相関を示した変数を使って重回帰分析を行った。多くの比較が行われることを考慮して，解析全体の有意水準を 0.01 とした。

❷ 結 果

相転移速度と高い相関，ゼロより有意に大きい相関を持つ変数はほとんどなかった。あったとしても，それらによって相転移速度の変動をほとんど説明できなかった。たとえば，男女混合の被験者群に関しては，相転移速度と身長との相関は有意であったが，身長によって説明できる個人間の相転移速度の変動は 20％ にとどまった（図 5-1）。同様に選好相転移速度は標準的な逆振り子モデルから予測された相転移速度（図 5-2），脛長（図 5-3），脚長（図 5-4）それぞれと弱い相関を示した。相関の高い変数を用いて重回帰分析を行ったが，単回帰に比べて予測力は増したものの，重回帰式は相転移速度を予測するに足るものではなかった。女性において最も高い相関は身長と脛長，男性では身長・脛長・脚長，両方では身長・脛長・脚長・体重であった。身長，質量，慣性モーメント，筋力に関する個人差と相転移速度の個人差とのあいだに強い相関が見いだせなかったといった結果は，ハールジャック（Hreljac, 1995b）と同じ結果である。身長に対する大腿長の割合と相転移速度との相関がわれわれの研究結果より高かったこと以外，ハールジャック（Hreljac, 1995b）とわれわれの結果はきわめて類似している。ハールジャックはソーステンソンとロバートソン（Thorstensson と Roberthson, 1987）においても脚長と相転移速度との相関が 0.3 であったことを報告しているが，これもわれわれの実験結果と同一の見解を有すると思われる。

❸ 人体測定学と歩容相転移との関係に関する結論

人体測定学的変数は，相転移速度と弱い，あるいはよく見積もったとしても中等度の相関しか持ち得ないといった見解は，これまでの研究に共通する見方であった。強い相関が見いだせなかったのは，方法論的な制約に起因するのかもしれないが（人体測定学的変数と相転移速度が非線形の関係にあるときに線形回帰では結果が出ない），それでは四足動物の形態測定学的変数からは相転移の予測ができたという結果は説明できない。ヒトと四足動物とのあいだで生じた矛盾点について，可能な説明をいくつかあげてみよう。第一に，強い相関を示した研究は，身体サイズや形態が大幅に異なる種を用いていたからである。ヘグルンドら（Heglund ら，1974）は質量にして 0.029kg（シロネズミ）から 1.15kg（マングース），3.5kg（スニ[訳注34]），はては 680kg（馬）に至るまでの種を用いていた（Taylor ら，1982；Heglund と Taylor, 1988）。身体サイズと相転移速度がこれだけばらつくと，検定力にも影響が出て，高い相関が観察されるようになろう。多くの統計のテキストには，データが等質になることで相関が低くなることを示している（Wright, 1976）。われわれが取った

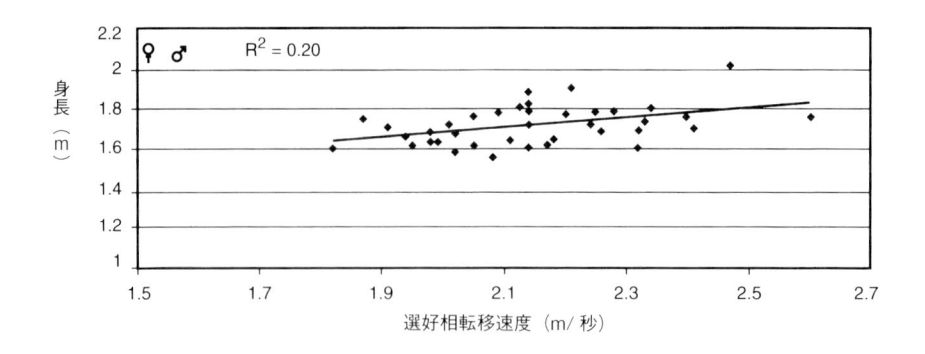

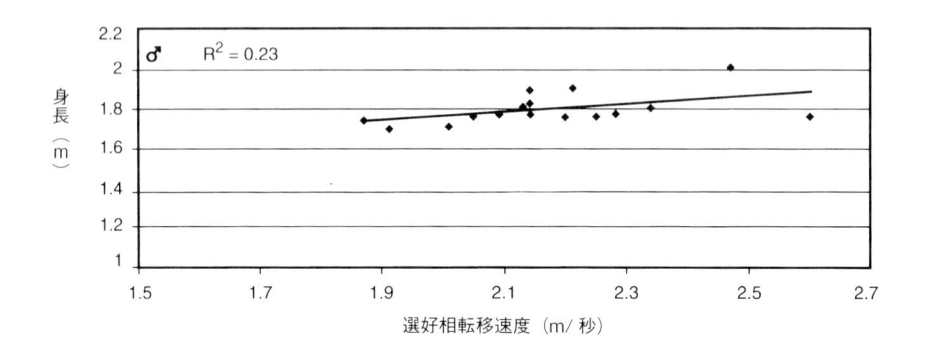

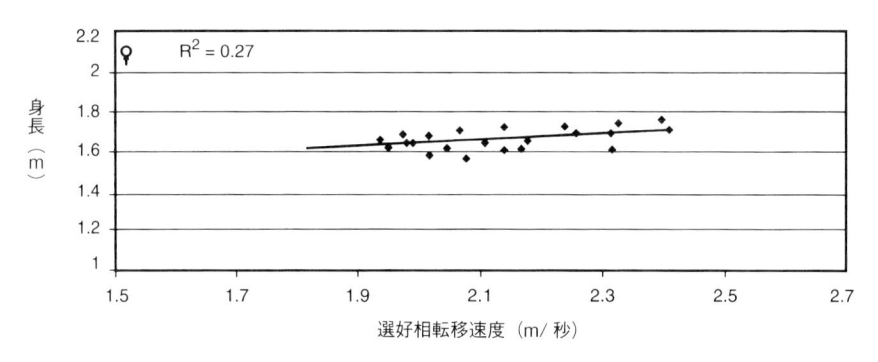

図 5-1 選好相転移速度（PTS）と身長（群込み：上，男性被験者：中，女性被験者：下）との関係

ヒトのサンプルは範囲が狭い（われわれの研究では質量にして 50.5 〜 90.12kg，先述のハールジャック〈1995b〉の動物研究では 49.5 〜 86.9kg）。そのことからヒトの研究で示された相関が，動物研究のそれよりも小さかったことは驚くことでもない。形態測定と選好相転移速度との関係における性差から，相関値に対して等質性が影響したことがわかる。われわれの研究でもハールジャックの研究でも，形態測定値と相転移速度のどちらの変数も，男性の被験者の変動(SD)のほうがわずかに大きく，値の範囲もばらついていた。多くの測定項目で，相転移速度との相関が女性よりも男性のほうが高かったことは，このばらつきによる影響といえる。

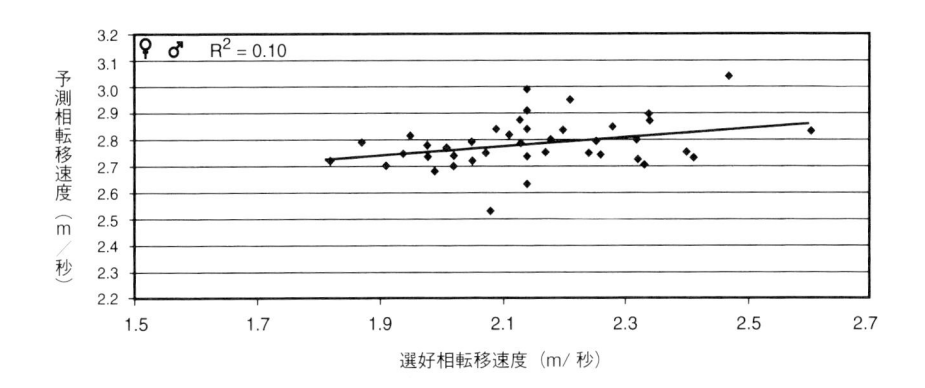

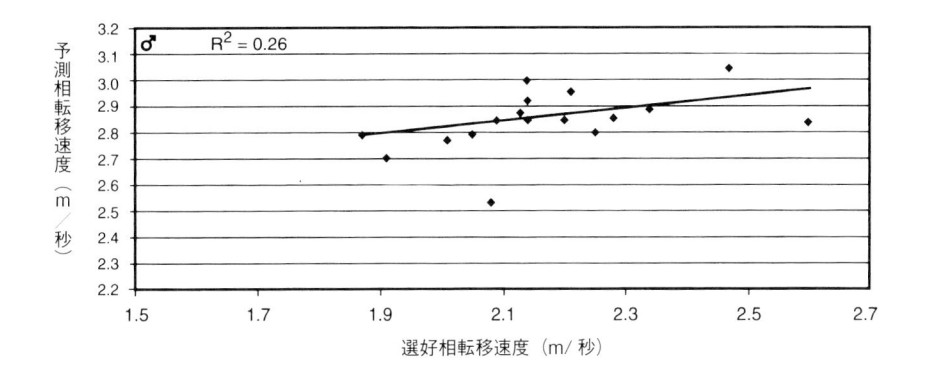

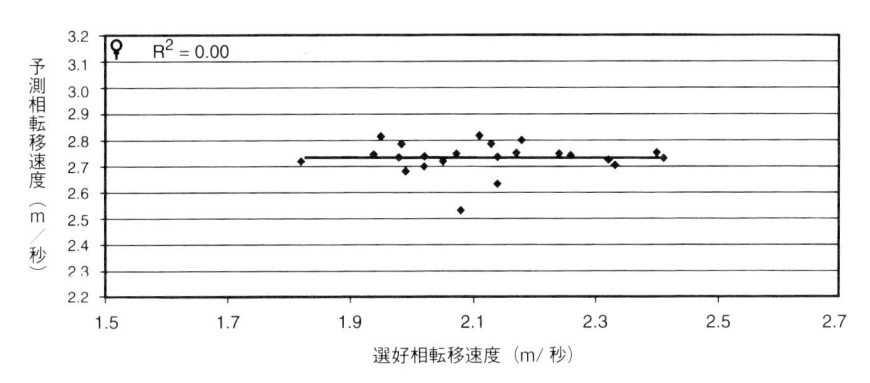

図 5-2　選好相転移速度（PTS）と式 5.1 から予測した相転移速度（PRT；群込み：上，男性被験者：中，女性被験者：下）との関係

　ヒトと四足動物とのあいだで結果に食い違いが生じた二番目の理由は，歩容様式にある。ヒトの歩 - 走行相転移と動物の速足 - 疾走相転移とでメカニズムに違いがあるなら，双方を比較することは適切でない。妥当な比較を行うのであれば，ヒトの歩 - 走行と動物の歩行 - 速足相転移を比較すべきである（もしくはスパローとニューウェルのようにヒトの四足歩行の検討）。しかし，現在ある動物の文献では歩行 - 速足相転移のデータはみられない。

　身体パラメータ（長さ，質量，慣性）と相転移速度とのあいだに弱い，もしくは中等度の相関がみられたことは少なくとも次の 2 ついずれかの意味を有するだろう。まず，動

第 5 章　走 - 歩行相転移の引き金　117

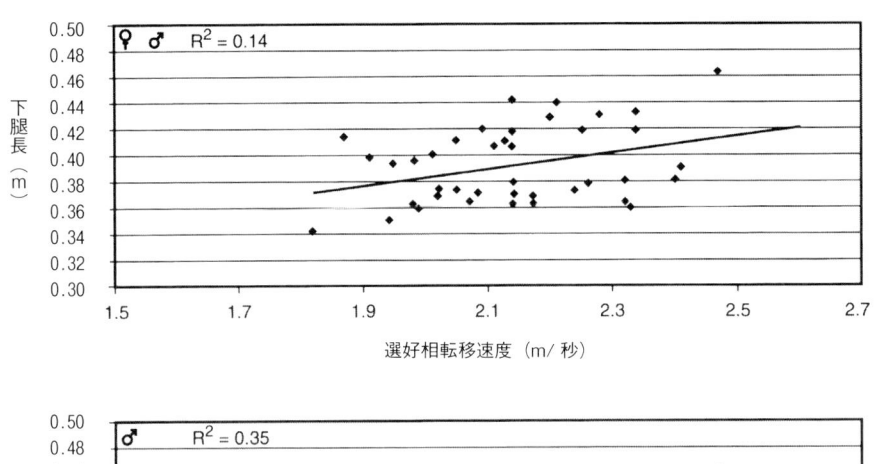

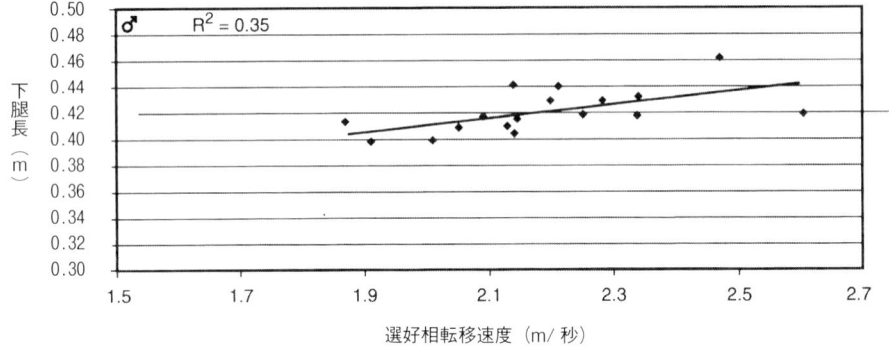

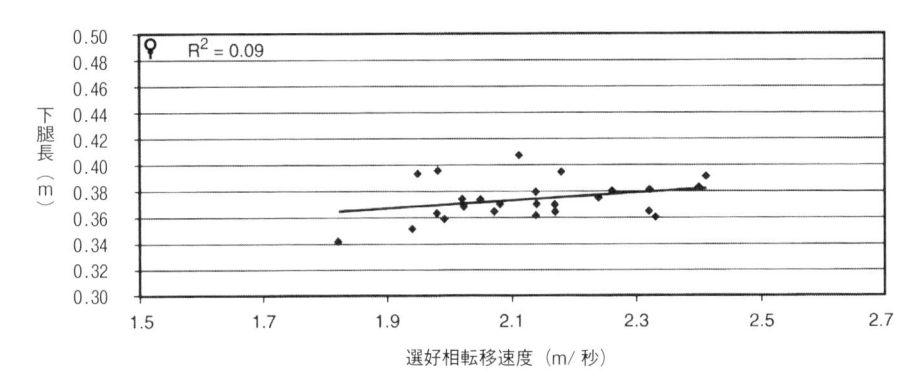

図 5-3　選好相転移速度（PTS）と下腿長（群込み：上，男性被験者：中，女性被験者：下）との関係

物研究および歩行と走行に関する生体力学的モデルをふまえ，人体測定学的パラメータは，実際，歩-走行もしくは走-歩行相転移の速度の重要な決定因子なのだが，1つまたはそれ以上の要因によってその効果が覆されている（もしくは隠されている）可能性がある。ヒトの一対の二脚下肢系においては，志向性（intentionality）が系の固有（自然）ダイナミクス（intrinsic dynamics）を変化させる（Carson ら，1994, 1996；Scholtz と Kelso, 1990；Wuyts ら，1996）。ボナードとパイハウス（Bonnard と Paihous, 1993）は，定常歩行におけるストライド周波数とストライド長の関係を志向性が変化させることを示した。ゲッチェルとウィトル（Getchel と Whitall, 1997）は，歩容制御にもこの仮説を拡張し，彼らが観測した人体測定学的変数と歩容相転移の範囲との相関が弱かったことを説明するのに利用した。通常の歩容の固有ダイナミクスに対して，志向性がさらなるダイナミクスを付加するなら（Schöner

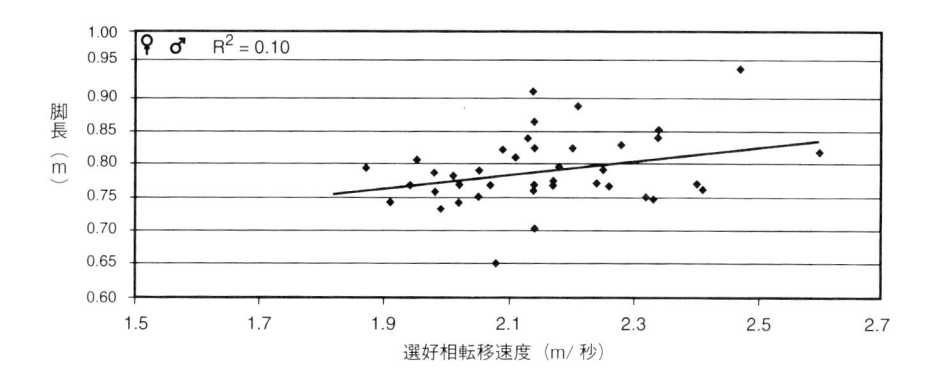

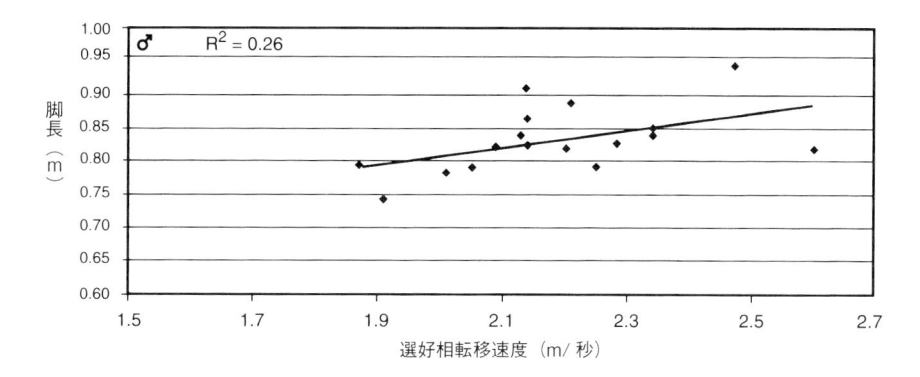

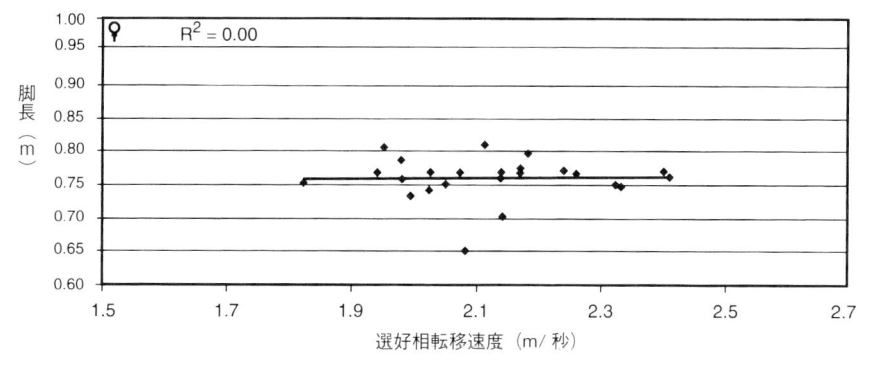

図5-4 選好相転移速度（PTS）と脚長（群込み：上，男性被験者：中，女性被験者：下）との関係

ら，1992；ZanoneとKelso，1994），そしてその志向性が意識的な認知活動を優先的に必要とするならば，ヒトのより発達した認知の影響によって，身体的パラメータの説明率が減少したといえるかもしれない。とくに，四足動物では皮質の発達が限られている。他の研究室（Temprado, 1999）でも進行中であるが，われわれの研究室でも従来型の二重課題を用いて，選好および非選好協応様式がどれだけ認知処理資源を必要としているか検討している。ある特定の移動速度で非選好協応様式を維持するためには，通常より多くの注意容量が必要になる。この注意量は，異なる協応パターンを選択・維持する際に必要な認知制御（志向性）を示すと考えられる。

人体測定学的変数と相転移速度とのあいだに強い相関がなかった理由をいずれか1つに

限定する必要はない。ここでの結果は，人体測定学的変数が他の変数より重要でないこと，そして他の（もっと強い）予測因子を見つけなければならないことを示唆しているのかもしれない。そういった因子の候補として生理学的コストをあげることができる。

4．歩‒走行相転移のエネルギー論

　運動系を制御，最適化する変数とは何か，運動制御の研究では長く議論されてきた（たとえば Stein, 1982）。最適化は運動系のコストを最少化する上で生ずる問題であり，最少化されるコストは課題の目的と拘束によって決まる。リーチング，把持，筆記など単純な動作においては，効率の最適化に準じて可能な限り滑らかな動作を行いながら，余計な筋代謝エネルギーをできる限り節約しているといわれている。いかに効率の最適化が生ずるのかについて，多くのモデルが提案されている。中でも重要なものは，躍度（jerk；四肢の位置の三次導関数），その平均平方（Hogan と Flash, 1987；Wann ら, 1988），筋のトルク変化（Uno ら, 1989），もしくは筋スティッフネス（Hasan, 1986）である（Latash, 1993 の総説を参照）。エネルギー消費の効率に関する類似した論理が，歩容のような大きな動作の制御にも適用されている。たとえば，スパロウ（Sparrow, 1983）は動作パターンの「選択」もしくは修正が，代謝エネルギー消費最少という隠れた目的への反応としてなされることを示唆している。

　代謝エネルギーコストがヒトの歩容相転移を誘導するといった見解は広く適用される半面，検討の余地も多い（Alexander, 1989；Cavanagh と Franzetti, 1986；Grillner ら, 1979；Heglund と Taylor, 1988；Hoyt と Taylor, 1981；McMahon, 1985）。この仮説は，最適化されるべき論理パラメータ（たとえば動物の生存から見て論理的なパラメータ），ひいてはヒトの歩容の組織化を制御するようなパラメータがエネルギー論的に効率的であるという議論に大きく依存した仮説である。この論拠を支持する研究として，歩行様式の際の移動速度の選択，歩行および走行時のストライド周波数とストライド長の選択が代謝エネルギー消費の最少化を基準として生じていることを示す研究がある。本節では，まず，歩行と走行の省エネ機構について簡単に触れ，人間の歩容相転移を引き起こすエネルギー論的な引き金に関する考えを支持する理由を説明する。その上で，人間の歩‒走行の相転移についてエネルギー論的に検討した実験の結果を報告する。

［1］歩行におけるエネルギー最少化

　移動中の身体，とくに筋が短縮性収縮しているときや伸張性収縮しているとき，あるいは等尺性収縮しているときにエネルギーが利用される。筋が利用するエネルギー量は歩行周期の各相で生ずる力量，収縮率，収縮の回数に依存する。これら三要因の最適化を検討することで，人間の歩行でおこっていることの多くを説明できる。

　人間の歩行の特徴は支持相において脚が一直線であること，そして遊脚相においてもその直線性が比較的保たれることである。直線であることが重要である理由は 2 点ある。マックギア（McGeer, 1990a）のリムなし車輪モデル（Alexander, 1991 による引用）によれば，腰部付近にある身体重心は脚の長さによって決まる弧に沿って前方に移動する。脚が直線

であることによって，膝周りに発生するモーメントやその反作用モーメントをつくり出すために必要な力を最少限にとどめられる。そして，身体重心の持つ位置エネルギーと運動エネルギーとの変換が可能になる。この両方の機構によって，必要とされる筋出力量を制限することができ，したがって系が利用する代謝エネルギーを最少化できる。立脚相では脚は真っ直ぐに伸びていなければならないことから，遊脚相においても比較的真っ直ぐに伸びたままの状態を保つことは理解できる。つまり，脚を曲げ，また伸ばす（屈曲と伸展）という不必要な筋活動をなくしている。

脚が真っ直ぐに伸びているということは，低速または中等度の速度の歩行において有利である。しかし一方で，より高速な歩行においてはこの伸展位が不利になる。高速になると，伸展した脚の慣性力が増大し，それに耐えうるエネルギーが必要となる。この慣性力の増大から，エネルギー摂取曲線（図5-5）の最少値で示される最適速度がなぜ存在するのかを説明することができる。この最少値は速度約 5.5 km/h で生ずる（1.3 m/s）（Hoyt と Taylor, 1981；Margaria ら, 1963）。このときのエネルギー消費は 0.79cal/kg/m である。ここで，平均的にみると，人間の歩行における選好速度がこのあたりにあることが重要となる（Bobbert, 1960；Corcoran と Beregelman, 1970；Margaria, 1976；Molen ら, 1972；Ralston, 1976；Zarrugh ら, 1974）。動物を扱った研究においても身体的コストを最少にするような速度を自発的に選択するとしている（Hoyt と Taylor, 1981；Pennycuick, 1975；Perry ら, 1988）。歩行におけるエネルギー消費が筋収縮の回数と速度に依存しているという事実は，特定のストライド周波数とストライド長の組み合わせが，ある速度において最も効率的になることを示唆する（Cavagna と Kaneko, 1977）。モーレンら（Molen ら, 1972）とザルーら（Zarrugh ら, 1974）は，ストライド長のストライド周波数に対する割合が約 1.61 になるように選択することを示した。以上の観察結果をまとめると，エネルギー保存が人間の歩容の協応パターンと制御パターンを決定する重要な要因であることを示している。

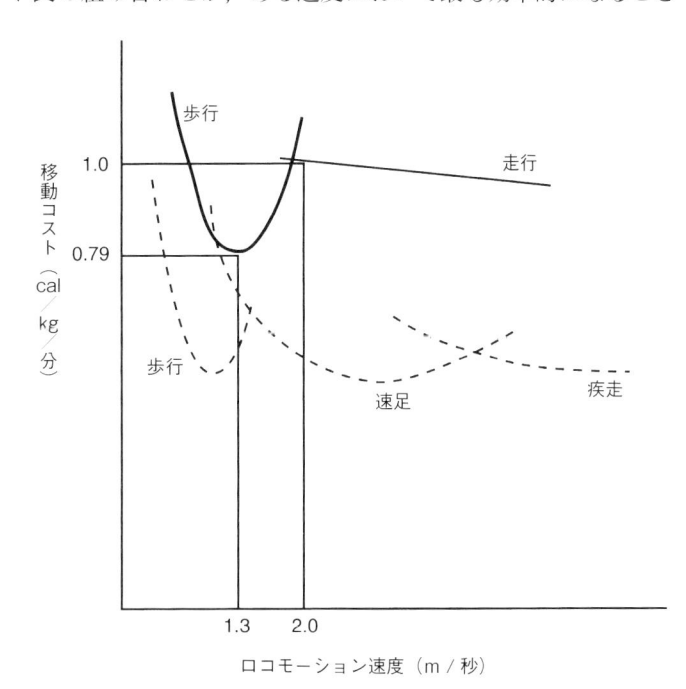

図5-5 ヒト（実線）とウマ（破線）のロコモーション時のエネルギーコスト
移動コストはヒトの歩行，ウマの歩行，速足，疾走の各速度の狭い範囲で最少化されている。重要な点は，ヒトの走行において，速度と移動コストは独立であることである。Hoyt と Taylor, 1981 と Margaria ら，1963 をもとに作成。

［2］走行におけるエネルギー最少化

　歩行とは対照的に，走行には代謝エネルギー消費からみた最適速度というものが存在しない（図5-5）。ここで注目すべきは，走行速度が上がっても移動距離あたりの代謝コストは 1.0 cal/kg/m に保たれることである（Falls と Humphrey, 1976；Kram と Taylor, 1990；Margaria ら, 1963）。この結果を説明するには，走行の歩容におけるアキレス腱の役割を考慮する必要がある。走行では足が接地するときに足関節まわりに大きな慣性力が働く。その力はアキレス腱と腓腹筋の筋腱複合体（musculo-tendon complex）に張力を発生させる。この行為によって複合体には推進に利用される弾性エネルギーが貯蔵される。弾性エネルギーの利用に代謝エネルギーの発生は無用であるから，走行速度が上がっても代謝コストが増える必要がない。そこで移動速度が増大すると，弾性要素の動因が効率的に行われる可能性があり，結果として図5-5 に示したような代謝コスト－移動速度間の関係性が生じるのである。重要なことは，弾性エネルギーの役割にかかわらず，代謝効率の最少化が走行動作を組織化する役割を持ちつづける点にある。歩行中と同様に走行中でも，筋の動員率と動員量で効率を記述できる。通常の走行速度の範囲内では，人間はエネルギー消費が最少になるような，最適なストライド周波数とストライド長の組み合わせを好んで選択する（Cavanagh と Williams, 1982；Hogberg, 1952；Knuttgen, 1961）。

［3］実験3：歩－走行相転移のエネルギー論的な引き金

　歩行と走行の各歩容様式において，エネルギー消費を最少化するように運動学的パラメータが自己組織化する。このことに関して非常に多くの証拠があることを考えると，歩行と走行間の相転移がエネルギーによって拘束されていると思ってもよさそうである。相転移においてエネルギーが優先的な役割を有するといった仮説は，検証されていないながらも，ここ数十年で一般的になった。しかしながら，1991年にファーリーとテイラー（Farley と Taylor）はエネルギー消費の最少化が必ずしも相転移を引き起こす刺激とはならないという結果を示した。馬の速足-疾走間の相転移における生理学的コストと速度とを測定し，相転移はエネルギー的にみた最適速度より低速で生ずることを確認した。そして，相転移の引き金はむしろ筋肉が骨を引っ張ることによる力学的なストレスを軽減するためであるとした。この主張を支持する実験結果として，以下の実験結果があげられる。①疾走への相転移によって最大地面反力が減少する（Biewener と Taylor, 1986；Farley と Taylor, 1991），②負荷を背負った馬の相転移速度はエネルギー的にみた最適速度より低速で生じている（Farley と Taylor, 1991），③脊椎動物は，制動でかかるストレスの3分の2を超えるストレスが関節や骨にかかるような歩容パターンを用いることはない（Rubin と Lanyon, 1984）。しかしながら，力学的ストレス仮説の最大の欠点は，逆の相転移（馬でいえば疾走から速足への相転移）が説明できない点にある。また，疾走時に観察される地面反力を超えても相転移が生じず，相転移時の地面反力が疾走時の地面反力を超えてしまうこともある（Diedrich と Warren, 1995）。さらに，実験2で示したように，絶対質量と相転移速度との間に関連がないといった結果も，地面反力の臨界値をもとにした力学的ストレス仮説への反証といえ

よう。

　ファーリーとテイラー（FarleyとTaylor, 1991）の動物実験につづき，ハールジャック（Hreljac, 1993a）はヒトの歩 - 走行相転移もエネルギー的に最適な速度で生じるわけではないことを示した。四足動物の実験結果と同じく，被験者の歩 - 走行相転移はエネルギー消費最少化モデルで予測された値より低速で生じた。この結果に加えて，相転移速度において歩行のほうが走行よりも消費エネルギーが少なかったにもかかわらず，被験者はより多くの努力を要すると感じていたことから，エネルギー消費の最少化が歩 - 走行相転移を引き起こす要因ではないと結論づけた。相転移の力学的引き金を探る追試実験（Hreljac, 1993b）では，5つの動力学的変数（最大負荷率，最大制動力と制動力の力積，最大推進力と推進力の力積）が測定された。しかし，どの動力学的因子も歩 - 走行相転移の引き金とはなりえないという結果となった。

　より最近では，ファーリーとテイラー（FarleyとTaylor, 1991）やハールジャック（Hreljac, 1993a）とは対照的に，メルシアとデュランドらは（Durandら, 1994a, 1994b；Merceirら, 1994）相転移が生理学的コストを減少させるような性質によって誘導されると結論している。彼らは相転移速度と，歩行と走行おのおのに必要な心拍や酸素消費量が等しくなる速度が，おのおのの被験者においてきわめて正確に一致することを示した。このように，歩行制御において重要であるにもかかわらず，まだ議論の余地のある面が残されている。われわれの最終実験では，この点をさらに検証してみた。

❶方　法

　実験1で代謝エネルギー消費と相転移速度との関連を検討したが，これに参加した被験者15名をここでも用いた。彼らの相転移速度とその信頼性は事前に確認されていた。被験者の選好相転移速度の平均と，歩行試行と走行試行それぞれで得られた代謝曲線の交点で予測された速度との比較を行った。被験者は選好相転移速度をはさんだ一連の速度で走行した。速度（選好相転移速度に対する割合）に対する$\dot{V}O_2$（ml/kg/min）と移動コスト（ml/kg/min/m）の曲線を割り出した。同様の手続きを歩行データにも適用し，歩行から割り出した曲線と走行から割り出した曲線との交点に対応する速度を求め，前もって確認された選好相転移速度の平均と比較した。これらの点が一致するならば，歩 - 走行相転移はエネルギーコストを最少化するように生じるとする考え方と一致することになり（Hreljac, 1993a），乖離するのであれば，何か他の因子が相転移を規定していると考えられる。

　実験1で明らかになった歩 - 走行，走 - 歩行相転移速度の70, 80, 90, 100, 110, 120, 130%にあたる速度でモーター駆動トレッドミルを動かし，歩行，または走行させた。トレッドミル移動に適応させるために15〜30分の経験が必要といわれているが（Charterisとtaves, 1978；Schieb, 1986；WallとCharteris, 1980, 1981），被験者の経験はこの時間を超過していることから，これ以上トレッドミルに慣れさせることは無用と考えた。酸素消費の定常状態を得るため，被験者にすべての速度条件下で5分走行させた。各試行においては，スパイロメータ（Med Graphics CPX）と心拍計（Polar Sporttester Model No. 9000e）を用いて心拍と酸素消費を連続的にモニターした。速度／歩容様式の各組み合わせの最後の1分

を定常状態時の値として計測した。移動コストは質量あたりの酸素摂取量を移動速度で割って求めた（手続きは Farley と Taylor, 1991 を参照）。エネルギー出力と努力感の線形関係を確認するために，すべての条件下で，標準的な 15 ポイント（6～21）のボルグ指数（Borg, 1962）で自覚的運動強度（RPE）をたずねた。RPE データからエネルギー摂取の意識的知覚が，相転移を誘発させる可能性，あるいは少なくとも誘発条件に影響を与える可能性についてなんらかの推察を加えることができよう。先行研究によると，歩容様式に関係なく，RPE とエネルギーコストとのあいだに強い関連があることを示唆している（Noble ら, 1973）。

　酸素摂取量と移動コストのデータを得た後，各被験者の各速度条件のデータに曲線をあてはめた。これまでの研究では，歩行の酸素摂取量に曲線モデルを（Hoyt と Taylor, 1981；Margaria, 1976；Margaria ら, 1963），走行では直線モデル（Alexander, 1989；Kram と Taylor, 1990）をあてはめる傾向が強かった。歩行データには四次の多項式（Hreljac, 1993a）や二次の多項式（Minetti ら, 1994）がよりあてはまるとする研究もある。特別にデザインされたソフト（Curvefit, Jandel Scientific, CA）を用いて，われわれは最もよくあてはまるモデルを検討した。これまでの経験と同じく，酸素コストのデータは，歩行に関しては曲線，走行に関しては直線モデルがあてはまった。移動コストデータは歩行，走行ともに四次の多項式にあてはめた。

❷結　果

　15 名中，9 名のみにおいて，通常歩行の 130% 条件下までの歩行データを得ることができた。図 5-6 は歩行と走行の酸素摂取量の群平均を示したものである。歩行と走行の酸素摂取量曲線の交点（エネルギー的に最適な相転移ポイント）と，実験 1 で収集された選好相転移速度の平均（歩 - 走行，走 - 歩行条件を込みにした）とのあいだにきわめて高い一致が見られる。実際，エネルギー的に最適な相転移ポイントは選好相転移速度の 99.6% であった。これらの結果は，歩容相転移の速度を決定するのにエネルギー消費の最少化が重要な役割を有していることを強く示唆する。酸素摂取量のデータと同様に，歩行と走行の移動コスト曲線の交点として決定される最適相転移速度もまた，選好相転移速度の平均（歩 - 走行，走 - 歩行条件を込みにした；図 5-7）と非常に近い値であるといえる。この場合，エネルギー的に最適な相転移速度は選好相転移速度の 100.5% であった。

　選好相転移速度以上になると，走行より歩行に困難

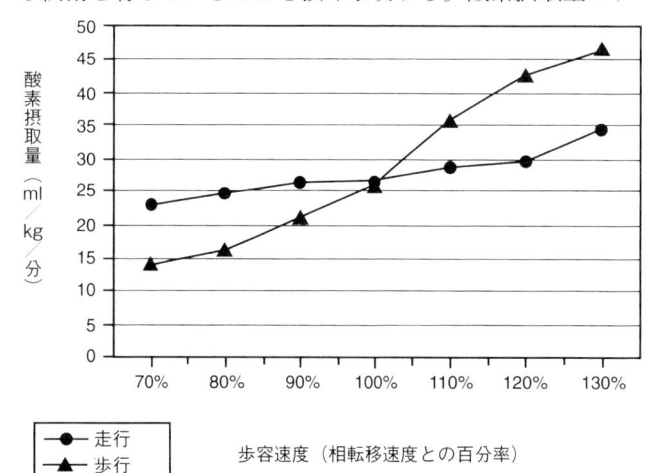

図 5-6　ロコモーション速度に対する VO_2 ―歩行と走行との比較

を知覚するようになる（歩行に関するRPE評定は，110, 120, 130%条件で，走行条件よりそれぞれ26, 34, 32%高い）。しかし，相転移速度あるいはその前では，歩容様式間に有意差はなかった（図5-8）。ハールジャック（1993a）は，相転移速度では歩行よりも走行のほうがRPEが26.2%少なかったと報告しているが，同じ結果を得られなかった理由は不明である。

相転移が努力感を減少させる方向に生じるという結果は，RPE値からは見いだせなかった。このことから，歩行から走行への動作パターンの再組織化は，少なくとも本実験パラダイムの範囲内では，意識的に決定されるものではない，つまり，RPEのスコアと同じ神経レベルで行われる"決定"ではないことが示唆されよう。RPEは脳の高次中枢が関与するような意識的で分別のある判断を要求するが，少なくとも本実験パラダイム

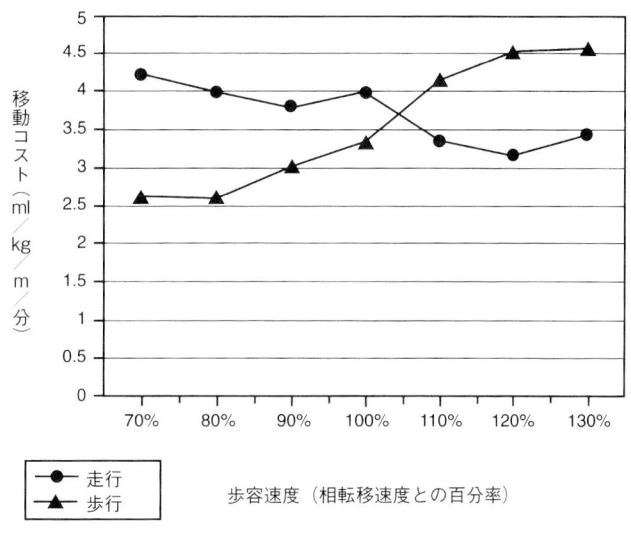

図5-7 歩行と走行のロコモーション速度に対する移動コスト

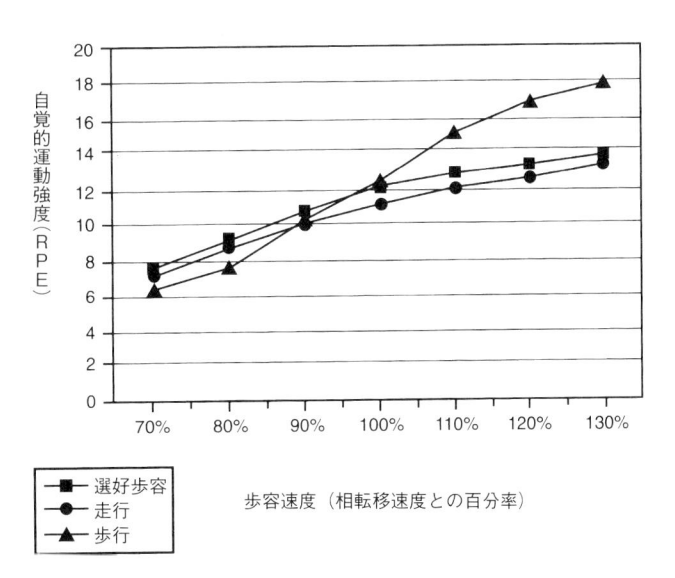

図5-8 ロコモーション速度に対するテスト条件ごとの自覚的運動強度（RPE）
「選好」条件においては歩容様式を自由に選択させ，「歩行」，「走行」試行においてはそれぞれの歩容様式を維持させた。

で生じる歩容相転移は，異なる（低次の）神経系レベルが関与しているものと思われる。古典的な脊椎動物研究（ShikとOrlosky, 1976；Shikら，1966）では，歩容の相転移が主に皮質下で，脊椎のみで行われている可能性を説得力高く示している。

上述したとおり，志向性を考慮すると，ヒトの歩容相転移の決定には認知的な関わりがあるのかもしれないが，自然に選択されるような歩容様式でないときにだけ，それはあてはまるのかもしれない。

5．結論と今後の方向性

　ヒトのロコモーションにおける歩容の相転移において，エネルギー効率の最適化が中心的な役割を担う。実験3はこのことを強く示唆している。しかし，問題は残る。ヒトは相転移を誘発させるに十分な，そしてそれに足るだけ素早く（生理学的な定常状態を何分も経ることなく）エネルギー摂取の増加を「知覚」することができるのだろうか（Thorstensson と Roberthson, 1987）。代謝エネルギー摂取の役割を理解するには，ダイナミカル・システムズ／シナジェティクスの観点から発展させるのが最良といえよう。ホルトラ（1995）は代謝コストの最適化が他のパラメータの最適化のあとづけにすぎないことを示した。他のパラメータとは共振周波数，姿勢安定性，筋骨格系にかかる負荷などである。さらに課題の拘束条件の変化に応じて最適化されるパラメータは変わる。生理学的コストはヒトの歩容相転移の最も直接的な原因とは成り得ないかもしれない。しかしその一方で，系をアトラクターから逸脱させ，新たな位相や協応様式へ落とし込むコストを総エネルギー消費量が反映している可能性もある（Diedrich と Warren, 1995）。

　アキレス腱への負荷を通して貯蔵された弾性エネルギー，その反作用がいかなる役割を持つのか？　現在，われわれはこの疑問に洞察を得られればと考え，ヒトの移動中に生ずる力学的なエネルギー産出と相転移を検証している。相転移の開始に腱のふるまいが関わるとするとしたら，筋腱複合体の中で伸展に感度を有する組織が，歩容様式間のスイッチを入れているのかもしれない。代謝エネルギーの利用効率を機能的に上げることを保証する相転移，これを支える神経機構を探ることは，歩容制御系だけでなく，身体運動に関するすべての協応系を理解する上でも重要である。

【謝辞】

　本章に示した実験にあたり，オーストラリア研究協議会から助成金を受けた。データ収集と分析においてはアナリーズ・ブルーイ（Annaliese Plooy）とミーガン・ウォルター（Megan Walters）に測りしれない，最大限の助力をいただいた。この章は第二著者がナンヤン工科大学教育学部（シンガポール）の客員教授として勤務したときに完成したものである。

【原著注】

　子どもでも成人でも，意識的に非対称に襲歩[訳注18]の足運びをすることが可能である（Caldwell と Whitehall, 1995; Whitall, 1989; Whitall と Caldwell, 1992）。しかし，それは歩行や走行のように一般的に行われているわけではなく，明らかに安定性を欠いた協応型である（Peck と Turvey, 1997）。

【訳者注】

30）ヒステリシス…履歴現象。物質の状態が，現在の条件だけでなく，過去の経路の影響を受ける現象。
31）フルード数…通常，流体に作用する重力と慣性力の比を表す無次元量。流動場の代表流速を U (m/s)，代表長さを L (m)，重力加速度を g (m/s^2) で表すと，フルード数は $Fr = U^2 / Lg$ あるいは $Fr = U / (Lg)^{1/2}$ で表される。分子が慣性力，分母が重力（浮力）を表す。

32) 共振周波数…ある決められた力量で最大振幅が生ずる周波数，あるいは最少の力量で目的の振幅を実現できる周波数。
33) 断熱変換仮説…詳しくは，第9章「動力学および熱力学的制約とロコモーションの代謝コスト」の第7節「ストライド周波数とストライド長の制御における熱力学」を参照のこと。
34) スニ…体長58〜67cm，尾長11〜13c，肩高30〜41ｃm，角長5〜13cm，体重4〜6kgの哺乳類ウシ科アンテロープ属の一種，主にアフリカに生息する小鹿に似た動物。学名：Neotragus moschatus

【引用・参考文献】

Abernethy, B., R.J. Burgess-Limerick, C. Engstrom, A. Hanna, and R.J. Neal. 1995. Temporal coordination of human gait. In *Motor control and sensory-motor integration: issues and direction,* eds. D.J. Glencross, and J.P. Piek, 171-198. Amsterdam: North-Holland Elsevier.

Alexander, R.McN. 1980. Optimum walking techniques for quadrupeds and bipeds. *Journal of Zoology* (London) 192: 97-117.

Alexander, R.McN. 1984. Walking and running. *American Scientist* 72: 348-354.

Alexander, R. McN. 1989. Optimisation and gaits in the locomotion of vertebrates. *Physiological Review* 69: 1199-1227.

Alexander, R.McN. 1991. Energy saving mechanisms in walking and running. *Journal of Experimental Biology* 160:55-69.

Alexander, R.McN. 1992. A model of bipedal locomotion on compliant legs. *Philosophical transactions of the Royal Society of London* 338(B): 189-198.

Alexander, R.McN., and A.S. Jayes. 1983. A dynamic similarity hypothesis for the gaits of quadrupedal mammals. *Journal of Zoology* (London) 201: 135-152.

Alexander, R.McN., and G.M.O. Maloiy. 1984. Stride lengths and stride frequencies of primates. *Journal of Zoology* (London) 202: 577-582.

Bassett, D.R., M.D. Giese, F.J. Nagle, A. Ward, D.M. Raab, and B. Balke. 1985. Aerobic requirements of overground versus treadmill running. *Medicine and Science in Sports and Exercise* 17: 477-481.

Beek, P. J., and G.P. Bingham. 1991. Task specific dynamics and the study of perception and action: a reaction to von Hofsten. 1989. *Ecological Psychology* 3: 35-54.

Beuter, A., and F. Lalonde. 1989. Analysis of a phase transition in human locomotion using singularity theory. *Neuroscience Research Communications* 3: 127-132.

Biewener, A.A., and C.R. Tayor. 1986. Bone strain: a determinant of gait and speed? *Journal of Experimental Biology* 123: 383-400.

Bingham, G. P. 1988. Task-specific devices and the perceptual bottleneck. *Human Movement Science* 7: 225-264.

Blickhan, R. 1989. The spring-mass model for running and hopping. *Journal of Biomechanics* 22: 1217-1227.

Bobbert, A.C. 1960. Energy expenditure in level and grade walking. *Journal of Applied Physiology* 15: 1015-1021.

Bonnard, M., and J. Paihous. 1993. Intentionality in human gait control: modifying the frequency-to-amplitude relationship. *Journal of Experimental Psychology: Human Perception and Performance* 19: 429-443.

Borg, G.A.V. 1962. *Physical performance and perceived exertion*. Lund: Gleerup.

Borg, G.A.V. 1973. Perceived exertion: a note on "history" and methods. *Medicine and Science in Sports* 5: 90-93.

Caldwell, G.E., and J. Whitall. 1995. An energetic comparison of symmetrical and non-symmetrical gait. *Journal of Motor Behavior* 27: 139-154.

Carson, R.G., W.D. Byblow, B. Abernethy, and J.J. Summers. 1996. The contribution of inherent and incidental constraints to intentional switching between patterns of bimanual coordination. *Human Movement Science* 15: 565-589.

Carson, R.G., D. Goodman, J.A.S. Kelso, and D. Elliott. 1994. Intentional switching between patterns of interlimb coordination. *Journal of Human Movement Studies* 27: 201-218.

Carter, L. 1995. Somatotyping. In *Anthropometrica*, eds. K. Norton, and T. Olds, 147-170. Sydney: UNSW Press.

Cavangna, G.A., and P. Franzetti. 1986. The determinants of step frequency in walking in humans. *Journal of Physiology* (London) 373: 235-242.

Cavangna, G.A., and M. Kaneko. 1977. Mechanical work and efficiency in level walking and running. *Journal of Physiology* 268: 467-481.

Cavagna, G.A., F.P. Saibene, and R. Margaria. 1963. External work in walking. *Journal of Applied Physiology* 18: 1-19.

Cavanagh, P.R., and K.R. Williams. 1982. The effect of stride length variation on oxygen uptake during distance running. *Medicine and Science in Sport and Exercise* 14: 30-35.

Charteris, J., and C. Taves. 1978. The process of habituation to treadmill walking. *Perceptual and Motor Skills* 47: 659-666.

Clark, J.E. 1995. On becoming skillful: patterns and constraints. *Research Quarterly for Exercise and Sport* 66: 173-183.

Collins, J.J., and I. Stewart. 1993. Hexapodal gaits and coupled nonlinear oscillator models. *Biological Cybernetics* 68: 287-298.

Corcoran, P.J., and G.L. Brengelmann. 1970. Oxygen uptake in normal and handicapped subjects, in relation to speed of walking beside a velocity-controlled cart. *Archives of Physical Medicine* 51: 78-87.

Cutting, J.E., D.R. Proffitt, and L.T. Kozlowski. 1978. A biomechanical invariant for gait perception. *Journal of Experimental Psychology: Human Perception and Performance* 4: 356-372.

Diedrich, F.J., and W.H. Warren, Jr. 1995. Why change gaits? Dynamics of the walk run transition. *Journal of Experimental Psychology* 21: 183-202.

Durand, M., C. Goudal, J. Mercier, D. Le Gallais, and J.P. Micallef. 1994a. Energy correlate of gait change according to locomotion speed. *Journal of Human Studies* 26: 187-203.

Durand, M., C. Goudal, J. Mercier, D. Le Gallais, and J.P. Micallef. 1994b. From walking to running: study of energy correlates. In *Movement and sport. Psychological foundations and effects. Vol 2: motor control and motor learning*, eds. J.R. Nitsch, and R. Seiler, 36-41. Germany: Academia Verlag.

Elliott, B.C., and B.A. Blanksby. 1976. A cinematographic analysis of overground and treadmill running by males and females. *Medicine and Science in Sports and Exercise* 8: 84-87.

Falls, H.B., and L.D. Humphrey. 1976. Energy cost of running and walking in young women. *Medicine and Science in Sport* 8: 9-13.

Farley, C.T., and C.R. Taylor. 1991. A mechanical trigger for the trot-gallop transition in horses. *Science* 253: 306-308.

Frishberg, B.A. 1983. An analysis of overground and treadmill sprinting. *Medicine and Science in Sports and Exercise* 15: 478-485.

Getchell, N., and J. Whitall. 1997. Transitions in gait as a function of physical parameters (abstract). *Journal of Sport and Exercise Psychology* 19: S55.

Grieve, D.W. 1968. Gait patterns and the speed of walking. *Biomedical Engineering* 3: 119-122.

Grieve, D.W., and R.J. Gear. 1966. The relationships between length of stride, frequency, time of swing and speed of walking for children and adults. *Ergonomics* 5: 379-399.

Grillner, S., J. Halbertsma, J. Nilsson, and A. Thorstensson. 1979. The adaptation to speed in human locomotion. *Brain Research* 165 : 177-182.

Haken, H. 1983. *Synergetics: an introduction.* 3rd ed. Berlin: Springer Verlag.

Haken, H. 1990. Synergetics as a tool for the conceptualization and mathematization of cognition and behaviour—How far can we go? In *Synergetics of cognition*, eds. H. Haken, and M. Stadler, 2-31. Berlin: Springer Verlag.

Haken, H., J.A.S. Kelso, and H. Bunz. 1985. A theoretical model of phase transitions in human hand movement. *Biological Cybernetics* 51: 347-356.

Hasan, Z. 1986. Optimized movement trajectories and joint stiffness in unperturbed, inertially loaded movements. *Biological Cybernetics* 53: 373-382.

Heglund, N.C., and C.R. Taylor. 1988. Speed, stride frequency and energy cost per stride: how do they change with body size and gait? *Journal of Experimental Biology* 138: 301-318.

Heglund, N.C., C.R. Taylor, and T.A. McMahon. 1974. Scaling stride frequency and gait to animal size: mice to horses. *Science* 186: 1112-1113.

Hoenkamp, E. 1978. Perceptual cues that determine the labelling of human gait. *Journal of Human Movement Studies* 4: 59-69.

Hogan, N., and T. Flash. 1987. Moving gracefully: quantitative theories of motor coordination. *Trends in the Neurosciences* 10: 170-174.

Hogberg, P. 1952. How do stride lengths and stride frequency influence the energy output during running? *Internationale Zeitschrift für Angewandte Physiologie Einschlesslich Arbeitsphysiologie* 14: 437-441.

Holt, K.G. 1998. Constraints in the emergence of preferred locomotory patterns. In *Timing of Behavior: Neural, computational and psychological perspectives*, eds. D.A. Rosenbaum, and C.E. Collyer. Cambridge, MA.: MIT Press.

Holt, K.G., J. Hamill, and R.O. Andres. 1990. The force-driven harmonic oscillator as a model for human locomotion. *Human Movement Science* 9: 55-68.

Holt, K.G., J. Hamill, and R.O. Andres. 1991. Predicting the minimal energy costs of human walking. *Medicine and Science in Sports and Exercise* 23: 491-498.

Holt, K.G., S.F. Jeng, R. Ratcliffe, and J. Hamill. 1995. Energetic cost and stability in preferred human walking. *Journal of Motor Behavior* 27: 164-179.

Holt, K.G., S.F. Jeng, and L. Fetters. 1991. Walking cadence of 9-year olds is predictable as the resonant frequency of a force-driven harmonic oscillator. *Pediatric Exercise Science* 3: 121-128.

Hoyt, D.F., and C.R. Taylor. 1981. Gait and the energetics of locomotion in horses. *Nature* 292: 239-240.

Hreljac, A. 1993a. Preferred and energetically optimal gait transition speeds in human locomotion. *Medicine and Science in Sports and Exercise* 25: 1158-1162.

Hreljac, A. 1993b. Determinants of the gait transition speed during human locomotion: kinetic factors. *Gait and Posture* 1: 217-223.

Hreljac, A. 1995a. Determinants of the gait transition speed during human locomotion: kinematic factors. *Journal of Biomechanics* 28: 669-677.

Hreljac, A. 1995b. Effects of physical characteristics on the gait transition speed during human locomotion. *Human Movement Science* 14: 205-216.

Iberall, A.S. 1978. A field and circuit thermodynamics for integrative physiology. III. Keeping the books—a general experimental method. *American Journal of Physiology* 234: R85-R97.

Inman, V.T., H.J. Ralston, and F. Todd. 1981. *Human walking.* Baltimore: Williams and Wilkins.

Jeka, J.J., and J.A.S. Kelso. 1988. Dynamic patterns of multi-limb coordination. In *Dynamic patterns in complex systems*, eds. J.A.S. Kelso, A.J. Mandell, and M.F. Shlesinger, 403. Singapore: World Scientific.

Jeka, J.J., and J.A.S. Kelso. 1989. The dynamic pattern approach to coordinated behavior: a tutorial review. In *Perspectives on the coordination of movement*, ed. S.A. Wallace, 3-43. Amsterdam: Elsevier.

Jeng, S., H. Liao, J. Lai, and W. Hou. 1997. Optimisation of walking in children.

Medicine and Science in Sports and Exercise 29: 370-376.

Kelso, J.A.S. 1981. Contrasting perspectives on order and regulation in movement. In *Attention and performance IX*, eds. J. Long and A. Baddeley, 437-457. Hillsdale, NJ: Erlbaum.

Kelso, J.A.S. 1984. Phase transitions and critical behavior in human bimanual coordination. *American Journal of Physiology* 246: R1000-R1004.

Kelso, J.A.S. 1986. Pattern formation in multi-degree of freedom speech and limb movements. *Experimental Brain Research Supplement* 15: 105-128.

Kelso, J.A.S. 1990. Phase transitions: foundations of behavior. In *Synergetics of cognition,* eds. H. Haken, and M. Stadler, 249-268. Berlin: Springer-Verlag.

Kelso, J.A.S. 1995. *Dynamic patterns.* Cambridge, MA: MIT Press.

Kelso, J.A.S., and G.C. de Guzman. 1988. Order in time: how the cooperation between the hands informs the design of the mind. In *Neural and synergetic computers,* ed. H. Haken, 180-196. Berlin: Springer Verlag.

Kelso, J.A.S., J.P. Scholz, and G. Schöner. 1986. Nonequilibrium phase transitions in coordinated biological motion: Critical fluctuations. *Physics Letters A* 118: 279-284.

Kelso, J.A.S., J.P. Scholz, and G. Schöner. 1988. Dynamics governs switching among patterns of coordination in biological movement. *Physics Letters A* 134: 8-12.

Kelso, J.A.S., and G. Schöner. 1988. Self-organization of coordinative movement patterns. *Human Movement Science* 7: 27-46.

Kelso, J.A.S., G. Schöner, J.P. Scholz, and H. Haken. 1987. Phase-locked modes, phase transitions and component oscillators in biological motion. *Physica Scripta* 35: 79-87.

Knuttgen, M.G. 1961. Oxygen uptake and pulse rate while running with undetermined and determined stride length at different speeds. *Acta Physiologica Scandinavia* 52: 366-371.

Kram, R., and C.R. Taylor. 1990. Energetics of running: a new perspective. *Nature* 346: 265-267.

Kugler, P.N., and M.T. Turvey. 1987. *Information, natural law and the self assembly of rhythmic movement: theoretical and experimental investigations.* Hillsdale NJ: Erlbaum.

Latash, M.L. 1993. *Control of human movement.* Champaign, IL: Human Kinetics.

Mackenzie, C.L., and A.E. Patla. 1983. Breakdown in rapid bimanual finger tapping as a function of orientation and phasing. *Society for Neuroscience Abstracts* 9: 1033.

Margaria, R. 1976. *Biomechanics and energetics of muscular exercise.* Oxford: Clarendon Press.

Margaria, R., P. Cerretelli, P. Aghemo, and G. Sassi. 1963. Energy cost of running. *Journal of Applied Physiology* 18: 367-370.

McGeer, T. 1990a. Passive dynamic walking. *International Journal of Robotics Research* 9: 62-82.

McGeer, T. 1990b. Passive dynamic running. *Proceedings of the Royal Society of London* 240(B): 107-134.

McMahon, T.A. 1985. The role of compliance in mammalian running gaits. *Journal of Experimental Biology* 115: 263-282.

McMahon, T.A., and G.C. Cheng. 1990. The mechanics of running: how does stiffness couple with speed? *Journal of Biomechanics* 23: 65-78.

Mercier, J., D. Le Gallais, M. Durand, C. Goudal, J.P. Micallef, and C. Préfaut. 1994. Energy expenditure and cardiorespiratory responses at the transition between walking and running. *European Journal of Applied Physiology* 69: 525-529.

Minetti, A.E., L.P. Ardigo, and F. Saibene. 1994. The transition between walking and running in humans: metabolic and mechanical aspects at different gradients. *Acta Physiologica Scandinavica* 150: 315-323.

Mochon, S., and T.A. McMahon. 1980. Ballistic walking. *Journal of Biomechanics* 13: 49-57.

Molen, N.H., R.H. Rozendal, and W. Boon. 1972. Graphic representation of the relationship between oxygen-consumption and characteristics of normal gait of the human male. *Proceedings Koninklijke Nederlandse Academie van Wetenschnappen*, C-75: 215-223.

Murray, M.P., R.C. Kery, B.H. Clarkson, and S.B. Sepic. 1966. Comparison of free and fast speed walking patterns of normal man. *American Journal of Physical Medicine* 45: 8-24.

Nelson, R.C., C.J. Dillman, P. Lagasse, and P. Bickett. 1972. Biomechanics of overground versus treadmill running. *Medicine and Science in Sports and Exercise* 4: 233-240.

Nigg, B.M., R.W. De Boer, and V. Fisher. 1995. A kinematic comparison of overground and treadmill running. *Medicine and Science in Sports and Exercise* 27: 98-105.

Nilsson, J., A. Thorstensson, and J. Halbertsma. 1985. Changes in leg movements and muscle activity with speed of locomotion and mode of progression in animals. *Acta Physiologica Scandinavica* 123: 457-475.

Noble, B., K. Metz, K.B. Pandolf, C.W. Bell, E. Cafarelli, and W.E. Sime. 1973. Perceived exertion during walking and running-II. *Medicine and Science in Exercise and Sport* 5: 116-120.

Peck, A.J., and M.T. Turvey. 1997. Coordination dynamics of the bipedal galloping pattern. *Journal of Motor Behavior* 4: 311-325.

Pennycuick, C.J. 1975. On the running of the gnu (*Connochaetes taurinus*) and other animals. *Journal of Experimental Biology* 63: 775-799.

Perry, A.K., R. Blickhan, A.A. Biewener, N.C. Heglund, and C.R. Taylor. 1988. Preferred speeds in terrestrial vertebrates: are they equivalent? *Journal of Experimental Biology* 137: 207-220.

Pink, M., J. Perry, P.A. Houglum, and D.J. Devine. 1994. Lower extremity range of motion in the recreational sport runner. *American Journal of Sports Medicine* 22: 541-549.

Pugh, L.G.C.E. 1970. Oxygen intake in track and treadmill running with observations on the effect of air resistance. *Journal of Physiology* 207: 823-835.

Ralston, H.J. 1976. Energetics of human walking. In *Neural control of locomotion*, eds. R.M. Herman et al., 77-98. New York: Plenum.

Rubin, C.T., and L.E. Lanyon. 1984. Dynamic strain similarity in vertebrates: an alternative to allometric limb bone scaling. *Journal of Theoretical Biology* 107: 321-327.

Schieb, D.A. 1986. Kinematic accommodation of novice treadmill runners. *Research Quarterly for Exercise and Sport* 57: 7.

Schmidt, R.C., and M.T. Turvey. 1989. Absolute coordination: an ecological perspective. In *Perspectives on the coordination of movement,* ed. S. A. Wallace, 123-156. Amsterdam: Elsevier.

Scholz, J.P., and J.A.S. Kelso. 1989. A quantitative approach to understanding the formation and change of coordinated movement patterns. *Journal of Motor Behavior* 21: 122-144.

Scholz, J.P., and J.A.S. Kelso. 1990. Intentional switching between patterns of bimanual coordination depends on the intrinsic dynamics of the patterns. *Journal of Motor Behavior* 22: 98-124.

Scholz, J.P., J.A.S. Kelso, and G. Schöner. 1987. Nonequilibrium phase transitions in coordinated biological motion: critical slowing down and switching time. *Physics Letters A* 123: 390-394.

Schöner, G., W.Y. Jiang, and J.A.S. Kelso. 1990. A synergetic theory of quadrupedal gait and gait transitions. *Journal of Theoretical Biology* 142: 359-391.

Schöner, G., and J.A.S. Kelso. 1988a. Dynamic patterns of biological coordination: theoretical strategy and new results. In *Dynamic patterns in complex sys-*

tems, eds. J.J.A.S. Kelso, A.J. Mandell, and M.F. Shlesinger, 77-102. Singapore: World Scientific.

Schöner, G., and J.A.S. Kelso. 1988b. A theory of learning and recall in biological coordination. In *Dynamic patterns in complex systems*, eds. J.A.S. Kelso, A.J. Mandell, and M.F. Shlesinger, 409. Singapore: World Scientific.

Schöner, G., P.G. Zanone, and J.A.S. Kelso. 1992. Learning as a change of coordination dynamics: theory and experiment. *Journal of Motor Behavior* 24: 29-48.

Shik, M.L., and G.N. Orlosky. 1976 Neurophysiology of locomotor automatism. *Physiological Reviews* 56: 465-501.

Shik, M.L., F.V. Severin, and G.N. Orlosky. 1966. Control of walking and running by means of electrical stimulation of the mid-brain. *Biophysics* 11: 756-765.

Sparrow, W.A. 1983. The efficiency of skilled performance. *Journal of Motor Behavior* 15: 237-261.

Sparrow, W. A., and K. M. Newell. 1994. Energy expenditure and motor performance relationships in humans learning a motor task. *Psychophysiology* 31: 338-346.

Stein, R.B. 1982. What muscle variables does the central nervous system control? *The Behavioral and Brain Sciences* 5: 535-577.

Taga, G., G.Yamaguchi, and H. Shimizu. 1991. Self-organized control of bipedal locomotion by neural oscillators in unpredictable environments. *Biological Cybernetics* 65: 147-159.

Taylor, C.R., N.C. Heglund, and G.M. Maloiy. 1982. Energetics and mechanics of terrestrial locomotion. 1. Metabolic energy consumption as a function of speed and body size in birds and mammals. *Journal of Experimental Biology* 97: 1-23.

Temprado, J.J., P.G. Zanone, A., Monno, and M. Laurent. 1999. Attentional load associated with performing and stabilizing preferred bimanual patterns. *Journal of Experimental Psychology: Human Perception and Performance* 25: 1579-1594.

Temprado, J.J., P.G. Zanone, A. Monno, and M. Laurent. In press. Intentional stabilization of bimanual coordination: a study through attentional local measure. *Journal of Experimental Psychology: Human Perception and Performance*.

Thelen, E., and B.D. Ulrich. 1989. Self-organisation in development processes: can systems approaches work? In *Systems and development. The Minnesota symposia on child psychology, Vol. 22*, eds. M.R. Gunnar, and E. Thelen. Hillsdale, NJ: Erlbaum.

Thorstensson, A., and H. Roberthson. 1987. Adaptations to changing speed in human locomotion: speed of transition between walking and running. *Acta Physiologica Scandinavica* 131: 211-214.

Todd, J. 1983. Perception of gait. *Journal of Experimental Psychology: Human Perception and Performance* 9: 31-42.

Turvey, M.T. 1990. Coordination. *American Psychologist* 45: 938-953.

Turvey, M.T., K.G. Holt, J.P. Obusek, A. Salo, and P.N. Kugler. 1996. Adiabatic transformability hypothesis of human locomotion. *Biological Cybernetics* 74: 107-115.

Turvey, M.T., R.C. Schmidt, L.D. Rosenblum, and P.N. Kugler. 1988. On the time allometry of co-ordinated rhythmic movements. *Journal of Theoretical Biology* 130: 285-325.

Uno, Y., M. Kawato, and R. Suzuki. 1989. Formation and control of optimal trajectory in human multijoint arm movement: minimum torque-change model. *Biological Cybernetics* 61: 89-101.

van Ingen Schenau, G.J. 1980. Some fundamental aspects of the biomechanics of overground vs. treadmill locomotion. *Medicine and Science in Sport and Exercise* 12: 257-261.

Vaughan, C.L., G.N. Murphy., and L.L. du Toit. 1897. *Biomechanics of human gait: an annotated bibliography.* 2d ed. Champaign, IL: Human Kinetics.

Wall, J.C., and J. Charteris. 1980. The process of habituation to treadmill walking at different velocities. *Ergonomics* 23: 425-435.

Wall, J.C., and J. Charteris. 1981. A kinematic study of long-term habituation to treadmill walking. *Ergonomics* 24: 531-542.

Wann, J.P., I. Nimmo-Smith, and A. Wing. 1988. Relation between velocity and curvature in movement: equivalence and divergence between a power law and minimum-jerk model. *Journal of Experimental Psychology: Human Perception and Performance* 14: 622-637.

Warren W.H. Jr. 1988a. Action modes and laws of control for the visual guidance of action. In *Complex movement behaviour: the 'motor-action' controversy*, eds. O.G. Meijer, and K. Roth, 339-380. Amsterdam: Elsevier.

Warren W.H. Jr., 1988b. Critical behavior in perception-action systems. In *Dynamic patterns in complex systems*, eds. J.A.S. Kelso, A.J. Mandell, and M.F. Shlesinger, 370-387. Singapore: World Scientific.

Whitall, J. 1989. A developmental study of the interlimb coordination in running and galloping. *Journal of Motor Behavior* 21: 409-428.

Whitall, J., and G.E. Caldwell. 1992. Coordination of symmetrical and asymmetrical human gait: kinematic patterns. *Journal of Motor Behavior* 24: 339-353.

Williams, K.R. 1985. Biomechanics of running. *Exercise and Sport Science Reviews* 13: 389-441.

Winter, D.A. 1979. *Biomechanics of human movement*. New Jersey: Wiley.

Winter, D.A. 1984. Kinematic and kinetic patterns in human gait: variability and compensating effects. *Human Movement Science* 3: 51-76.

Wollacott, M.H., and J.L. Jensen. 1996. Posture and locomotion. In *Handbook of perception and action. Vol. 2: motor skills*, eds. H. Heuer, and S.W. Keele, 333-403. London: Academic Press.

Wright, R.L.D. 1976. *Understanding statistics: an informal introduction for the behavioral sciences*. New York: Harcourt Brace Jovanovich.

Wuyts, I.J., J.J. Summers, R.G. Carson, W.D. Byblow, and A. Semjen. 1996. Attention as a mediating variable in the dynamics of bimanual coordination. *Human Movement Science* 15: 877-897.

Yaminishi, J., M. Kawato, and R. Suzuki. 1980. Two coupled oscillators as a model for the coordinated finger tapping by both hands. *Biological Cybernetics* 37: 219-225.

Zanone, P.G., and J.A.S. Kelso. 1994. The coordination dynamics of learning. In *Interlimb coordination: neural, dynamical, and cognitive constraints*, eds. S. Swinnen et al. 462-490. San Diego: Academic Press.

Zarrugh, M.Y., F.N. Todd, and H.J. Ralston. 1974. Optimisation of energy expenditure during level walking. *European Journal of Applied Physiology* 33: 293-306.

著者紹介

アラステア・ハンナ（Alastair Hanna）…クイーンズランド・スポーツ学院（オーストラリア）研究員。主な研究テーマ：歩－走行相転移。

ブルース・アバーネシー（Bruce Abernethy）…香港大学（中国）教授。主な研究テーマ：認知スキルにおけるパターンの潜在学習，運動の生成と知覚メカニズム，学習にともなう知覚情報の変化。

ロバート・ニール（Robert Neal）…クイーンズランド大学（オーストラリア）上級講師。主な研究テーマ：スポーツ傷害のメカニクス，歩行。

ロビン・バージェス－リメリック（Robin Burgess-Limerick）…クイーンズランド大学（オーストラリア）準教授。主な研究テーマ：手指動作のエルゴノミクス，視覚－運動系のエルゴノミクス。

第6章

学習がもたらす行動効率の変化
成功反応に対する外在的即時フィードバックと最終的フィードバックの効果

ジャスパー・ブレナー / スコット・カーニコム

1. 行動効率の決定における遺伝と環境の役割

　生物は，一般的に最も効率のよい行動をとる。行動心理学に関連した研究では，なんらかの反応をすることで同じように報酬が得られるのであれば，通常，より負担の少ない反応が選択されることが報告されている（DeCamp, 1920；Kuo, 1922；Gengerilli, 1928；Solomon, 1948；Tolman, 1932；Tsai, 1932）。ラットに関していえば，強化（reinforcement）[訳注35]される過程において，2つの経路のうちの短いほうを選択するように学習し（DeCamp, 1920），最も短時間で餌にたどり着ける経路を選ぶ傾向にあることが報告されている（Gengerilli, 1928）。また，ラットの餌の前に重さの異なる扉を設置したところ，ラットはいつも一番軽い扉を選択したことも報告されている（Tsai, 1932）。これらの現象は，最少努力の原理（principle of least effort）と呼ばれ，生物は「……いわば，最も少ない身体エネルギーで目的を達成する」（McCulloch, 1934）ように反応する。

　最少努力の原理は，行動生態学者によって最適採餌理論（theories of optimal foraging）に組み込まれてきた（Krebs, 1978；Kamil と Roitblat, 1985；Stephens と Krebs, 1986）。生物が生き残るためには，餌を探すために消費するエネルギーと餌からの摂取エネルギーとのバランスを保たなければならない。最も有利かつ効率的な生き残り戦略は，採餌での消費エネルギー（cost）を最少限に抑え，餌からの摂取エネルギーを最大にすること，すなわち，対価

ー利益比（cost-benefit ratio）を最大にすることである。これを基に最適採餌理論は，生物がエネルギー純利益（net energy gain）を最大にするよう進化してきたとしている。そして，自然淘汰の流れの中で，獲物の捕食に対し習性的に最少努力の行動経緯をたどった生物が生き残り，そして子孫を繁栄してきた。

　採餌以外の状況においても，生物は必要に応じてエネルギー効率の最も高い行動を選ぶことが，いろいろな種で研究されている（Baz, 1979；Hoyt と Taylor, 1981；Ketelaars と Tolkamp, 1996；Sparrow, 1983）。たとえば，ホイトとテイラー（Hoyt と Taylor, 1981）は，馬に3種の歩容パターン（歩行，速足，疾走[訳注18]）を異なる速度で進むよう，トレッドミルで訓練した。その結果，どの歩容パターンにおいても，実験者の設定した速度よりも馬に自由に選ばせた速度のほうが，エネルギー効率は明らかに高かった。同様に，反芻動物（牛，鹿，羊など，かみ戻しのために第一胃から食物を戻す動物）の採餌行動において，エネルギー純利益が最大となるレベルを自己選択していたことも報告されている（Ketelaars と Tolkamp, 1996）。このような最適な強度，すなわち最大効率となる行動の自動選択は，「快適様式（comfort mode）」と呼ばれる（Sparrow 1983）。さらに，自転車エルゴメータを漕ぐのに最も快適でエネルギー効率のよい回転速度は，初心者でも熟練者でも同様であるため（Stegemann, 1981），快適感とは経験にあまり影響を受けない非常に強固なものかもしれない（Brener, 1986a）。このように，行動の選択になんら制約がない場合，なんら経験のない個々の生物は，強化基準を満たす中で最も浪費の少ない行動を自動的に選択する。進化によって生じたこのような行動は，最大効率ともいうべき生体力学的に最適またはそれに近い状況にあり，生物には遺伝的に行動効率（behavioral efficiency）を最大にする習性が備わっていることを示唆している。

　行動効率を最大にするという性質は，ほとんどすべての学習理論に潜在的に含まれている（Killeen, 1974）。ハル（Hull, 1943）は，「もし，異なるエネルギー消費あるいは仕事量でありながら，同じ回数で同等の報酬が得られる2つ以上の行動パターンがあった場合，生物は困難の少ない行動パターンを選択するよう徐々に学習する」と述べている。言い換えれば，行動効率の増大が学習のための動機づけと報酬を生み出すことになる。最適な採餌戦略を学習することの重要性は，行動生態学者によって研究されてきた（Hughes, 1979；Kamil と Roitblat, 1985）。効率的なパフォーマンスによって節約できた時間とエネルギーは，生存のために必要な他の機能に割り当てることができ，エネルギー効率の改善は生き残りのために有利に働く。さらに，学習によって，環境変化に応じた生き残り戦略の調整が可能となる。このように，学習によって効率的な行動を選択的にとる過程は，自然淘汰と似ている（Staddon と Simmelhag, 1971）。単体の生物の一生では，学習と強化の過程は，効率的な行動変容が失われないように働いているのである。

　餌の獲得であるかないかにかかわらず，行動効率が練習によって徐々に向上することは，いくつかの研究で明らかにされている。報酬を得るための仕事の総エネルギー消費は，課題に関連する行動，課題に無関係な行動，そして基礎代謝率の総量である（Brener, 1987）。基礎代謝率は比較的安定しているため，エネルギー効率の違いは，課題依存の行動と非課題依存の行動の変動によるといえる。そして，主にエネルギーを消費するのは骨

格筋であり，学習中に生じるエネルギー消費量の変化の主要因は，この骨格筋の制御法の違いである（Brener, 1986a）。一例として，骨格筋の巧みな制御がどのように消費エネルギーの節約につながるのかを示そう。4つあるレバーの中からシグナルの点いた1つを素早く適切な力で押す反応時間の連続計測では，パフォーマンスが改善されると筋電図の活動も減少した（Brener, 1987）。これは，練習によって無駄な筋活動が減少し，身体活動が課題を達成するための最少限の反応に近づいたことを示している。このように，成功反応がより効率的になっていく過程において，課題と無関係な行動は減少した。

　スパローとイリザリー・ロペス（SparrowとIrizarry-Lopez, 1987）は，人間にトレッドミルを四つん這いで歩かせ，一定距離あたりの酸素消費量が系統的に減少したことを示した。このゆっくりとした効率の向上は，手足のタイミングの変化と，両手間および両脚間それぞれの協応性の変化に関連していた。スパローとニューウェル（SparrowとNewell, 1994）は，同様の四つん這いの練習によって非課題依存の動作が減少し，課題依存の動作の効率が向上（移動効率を高める遊脚期が減少，歩幅が増加）したとのデータを提示した。同様の効率の増加は，オペラント条件づけ（operant conditioning paradigms）[訳注36]でも例示されている。シャーウッド（Sherwoodら, 1983）は，電気ショックを避けるように回転カゴ内を走るトレーニングをしたラットの酸素消費量が，その試行を重ねるごとに明らかに減少したことを示した。この効果の一要因は，無駄あるいは不必要な反応に費やされる酸素消費量が減少したことにあるが，主な原因は逃避行動の有効性が改善されたことによる。すなわち，無駄な行動の除外に加え，有効な行動がより洗練されたことで効率が向上したのである。彼らはまた，電気ショックを与える時間間隔のあいまいさを除外するような刺激情報をラットに与えたところ，効率がより高まったと報告している。この刺激情報に対する準備が，逃避行動の時間と筋活動とをうまく同期させたのである。

　ブレナーとミッチェル（BrenerとMitchell, 1989）も，餌を得るために一定基準の等尺性筋力を発揮するようにラットに対してトレーニングを行ったところ，16日間で1報酬あたりの酸素消費量が有意に減少したことを示した。トレーニング初期では反応時の力の平均値が増加し，それにともなって力発揮の基準を満たす反応の割合もしだいに増加した。反応時の等尺性発揮筋力の増加は，エネルギー消費量の増加とも関連しており，エネルギー消費と力積（力－時間曲線下の面積）が直接関係していることが明らかにされている（JobsisとDuffield, 1967）。ブレナーとミッチェルは，反応が強くなることと成功反応の時間間隔が短くなることによって，課題依存の仕事の割合が増加したことを報告した。また，酸素消費量の減少も同時におこっていることから，強化随伴性（reinforcement contingency）[訳注37]とは無関係な行動がなくなったためであると結論づけた。

　成功反応がおこる割合がいったんプラトーに達すると，個々の反応の時間間隔あるいは動力学的な特性に変化が生じ，このことが行動効率をさらに改善した。力のピークレベルは最終的に基準値まで下がり，安定状態となった。また，16日間で反応の持続時間が系統的に減少したことによって，その力積が減り，1回の反応に要する仕事量も減少した。このように，継続的な強化随伴状態にあっても，基準となる力を維持し，かつレバー押しのエネルギー消費を減少させるように，個々の反応形態を系統的に変化させていた（図

6-2参照)。すなわち，練習によって反応あたりの仕事量を少なくすることと，要求された力に見合った反応の割合を高めることで，強化あたりの仕事量をより減少させていた。不必要な行動をなくすことだけではなく，このように成功反応を洗練することによって，反応効率をより向上させていたのである。

　ミッチェルとブレナー（MitchellとBrener, 1991）は，ラットが漸次増加する力の要求基準に合うように筋出力を行う際にも，エネルギー消費と反応のダイナミクスが似たような変化パターンを示すことを観察している。このような漸次増加条件では，1反応あたりの仕事量は直線的に増加した。しかし，成功反応において総エネルギー消費量（分時酸素消費量）は，最初に行った低い力発揮条件において有意に高く，最後に行った高い力発揮条件において低くなった。このように，課題依存の仕事が増えたにもかかわらず酸素消費量が減るという傾向は，非課題依存の仕事量が減少したことを示す。高い力発揮条件では，1回の反応における総仕事量は練習に比例して増加したが，報酬あたりの仕事量は6日間で減少した。繰り返すが，これは課題の要求を満たす力発揮の割合が増加したことを意味する。つまり，強い力を発揮するために追加したエネルギーのほうが，餌を獲得できないような基準に満たない力発揮に費やしたエネルギーよりも少なかったのである。

　上述のような漸次増加力発揮条件下においては，報酬獲得率を安定させるように力発揮の確実性が増加した。最初は個々の反応での所要時間が長くなったために，反応ごとの仕事量も一時的に増加した。しかし，基準に見合った反応の割合がいったんプラトーに達すると，個々の反応の力－時間曲線は1回のレバー押しの仕事量が減少するように再組織化された。最初の段階では，力の増加はエネルギー消費の増加につながったが，その後，報酬を維持しながらもエネルギー純利益が最大になるように，反応形態が洗練されていった。学習による，より効率的なパフォーマンスへの発達過程は，系統的な経過をたどるといえる。生物が新たな環境に遭遇した場合，まずは大きなエネルギー消費につながる多様な行動をとる（Brener, 1987）。それは，新たな環境に対してどのように行動すべきかが明らかでないため，行動の多様性を高めることで，いろいろな状況に適応できるようにしているのである。この，状況に応じた効率的な反応を失わないことによって，強化が慣れによる影響を受けずに作用することにつながる。これらの2つの過程が協同して働くことで，成功反応の割合が十分な状態になるまで非課題依存の行動が淘汰されていく。しかし，安定して餌を得られるような強化随伴状態にあっても，最終的には最も効率のよい反応に到達するように，すでに有効な反応であってもさらに継続的に巧さを増していく。ハル（1943）は，成功反応の最も効率的な形を選択する過程は，疲労のようなものから得られる内在的な強化形態のようなものである，と推測した。

　要約すると，ラットによる力発揮の学習過程は，行動効率を最大にするような明らかに順序だったステップが存在することを示唆している。第1は効果的な反応の種類を認識することであり，第2は非課題依存の行動を淘汰すること，そして第3に課題依存行動が強化の要求に対し必要最低限で見合うようにすることである。

2．行動効率の決定におけるフィードバックと強化の役割

　フィードバックとは，生物自身の活動によって生じる刺激をさすこととする。ほとんどの運動で，視覚，聴覚，運動感覚そして固有受容感覚からのフィードバックが生じる（Bilodeau, 1969；Holding, 1965；Schmidt, 1988）。これら生まれつき備わっている内在的フィードバックに加えて，動作の特有な局面についての情報を増強するために，実験者によって外在的フィードバックを与えることができる（Bilodeau, 1969）。オペラント強化は，この外在的フィードバックの例である。反応随伴性のフィードバックは，オペラント条件づけと運動スキル獲得の両方に対し最も重要である。オペラントの強化子（reinforcer）[訳注38]は，動機づけとフィードバック（情報提供）という2つの機能に区分される。オペラント条件づけでは，強化子はこれら2つの機能を持つが，運動学習実験ではフィードバックは動機づけ要因とは無関係に扱われることが多い（Power, 1973）。なお，情報源としてのフィードバックは，オペラント学習でみられる行動効率の系統的改善の決定に重大な役割を果たしている可能性がきわめて高い。

　「Dynamics of Response」（NottermanとMintz, 1965）の中に，被験動物を力発揮の反応が基準に達するように強化したことについての記述がある。しかし，この実験では，反応が強化基準に見合うとすぐに強化刺激を与える「即時フィードバック（concurrent feedback）」を通常の練習には採用せず，基準に見合った反応の最終段階まで強化刺激を与えることを遅延させる「最終的フィードバック（terminal feedback）」を採用した。この実験で，一般的でない，たとえば強化刺激が与えられるまで力を増加させるような方法を採用した理由は，被験動物が反応実行中に強化刺激を与えられることで，力などの反応調整に影響がでないようにするためであった。強化刺激を遅延させる方法によって，被験動物が反応基準に対する調整をする際に，身体の内在的手がかり（運動感覚）のみに頼らざるを得ないようにしたのである。つまり，即時フィードバック強化条件と比べ最終的フィードバック強化条件では，被験動物は基準となる力発揮を学習し，それを符号化（encode）[訳注39]し，記憶しなければならなかった。

　最近まで，すぐさま強化子を与えることが反応実行中の反応特性調整のためのフィードバックとして利用されているという仮説は，まったく問題視されていなかった。スキナー（Skinner, 1938）は，間接的な検証として，即時フィードバックを与えても約3分の1の反応が基準に合わない反応を示すことを報告した。反応結果として強化子を利用しているならば，誤反応は生じないはずである。したがって，スキナーの結果は，少なくとも誤反応は強化子をすぐさま与える事象のフィードバックとは無関係に生じていたか，フィードフォワード状態にあったかを示唆している。つまり，この結果は，反応実行中の反応調整に，外在的即時フィードバックが利用されていると結論づけるものではない。しかしながら，即時フィードバックと最終的フィードバックを直接比較した最近の研究では，即時フィードバックが反応調整に利用され，最終的フィードバックよりも高い効率のパフォーマンスを生じたことを指摘している（SlifkinとBrener, 1998）。この実験では，即時フィードバッ

クのラット群には 18cN（0.18N ≒ 18g）の力を発揮するとすぐに短い聴覚刺激が与えられ，最終的フィードバック群では基準を満たしたそれぞれの反応が終わった時点で聴覚刺激が与えられた。両群の発揮した力の平均値は類似していたが，即時フィードバック群のほうが基準に満たない反応は有意に少なかった。この結果から，発揮した力の変動は即時フィードバック条件のほうが小さかったと推測できる。すなわち，基準に満たないレバー押しは，不必要なエネルギーと時間を浪費するため，即時フィードバックのほうがより効率的なパフォーマンスが可能といえよう。

　この実験において，即時フィードバック群でより効率の高いパフォーマンスが発揮された理由が，最終的フィードバック群に比べて高い達成レベルの運動スキルを学習したことによるのか，反応実行中の力の調整に即時フィードバックが使われていたことによるのかは，明らかになっていない。スキナー（1938）の実験のように，即時フィードバック群のラットはレバー押しの3分の2程度しか基準に見合った力を発揮していなかった。このことは，少なくとも反応のうちのいくつかはフィードフォワード的状態にあったことを示唆している。おそらく，スキルの「自動化（automatization）」に関する先行研究（Brener, 1986b；Schmidt, 1988）で示唆されているように，外在的即時フィードバックが運動学習の初期段階では利用されるが，いったん効果的な反応を習得すると，行動は主にフィードフォワードで行われるのであろう。しかし，最終的フィードバックを与えられた群でも新しいスキルを学習できるため（Notterman と Mintz, 1965），即時フィードバックが学習にとって本質的要素となるわけではない。実際にビロドー（Bilodeau, 1969）は，位置決め課題では最終的フィードバックよりも即時フィードバックのほうが効果的であるが，フィードバックをやめると最終的フィードバック群のほうが高いパフォーマンスレベルを維持したことを報告している。これらの結果は，「即時フィードバックが与えられると，内的手がかりをもとに目標達成を学習するよりも，反応実行中にフィードバックを目標達成に利用する（Notterman と Mintz, 1965）」という解釈を確証づけるものといえる。

　これらの結果とは別に，即時フィードバックを利用できる場合，最終的フィードバックや遅延フィードバックよりも素早くそして基準に正確に反応できるようになることが報告されている（Brener, 1986b）。正反応との関係が直接的で即時的であるという有利さから即時フィードバックでは，強化基準に関する情報をより多く得ることができる。この予想は，遅延フィードバック（場合によっては最終的フィードバック）がパフォーマンスの変動性を大きくし，また正確性を減ずることを明らかにした，スミスとサスマン（Smith と Sussman, 1969）などの研究からも裏づけられる。

3. 即時あるいは最終的フィードバックが行動の効率に及ぼす影響

　本項で紹介する2つの実験は，成功反応の即時あるいは最終的フィードバックが，行動効率の改善に及ぼす影響について調べたものである。実験1はスリフキンとブレナー（Slifkin と Brener, 1998）の追試である。ラットは，通常発揮する力よりもかなり大きな力（先行研究では，ラットは通常状態で 0.05～0.08N の力を発揮する）でレバーを押すと，液体飼料

を得ることができる。ここで，一方は基準値を超えた瞬間にフィードバックを与える即時フィードバック群，他方は基準値を超えたレバー押し動作が終わった時点ですぐにフィードバックを与える最終的フィードバック群とした。実験2は，同様に即時フィードバックと最終的フィードバックの効果を調べたものであるが，それぞれの強化において力ではなく仕事量を基準として与えた。強化のコストを明確にするこの方法は，ラットがどのようにその仕事をしたのかを問題にはしていない。したがって，仕事量を基準として達成する場合には多くの自由度があり，ラットは強化のコストが最少になるように仕事をすることが予想された。

　実験1の方法は次のとおりである。まず，改良型オペラント実験チャンバー（図6-1）を使ってデータを収集した。チャンバーの前の壁には3つの力センサーレバーがあり，それぞれの上にシグナルランプ，下に食餌用トレーを設置した。この実験では，ラットが中央のレバーを基準の力で押すと，その下のトレーに砂糖水（100mlの水に32gの砂糖が入ったもの）が報酬として与えられた。装置についての詳細は，先行研究を参照されたい（BrenerとMitchell, 1989；MitchellとBrener, 1991；Slifkinら, 1995；Liuら, 1996）。フィードバックのための聴覚刺激は，レバーと食餌用トレーを設置しているパネルの裏に直接配置したピエゾ式発振器によって与えられた。

　ラットの体重が実験前の体重の85～95%を維持するように，一般的実験食とともに補助食を与え，実験を通して活動時間中はレバー押しと食餌用トレーへの出入りを詳細に記録した。レバー押しの力－時間曲線は，サンプリング周波数1kHz，力分解能約0.1cNで記録した。この高い分解能によって，オペラント型運動応答ダイナミクスの詳細な分析が

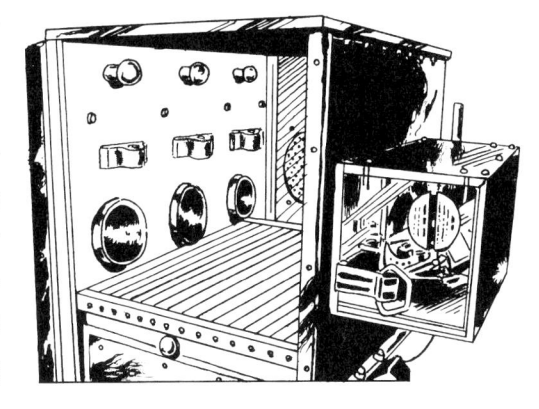

図6-1　3つの力センサー付レバー，シグナルライト，食餌用トレーを備えた改良型オペラント式チャンバー（記憶学習実験装置）

PFCは力のピーク基準値，力のピーク（PF_N）はその出現時間（Tpf_N）と力の上昇率（dF/dt_N）の積である。したがって，(B)力の上昇率が一定であっても力のピーク出現時間を2倍にすることで力のピークを2倍にすることができ，また(C)力のピーク出現時間が一定であっても力の上昇率を2倍にすることで力のピークを2倍にすることができる。力－時間曲線の下の色の濃い部分の面積は，一反応あたりの仕事量（W_R）である。注目すべきは，(C)の戦略で力のピークを2倍にした場合には，(B)の戦略で力のピークを2倍にした場合と比較して，PF_2下の面積，W_Rは少なくなる。

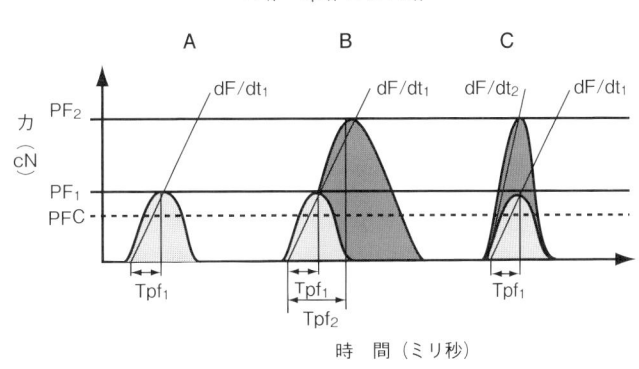

$PF_N = Tpf_N \times dF/dt$

W_1 = 反応に対する仕事 = 面積 =

図6-2　(A)力のピーク，力のピーク出現時間と，力の上昇率が理想となる力－時間曲線

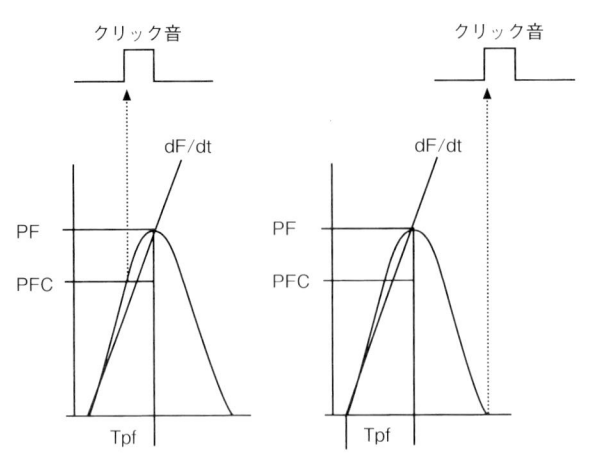

図 6-3 聴覚刺激による即時および最終的フィードバックの設定（30ミリ秒のクリック音）

可能となった．図6-2には，主要な動力学，時間，エネルギーに関する測定項目にしたがって，理想的なレバー押しの力－時間曲線を示した．また，力のピーク（peak force）を増大するための異なる戦略も図示した．

反応形成法（response-shaping procedure）[訳注40] は，個体ごとに異なったトレーニングを経験させることになるため用いなかった（NottermanとMintz, 1965）．ラットはただ単に実験チャンバーに入れられ，1cN以上の力を中央のレバーに加えるように強化されただけである．ラットに200回の強化か，できなければ60分間を1セッションとしたトレーニングを，毎日1回行わせた．ラットが60分間で200回のレバー押しが可能となった時点で「学習した」とみなし，次のセッションでは，100回の強化が終わると残りの100回は20cNの力発揮が必要となるよう設定した．その後の25セッションでは，200回すべて20cNの力発揮が要求された．この20cNという力は，ラットの標準的な力発揮（5cN〜8cN）以上の力であり，力の調整が要求されるため採択した．6匹のラットには，力が強化基準に達するとすぐに短い聴覚刺激（30ミリ秒）の即時フィードバックを与えた．他の6匹には，力が基準に達した反応が終わるとすぐに聴覚刺激を与えるという最終的フィードバックを与えた（図6-3参照）．

フィードバック法（即時／最終的）の違いについて，群間差と25セッションの測定について，繰り返しのある分散分析での検定を行った．以下に示す結果は，有意水準5%未満で有意となったものである．

実験の結果，図6-4に示したように，行動効率を表す3つの測定項目である，強化子（SR）あたりの反応回数（R/SR），所要時間（T/SR）および仕事量（W/SR）は，20cNの強化基準の効果によって25日間で有意に改善した．また，これらの図から，即時フィードバック群は最終的フィードバック群と比べ，より早く効率の改善がなされたことがわかる．W/SRとR/SRでは，群間とセッション間の有意な交互作用が見られ，この早期改善は統計的に信頼できるといえる．R/SRでは群間の主効果も認められ，実験全体を通して即時フィードバックのほうが報酬としての餌を獲得するのに少ない反応ですんでいることがわかる．なお，着目すべき点として，時間効率（T/SR）が，この強化随伴性のフィードバックとは無関係であったことがあげられる．

即時フィードバック群でW/SR効率がよかったことは，R/SRの結果によるものであろう．最終的フィードバック群では強化基準の力を満たしていないレバー押しが多かったため，このグループのラットは報酬を得られない無駄な仕事をしていたことになる．しかし，

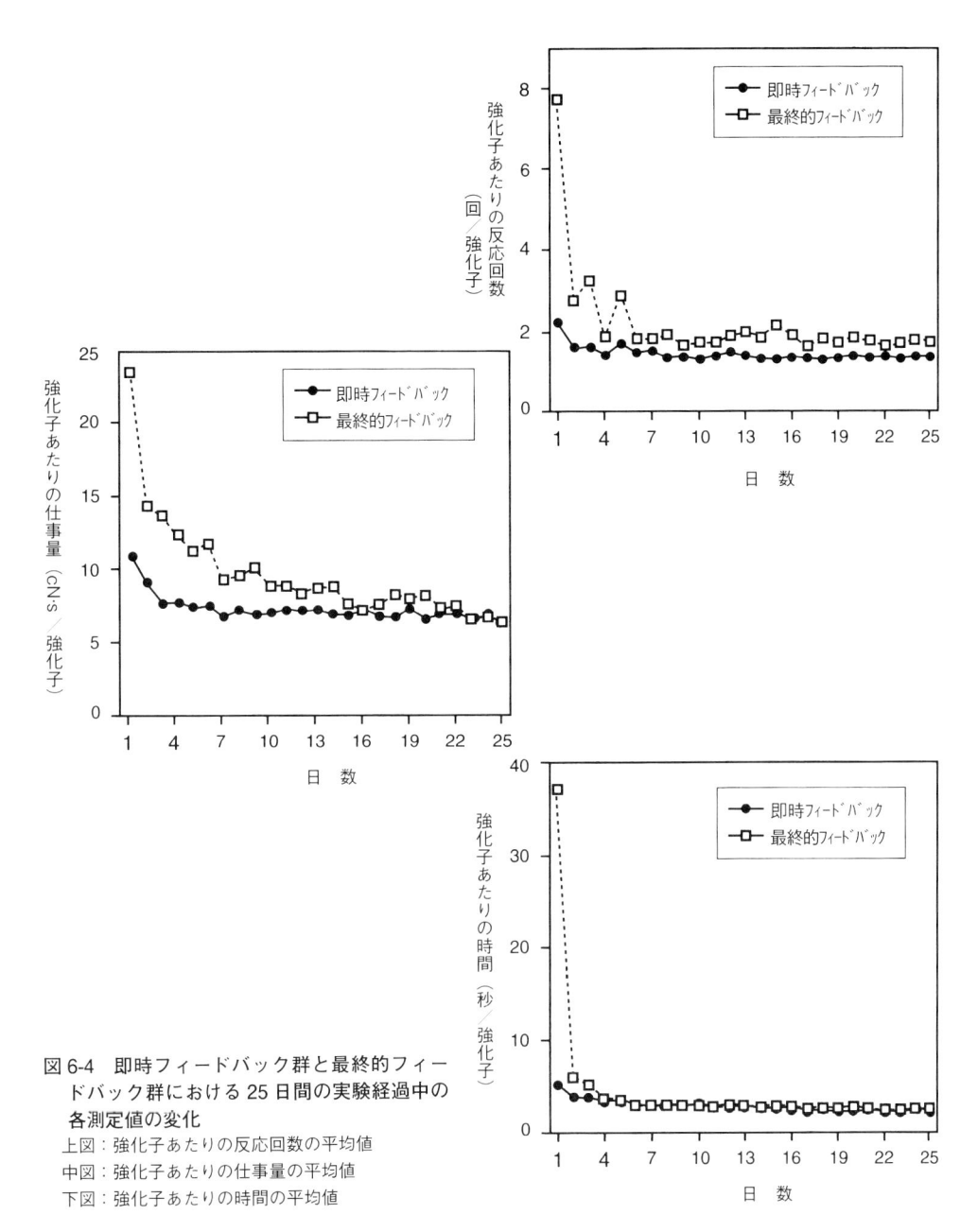

図6-4 即時フィードバック群と最終的フィードバック群における25日間の実験経過中の各測定値の変化
上図：強化子あたりの反応回数の平均値
中図：強化子あたりの仕事量の平均値
下図：強化子あたりの時間の平均値

興味深いことに，レバー押しの動力学的特性の平均値は両群間で有意な差を示さなかった。図6-5に示したように，力のピークとその主な決定要因である力の上昇率と力のピーク出現時間（time to peak force）は，25日間の実験で似たような統計的に信頼性のある変化を示した。力のピークは即時フィードバックと最終的フィードバックで類似した漸近線に向かって伸びており，この変化は力の上昇率の増加と力のピーク出現時間の減少に起因していた。

近年，レバー押しにみられるこのような変化は，フィードフォワード制御の増加とフィードバック制御の減少を示唆する力－時間曲線の単純化を反映していることがわかった（BrenerとCarnicom, 1998）。この過程を図6-6に示した。力のピーク出現時間の遅延は，発揮している力と強化に要求されている力との差を少なくするための，反応実行中の力増加

図6-5 即時フィードバック群と最終的フィードバック群における25日間の実験経過中の各測定値の変化
上図：力のピークの平均値
中図：力の上昇率の平均値
下図：力のピーク出現時間の平均値

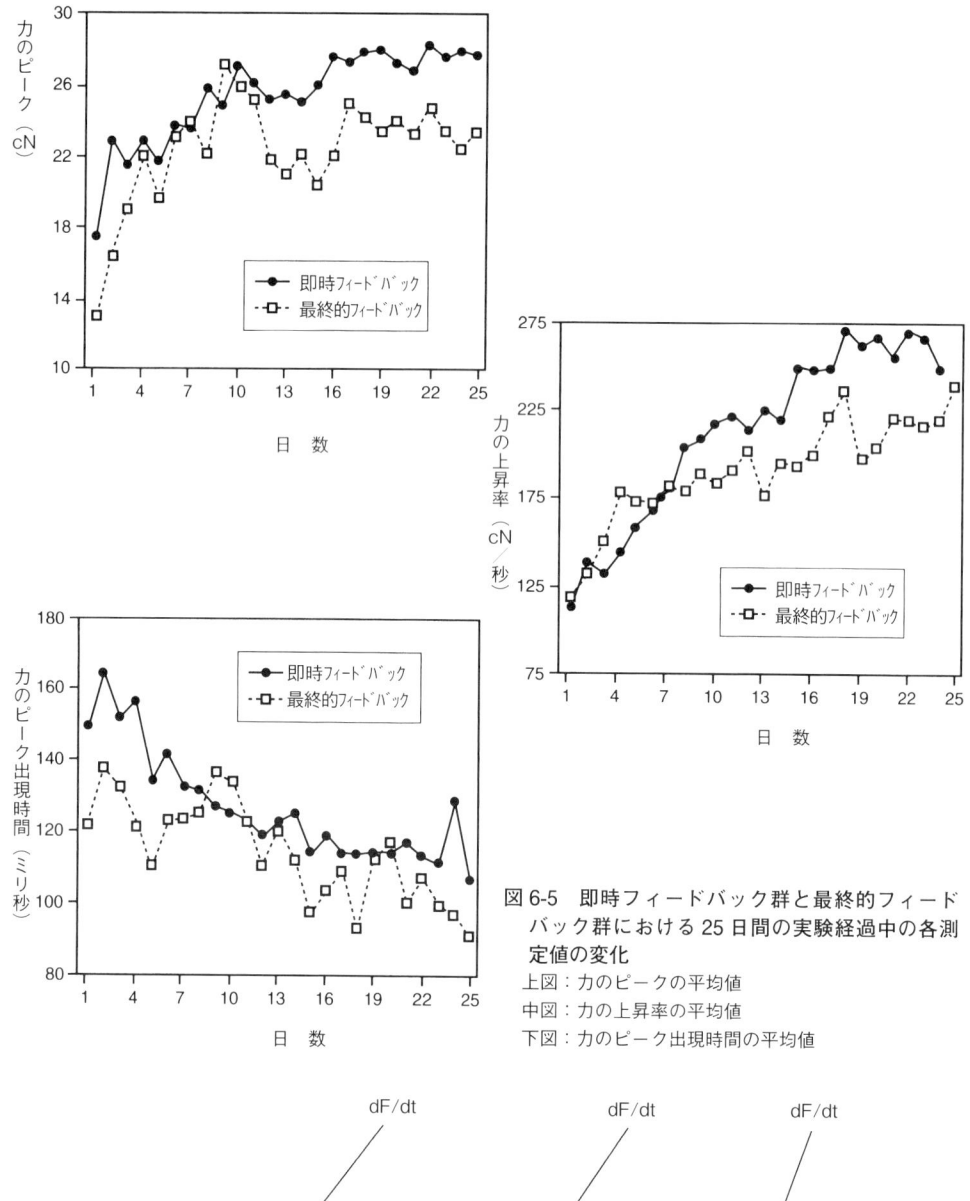

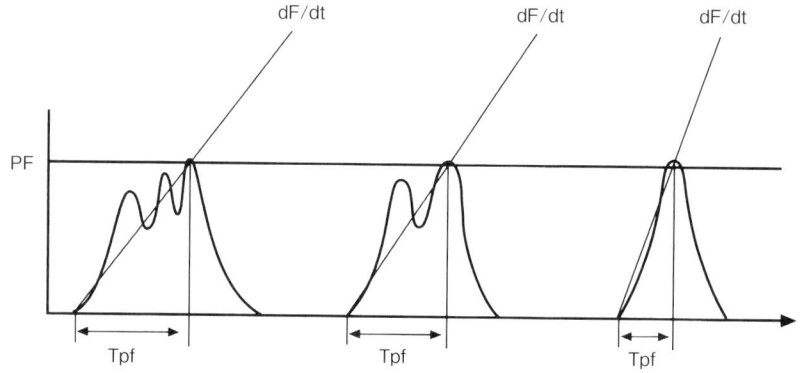

図6-6 フィードバックによる力制御モデル
反応実行中にみられる修正動作のための小さな山は，最初のバリスティックな力発揮が目標値に近づくことで減少する。修正動作が減少することで力のピーク出現時間が短縮し，力の上昇率が増加し，そして反応あたりの仕事量（曲線下の面積）が減少する。このような学習による複峰性から単峰性への変化は，力発揮がフィードバック制御からフィードフォワード制御へと変化することと関連しているであろう。

の修正過程を反映している。その反応の遅延は，力の平均上昇率を下げ，力積を増加させることになり，結局，反応実行中のエネルギー消費を増加させる。要求された反応の再現性がより高まり，力を修正する必要性が減ると，逆の過程が生じる。要求された反応をより正確に符号化すること（これは反応の変動性の減少にも関連）によって，反応実行中にあまり修正をともなわないフィードフォワード制御でのレバー押しが可能になる。その結果として，力のピーク出現時間の短縮，力の上昇率の増加，そして力積の縮小がおこる。このように，学習中に生じる力のフィードバック制御からフィードフォワード制御への移行は，反応の時間や動力学的な諸変量の系統的変化に顕著に現れ，また，より効率的なパフォーマンスにも関係する。

　動力学的変数の平均値には有意な差が認められなかったが，即時フィードバック群は最終的フィードバック群よりも高頻度で基準に達する力を発揮したことが R/SR の結果からわかる。さらに変動係数（標準偏差／平均）の解析結果から，フィードバック法の違いが変動性に影響を与えていたことがわかる（図 6-7）。力のピークと力の上昇率は，即時フィードバック条件で有意に変動が少なく，かつ，力のピークの変動はより早く漸近線に収束した。

　即時フィードバック群における，高い効率と低い運動パフォーマンスの変動に対して，2つの説明が以前から示されている。1つめは，この群では反応実行中に力を調整するために外在的なフィードバックを利用できるが，最終的フィードバック群では反応実行中には情報が与えられないことである。スリフキンとブレナー（1998）は，即時フィードバック群の高い効率がこの情報源に由来すると考えた。しかし，彼らの実験において即時フィードバック群は最終的フィードバック群に比べて，力のピーク出現時間が有意に長かった。ラットが反応実行中に外在的フィードバック情報を利用しているとするこの結果は，本研究では認められなかった（図 6-5，下図参照）。即時フィードバック群が優れている理由の2つめは，このフィードバック形態が学習を促進させるということである。即時フィードバックでは，筋出力が強化基準値を超えた瞬間に即時フィードバックが与えられるため，その時点の神経－筋状態の符号化を助けることになる。この符号化された状態が，その後のオペラント反応をうまく実行するためのテンプレートとして使われることになるであろう（Brener, 1986b）。最終的フィードバックも反応の成否を識別させるものではあるが，この情報は基準達成から時間を経てから与えられる。すなわち，最終的フィードバックは，反応基準の達成局面と同時には与えられず，即時フィードバックと同じ正確さでこの局面を同定することはできない。このように，最終的フィードバックでは，幅広い水準の反応特性が符号化されることが予想される。これは，図 6-7 に示した変動係数の差から推測でき，また，図 6-8 に示した異なるトレーニング段階における即時および最終的フィードバックの力のピーク値の分布からも裏づけられる。即時フィードバック群の力のピーク値の分布は，強化基準に対して変動が少ないが，最終的フィードバックでは変動が大きい。このように即時フィードバックは，要求された状況に対してラットの行動をより正確に適合させ，結果として効果的なパフォーマンスを生じさせる。

　このデータからは，即時フィードバック群で高い効率がみられた原因として，「オンラ

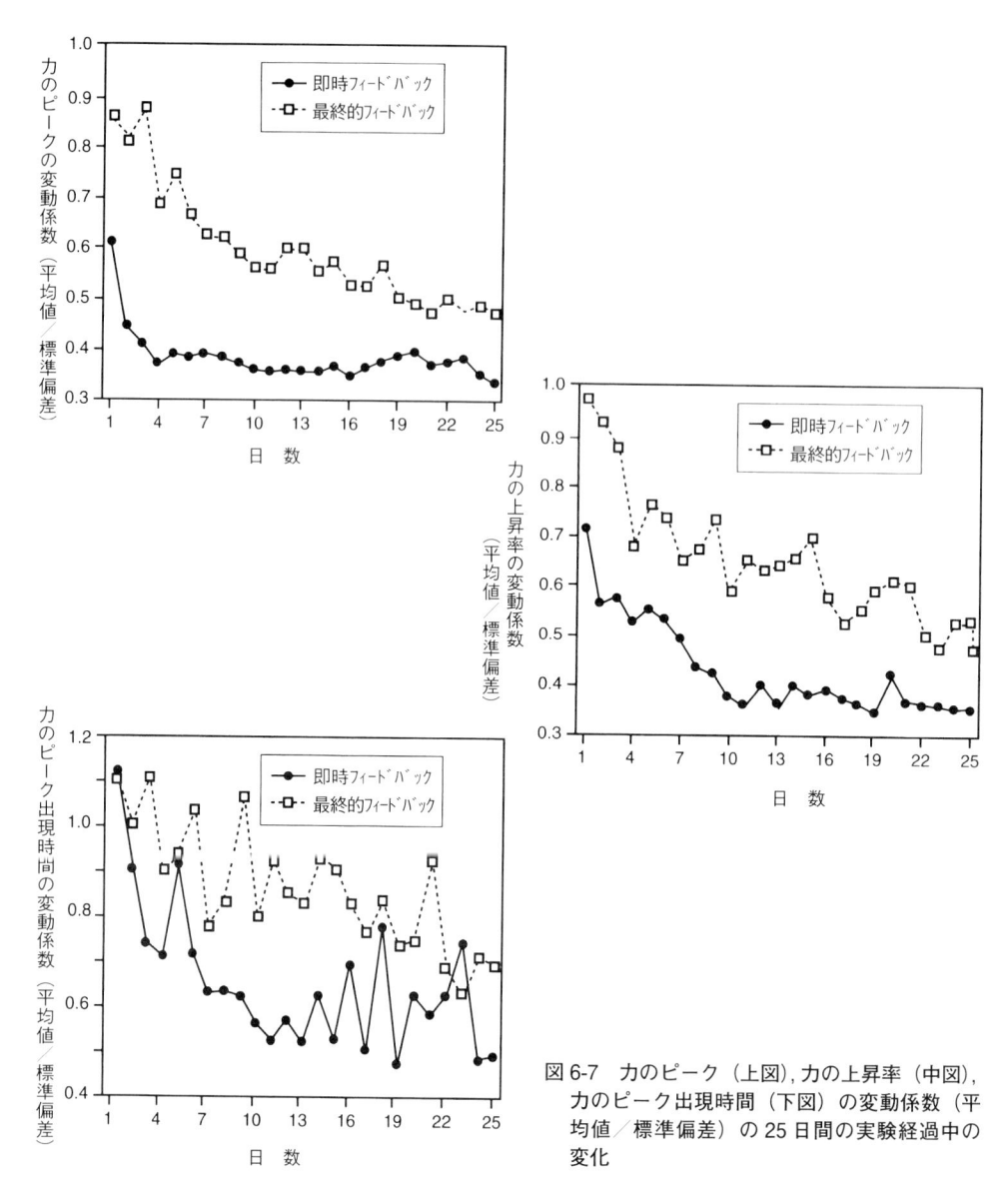

図 6-7 力のピーク（上図），力の上昇率（中図），力のピーク出現時間（下図）の変動係数（平均値／標準偏差）の 25 日間の実験経過中の変化

イン制御[訳注41]」と「学習」のどちらが関与しているのかの明確な証拠をあげることはできない。しかし，即時フィードバック群と最終的フィードバック群とで力のピーク出現時間に差がなかったことは，「オンライン制御」では説明がつかない。

ところで，この研究で要求された力のピークが，今回の実験装置で通常ラットが発揮する力（5～8cN）と比べ，かなり大きい（20cN）ことはすでに説明した。つまり，ラットがこの要求に見合う力を発揮するためには，「自由選択」する力よりも大きな力を発揮する必要がある。この章の導入部分で述べたように，自由選択による行動パターンから逸脱すると，一般的に行動効率は低下する。この「自由選択からの逸脱」が力発揮の場合において適用できるかは明らかでないが，即時フィードバック群のラットは，高めに設定された力の基準値への到達に対し，より効率よく順応していた。次に報告する実験 2 は，反応実行中の即時フィードバックの利点が，要求に見合う力のピークを発揮する場合にのみ特

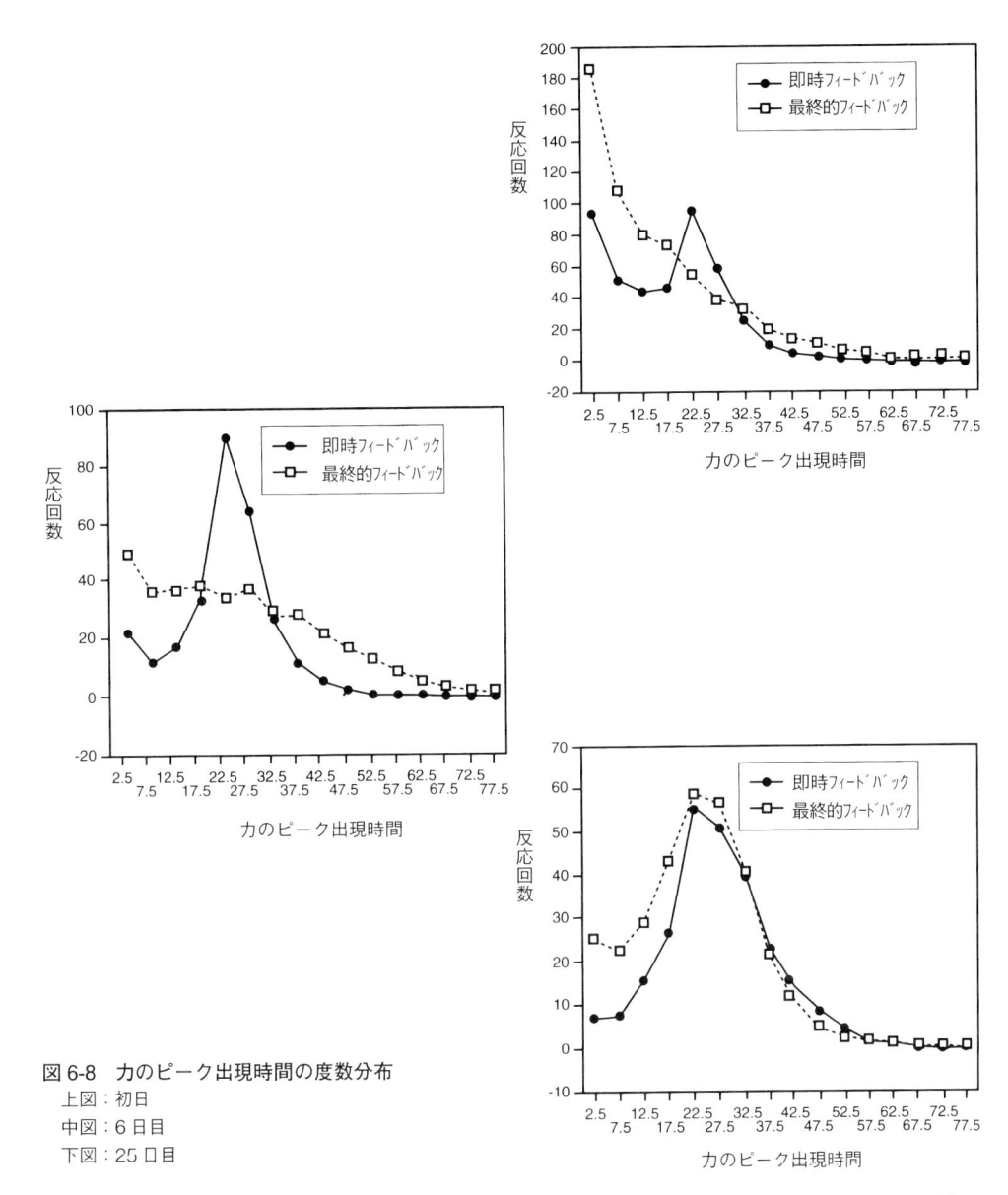

図 6-8　力のピーク出現時間の度数分布
　上図：初日
　中図：6日目
　下図：25日目

有にみられるものなのか，このような特定の強化随伴性においてのみではなく，より効果的な運動パフォーマンスを実現するための一般的な利点となりえるのかを調査した。

　実験2では，包括的な視点からの効率の測定項目，O_2/SR，を追加した。これは，獲得した食餌あたりに燃焼される総エネルギー（酸素）の平均値を示す指標であり，直接的にエネルギー純利益に関連することから，採餌行動効率の指標としてかなりの表面的妥当性[訳注42]を持つ。われわれは，成功反応に対して即時フィードバックを与えることが，O_2/SR 指標で表される効率を向上させることにつながるのかどうか，もし向上させるのであれば，どのようにその効果が生じるのかに興味を持ったのである。強化随伴性は，ラットが報酬を得るための行動を限定し，また，効率的な運動パフォーマンスを生み出すための自由度を制限してしまう。たとえば，ある強化基準の力が要求された場合，最大効率となるような神経－筋の適応を意図しても，力自体を自由に変えることはできない。そこで O_2/SR を

最少にするような行動がとれるように，強化随伴性におけるレバー押しの形態には制限を設けなかった。つまり，ラットがレバーに対して基準に見合う仕事を行えば，報酬としての液体飼料が得られるようにしたのである。なお，レバー押しの「仕事」は，力積に比例する（JobsisとDuffield, 1967）。このため，この実験2では，ビームを押した際の仕事量が基準に達したときに餌が与えられ，1回ごとのレバー押しの時間や動力学的特性に制約はなく，ラットは1回のレバー押しで基準の仕事をクリヤーするか，数回に分けて行うかを「選択」可能であった。実験1では，基準の力と同じ力を発揮したときに即時フィードバックが与えられたが，実験2では，基準を満たした時点の仕事に依存して，つまり，その時点の力の反応特性は異なる状態で，即時フィードバックが与えられた。この意味において，即時フィードバックがもたらすその局面での運動パフォーマンスの情報は，実験1に比べて実験2のほうが少ないといえる。

実験2で用いた実験器具，力発揮条件および採餌方法などは，実験1とほぼ同じであるが，上記に加えブレナーとミッチェル（1989）が使ったものと同様の2チャンネルの常磁性酸素分析器を使って，連続的に酸素消費量をモニターした。即時フィードバック群（ラット10匹）には，仕事量が基準値に達すると，すぐに聴覚フィードバック刺激（30ミリ秒のクリック音）が与えられた。一方，最終的フィードバック群（ラット同数）の場合は，基準仕事量をクリヤーした際の反応が終了した時点でフィードバック刺激が与えられた。仕事量の計算とフィードバックの与え方を図6-9に示した。

この実験2では，毎日の実験セッションは100回の報酬が得られるか，60分を上限として続けられた。ラットは，60分以内に100回の報酬が得られるようにレバー押し反応を習得することを求められ，この基準に達すると，仕事量0.5cN·sのトレーニングが30日間施された。この仕事量は，おおよそトレーニング前のレバー押しでの仕事量初期値の平均である。また，30日という期間は，ラットが実験環境に慣れることを考慮して設定された。これは，新しい実験環境にラットを移した後しばらくは，酸素消費量が増加するというわれわれの先行研究の結果を受けたものである（Brener, 1987）。30日後，基準値を1cN·sに増加し，20日間のトレーニングを施した。この1cN·sは，1回の反応の仕事量よりもやや多い程度である。その後，4cN·s, 8cN·sと高い仕事量でのトレーニングを各

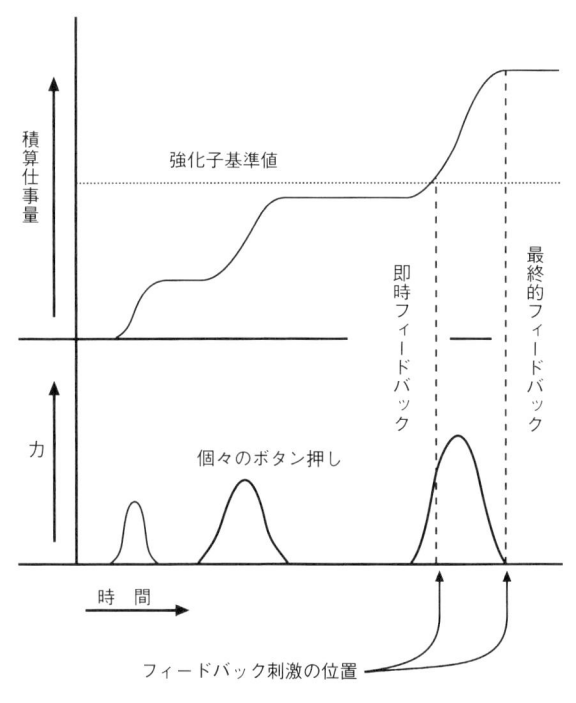

図6-9 反応時の仕事量の算出と即時および最終的フィードバックのタイミング

12セッション施し，最終的に16cN·sまで実施した。すなわち，反応を習得し装置に慣れた後に，すべてのラットには100回の強化子を得ることを1セッションとした実験を56日間（1cN·s×20日，4cN·s×12日，8cN·s×12日，16cN·s×12日）つづけさせた。1，4，8および16cN·sの課題それぞれのパフォーマンスが安定した段階でフィードバックの効果を評価するために，以下の統計的分析を行った。分析の対象を，4つの仕事それぞれにおける最後の5日間（5セッション）に限定し，56日が経過（4つの連続した仕事課題が終了）した後，実験1と同様にフィードバック法（即時／最終的）の違いについて，群間差および課題（4レベル）と5セッションについて，繰り返しのある分散分析（有意水準5％）を行った。

すでに述べたように，どの要求仕事量（1，4，8および16cN·s）も，1回の反応での仕事量の初期値を上回っていた。このように，力ではなく仕事としての課題の下では，ラットは現状の力で複数回レバーを押すこと，1回のレバー押しでの仕事量が大きくなるよう押し方を再プログラム化すること，あるいはその中間の戦略を「選択」することが可能である。現状の力でレバー押し回数を増やす戦略では，報酬獲得確率（R/SR）が減ずることによる浪費とともにその所要時間（T/SR）が増加するが，レバー押し運動の再プログラム化にかかる浪費を避けることができ，また反応が小さいことから余分な仕事も少なくすむことが予想される。そのため，強化子あたりの仕事（W/SR）は最少限ですむであろう。しかし，要求仕事量が増えた場合には，R/SRとT/SRを一定に保つために，力積が増加するようにレバー押し運動を再プログラムする必要がある。これは，レバーを押す力のピークの増加または力発揮時間の増加，あるいはその両方で達成できる（図6-2参照）。

図6-10は，強化子あたりの酸素消費量（O_2/SR）とその2つの決定要因である1分あたりの酸素消費量（O_2/min），強化子あたりの所要時間（T/SR）を示したものである。この図から，4つの仕事におけるフィードバックによるO_2/SRの違いは，主にT/SRの違いに起因するものであることは明らかである。最終的フィードバック群では，O_2/minは4つの仕事課題において比較的一定の値を示し，即時フィードバック群ではわずかではあるが有意に低下していた。一方で，要求仕事量が4cN·sから8cN·s，さらには16cN·sへと増加すると，最終的フィードバック群では報酬を得るための所要時間が急激に増加したが，即時フィードバック群では比較的一定の値を示した。即時フィードバック群がどのようにO_2/SRを節約したかという問題は，同群がどのようにT/SRを節約したかという問題に帰着できる。

即時フィードバックにおいてこのような成果が得られる経緯として，次の2つの可能性があげられる。一方は，反応頻度を高めること（レバー押し間の時間短縮）であり，他方は強化子あたりの反応回数（R/SR）を減らすことである。図6-11左上図は，要求仕事量にかかわらずレバー押し間の時間が一定に保たれており，フィードバック法の違いによる影響がなかったことを示している。すなわち反応の頻度は，複雑な効果器（課題を遂行する脚など）の構造が潜在的に持っている生体力学的な制約や，それらと実験環境との相互関係によって決定されることを示唆している。これとは別に，強化子あたりのレバー押し回数（R/SR）は，明らかにフィードバック法の違いによる影響を示した。即時フィードバッ

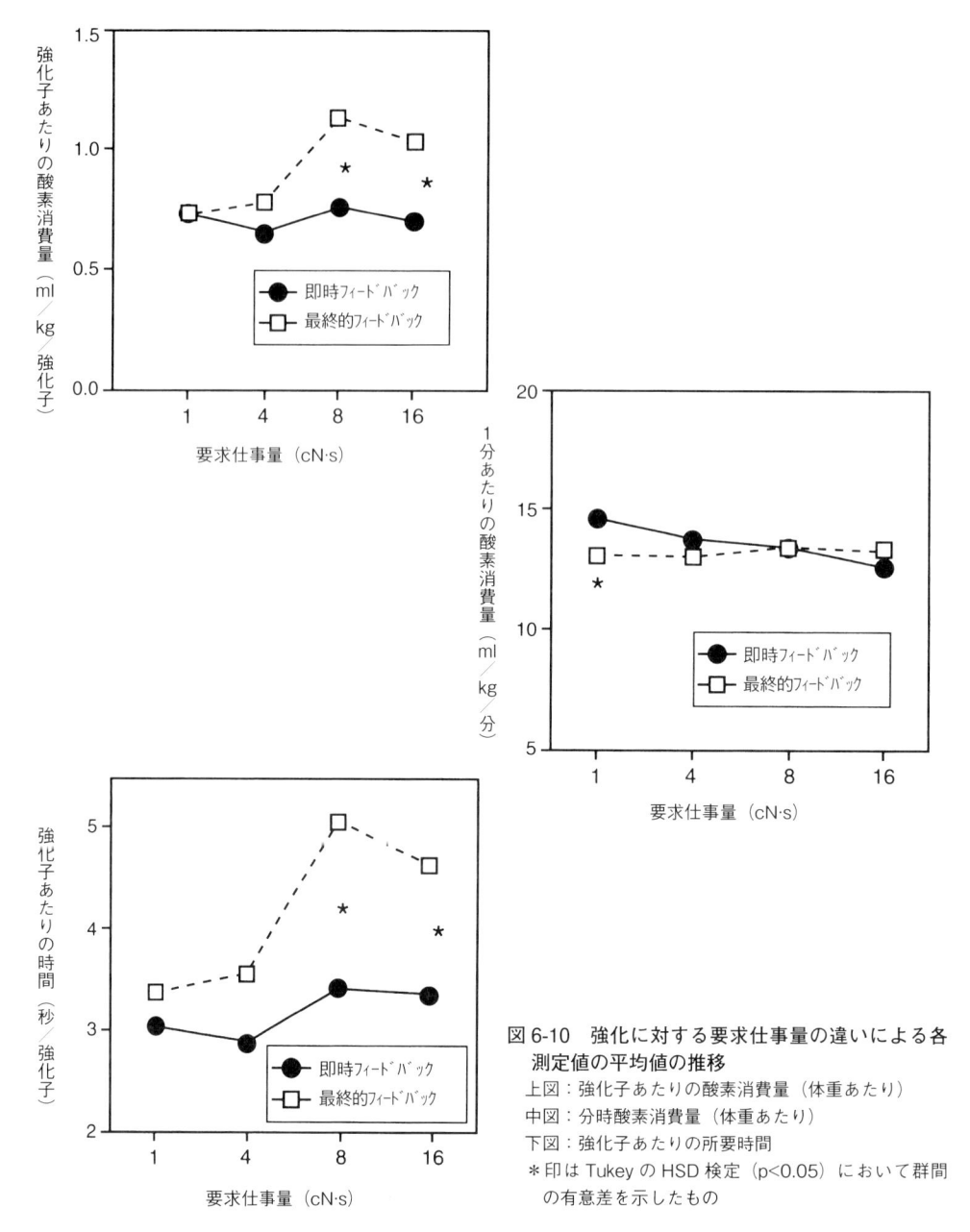

図 6-10 強化に対する要求仕事量の違いによる各測定値の平均値の推移
上図：強化子あたりの酸素消費量（体重あたり）
中図：分時酸素消費量（体重あたり）
下図：強化子あたりの所要時間
＊印は Tukey の HSD 検定（p<0.05）において群間の有意差を示したもの

ク群のラットは，要求仕事量が 8cN·s までは強化子あたり 1.8 回のレバー押しを維持し，16cN·s に上がると 2.3 回に増加した。一方，最終的フィードバック群のラットでは，要求仕事量の増加につれて強化子あたりのレバー押し回数は系統的に増加した。強化子あたりのレバー押しの回数を少なくするためには，ラットは大きな力を発揮する必要がある。図 6-11 の右下の図は，4cN·s 以上の要求仕事量の場合，即時フィードバック群は最終的フィードバック群よりも，1 回のレバー押しあたりの仕事量が大きかったことを示している。さらに，8cN·s までは，即時フィードバック群における仕事量は 1 回のレバー押しの平均値が要求仕事量の基準値を上回っていた。つまり，即時フィードバック群では，より大きな仕事を発揮し，強化子あたりのレバー押し回数は少なかった。このため，図 6-11 左下

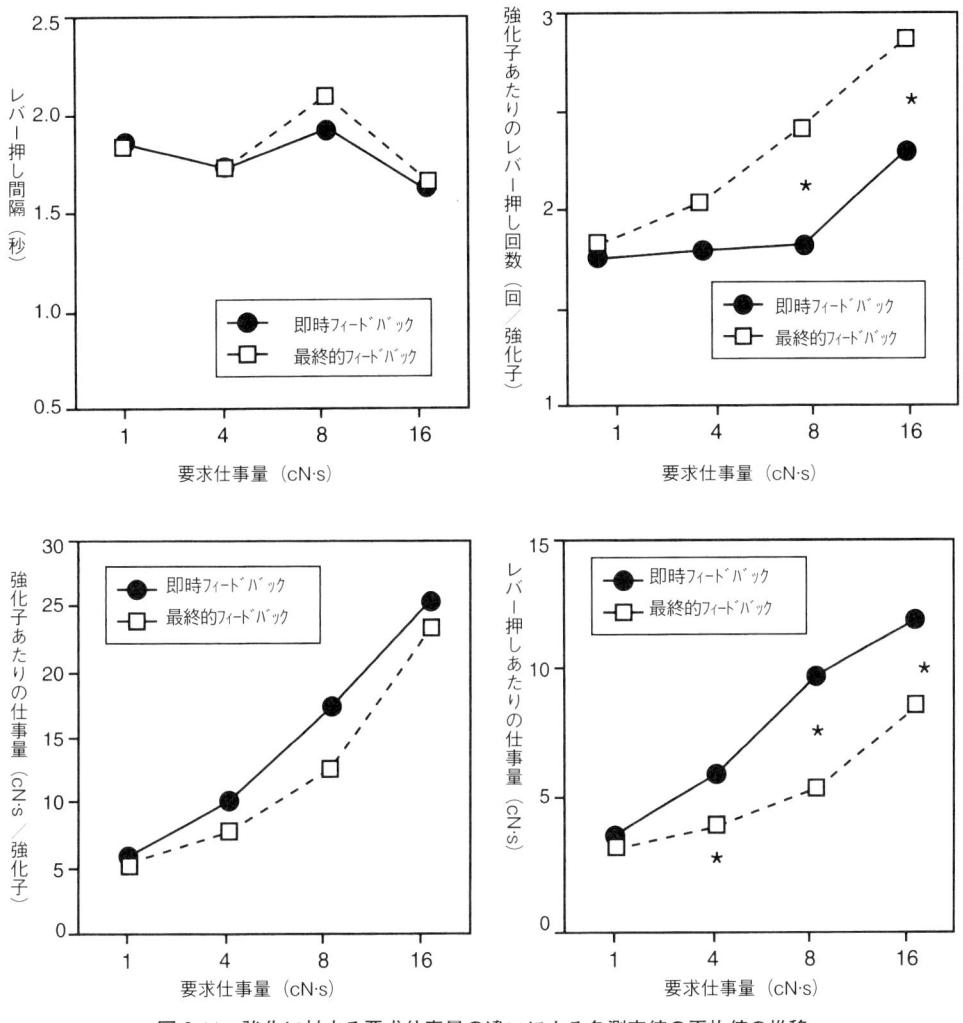

図6-11　強化に対する要求仕事量の違いによる各測定値の平均値の推移
左上図：レバー押しの所要時間　右上図：強化子あたりのレバー押し回数 (R/SR)
左下図：強化子あたりの仕事量　右下図：レバー押し1回あたりの仕事量
＊印は Tukey の HSD 検定（$p<0.05$）において群間の有意差を示したもの

　図に示したように，強化子あたりの仕事量の比較では最終的フィードバック群との有意差は認められなかった。

　1回のレバー押しの仕事量は，力積で求められるため，即時フィードバック群は，1回のレバー押しの所要時間を長くするか，力のピークを上げるかによって仕事量を増加させたはずである。図6-12下図は，レバー押しの所要時間と力のピーク出現時間が共に要求仕事量に対して系統的に増加し，どちらにもフィードバックの違いによる影響がなかったことを示している。即時フィードバック群の高いエネルギー効率の成因となっていた高い力のピークは，その出現時間の延長によるものではなく，図6-12中図に示したように力の上昇率の増加によるものである。このように，仕事が基準値に達したことを即座にフィードバックすることによって，ラットの行動はよりエネルギー効率の高いものとなり，このことにはフィードバックの効果による力の上昇率の増加が関係している。

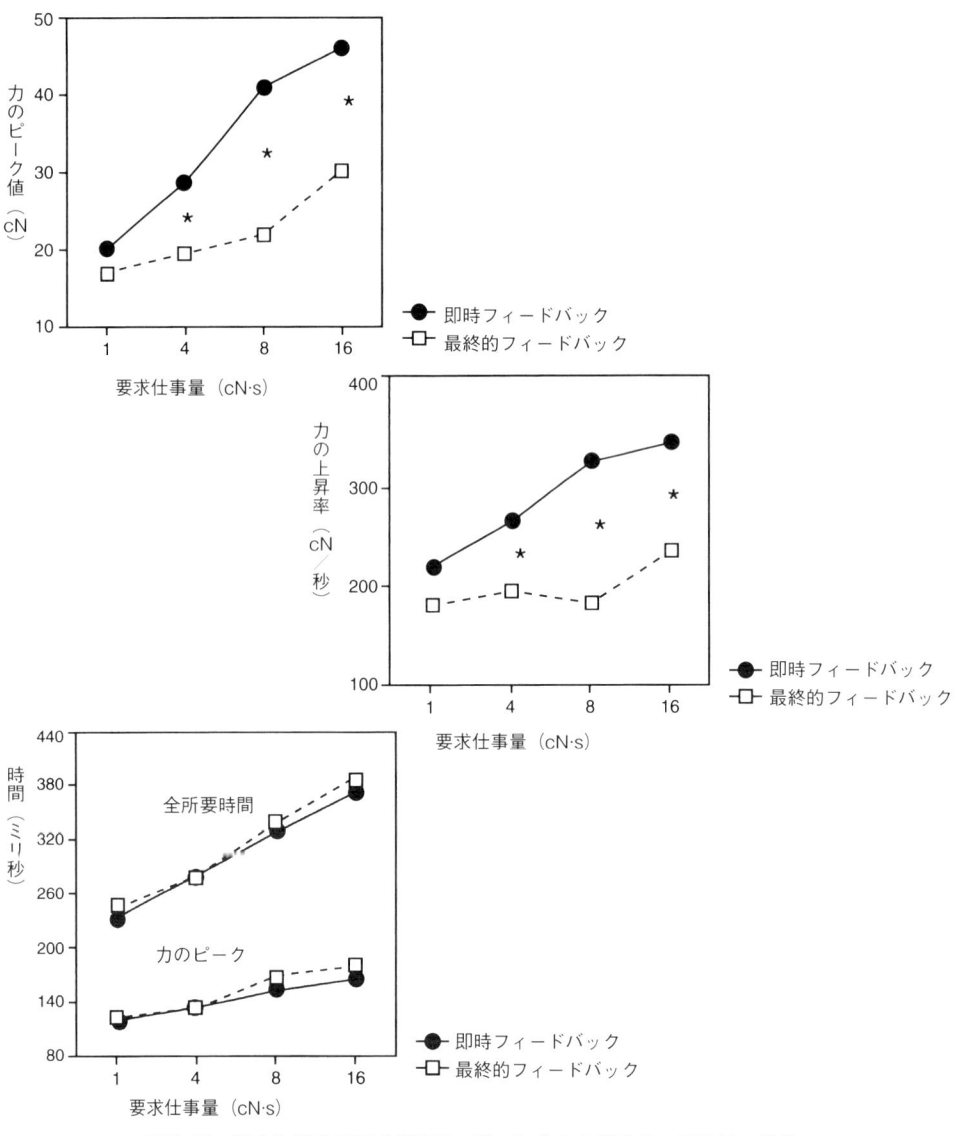

図 6-12 強化に対する要求仕事量の違いによる各測定値の平均値の推移
上図：力のピーク値
中図：力の上昇率
下図：全所要時間と力のピーク出現時間
＊印は Tukey の HSD 検定（p<0.05）において群間の有意差を示したもの

　図 6-13 は，O_2/SR をさらに基本的な変数に分解し，行動効率への即時フィードバックの効果を模式化したものである。即時フィードバックが，力のピーク出現時間よりもむしろ力の上昇率に影響を及ぼした理由は，現段階では明らかではない。図 6-2 に示したように，力のピーク出現時間の延長によって力のピークを増加したほうが，力の上昇率を上げることによって同等に力のピークを増加するよりも，反応あたりの仕事量が増大する。さらに，スリフキンとブレナー（1998）は，外在的フィードバック刺激が与えられるまで一定の割合でレバーを押す力を増加させ（つまり力の上昇率が一定），報酬が得られるとレバーを離すという戦略の影響により，ラットは即時フィードバックにおいて力のピーク出現

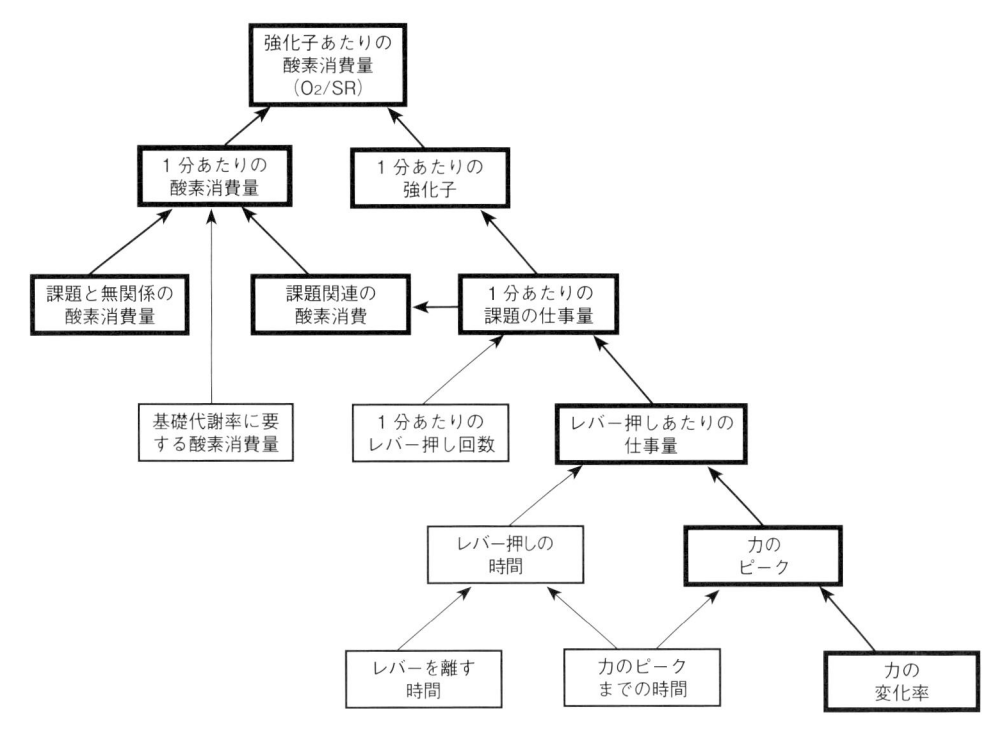

図 6-13 行動効率（O_2/SR）の要因となる諸変数

即時フィードバックのほうが最終的フィードバックよりも高い効率を示した要因と経過について，太線で図示した。強化子あたりの酸素消費量（O_2/SR）は分時酸素摂取量（O_2/min）と強化頻度（SR/min）の積で決定される。分時酸素摂取量（O_2/min）は3つの因子，すなわち基礎代謝（BMR），課題に無関係な行動での酸素消費（nontask O_2），そして課題に関係した行動の酸素消費（task O_2）の和である。task O_2 は課題の仕事量（task work/min）で決定される。課題の仕事量（task work/min）は強化頻度（SR/min）をも決定し，課題の仕事量自身もまた，レバー押し頻度（presses/min）とレバー押しごとの仕事量（work/press）の積によって決定される。レバー押しごとの仕事量は，レバー押しの所要時間と力のピークで決定される。レバー押しの所要時間は，力のピーク出現時間とレバーを離すまでの時間で決まり，力のピークはその出現時間と力の上昇率の積である。結果として，即時フィードバックは，力の上昇率に効果を及ぼすことで行動効率（O_2/SR）に影響を与えることになる。

時間の延長によって力のピークを増す傾向にあると報告している。しかし，本章で紹介した実験1の結果は，スリフキンとブレナーの結果とは一致しなかった。即時フィードバックと最終的フィードバックにおける力のピーク出現時間の差は，実験2においても有意ではなかった。この不一致の原因を突き止めることはできなかったが，2つの実験間にはラットの系統の違い（スリフキンとブレナーでは Long-Evants 系ラットを，ここで紹介した実験では Sprague-Dawley ラットを使用した）を含め，いくつかの細かい方法論的相違があった。

これまで，力のピーク出現時間を介した力の制御は，運動出力におけるオンラインフィードバック制御の1つの指標としてみなしてきたが，力の上昇率を介した力の制御の解釈は，あらかじめプログラムされたフィードフォワード制御の証拠としてあげられる（Gordonと Ghez, 1987）。このような解釈からすると，実験2では即時フィードバックがオンラインでの情報提供機能としての役割を果たしたというよりも，レバー押しのプログラムの再構成に関与していたことになる。もしそうであるならば，これはおそらく，即時フィードバックが与えられたときには，常に関連する筋群が活動していたが，最終的フィードバック

では活動していなかったことによるものであろう。

4．総括論議

　本章の実験1では，練習によって行動効率が改善されることを証明した。基準となる力を発揮すると報酬が与えられるという，強化随伴性の環境下にラットを継続的に置くと，レバー押しの回数，総仕事量，報酬を得るまでの所要時間が減少した。このような行動効率の改善は，レバー押しにおける力－時間曲線の変化と行動の変動性の減少によるものであった。このような一般的な行動効率の改善は，成功反応に対する外在的フィードバックの種類（即時／最終的）によって差がみられた。

　実験1，2ともに，即時フィードバックのほうが最終的フィードバックに比べ，ラットの強化子あたりのレバー押し回数（R/SR）は少なかった。力のピーク値に随伴させた実験1では，即時フィードバックのほうがより正確に強化基準の力を発揮した。即時フィードバックの条件下では，ラットの運動パフォーマンスは強化基準レベルに収束していく漸近線（力の経時的変化）の変動性は低く，また素早くそのレベルに達していた。ただし，実験1における即時フィードバック群の優れたR/SRは，最終的フィードバックと比べ強化子あたりの仕事量（W/SR）を少なくしたが，強化子あたりの所要時間（T/SR）には影響を及ぼさなかった。

　実験2では仕事量を強化基準としたが，やはり即時フィードバックのほうが最終的フィードバックに比べ，ラットの強化子あたりのレバー押し回数（R/SR）は少なかった。ただし，実験1とは異なり，即時フィードバック群が示した低いR/SRは，強化子あたりの仕事量（W/SR）を少なくするわけではなく，高い仕事量を基準とした場合には強化子あたりの所要時間（T/SR）を有意に短縮させた。フィードバック法の違い，あるいは仕事量の基準は総酸素消費量に影響を及ぼさなかったため，即時フィードバック群において素早く報酬が得られたことは，強化子あたりの酸素消費量（O_2/SR）を低く抑える結果となった。即時フィードバック条件において高いエネルギー純利益を獲得できたことは，1回ごとのレバー押しで，より多くの仕事をしていたからである。そうすることによって，強化子あたりのレバー押しの回数を少なくしていたのである。さらに，時間あたりのレバー押しの頻度は，フィードバック法の違いや仕事量基準の影響を受けなかったので，即時フィードバック群では強化子あたりの所要時間（T/SR）が短縮された。

　2つの実験では，強化の獲得を統制する随伴性は本質的に異なるものであり，驚嘆すべきことではないが神経－筋の適応も異なるものとなった。この2つの実験結果は，方法論上の違いもあるために単純に比較することはできない。たとえば，実験1では単一の強化基準を与えたが，実験2では徐々に負担がかかるような基準を与えた。しかしながら，どちらの実験においてもラットは，即時フィードバックのほうが最終的フィードバックよりも少ないレバー押し回数（R/SR）で強化子を得ることができた。両実験に共通するこの結果は，強化子あたりのレバー押し回数（R/SR）を最少にする（強化の確率を最大にする）ことが，即時フィードバックに特有の成果であることを示唆している。

即時フィードバックでこのような成果がみられた理由として，次の2つが考えられる。1つめは，即時フィードバックでは，反応の強さを基準に見合うように制御できるような情報が，反応実行中に与えられることである。2つめは，即時フィードバックでは，基準となる反応の学習と符号化が促進されることである。これらの可能性は，トレーニング後にフィードバック刺激をなくすことによって容易に検証できた。もしパフォーマンスが維持されれば，フィードバックは学習機能として保存されたことになり，逆に行動の変動性が急に増加し，また効率が低下すれば，外在的フィードバックはオンラインでの制御機能を果たしていたことになるからである。

【謝辞】

スザンヌ・ミッチェル（Suzanne Mitchell），アンディ・スリフキン（Andy Slifkin），そしてデイビッド・エチェバリア（David Echevarria）の実験に対する惜しみない協力と，ビル・ゲスリン（Bill Guethlein），グレン・ハドソン（Glenn Hudson），ラルフ・モラロ（Ralph Molaro）とボブ・チョーリー（Bob Chorley）の優れた技術補助に対し，心から感謝の意を表します。

【訳者注】

35) 強化（Reinforcement）…反応に後続して生じ，同一の事態が再起した場合に反応が再び生じる確率を増加させるような，なんらかの事象またはプロセスのこと。古典的条件づけでは，無条件刺激を条件刺激に接近させて呈示する手続きを強化という。たとえば，犬に対してベルを鳴らした後に餌を与えることを繰り返すと，ベルを鳴らしただけで唾液が分泌される（パブロフの犬）。これに対する方法として道具的条件づけ（オペラント条件づけ）がある。強化随伴性も参照のこと。

36) オペラント条件づけ（Operant condition）…条件づけられるべき特定の反応が生起した後に，報酬または罰として強化子（注35参照）を与え，再び同じ反応を起こす確率を増加させるような事象またはプロセスのこと。本章第3項の実験では，ラットがレバーに対し決められた力を発揮あるいは仕事をした後に餌を与えるという条件で強化がなされ，決められた力あるいは仕事でレバーを押す確率が高まったことが紹介されている。

37) 強化随伴性（Contingency of reinforcement）…オペラントの自発によって強化がもたらされる反応－強化の関係。

38) 強化子（Reinforcer）…強化因子あるいは強化因とも訳され，ある行動に対して強化を与える因子をさす。本章では多くの場合「報酬としての食餌」がこれにあたり，「餌（報酬）」と読み替えると理解しやすい。また，「逃避行動を促す不快な刺激」などの場合もある。なお，本文中では強化子の略語として「SR」が多く用いられている。

39) 符号化（Encode）…脳に情報を記録する記述暗号。コンピュータでは，すべての情報は0と1の二進法の数値に符号化され記録されるが，動物の脳では筋感覚などをどのように記録するかは未解明である。

40) 反応形成法（Response-shaping procedure）…オペラントの条件づけでは，反応が自発しない限り強化されないので，特定の反応生起を促進するために用いられる手続きで，徐々に求める反応に近づけるなどの分化強化による手続きが一般的である。

41) オンライン制御…ここでは，即時フィードバックにおいて，神経－筋の出力とその成功反応に対するフィードバック情報が，途切れることなく，他の処理系を介することなく瞬時に返還される状況をさしている。

42) 表面的妥当性（face validity）…妥当性の一種。あるテストが対象としようとしている領域を適切に表しているかどうかという指標（内容妥当性）ではなく，何を測定しているようにみえるかを表す概念。

【引用・参考文献】

Baz, A. 1979. Optimization of man's energy during underwater paddle propulsion. *Ergonomics* 22: 1105-1114.

Bilodeau, I.M. 1969. Information feedback. In *Principles of skill acquisition*, eds. E.A. Bilodeau, and I. McD. Bilodeau, 255-285. New York: Academic Press.

Brener, J. 1986a. Behavioural efficiency: a biological link between informational and energetic processes. In *Energetics and human information processing*, eds. G.R.J. Hockey, A.W.K Gaillard, and M.G.H. Coles, 113-122. Dordrecht, the Netherlands: Martinus Nijhoff.

Brener, J. 1986b. Operant reinforcement, feedback and the efficiency of learned motor control. In *Psychophysiology: systems, processes and applications*, eds. M.G.H. Coles, E. Donchin, and S.W. Porges, 309-327. New York: The Guilford Press.

Brener, J. 1987. Behavioural energetics: some effects of uncertainty on the mobilization and distribution of energy. *Psychophysiology* 24: 499-512.

Brener, J., and S. Carnicom. 1998. High resolution analysis of force learning and memory in rats. *Cahier de Psychologie Cognitive* 17: 699-724.

Brener, J., and S. Mitchell. 1989. Changes in energy expenditure and work during response acquisition in rats. *Journal of Experimental Psychology: Animal Behavior Processes* 15: 166-175.

DeCamp, J.E. 1920. Relative distance as a factor in the white rat's selection of a path. *Psychobiology* 2: 245-253.

Gengerilli, J.A. 1928. Preliminary experiments on the causal factors in animal learning. *Journal of Comparative Psychology* 8: 435-457.

Gordon, J., and C. Ghez. 1987. Trajectory control of targeted force impulses: II. pulse height control. *Experimental Brain Research* 67: 241-252.

Holding, K.H. 1965. *Principles of training*. New York: Macmillan (Pergamon).

Hoyt, D.F., and C.R. Taylor. 1981. Gait and the energetics of locomotion in horses. *Nature* 292: 239-240.

Hughes, R.N. 1979. Optimal diets under the energy maximization premise: The effects of recognition time and learning. *American Naturalist* 113: 209-221.

Hull, C.L. 1943. *Principles of behavior*. New York: Appleton-Century.

Jobsis, F.F., and J.C. Duffield. 1967. Force, shortening, and work in muscular contraction: relative contributions to overall energy expenditure. *Science* 156: 1388-1392.

Kamil, A.C., and H.L. Roitblat. 1985. The ecology of foraging behavior: implications for animal learning and memory. *Annual Review of Psychology* 36: 141-169.

Ketelaars, J.J.M.H., and B.J. Tolkamp. 1996. Oxygen efficiency and the control of energy flow in animals and humans. *Journal of Animal Science* 74: 3036-3051.

Killeen, P. 1974. Psychophysical distance functions of hooded rats. *Psychological Record* 24: 229-235.

Krebs, J.R. 1978. Optimal foraging: decision rules for predators. In *Behavioral ecology: an evolutionary approach*, eds. N.B. Davies, and J.R. Krebs, 23-63. Oxford: Blackwell Scientific.

Kuo, Z.Y. 1922. The nature of unsuccessful acts and their order of elimination in animal learning. *Journal of Comparative Psychology* 2: 1-27.

Liu, X., R.E. Strecker, and J.M. Brener. 1996. Low doses of apomorphine suppress operant motor performance in rats. *Pharmacology, Biochemistry & Behavior* 53: 335-340.

McCulloch, T.L. 1934. Performance preferentials of the white rat in force resisting and spatial dimensions. *Journal of Comparative Psychology* 18: 85-111.

Mitchell, S.H., and J. Brener. 1991. Energetic and motor responses to increasing force requirements. *Journal of Experimental Psychology: Animal Behavior Pro-*

cesses 17: 174-185.

Mitchell, S.H., and J. Brener. 1997. The work costs of earning food as a determinant of patch leaving. *Journal of Experimental Psychology: Animal Behavior Processes* 23: 136-144.

Norberg, R.A. 1977. An ecological theory on foraging time and energetics and choice of optimal food searching method. *Journal of Animal Ecology* 46: 511-529.

Notterman, J.M., and D.E. Mintz. 1965. *Dynamics of response.* New York: Wiley.

Powers, W.T. 1973. *Behavior: the Control of Perception.* Chicago: Aldine Publishing.

Schmidt, R.A. 1988. *Motor control and learning: a behavioral emphasis.* Champaign, IL: Human Kinetics.

Sherwood, A., J. Brener, and D. Moncur. 1983. Information and states of motor readiness: their effects on the covariation of heart rate and energy expenditure. *Psychophysiology* 20: 513-529.

Skinner, B.F. 1938. *The behavior of organisms.* New York: Appleton-Century.

Slifkin, A.B., and J. Brener. 1998. Control of operant response force. *Journal of Experimental Psychology: Animal Behavior Processes* 24: 1-8

Slifkin, A.B., J. Brener, and S.H. Mitchell. 1995. Variation of isometric response force in the rat. *Journal of Motor Behavior* 27: 375-381.

Smith, K.U., and H. Sussman. 1969. Cybernetic theory and analysis of motor learning and memory. In *Principles of skill acquisition*, eds. E.A. Bilodeau, and I. McD. Bilodeau, 103-139. New York: Academic Press.

Solomon, R.L. 1948. The influence of work on behavior. *Psychological Bulletin* 45: 1-40.

Sparrow, W.A. 1983. The efficiency of skilled performance. *Journal of Motor Behavior* 15: 237-261.

Sparrow, W.A., and V.M. Irizarry-Lopez. 1987. Mechanical efficiency and metabolic cost as measures of learning a novel gross motor task. *Journal of Motor Behavior* 19: 240-264.

Sparrow, W.A., and K.M. Newell. 1994. Energy expenditure and motor performance relationships in humans learning a motor task. *Psychophysiology* 31: 338-346.

Staddon, J.E.R., and V.L. Simmelhag. 1971. The "superstitious" experiment: a reexamination of its implications for the principles of adaptive behavior. *Psychological Review* 78: 3-43.

Stegemann, J. 1981. *Exercise physiology.* Stuttgart: Thieme.

Stephens, D.W., and J.R. Krebs. 1986. *Foraging theory.* Princeton, NJ: Princeton University Press.

Tolman, E.C. 1932. *Purposive behavior in animals and men.* New York: Century.

Tsai, L.S. 1932. *The laws of minimum effort and maximum satisfaction in animal behavior.* Monograph of the National Institute of Psychology (Peiping, China), 1, 1932. (From *Psychological Abstracts*, 1932, 6, Abstract No. 4329.)

著者紹介

ジャスパー・ブレナー（Jasper Brener）…ニューヨーク州立大学教授。主な研究テーマ：行動効率の調整における代謝と心理的側面の関係。

スコット・カーニコム（Scott Carnicom）…マリーマウント大学（アメリカ）準教授。主な研究テーマ：オペラント学習時のフィードバック効果。

Column 5

ベルンシュタインの仮説―熟練による慣性力の有効利用―の検証

　ベルンシュタインは，その鋭い観察力と深い洞察力によって，熟練動作の筋力の発揮方法に関して包括的な仮説を提唱した（第9章の冒頭の引用文を参照）。彼は，運動することによって生じる慣性力と筋が発揮する力の関係を，馬と騎手の手綱捌きに喩えて次のように説明している。熟練した騎手は軽く手綱を引くだけで，馬を目的の方向に走らせることができる。一方，馬の走り出す方向も手綱を引く力や方向もわからないまま，むやみに手綱を引いたあげく，落馬するのが未熟練者の常であろう。運動によって生ずる慣性力は，気まぐれなじゃじゃ馬に似ている。力任せに御そうとしても徒労に帰するばかりで得策ではない。騎手が馬の力を感じながら，馬が走り過ぎないように常に手綱を馬に合わせて引くような，巧みな操作法が身体運動の操作にも必要なのである。

　このような筋力と慣性力の利用方法に着目した実験で，興味深い結果が得られているので紹介しよう。Kadotaら（2004）やSchneiderら（1989）の報告によれば，新奇の運動を学習し熟練すると，慣性力と拮抗する方向に，それと比例した筋力を発揮するようになるという。このことは，慣性力に対してダイナミックなバランスを維持するように筋力を発揮できるようになることが，運動の熟練にとって重要であることを意味している。また，小脳損傷者が正常運動を行うことが困難なのは，この力の拮抗関係が崩れていることが原因であるというTopkaら（1998）の報告もこのことを裏づける結果といえる。

　さらに熟練者は，慣性力を巧みにコントロールし，わずかな筋力だけで目的に合った身体の動きを作り出しているようである。その結果，運動によって消費されるエネルギーを節約し，運動の効率を改善しているようである。近年，このような慣性力の有効利用を検証した実験が幾つか報告されている。Hogaら（2003）は，競歩の歩行速度には筋力によるパワー以上に，隣接するセグメントから伝達される慣性力に起因するパワー（関節力パワー）が関係していることを示唆した。また，Kadotaら（2006）は，数週間にわたる複雑な多関節運動の練習により，筋力によって発揮されるパワーではなく関節力パワーが増加したことを報告している。これらの結果は，運動に熟練し，パフォーマンスを向上させるためには，慣性力に起因するエネルギーを有効に利用することが重要な鍵となることを示唆している。

【文献】

Hoga, K., et al. (2003). Mechanical energy flow in the recovery leg of elite race walkers. Sports Biomech. 2, 1-13.

Kadota, K., et al. (2004). Practice changes the usage of moment components in executing a multijoint task. Res Quart Exer Sports, 75, 138-147.

Kadota, K., et al. (2006). Mechanical power flow changes during multijoint movement acquisition. Res Quart Exer Sports. (in print).

Schneider, K., et al. (1989). Changes in limb dynamics during the practice of rapid arm movement. J. Biomech, 22, 805-817.

Topka, H., et al. (1998). Multijoint arm movements in cerebellar ataxia: Abnormal control of movement dynamics. Exp Brain Res, 119, 493-503.

第7章

身体運動における
力学的パワーと仕事

バルディミア・ザチオルスキー / ロバート・グレゴー

　手に重り（load）を持ったまま，ゆっくりと水平方向に腕を伸展させる運動を考えてみよう（図7-1）。なお，ここでは，身体各セグメントの質量と重りへなされる仕事は無視している。この運動では，肩関節の筋群は外転モーメントを発揮し腕を持ち上げて，正（短縮性：concentric）の仕事を行う。一方，肘関節は屈曲モーメントを発揮しながら伸展するので，肘関節の屈筋群は負（伸張性：eccentric）の仕事を行う。手から重りへ発揮された力による仕事はゼロである。重力の方向は重りの移動方向に対して垂直となるため，重りの位置エネルギーは変化しない。さて，問題，この人がなした総仕事量はいくらか。

　身体運動における力学的仕事量の最初の推定は1836年のウェバーとウェバー（WeberとWeber, 1836）の研究までさかのぼるが，それにもかかわらず，力学的パワーと仕事量の推定問題は未だにバイオメカニクスにおける重大な研究課題の1つとなっている。バイオメカニクス領域において，頻繁におこる解釈違いと不統一な用語の乱用が力学的仕事の定義問題の解決を複雑にしているのである。将来にわたる不確定性を取り除くためにも，この問題に対する明晰な議論を行っておく必要が

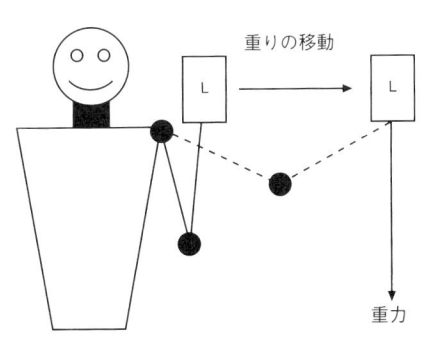

図7-1　腕の水平伸展運動
重り（L）は正確に水平運動を行い，その位置エネルギーは変化しない。腕の質量は無視される。水平伸展運動はゆっくりと行われ，重りの運動エネルギーの変化を無視する。肩関節の仕事は正（短縮性収縮），肘関節は負（伸張性収縮）である。手が重りに対してなした仕事は，重りの重量にも運動の反復回数にも左右されず，ゼロである。さて，この場合，人がなした力学的仕事量はいくらか？

あろう．本章の目的は，この問題の根本的な側面を議論することである．このためにいくつかの力学モデルを分析する．

以下の議論では，すべての力学モデルは摩擦のない蝶番関節で連結された剛体リンクモデルと仮定する．また，例示や数式は二次元平面運動に限定したものである．三次元空間運動では，その数学的表現がより複雑になるとはいえ，その結論は二次元運動と同様である．

本章は，以下の6節から構成されている．1節では議論のトピックスの概要および見かけのパワーと仕事の概念の導入，2節では主な論争点および議論の必要性の描写，3節では基本的な力学的概念の復習（短い気分転換），4節では基礎的概念の導入，5節では基礎的概念に基づいた見かけのパワーと仕事算出法の議論，6節ではいくつかの付加的な懸案事項の検討を行う．なお，4節および5節が本章の骨幹部である．

1．議論のトピックス—見かけのパワーと仕事

身体運動における主たるエネルギー源は，個々の筋の収縮要素から発生する力学的エネルギーである．エネルギーは必然的にロス（浪費）するため，筋腱複合体全体の出力パワーは収縮要素で発生パワーよりも小さくなる．また，筋腱複合体の粘弾性特性により，収縮要素から発生したパワー（力，速度）が腱部で検出されるまでには時間的遅れが生じる．しかしながら，こうした筋収縮要素から腱へのパワー伝達機構の詳細は，本章の守備範囲を超えているため，ここでは扱わないことにする．なお，筋腱複合体によって発揮されたパワー・仕事は，「力学的筋パワー・仕事」または略して「筋パワー・仕事」と呼ばれる．骨格に付着するすべての筋腱複合体の短縮（伸張）力とその速度を直接測定することができれば，人間（動物）の運動を対象とした際の力学的パワーの決定は単純な問題となる．しかし，こうした場合が適用できるのは，いくつかの選択された筋や特殊な条件下のみに限られている（GregorとAbelew, 1994）．したがって，一般に身体運動における力学的パワーは，身体に作用した外力や遂行された運動を測定することによって推定されることになる．しかし，この方法では，以下の項目に由来する消費パワーが考慮されないため，正確に筋パワーを決定することはできない．

① 拮抗筋活動
② 体内の摩擦およびその他の受動的な力（非保存的パワー：van Ingen ShenauとCavanagh, 1990）
③ 弾性力．たとえば，靱帯の伸張力（保存的パワー）
④ 骨格に対する筋の相対的位置変化および体幹に対する内臓の位置変化
⑤ 呼吸運動（激しい運動中に呼吸により消費される力学的仕事量はきわめて大きい：Zatsiorskyら, 1982）

なお，これらの項目には，活動筋の産生熱や持続的な等尺性筋張力（isometric force）に費やされるエネルギー消費は含まれていないことに注意しなければならない．

本章では，上記項目①から④に示す筋骨格系の内部抵抗に打ち勝つために消費されたパワーを「隠されたパワー」（hidden power）と呼ぶ．また，身体に作用する外力や遂行運動

の測定から得られた力学的パワーは筋パワーを十分に反映していないため，このパワーをとくに「見かけのパワー・仕事」（apparent power/work）と呼ぶことにする。

定義1－ 「見かけのパワー」（apparent power）とは，関節で生じた筋パワーの一部である。このパワーは，外的な負荷抵抗に対して消費され，また，身体各セグメントの力学的エネルギーを変化させるために消費されるパワーである。

　外力（重力は除外）に打ち勝って消費される「見かけのパワー」を「外的パワー」（external power）と呼ぶ。また，身体各セグメントを動かす（つまり力学的エネルギーを変化させる）ために消費される「見かけのパワー」を，「内的パワー」（internal power）と呼ぶことにする。なお，重力に対して消費されるパワーは，「外的パワー」ではなく，「内的パワー」に含まれることに注意する必要がある。なぜなら，重力に対する仕事は身体の位置エネルギーを増大させるからである。この定義に基づくと，たとえば，サイクリング運動では，自転車のペダルに加えられた力による「見かけのパワー（仕事）」は「外的パワー」，脚自身を動かすためのパワーは「内的パワー」となる。身体部位を持ち上げるパワーは「内的パワー」の一部とみなされる。自転車エルゴメータを使った通常の機能テストでは，力学的パワーはペダルに加えられたモーメント（力のモーメントまたはトルク）とペダルの角速度の積として決定され，これが「外的パワー」として測定される。一方，ドレッドミルテストでは，「内的パワー」が測定されることになる。図7-2は，力学的パワーに関する用語を模式的に示したものである。

　これらの用語の定義は，何人かの研究者（Winter, 1978, 1979, 1990；van Ingen Shenau と Cavanagh, 1990；van Ingen Shenau ら，1990）も採用しているが，「外的パワー・仕事」および「内的パワー・仕事」の定義は，早期の研究（Fenn, 1930；Cavagna ら，1963, 1964；Aleshinsky,

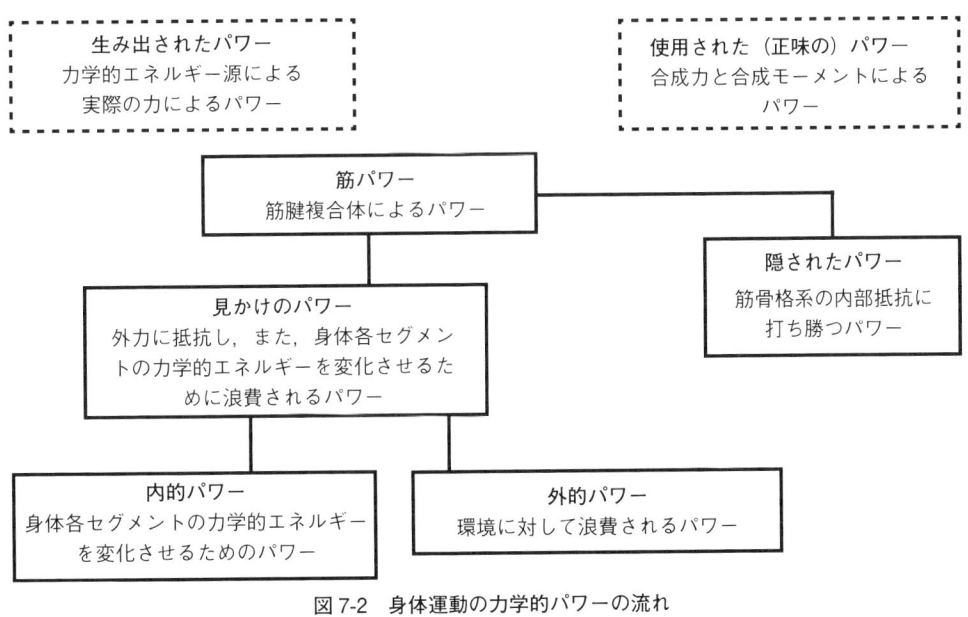

図7-2　身体運動の力学的パワーの流れ
生み出されたパワーと使用された（正味の）パワーについては，本文 4.-[1] を参照のこと。

1986b；Thysら，1996）のものとは本質的に異なるものである。つまり，これらの研究では，「外的パワー・仕事」とは（a）身体重心の運動を変化させるために消費されるパワー（仕事）を，また，「内的パワー・仕事」とは（b）身体重心に対して身体各セグメントの運動を変化させるための消費パワーを意味している。関節のパワー・仕事について厳密性を問わなければ，「外的パワー」の決定は概念的に単純なものとなる。たとえば，前述のサイクリング運動における「外的パワー」は，ペダルに加えられた力とペダルの速度の積として容易に求めることができる。本章では，「内的パワーと仕事」に焦点を当てることにする。つまり，関節で生じる筋パワーや身体各セグメントの力学的エネルギーを変化させるために費やされる筋パワーが議論の中心である。次節では，身体運動における「見かけのパワー・仕事」を決定するための主な論争を概観することにしよう。

2．主な論争

文献上では，身体運動における力学的パワーと仕事量を算出するために，今なお異なる方法が使用されている。このうち，主な3種類の算出法を以下に紹介する。(1)「エネルギー分割アプローチ」(fraction approach) 対「エネルギー源アプローチ」(source approach)，(2) 種々のエネルギー源による総パワー・仕事量算出，(3) 時間遅れをともなうエネルギー源の仕事量算出。

(1) 身体運動の力学的パワーと仕事量算出のために使用される主な2つの方法は，食い違った結果をもたらしている。第1の方法は，フェン（Fenn, 1930）によって考案された方法で，アレシンスキー（Aleshinsky, 1986a），ザチオルスキー（Zatsiorsky, 1986）によって「エネルギー分割アプローチ」と名づけられた。あるいは，フェン法とも呼ばれるものである。この方法は，身体各セグメントの総力学的エネルギーの変化に基づくものである。「エネルギー分割アプローチ」では，単一セグメントの総力学的エネルギー（TME）は，3つの"分割"（fraction）エネルギー項，つまり位置エネルギー（PE），並進運動エネルギー（KTE）および回転運動エネルギー（KRE）の合計として表される（式7.1）。

$$TME = PE + KTE + KRE = mgh + \frac{mv^2}{2} + \frac{I\omega^2}{2} \qquad (式7.1)$$

ここで，mはセグメント質量，hはセグメントの質量中心高，Iはセグメントの慣性モーメント，vとωはそれぞれセグメントの速度と角速度，gは重力加速度である。総力学的エネルギー値は離散的なサンプリング間隔にわたって測定され，力学的仕事は2時点間のエネルギーの差分値として算出される。単位時間あたりに換算すれば，力学的パワーが求められる。

第2の方法は，最初にエルフトマン（Elftman, 1939）によって考案された方法であり，「関節モーメントによるパワー・仕事」の決定法である。この方法は，アレシンスキー（Aleshinsky, 1986a），ザチオルスキー（Zatsiorsky, 1986）によって「エネルギー源アプローチ」と名づけられた。定義上，エネルギー源は身体システム（系）に作用する複数の力とモー

メントであり，これらは運動中に力学的エネルギーを発生または吸収する。関節パワーは，関節モーメントと関節角速度の積として算出される（式 7.2）。

$$P_j = M_j(\dot{\theta}_1 - \dot{\theta}_2) = M_j \omega_j \qquad \text{(式 7.2)}$$

ここで，M_j は関節モーメント，$\dot{\theta}_1$ と $\dot{\theta}_2$ は関節を連結する隣接セグメントの角速度，ω_j は関節角速度つまり 2 つのセグメントの相対角速度である。なお，M_j と ω_j の符号が異なれば（一方が正で，他方が負），P_j は負となる。なお，この方法は，「エルフトマンの方法」「エネルギー源アプローチ」の他に，「関節パワー・仕事法」とも呼ばれている。

なお，これら 2 つの方法は，簡単な力学的原理に基づいたものであるが，実際には双方間の算出値に 9 倍以上もの差が生じるという結果をもたらしている（Pierrynowski ら，1980；Williams と Cavanagh, 1983；Prilutsky と Zatsiorsky, 1992）。

(2) 複数の関節で発揮される総力学的パワー・仕事の算出には，二種類の方法が使われている。何人かの研究者（たとえば，van Ingen Shenau と Cavanagh, 1990）は，以下の式を提案している（式 7.3）。

$$P_{tot} = \sum_j P_j \qquad \text{(式 7.3)}$$

ここで，$P_j = M_j \omega_j$ は関節 j の関節モーメント（M_j）と角速度（ω_j）によるパワー，P_{tot} は考慮中のすべての関節で生じた総パワー，Σ は関節ごとの合計である。これに対して，他の研究者（たとえば，Aleshinsky, 1986 a-e；Blickhan と Full, 1992）は，関節パワーの実数値よりも，むしろ絶対値の合計を提案している（式 7.4）。

$$P_{tot} = \sum_j |P_j| \qquad \text{(式 7.4)}$$

いずれの方法を採用するにしても，問題点を指摘することは簡単であろう。たとえば，式 7.4 の方法ではパワーの絶対値を合計しているが，こうした方法は古典力学（classical mechanics）では定義がなく，使用されていないことである。たとえば，左腕を上げている人が右腕を上げながら左腕を下げる運動では，右腕のすべての関節パワー値は正であり，一方，左腕のパワー値は負である。加えて，右腕と左腕の関節パワーの大きさは等しい（$|P_{left}| = |-P_{right}|$）。こうした反対称運動（antisymmetrical movements）[訳注43] に対して，式 7.3 を適用すれば総パワー値は明らかにゼロとなり，式 7.4 では 2P となってしまう。直感的には，式 7.3 の方法は，交互に上下動を繰り返した際の腕の総力学的パワーを定量する方法として適切ではないと思われる。

(3) 興味の対象が力学的パワーよりも仕事にある場合には，正負の合計の仕方が問題となる。よく使用されている方法は，力学的仕事量（W）の実数値（正負を持つ）を合計する方法（式 7.5）と力学的仕事量の絶対値を合計する方法（式 7.6）である。

$$W_{tot} = \sum W \qquad \text{(式 7.5)}$$

$$W_{tot} = \sum |W| \qquad \text{(式 7.6)}$$

ここで，仕事量（W）は，正の仕事量と負の仕事量を別々に分けて算出される。ある人がある重りを上げたり下げたりしているとするなら，Wは，最高挙上時点での物体の位置エネルギーに等しくなる。式7.5の方法では，総力学的仕事量（W_{tot}）は0となる。生物学上の文献では，これをゼロ－仕事パラドックス（zero-work paradox）と呼ぶ。また，式7.6では，総力学的仕事量は最高挙上時点で物体の位置エネルギーのちょうど2倍となる（$W_{tot}=2W$）。何人かの研究者は，これらの値は，仕事量が位置エネルギーの最大値に等しくなるべきだ（$W = PE_{max}$）として，これらの結果を受け入れられないと主張している（de Köning と van Ingen Shenau, 1994）。

　次節において，上述した論争点の原因を論議するとともに，身体運動における力学的仕事とパワーを決定するための問題点を浮き彫りにする有用ないくつかの概念を提案する。それに先だって，古典力学のいくつかの概念と理論を復習しておくことにしよう。

3．力学的仕事と力学的パワー

　(A) 古典力学において，厳密にいえば，「仕事」や「パワー」といった概念は定義されていない。それに代わるものとして，「力の仕事」（work of a force），「力のパワー」（power of a force）といった概念が定義されている。とくに，これらの概念の違いを明確に意識しておくことが重要であろう。なぜなら，対象となる"力"が特定されないかぎり，力学的仕事量の大きさを決定できないからである。たとえば，「歩行における力学的仕事量」といった表現は，興味の対象となる"力"が特定されないかぎり解釈することができないのである。力学的仕事量を議論（決定）する以前に，対象となる"力"を明確に定義しておく必要性があるということである。力（F）によってなされる（または力がなす）仕事量は，$W = F \cdot \cos\alpha \cdot ds$ として定義されている（dsは移動変位量，αは力の作用方向と移動方向とのなす角度）。

　(B) 物体に作用するすべての外力と偶力は，力の同値系[訳注44]（equivalent system of forces）に置き換えることができる。この置換はいくつかの方法によって行われるが，最も簡便な方法は，すべての外力を身体重心に作用する1つの合成力と合成偶力に置き換えることである。なお，この操作によって，身体運動に違いが生じることはない。

　(C) 複数の力によってなされた総仕事量（ΣW_i）は，これらの合成力による仕事量（W_{res}）に等しい。この定理は，いかなる力学系（反対方向への作用力を含む）においても成立する。また，単位時間あたりになされた仕事率，つまりパワーにおいても成立する。

　(D) 剛体の仕事－エネルギー原則によれば，身体に作用するすべての（非保存的）外力と偶力がなす仕事は，身体の力学的エネルギーの変化に等しい（式7.7）。

$$W = TME_{fi} - TME_{in} = \left(mgh_{fi} + \frac{mv^2_{fi}}{2} + \frac{I\omega^2_{fi}}{2}\right) - \left(mgh_{in} + \frac{mv^2_{in}}{2} + \frac{I\omega^2_{in}}{2}\right) \quad (式7.7)$$

　ここで，fiとinはそれぞれ終値と初期値を示す。したがって，身体の総力学的エネルギーの変化量から，合成力と合成偶力による仕事量（個々の力による仕事量ではない）を決定することができる。

この節の重要なメッセージは,「パワーや仕事量を求めるためには,まず対象となる力を明確に特定する必要がある」ということである。

4. 基礎的概念

ここでは,身体運動における力学的仕事とパワーの分析に必要な基礎的概念を導入する。

[1] 生み出されたパワーおよび使用された（正味の）パワーと仕事

本節では,「生み出されたパワー・仕事」および「使用された（正味の）パワー・仕事」の概念を導入する。反対方向への力が互いに作用し,この作用が部分的に打ち消し合う場合を考えよう。図7-3は綱引きの例で,2つの力F_1とF_2が同一線上で互いに反対方向へ作用している。F_1, F_2とそのベクトル和F_{res}の3つの力がなす仕事量を考える。

F_1=10,001N, F_2=－10,000N, F_{res}=1N, 移動量d=1mであれば,力学的仕事量の大きさは,それぞれW_1=10,001Nm, W_2=－10,000Nm, W_{res}=1Nmとなる。W_1の正の仕事量のほとんどはW_2の負の仕事量に打ち消し合うので,W_{res}の大きさはW_1, W_2と比較して無視できるほど小さくなる。

こうした状況では,深刻な問題に直面する。つまり,興味の対象が全般的なパワー・仕事の算出にある場合には,合成力によるパワー・仕事量（W_{res}）を決定すべきなのか,それとも,それ以外のものを決定すべきなのかという問題である。合成力（偶力を含む）によるパワー・仕事あるいは身体の総力学的エネルギーの変化の計算は,古典力学の方法にしたがって厳密に行うことができる。こうした計算結果が,まさしくパワーあるいは仕事（たとえば,身体に作用するすべての力によるパワー・仕事,合成力と偶力によるパワー・仕事,総パワー・仕事,身体がなしたパワー・仕事,あるいは正味のパワー・仕事など）と呼ばれているものである。ここで,注意すべき点は,物理や力学の教科書では,たいていの場合,これらの結果を「正味のパワー（net power）」として扱っていることである。その理由は明白であろう。すなわち,正味のパワー,仕事,力,モーメントが,運動の仕方,つまり身体運動の力学的エネルギーの変化の仕方を決定づけているからである。反対称の運動においては,実験的に確かめなくても,こうした方法で算出された力学的パワーはゼロであるし,また,運動前後で垂直位置に変化がないすべての運動は力学的仕事量がゼロである。たとえば,図7-1に示した水平腕伸展運動であっても,また,マラソンやエベレスト登山であっても,運動前後での身体の力学的エネルギーは変化しない。しかしながら,W_{res}は,身体に対してなされる仕事量を測定するためには適切だが,力F_1とF_2によって与えられ

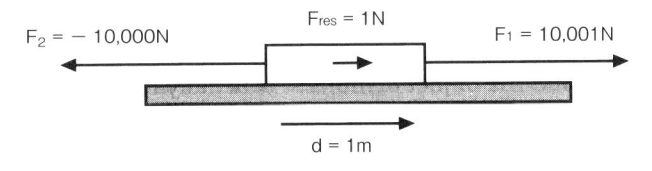

図7-3 綱引きの例
生み出されたパワーと使用された（正味の）パワーの違い

る総力学的エネルギー量を測定するためには適切ではない。

　P_{res}/W_{res}，P_1/W_1 あるいは P_2/W_2 のどのパワー・仕事の算出法が正しいのかという質問は，あまり意味をなさないものである。なぜなら，これらはすべて正しいのであり，単に異なる力によるパワーや仕事を意味しているものにすぎないからである。P_1 と P_2 は，実際の力（actual force）F_1，F_2 によるパワーの測定値である。正味のパワー P_{res} は，仮想的な力，つまり合成力（resultant force）によるパワーである。この合成力が身体へ作用すれば，その運動は実際の力が作用した場合と同じ結果をもたらす。しかしながら，合成力によるパワー・仕事は，実際の力によるパワー・仕事とは明らかに異なるものであり，とりわけ，実際の力によるパワーは，綱引きの例からわかるように正味のパワーよりも何倍も大きくなる。結局，正味のパワー・仕事に興味を持つのか，あるいは実際の力によるパワー・仕事に興味を持つのかは，研究者自身が決定しなければならないことである。バイオメカニクスでは，正味のパワー・仕事よりも身体に作用する実際の力によるパワー・仕事に対して，より多くの興味が集中する。つまり，綱引きでたとえば，「ロープになされたパワー・仕事」よりも，「チームによって生み出されたパワー・仕事」に興味が向けられるのである。この例では，W_1 と W_2 の力学的仕事量は独立した2つのエネルギー源によって生み出されている。したがって，もし積分値（総パワー・仕事）に興味があるのなら，2チームによって生み出されたパワー・仕事を互いに差し引くよりも，それらの値を加えるほうが道理に合うように思われる。

　複数の力による総仕事は，個々の力によってなされる仕事の合計に等しい（$W_{tot} = \Sigma W_f$）。また，合計の積分は積分の合計と等しいので，

$$W_{tot} = \int_{t_1}^{t_2} \left(\sum_f P_f \right) dt \qquad \text{(式 7.8)}$$

しかしながら，力が反対方向にも作用しており，生み出された仕事の総量（正味の仕事，net work，ではない！）を求めたい場合は，個々の力がなす仕事量の実数値よりも，むしろ絶対値の合計を取るほうが適切であると考えられる。しかしながら，$W_{tot} = \Sigma |W_f|$ の算出法は，古典力学の仕事の定義の基準にしたがっておらず，これを「仕事」とみなすのは容認できないことでもあろう。前述の「生み出された仕事」（produced work）という用語は，厳密な定義が示されないままで使用されている。そこで，アレシンスキー（1986），ザチオルスキー（1986）は，身体運動を遂行する際に消費される力学的エネルギー量を表す用語として，「力学的エネルギー消費」（mechanical energy expenditure: MEE）を提案している。形式的には，力学的エネルギー消費は，生み出されたパワーの絶対値の積分値として定義される（式 7.9）。

$$MEE = \int_{t_1}^{t_2} \left(\sum_f |P_f| \right) dt \qquad \text{(式 7.9)}$$

式 7.9 は，非保存的なエネルギー源においてのみ妥当である（後述）。仮にエネルギー源の相互変換（時間遅れをともなう変換を含む）が行われる場合には，この式を変形する必要がある。ここで，新しい用語の定義を，以下に明記しておこう。

定義2－生み出されたパワーとは，力学的エネルギー源によるパワーである。
定義3－使用された（あるいは正味の）パワー（used power/net power）とは，合成力と合成モーメントによるパワーである（実際の力学系と同値系のパワー）。
定義4－力学的エネルギー消費は，エネルギー源によって生み出されたパワーの絶対値の時間積分値と等しい。

要約すると，実際の力学系を同値系へ置き換えることは，関与する力によるパワーと仕事の評価（意味）を変えることになる。それゆえ，「生み出されたパワー」と「使用された（正味の）パワー」の概念を導入するとともに，生み出されたパワーの絶対値の時間積分値として「力学的エネルギー消費（MEE）」を定義することによって，実際の力によるパワーと同値系の力によるパワーの区別を明確にしたのである。

[2] エネルギー補償（energy compensation）

ここでは，エネルギー源の相互変換と時間遅れをともなうエネルギー変換（弾性エネルギーの回復／再利用）の概念を導入する。

❶導入例

図7-4は，摩擦のない2つの関節で連結された3つのセグメントの運動連鎖（kinematic chain）を示したものである。セグメント1と2は，同じ角速度（$\omega_1=\omega_2$）で同一方向へ回転している。対応する力のモーメントはM_1とM_2（$M_1=|-M_2|$）であり，パワーはP_1とP_2（$P_1=|-P_2|$）である。ここで，系の総力学的エネルギーは変化しない，つまり正味のパワーはゼロに等しいと仮定する。この場合，生み出されたパワーの総量はいくらか？ この質問に対する明確な答えは存在しない。なぜなら，使われるモデルの仮定によって，以下のようなさまざまな回答が存在するからである。

1. 2つの単関節筋がそれぞれの関節に作用する場合（図7-4 (1)），負のパワー発生にはエネルギーを必要とする。パワーは独立した2つのエネルギー源によって発生するため，P_1とP_2の実数値は合計できない（ゆえに絶対値の合計を使用）。総力学的パワーP_{tot}は$2P_1$に等しい（式7.10）。

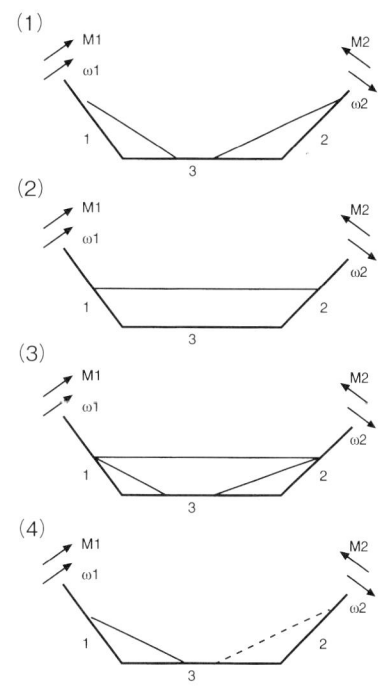

図7-4 単関節筋と二関節筋が作用する3セグメントの運動連鎖

$$P_{tot}=|P_1|+|-P_2|=2P_1 \quad (式7.10)$$

式7.10は，2つの単関節筋により消費されたパワーの合計量（総量）を示す。同様の考えで，

式 7.11 は，個別の関節に独立したエネルギー源を持つ多関節系において適用される式である（式 7.11）。

$$P_{tot} = \sum_j P_j^{pos} + \sum_j |-P_j^{neg}| = \sum_j |P_j| \qquad (式\ 7.11)$$

2. 1つの二関節筋が両方の関節に作用する場合（図 7-4 (2)），生み出されたパワー総量はゼロに等しい（式 7.12）。

$$P_{tot} = P_1 + (-P_2) = 0 \qquad (式\ 7.12)$$

セグメント2を減速させる負のパワー（力学的エネルギー減少を導く）は，セグメント1を加速させる力学的エネルギー増加のために使用される。これが，いわゆる二関節筋の「腱作用」（tendon action）と呼ばれる現象である（Elftman, 1939；Wells, 1988；van Ingen Shenau, 1989；Prilutsky と Zatriorsky, 1994）。この例では，筋はその長さを一定に保ち，力学的パワーを生み出さない。

一般に，すべての関節が1つの共通のエネルギー源を持つ場合にかぎり，使用された（正味の）パワーは生み出されたパワーに等しくなる。式 7.12 を，単関節筋を持つ系に適用すると，正味のパワーは正確に算出されるが，消費された関節パワーは誤って見積もられることになる。合計値としての関節パワーは，正味のパワー，つまり系の総力学的エネルギーの変化率（環境に流入するパワーを含む）に等しくなるが，生み出されたパワーに等しくならない。包括的な式は，以下のように表される（式 7.13）。

$$\frac{dE}{dt} = \sum P_j + \sum F_e v_e + \sum M_e \omega_e = \sum P_j + \sum P_e \qquad (式\ 7.13)$$

ここで，P_e は，外力 F_e とそのモーメント M_e によって生み出されたパワーである。なお，この式は，アレシンスキー（1986b）によって証明されている。

3. 総パワーが P_1 に等しい。2つの単関節筋と1つの二関節筋が2つの関節に作用しており（図 7-4 (3)），3つの筋群のすべては，関節1と関節2において同じ大きさのパワーを生み出すと仮定しよう。それぞれの関節のパワー（P_j, j=1, 2）は，1つの単関節筋（$P_j^{(1)}$）と1つの二関節筋（$P_j^{(2)}$）によって生み出されたパワーの合計となる。ケース2の場合と同様に，二関節筋が2つの関節において生み出した総パワーはゼロとなる（式 7.14）。

$$P^{(2)} = P_1^{(2)} + (-P_2^{(2)}) = 0 \qquad (式\ 7.14)$$

$P_1^{(1)} = P_1/2$, $P_2^{(1)} = P_2/2$, $|P_1| = |-P_2|$ であるため，ケース1の場合と同様に，2つの単関節筋からの総パワーは，式 7.15 と等しい。

$$|P_1^{(1)}| + |-P_2^{(1)}| = |P_1/2| + |P_2/2| = P_1 \qquad (式\ 7.15)$$

4. 負のパワーが系のエネルギーを消費しない場合（図 7-4 (4)），2つの関節における総パワーは P_1 に等しい（式 7.16）。

$$P_{tot} = P_1 + (-P_2) = P_1 + 0 = P_1 \qquad (式\ 7.16)$$

この式は，アレキサンダー（Alexander, 1980）によって使われたものである。

5. 正と負のパワーが加算できない2つの分割された項とみなされた場合，2つの個々のパラメータが分析されなければならない。この方法は，プリルスキー（Prilutsky, 1994）によって採用されたものである。

興味の対象が使用された（正味の）パワーの算出にあれば，それは系のすべてのセグメントのエネルギー変化量の合計に等しくなり，概念的な問題は生じない。この計算のために式7.13は適している。しかしながら，関節で生み出されたパワーを求めたいのであれば，表7-1に示すモデルの中から適切なものを選択しなくてはならない。ただし，いずれのモデルも，拮抗筋活動が無視されている点に注意する必要がある。

表7-1の例では，総関節（見かけの）パワーは，隠されたパワーを除く，総筋パワー量を示している。ただし，パワーの計算にあたり，筋の幾何学的情報（モーメントアーム，筋長）が要求されていない点に注意しなければならない。

運動連鎖が二関節筋によって遂行される場合，隠されたパワーを無視したとしても，さまざまな関節から生じた総パワーは生み出された筋パワーを意味しない。図7-5に示すように，2つの二関節筋 $m_{1,2}$ と $m_{2,3}$ の作用を受ける4つのセグメントからなる3つの関節連鎖を考えてみよう。

筋 $m_{1,2}$ は関節1と2をまたぎ，筋 $m_{2,3}$ は関節2と3をまたいでいる。関節2は $m_{1,2}$ と $m_{2,3}$ の2つの筋が作用している。表7-2から，筋により生み出されたパワーP（列）と関節で生じたパワー（行）を比較してみよう。Pの上付記号は筋，下付記号は関節を示す。

表7-1 総関節パワーの計算モデル

	公式	モデル	
		筋群	負の関節パワーのコスト
1a	$P_{tot} = \sum_j |P_j|$	単関節筋のみ	正の関節パワーと同値
1b	$P_{tot} = \sum_j P_j^{pos}$ ここで，P_j^{pos} は正の関節パワー．	単関節筋のみ	ゼロ
1c	$P_{tot} = \sum_j P_j^{pos} + k \sum_j |P_j^{neg}|$ ここで，P_j^{neg} は負の関節パワーで，0<k<1.	単関節筋のみ	正の関節パワーよりも小さい
2	$P_{tot} = \sum_j P_j$	すべての関節をまたぐ1つの多関節筋（この仮定は非現実的である）	正の関節パワーと同値

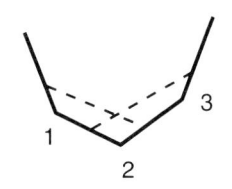

図7-5 二関節筋が作用する4つのセグメントの運動連鎖

表 7-2　二関節筋が作用する運動連鎖の筋パワー対関節パワー

関節パワー	筋パワー	
	$m_{1,2}$	$m_{2,3}$
$P_1 =$	$\|P_1^{m1,2}\|$	
$P_2 =$	$P_2^{m1,2}\|$　　+	$\|P_2^{m2,3}$
		+
$P_3 =$		$P_3^{m2,3}\|$

総筋パワーは，以下の式で表される（式7.17）。

$$P_{tot}^m = |P^{m1,2}| + |P^{m2,3}| = |P_1^{m1,2} + P_2^{m1,2}| + |P_2^{m2,3} + P_3^{m2,3}| \qquad (式7.17)$$

次に，関節パワーを考える。関節1と3のパワーはそれぞれ筋 $m_{1,2}$ と $m_{2,3}$ から生じる。関節2のパワーは考慮中の2つの筋から生じる。総関節パワーは，単関節筋のみだけが作用すると仮定する場合は式7.18aを（表7-1：1a），1つの三関節筋が作用する場合は式7.18bを使用して算出される。

$$P_{tot} = \sum_j |P_j| = |P_1^{m1,2}| + |P_2^{m1,2} + P_2^{m2,3}| + |P_3^{m2,3}| \qquad (式7.18a)$$

$$P_{tot} = \sum_j P_j = P_1^{m1,2} + P_2^{m1,2} + P_2^{m2,3} + P_3^{m2,3} \qquad (式7.18b)$$

式7.18aと7.18bは，パワー値がすべて同符号（正もしくは負）の場合に同じ結果をもたらす。ただし，総パワー値を求めるためには，個々の関節における特定の二関節筋が生み出すパワー値が知られており，さらに筋の幾何学的配列とくに筋の起始・停止部が特定されている必要がある。要約すると，個々の関節で生じたパワー値からでは，すべての関節で生み出された総パワー値を正確に算出できない。総パワー値の算出には，エネルギー源に関する付加的な情報が必要となる。

❷エネルギー相互補償

単関節筋の負のパワーは，他の関節において使用することはできない。それに対して，二関節筋が一方の関節で負のパワーを生み出せば，他方の関節では正のパワーを生み出す。二関節筋が活動しているとき，関節で生じたパワーは隣接の関節で使用される。この種のエネルギー源の特性は，「エネルギー相互補償」（energy intercompensation）と呼ばれる。定義に従うと（Aleshinsky, 1986a；Zatsiorsky, 1986），総パワー量がエネルギー源によって生み出されたパワーの絶対値の合計に等しければ，そのエネルギー源は相互補償されない（式7.19）。

$$P_{tot} = \sum_s |P_s| \qquad (式7.19)$$

ここで，P_s は，個々のエネルギー源（力やモーメント）によるパワーである。総パワー量がエネルギー源によって生み出されたパワーの代数的合計の絶対値に等しければ，その

エネルギー源は相互補償される（式 7.20）。

$$P_{tot} = \left| \sum_s P_s \right| \quad \text{(式 7.20)}$$

　明らかに，単関節筋によって発揮される関節モーメントはエネルギー源を相互補償しないのに対して，二関節筋による関節モーメントはエネルギー源を相互補償する（式 7.19 と 7.20 を式 7.11 と 7.12 で比較せよ）。興味の対象が関節パワーよりもむしろ総筋パワーにある場合には，個々の二関節筋は相互補償しないエネルギー源としてみなされることになる（式 7.17 を比較せよ）。

❸時間遅れをともなうエネルギー補償（回復／再利用）

　筋が引き伸ばされて力を発揮するとき（つまり伸張性収縮時），筋は負の仕事を行う。このとき，力学的エネルギーは弾性エネルギーとして一時的に筋・腱に貯蔵され，その後，時間遅れで系へ返される。この種のエネルギー源の特性を，「エネルギー回復／再利用」（energy recuperation），あるいは「時間遅れをともなうエネルギー補償」（energy compensation over time）と呼ぶ。エネルギー源が時間遅れをともなって補償される場合には，力学的エネルギー消費（MEE）がエネルギー源により生み出されたパワーの時間積分の絶対値に等しくなる式 7.21 を，補償されない場合には式 7.22 を使用する（Aleshinsky, 1986a; Zatsiorsky, 1986）。

$$\text{MEE} = \left| \int_{t_1}^{t_2} P_s dt \right| \quad \text{(式 7.21)}$$

$$\text{MEE} = \int_{t_1}^{t_2} |P_s| \, dt \quad \text{(式 7.22)}$$

　要約として，エネルギー源の相互補償と時間遅れの補償（回復／再利用）の概念を導入した。

5. 仕事・パワー算出モデルと方法

　ここでは，身体運動における力学的パワーと仕事を研究するためのさまざまなモデルについて検討する。このために，これまでの節において導入された概念が使用されるであろう。

[1] 単一質量モデル

　単一質量モデル（single-mass model）とは，身体を体幹－頭－四肢部からなる1つの質点（仮想的な点）とみなすモデルである。したがって，このモデルでは，身体重心（general center of mass: GCM）の運動のみだけが考慮され，身体重心に対する身体各セグメントの運動は無視されることになる。身体重心モデルの最大の利点はその単純化にあり，とくにロコモーション中の地面反力を測定することにより，身体のパワーや仕事を算出する場合に利用されている。その算出方法は，古典力学においてよく知られた定理に基づくものである。

すなわち，系に作用する外力の合計は，系の質量とその重心の加速度（a_{CM}）の積に等しい（式 7.23）．

$$\Sigma F_e = m a_{CM} \quad \text{(式 7.23)}$$

ロコモーションでは，空気抵抗力と摩擦力を無視すれば，2つの外力，つまり地面反力と重力のみだけが作用する．実験では，パワー値は，以下の3つの手順を経て決定される（Cavagna ら，1963，1964；Cavagna, 1975；Blickhan と Full, 1992）．

① 身体重心の加速度は，地面反力（ただし垂直地面反力から体重分の重力を引く）を被験者の身体質量で除して算出する．
② 身体重心の瞬間速度は，その加速度を積分して決定する．ここで，積分定数は系の境界条件（boundary condition），とくに他の測定器から計測された平均水平速度から取得する．
③ 瞬間パワー値（P_{CM}）は，地面反力（$\mathbf{F}_{GR}$）と身体重心の速度（$\mathbf{v}_{CM}$）との内積として算出する（式 7.24）．

$$P_{CM} = \mathbf{F}_{GR} \cdot \mathbf{v}_{CM} \quad \text{(式 7.24)}$$

このモデル（式 7.24）では，身体重心を動かすために使用されるパワーが算出される．また，身体へ作用するすべての力は，身体重心に作用する1つの合成力に置き換えられている．たとえていうと，このモデルは，あたかも身体重心にロープが取りつけられ，そのロープを引っ張るために，われわれが消費したパワー・仕事を算出するモデルであるといえる．このモデルで算出されたパワー・仕事は，「ロコモーターパワー・仕事」（locomotor power/work）と呼ばれている．明らかに，こうした方法で算出されたパワー・仕事は，関節モーメントによって生じた総パワー・仕事量を十分に反映したものではなく，また，確たる総関節パワー量を表したものでもない．

特別な例として，「快適歩行」（comfortable walk）を考えてみよう．この歩行時には，身体重心が水平方向へ一定の速度で移動する．その歩行パターンは「快適」と表現され，二足歩行マシーンの設計の場合には特別な興味が払われる．仮に二足歩行マシーンが快適歩行を実現していたなら，未来のパイロットや旅行者は，各ステップ中に不快を感じさせる加速度を経験しないですむであろう．歩行中，身体重心は一定の高さで移動し，水平加速度はゼロである．したがって，このケースでは，身体重心に作用する合成力による力学的パワー・仕事はゼロに等しくなる．ベレツキー（Beletsky, 1984）の行った計算によれば，関節モーメントによる総仕事量は，上記のような快適歩行では習慣的な通常歩行に比べて4倍を超えるという．快適さを追求するためには，われわれはいたるところで身体の動きに注意を払う必要があるということである．

ロコモーターパワーは，身体重心の力学的エネルギーを変化させるために使われるパワーである．このパワーと身体運動の総関節パワーの関係は十分に明らかにされておらず，厳密な力学的分析も行われてこなかった（例外は後述する Aleshinsky, 1986b の研究）．一般に運動している系の総運動エネルギーは，身体重心の運動エネルギーと身体重心に対して動く身体各セグメントの総運動エネルギーの合計に等しくなる．通常，前者を「外的エネ

ギー」(external energy), 後者を「内的エネルギー」(internal energy) と呼ぶ。この方法では, 総仕事は, 独立した2項, つまり, 身体重心の運動を変化させるために消費される仕事（外的仕事 external work あるいはロコモーター仕事）と身体重心に対して動く身体各セグメントの運動を変化させるために消費される仕事（内的仕事 internal work）の合計としてみなされる。なお, こうした方法で定義された「外的仕事」と「内的仕事」は, 前出の図7-2の定義とは異なるものであることに注意しなければならない。

しかしながら, アレシンスキー (1986b) は, 総力学的エネルギー消費は「外的仕事」と「内的仕事」の合計に等しくならないことを証明した。以下の式は, アレシンスキーの式（系の総エネルギー平衡式）を簡略的に示したものである（式7.25）。

$$\frac{d}{dt}E_{CM} + \frac{d}{dt}E_{REL} = \sum_e P_{e/CM} + \sum_e P_{e/REL} + \sum_j P_j \qquad (式7.25)$$

ここで, E_{CM} は身体重心のエネルギー, E_{REL} はその重心に対して相対的に運動する身体各セグメントのエネルギー, $P_{e/CM}$ は身体へ作用する外力によって重心のエネルギーを変化させるパワー, $P_{e/REL}$ は各セグメントのエネルギーを変化させる外力とモーメントによるパワー, P_j は関節パワーである。この式は, 片脚支持期においてスリップと空気抵抗がなく, 外的モーメントが作用しない特殊な条件下では, 以下の式にように書き換えられる（式7.26）。

$$P_{tot} = P_{CM} + P_{REL} = |\mathbf{F}_{GR} \cdot \mathbf{v}_{CM}| + |-(\mathbf{F}_{GR} \cdot \mathbf{v}_{CM}) + \sum_j P_j| \qquad (式7.26)$$

実数値でなく絶対値の合計であるのは,「外的」および「内的」パワー源が相互補償（相殺）しないとみなされているからである。式7.26は, 総仕事・パワーが2つの項の合計として表される場合に用いられる式である。

この式の使用に際しては, 以下の2点を念頭に置いておかなければならない。1点めは, 実際の関節パワー値が代数的な合計であることである。つまり, それらの完全な相互補償があると暗に仮定されている。表7-1 (2) をみると, この合計は, 1つの多関節筋のみだけがすべての関節に作用する場合において妥当であるのがわかる。もちろん, この仮定は正確ではない。たとえば, 膝関節に負のパワーが生じ, 肘関節で同値の正のパワーが生じた場合, 被験者は力学的パワーを生み出していないことを意味しないからである。

2点めは, 外力 F_{GR} が P_{REL} の内部に含まれていることである。つまり, P_{REL} は外力に依存し, P_{CM} と P_{REL} の2つの項は互いに独立ではない。身体重心を動かすために消費されるパワーを示す F_{GR} と v_{CM} の内積は, P_{CM} と P_{REL} でそれぞれ異なった符号を持つ。これは, これら2つのパワーが互いに打ち消し合うことを意味している。しかしながら, この方法では P_{CM} と P_{REL} のエネルギー源が独立するとしているため, パワーの絶対値が加えられている。その結果として, これらのパワーの打ち消し合いを回避しているのである。最終的には, これらのパワーの2倍のパワーが算出されることになる。たとえば, 被験者がすべての関節を固定し（すべての関節パワーはゼロのため, $\Sigma P_j=0$）, 支持期に「逆振り子」(inverted pendulum) のごとく移動した場合, 式7.26のパワーはゼロにならない。これは, 明らかに不正確な結果である。したがって, このケースでは, 生み出された総パワーを

P_{CM} と P_{REL} の合計（$P_{CM}+P_{REL}$）とする表記は，多義的な意味をもたらしている点に注意しなければならない。

　運動に消費されたパワー・仕事の算出の仕方には限界があるにもかかわらず，単一質量モデルは消費されるエネルギーの利用の仕方を研究するには有効な道具であろう。とくに，この方法は人間の移動運動（ambulation）のメカニズムを理解するのに役立つ。よく知られた歩行の逆振り子モデルやランニングのバネ－質量モデル（Cavagna ら，1963，1964）は，身体の単一質量モデルの有効性を示した好例であろう。

　本節では，身体重心を動かすために使用されるパワー・仕事は，関節モーメントによってなされたパワー・仕事を意味したものではないことを論じた。

[2] マルチセグメントモデル（エネルギー分割アプローチ）

　マルチセグメントモデル（multisegment model：エネルギー分割アプローチと同義）は，剛体における仕事－エネルギーの原理に基づいたモデルである。剛体に作用するすべての外力（非保存力）と偶力によってなされる仕事は，物体の総力学的エネルギーの変化に等しくなる（式7.7）。実験では，身体各セグメントの総力学的エネルギーが決定され（式7.1），その変化が算出される。剛体に作用するすべての外力と偶力によってなされた仕事は，剛体の重心（CM）に作用する合成力と合成偶力の仕事に等しい。それゆえ，マルチセグメントモデルでは，身体各セグメントのその重心に作用する仮想的なエネルギー源（力と偶力）のパワー・仕事を評価することになる。算出されたパワーと仕事は，生み出されたパワーや力学的エネルギー消費（MEE）ではなく，むしろ正味のパワーや正味の仕事（net work）を意味するものである。上述したように，いくつかの力が負の仕事を生み出している場合では，正味のパワー（つまり合成力と合成偶力によるパワー）は，生み出されたパワー（つまり実際の力によるパワー）に等しくならない。したがって，この場合，マルチセグメントモデルは，エネルギー源アプローチで算出される生み出されたパワーや仕事ではなく，正味のパワーと仕事を推定することになる。

　マルチセグメントモデルの重大な限界は，身体各セグメント間のエネルギー伝達（energy transfer）の条件について付加的な仮定を設けなければならないことである。つまり，それは，身体各セグメント間のエネルギー伝達は，関節に作用する力とモーメントのみだけで実現されるというものである。残念ながら，マルチセグメントモデルでは，これらの力やモーメントを明示的に含んでいない。その結果，文献上では，このモデル自体に仮定はなされていないが，実際にはエネルギー伝達を可能とする仮定を設けている。表7-3は，この仮定に基づく効果（エネルギー伝達）の考え得る原因をまとめたものである。

　表中のエネルギー伝達仮定のいくつかは，受け入れがたいモデルに基づいたものである。たとえば，セグメント内のエネルギー伝達の禁止は，身体各セグメントの位置エネルギーと運動エネルギーの変換を禁止する(逆もしかり)ことを意味するものである。この仮定は，エネルギー保存の法則に反しており，支持できないだろう。また，4番目の仮定は，反対称の運動はエネルギーの供給を必要としないが，これは，身体各セグメントのすべてが1つの筋によって連結されていると仮定した場合のみに可能となることを示している。

表7-3 仮定したエネルギー伝達に対する考え得る原因

	仮定 (エネルギー伝達許容の可否)	考え得る原因	コメント
1	身体セグメント内およびセグメント間の伝達の禁止	エネルギー保存の法則に反する	まれに仮定されるモデル
2	身体セグメント内の伝達の許可とセグメント間の禁止	すべての身体セグメントは非連結である 関節において,力ないしモーメントは作用しない	身体セグメントが互いに非連結とした場合のエネルギー伝達様相モデル
3	同一肢でのセグメント間の伝達の許可	1つの筋が同一肢のすべてのセグメントを連結する	他の条件に比べて,単純ではあるが,最も現実的なモデル
4	すべての身体セグメント間の伝達の許可	1つの筋がすべての身体部位を連結する	まれに仮定されるモデル

マルチセグメントモデルにおけるこれらの限界は,力学的パワーと仕事算出法が役に立たないことを意味するものではない。この方法は,関節モーメントによって生み出されるパワーと仕事の決定には適さないが(いくつかの例外を除く),身体各セグメントになされた仕事を決定するためにはきわめて有効な方法である。興味の対象が正味のパワー・仕事にあれば,マルチセグメントモデルは必要不可欠な方法なのである。ここで,応用例の1つを示そう。1世紀にわたって論議されているものに,振り子に似た脚の動作が歩行中のエネルギー消費を最少にするというものがある。遊脚期,脚はその位置エネルギーの損出時に自由振り子に似たふるまいをするとみなされたのである。しかしながら,ザチオルスキーとイヤクミン(Zatsiorsky and Iakumin, 1980)は,歩行周期のあいだ,脚の位置エネルギーの最大値(48 J)がその運動エネルギーの最大値(261 J)よりも非常に小さいことを示した。つまり,歩行中の脚の動作は,自由振り子(振動)とみなすことができないのである。したがって,歩行の高い経済性を説明する他の仮説が求められている。

要約すると,マルチセグメントモデル(エネルギー分割アプローチ)は,身体各セグメントになされた仕事を決定するための方法であり,関節モーメントによって生み出されたパワーと仕事を決定するための方法ではない。

[3] 関節パワーモデル(エネルギー源アプローチ)

エネルギー源アプローチは,個々の関節において生み出されたパワー値の合計に基づくものである。このアプローチでは,関節モーメントと関節角速度の積(式7.2)として関節パワー(joint power)が決定される。

❶「関節モーメント」とは何か?

古典力学では,「関節モーメント(joint moment)」ないしは「関節トルク(joint torque)」の概念それ自体が定義されていないため,使用されていない。一方,バイオメカニクスの文献(たとえば,Zajac, 1993)では,こうした用語は,関節を連結する隣接セグメントに対して共通の関節軸回りに作用する,大きさが等しく向きが反対の2つのモーメントを意味している。このアプローチでは,図7-6に示すように,身体各セグメントに作用するすべ

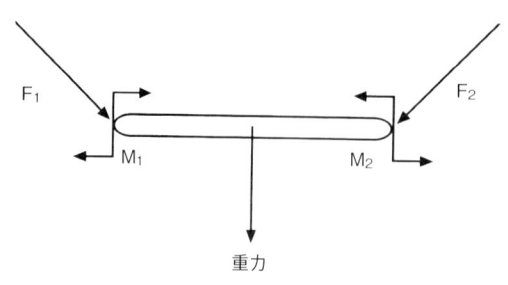

図7-6 身体各セグメントに作用する力と偶力

ての力を，(a) 重力，(b) 関節に作用する2つの合成力，および (c) 関節の回転中心回りにモーメントを発揮させる2つの合成偶力に置き換えている。

身体各セグメントの重心回りの回転運動は，両端の関節モーメント（2つ）と関節力（2つ）の相互作用によって決定されることになる（式7.27）。

$$I\dot{\omega} = M_{res} = M_1 + M_2 + M(F_1) + M(F_2)d \tag{式7.27}$$

ここで，I はセグメントの慣性モーメント，$\dot{\omega}$ はセグメントの角加速度，M_{res} はセグメントに作用する合成モーメント，M_1 と M_2 はセグメント両端の関節モーメント，$M(F_1)$ と $M(F_2)$ はセグメント両端の関節力によって生み出されるモーメント（$M(F) = F \cdot d$，d はセグメントの重心に対するモーメントアーム）である。なお，関節力は，身体各セグメントの並進だけでなく，セグメントの重心に作用しない場合は回転運動をも引き起こす。

単関節筋のみで連結される関節では，関節モーメントはニュートンの第三法則から簡単に求めることができる。ところが，二関節筋ないしは多関節筋がまたぐ関節では，問題がきわめて複雑になる。なぜなら，二関節筋は，中間のセグメントには付着していないため力もモーメントも発揮しないからである。その結果，二関節筋で連結されるセグメントの関節に作用するモーメントはその大きさが異なることになる（Zatsiorskyと Latash, 1993）。したがって，これらのモーメントを，「関節モーメント」または「関節トルク」として集約的に呼ぶのはふさわしくないことが容易に理解できるであろう。しかしながら，現時点の文献では，二関節筋の特性がまったく無視されて関節モーメントが求められているのである。すなわち，実際の力学系が同値系として置き換えられているのである。したがって，この手続きは，身体運動に違いを生じさせないが，総関節パワー量の算出に影響を及ぼすことになる。

単関節筋のみによって生み出される"実際の"関節モーメント（'actual' joint moment）に関していえば，生み出された総パワーは関節パワーの絶対値の合計として算出されるべきである（式7.4）。これは，真実である。なぜかというと，1つの関節で消費されるエネルギー（負のパワー）は，他の関節のエネルギー（正のパワー）の発生を補償しないからである。したがって"実際の"関節モーメントは，相互補償しないエネルギー源である。これに対して，二関節筋が作用する2つの関節の総パワー（"仮想的な"関節モーメントによるパワー）は，式7.12や式7.20に示すように加算することができる。したがって，二関節筋のみが作用する系で算出された"仮想的な"関節モーメントは，相互補償する力学的エネルギー源となる。

❷アレシンスキーのモデル：エネルギー源アプローチ対エネルギー分割アプローチ

種々の関節モーメントのモデルは，許容される相互補償や時間遅れをともなう補償，負の仕事によるエネルギーコストに関して異なっている。現時点のモデルでは，アレシンス

キー（Aleshinsky, 1986a-e）のモデルのみだけが古典力学に基づいた厳密な分析を行っている。このモデルでは，以下に示す仮定が設けられている。
① 運動の制御は，蝶番軸に作用する関節モーメントによって行われる。
② エネルギー源は，相互補償しない。言い換えれば，単関節筋のみが許容される。
③ エネルギー源は，回復（再利用）しない。身体各セグメントの総力学的エネルギーが消失した後にそのエネルギーは系へ返されない。言い換えれば，弾性エネルギーの貯蔵および回復（再利用）を禁止する。
④ 正と負のパワー・仕事のコストは等しい。それゆえ，
　1）複数の関節モーメントの総パワーは，それらによって生み出されたパワーの絶対値の合計に等しい（式7.19）。
　2）力学的エネルギー消費（MEE）は，生み出されたパワーの絶対値の時間積分に等しい（式7.22）。

アレシンスキーのモデルでは，総関節パワーは，個々の関節で生み出されたパワーの絶対値の合計として決定される（式7.4）。また，力学的エネルギー消費は，生み出された関節パワーの絶対値の時間積分として決定される（式7.22）。アレシンスキーは，エネルギー源アプローチ（エネルギー源によるパワー）とエネルギー分割アプローチ（身体各セグメントの総力学的エネルギーの時間変化率）の関係を，以下のようにまとめている。
① 正味のパワー・仕事は，以下の条件の場合のみにおいて，生み出されたパワー・力学的エネルギー消費（MEE）に等しい。(a) すべてのエネルギー源が同符号のパワーを生み出す（綱引き状況ではない），あるいは (b) すべてのエネルギー源が相互補償され（身体は単関節筋のみからなる），かつ回復（再利用）される（筋は貯蔵された弾性エネルギーを100%再利用可能な理想的なバネとみなす）。

　なお，2つ目 (b) の仮定は，非現実的であろう。1つめ (a) の仮定は，プリルスキー（Prilutsky, 1990）とデ・ルーズ（de Looze ら, 1992）の実験において確認された。すなわち，着地や重量上げでは，すべての関節パワーが同符号となれば，両アプローチは同一結果をもたらす。
② 関節力の作用は，系の総エネルギーを変化させない。しかし，セグメント間での再分配は可能である。
③ 総力学的エネルギー消費（総MEE）は，身体重心を動かすための仕事と身体重心に対して身体各セグメントを動かすための仕事の合計に等しくない。
④ 実際の力およびモーメント系を合成力系へ置き換えることは，力学的エネルギー消費の評価（意味）を変える。
⑤ 身体各セグメント内およびセグメント間のエネルギー伝達に関するさまざまな仮定に基づいた力学的仕事算出法（表7-3）は，正確な結果を導かない（伝達のない運動を除く）。

アレシンスキーの研究は，身体運動の力学的仕事とパワー問題を，単に古典力学の原則にしたがって緻密に分析することである。そこでは，力と速度との積あるいはモーメントと角速度との積の時間積分として仕事を定義することが興味の中心となっている。このモ

デルは，エネルギー源として単関節筋のみだけを許容するという点で明らかに限界があり，また，弾性エネルギーを無視し，正と負の関節パワーの絶対値を足し合わせている点で議論の余地を残している。アレシンスキーモデルの長所は，筋力ではなく，関節モーメントが既知である場合に，非保存的な仕方で運動中の力学的エネルギー消費の推定ができる唯一のモデルであるということである。このモデルは，身体運動における力学的パワーと仕事の決定のための最終的な解法ではなく，むしろ，中間段階にある算出法とみなされるべきであろう。

[4] 筋パワーモデル：プリルスキーのモデル

このモデルは，関節パワーではなく，総筋パワーを算出するモデルである。この種のモデルの例として，主としてプリルスキー（Prilutsky と Zatsiorsky, 1994）によって開発されたモデルがある。プリルスキーのモデルでは，単関節筋と二関節筋の両方が含まれており，関節モーメントではなく，筋力が力学的エネルギー源としてみなされている。力学的エネルギー消費（MEE）は，以下の式で算出される（式 7.28）。

$$\text{MEE} = \int_{t_1}^{t_2} \left[\sum_{l,(j,j+1)} |P(t)_{(j,j+1)}^{m_k^{(2)}}| + \sum_{l,j} |P_j^{m_l^{(1)}}| \right] dt \quad (式 7.28)$$

ここで，$P(t)_{j,j+1}^{m_k^{(2)}}$ は k 番目の二関節筋 $m_k^{(2)}$ による関節 j と関節 j+1 において生み出されたパワー，$P_j^{m_l^{(1)}}$ は l 番目の単関節筋 $m_l^{(1)}$ による関節 j において生み出されたパワーである。合計はすべての筋にわたって行われる。総力学的エネルギー消費の算出に際して，個々の筋により生み出されたパワーは，関節での拮抗筋活動はないという仮定に基づいて推定されている。したがって，このモデルでは，筋パワーと仕事量が実際よりも低く見積もられることになる。j 番目の関節に作用する i 番目の筋（i=k,l）の筋力 $F_{i,j}$ は，以下の式から得られる（式 7.29）。

$$F_{i,j}(t) = A_{i,j} \left[M_j(t) - \sum_k M_j^{m_k^{(2)}}(t) \right] / \sum_{q=1}^{n_j} d_{q,j}(t) A_{q,j} \quad (式 7.29)$$

ここで，$M_j(t)$ は j 番目の関節モーメント，$\sum_k$ は 2 つの関節に作用する二関節筋によるモーメントの合計，n_j は j 番目の関節の近位側の共同筋数，$A_{q,j}$ は j 番目の関節の q 番目の共同筋の生理学的断面積，$d_{q,j}(t)$ は j 番目の関節の q 番目の共同筋のモーメントアームである。横断面積，モーメントアーム等に対して適当な推定値しか使われていないため，現時点では，このモデルの使用によって正確な値を導き出すことはできない。しかし，このモデルによって，総筋パワー（プリルスキーモデル）と見かけのパワー（アレシンスキーモデル）の比較が可能である。両モデルは，二関節筋におけるパワーの相互補償を除けば，同一の原則に基づくため，筋活動によるエネルギーの経済性に関する研究を行うことができる。二関節筋による力学的エネルギー消費（MEE）の貯蔵は，以下の 3 つの条件が満たされるときに可能であることが報告されている。(1) 筋が一方の関節で正のパワーを生み出し，他の関節では負のパワーを生み出す，(2) それぞれの関節で筋によって生み出されるモーメントがそれらの関節の制御モーメント（control moment）と同一方向にある，(3) 単関節の拮抗筋は活動しないこと。また，このモデルは，関節間のエネルギー伝達の算出

を許可している。二関節筋によるエネルギーの伝達は規模が大きく，たとえば，スクワットジャンプでは，股関節伸展筋群によって生み出されたエネルギーは，股関節の伸展と膝・足関節の伸展のためにほぼ同じ程度使用される（PrilutskyとZatsiorsky, 1994）。

　要約すると，エネルギー源アプローチは，力と速度との積あるいはモーメントと角速度との積の時間積分を仕事とする，古典的な定義に基づいた唯一の方法である。しかしながら，この方法を使用するためには，エネルギー源とその相互補償，時間遅れをともなう補償（回復／再利用）に関して付加的な情報が必要である。

6．身体運動における力学的パワーと仕事の懸案事項

　ここでは，身体運動における力学的エネルギーの発生，吸収，変換および伝達に関するいくつかの重要な懸案事項を取り上げて検討する。

[1] 伸張性の筋活動（負の仕事）

　身体運動における力学的仕事とパワーに関する各種多様な力学モデルは，対象とする力や負の仕事に対するコスト，エネルギーの相互補償および回復（再利用）に関して，それぞれ異なる条件を設けている。これは，将来開発されるモデルにおいても，同様な事情であると予想される。最後の2節は，負の仕事の扱い方について問題にすることにしよう。正の仕事に対して負の仕事にはさまざまな問題が存在する。解決ずみのもの，簡単に解決できる問題もある一方で，厳密な実験的調査や主要な概念の修正を要求されるものもある。

　1. エネルギー転換と筋の負の仕事の代謝コスト：筋が強制的に引き伸ばされているとき，筋からは2種類のエネルギーが流入・流出している。
   a. 外力は筋に対して仕事を行い，そのエネルギーは筋へ流入する。このエネルギーの一部は弾性エネルギーとして貯蔵されたり，熱として消失したり（Abbottら, 1951），また，未知のバイオメカニカルな反応のために使用される。
   b. 活動筋が消費するエネルギーは，外力に対する抵抗力になる。

　自転車のダウンヒル走は，エネルギー転換例の1つである。この場合，重力が自転車-運転手系に対して仕事を行い，運転手はブレーキに必要なエネルギーを消費する。谷底で自転車が停止すると，位置エネルギーのロス（負の仕事と等しい）は，運転手が系を減速するために消費したエネルギーよりも大きくなる。その結果，効率（力学的仕事量／エネルギー消費量×100）は，100％よりも大きくなる。自転車のアップヒル／ダウンヒルでは，消費される酸素量の比（$+\dot{V}O_2/-\dot{V}O_2$）は125を超えると報告され（Asmussen, 1953），効率は実に3,485％にも及ぶ。明らかに，この知見は，エネルギー保存の法則に反しており，その結果を受け入れることはとうていできないだろう。

　負の仕事に対する効率の算出方法に根本的な問題があるのであるが，現時点では，こうした身体運動における負の仕事量の決定法は確立されておらず，現象を歪めて解釈することにつながっている。

2. 相互補償：二関節筋をモデルに含めることで解決される。しかし，二関節筋によって発揮されるモーメントを知る必要がある。

3. 回復（再利用）：弾性エネルギーの貯蔵とその回復（再利用）の時間経過を知る必要がある。原理的に，これは実験的に決定できる。

4. 身体運動における力学的エネルギーの負の変化対負の仕事：仕事－エネルギーの原理によれば，関節モーメントによる仕事は，身体の総力学的エネルギーの変化に等しくなる（式7.7 と式 7.13）。この原理は，身体各セグメントを剛体とみなし，変形しないという仮定に基づくものである。身体運動における仕事－エネルギーの原理は，身体各セグメントの変形が無視できる場合に適用できるが，いくつかの状況では非現実的である。たとえば，歩行中に転んだとき，身体の位置エネルギーは関節モーメントによる仕事がなくても減少する。一般に，身体の力学的エネルギーが減少すれば，そのエネルギーの一部は関節モーメントの負の仕事が生じなくても消失する。したがって，身体の力学的エネルギーの負の変化は，通常，関節モーメントによる負の仕事よりも大きくなる。そこで，関節モーメントによって身体になされた負の仕事の割合を算出するために，関節モーメントによる負の仕事量と総力学的エネルギー減少量の比で表された指標（着地緩衝指標 index of softness of landing）が提案されている（Zatsiorsky と Prilutsky, 1987）。

［2］エネルギー変換とエネルギー伝達

「エネルギー変換」（energy transformation）とは，並進運動エネルギーから回転運動エネルギーへ（逆もしかり），あるいは，運動エネルギーから位置エネルギーへ（逆もしかり）の力学的エネルギーの転換（conversion）を意味する用語である（Aleshinsky, 1986a）。この「エネルギー変換」という用語は，「身体各セグメント内のエネルギーの伝達（transfer of energy within a body segment）」の代わりに推奨されている。なぜなら，「伝達」（transfer）という言葉は，ある場所から別の場所へ運搬するという意味があるからである。エネルギーの転換が同じ場所でおこるのであれば，「変換」という言葉がより適切であろう。「エネルギー伝達」（energy transfer）という言葉は，身体各セグメント間あるいは関節間のエネルギーの流れ／転移（energy flow）を意味する用語として使うこととする。

❶エネルギー変換

身体運動では，エネルギー変換は 2 つの仕方で実現されている。すなわち，「むち動作」（whip motion）と「振り子動作」（pendulum motion）である。たとえば，歩行時のむち動作は，遊脚期に下腿の角速度が増大しながら，膝の速度が減少するときにみられる。これは，下肢の並進運動エネルギーが回転運動エネルギーへ変換されたとみなすことができる。この現象は，膝上から脚を切断した患者にも観察されている。つまり，遊脚期の膝関節の運動は，筋肉の働きがなくても生じるのである（Bernstein, 1935）。こうしたむち動作によるエネルギー変換は，投動作においても観察されている。

振り子動作は，1 世紀以上にわたって研究者の興味を引きつけており（Weber と Weber, 1836），その存在は広く認められている。しかしながら，個々のケースで，振り子動作の

存在を確定し，バイオメカニクス的観点から証明する必要があろう。理想的な振り子は，(a) 総力学的エネルギー（運動エネルギーと位置エネルギーの合計）が振動周期にわたり一定である，(b) 身体の運動エネルギーと位置エネルギーの変化が正確に逆位相となっている，(c) 動作の遂行が位置エネルギーと運動エネルギーの変換によっている。これらの3つの条件が満たされなければ，動作が，たとえ振り子に似たふるまいを行っていても，振り子動作とはみなされない。たとえば，歩行の振り出し中の下肢の動作は，重力の影響下で周期的に持ち上げられたり，引き下げられたりしており，振り子のようにふるまう。そこで，遊脚期の下肢の動作が振り子動作だとする見方は確からしいように思える。しかしながら，遊脚期中，脚の運動エネルギーの最大値は位置エネルギーのそれを大きく超えている。加えて，遊脚期の脚の総力学的エネルギーは一定ではない（とくに足部）。支持期では，足部の位置エネルギーと運動エネルギーの両方が最少となる。足部は最低位にあり，並進しないと仮定される。したがって，歩行中の脚の動作は自由振り子とみなすことができない。言い換えれば，脚の動作は保存的な系ではないのである。歩行中の振り子動作を特定する問題は，研究者の論争の的となっており，少なくとも，関与する身体セグメントがどこであるかによって，以下の3つの仮説が展開中である。(a) 脚，(b) 全身，とくに身体重心と HAT セグメント（頭－腕－体幹），(c) 重心と四肢，による振り子モデル（Zatsiorskyら，1994）。

❷エネルギー伝達

バイオメカニクスの文献では，「エネルギー伝達」という言葉が漠然として用いられている。統一性に欠ける言葉の使用ゆえに論争も生じてきた。たとえば，垂直跳びにおいて近位から遠位の関節へエネルギーの伝達が引き起こされることが報告されている（van Ingen Schenau, 1989）。脚が最大伸展位近くになると，下腿三頭筋は，大腿の回転エネルギーを足関節へ伝達するというエネルギー伝達装置として働く。結果として，大腿の回転エネルギーは減少し，足関節において測定されるパワーと仕事は増大するというものである。これに対して，パンディとザヤッチ（Pandy and Zajac, 1991）は，踏切中のエネルギー伝達は遠位から近位部へおこり，足関節においてなされた仕事が近位部のエネルギーを増大させるとしている。これらの食い違った研究結果は，「力学的エネルギーの伝達」という言葉のニュアンスの違いに起因していると思われる。

われわれの見解では，以下の4種類のエネルギー伝達が識別される。ただし，セグメントから筋へのエネルギーの流れは含まないとする。

1. **関節からセグメントへ**：ある関節で生み出されたパワー・仕事は，その関節を含まない離れたセグメントの力学的エネルギーを変化させるためにも使用される。たとえば，肘関節と手関節を固定した状態で肩関節を外転させた場合には，肩関節筋群により生じたエネルギーは手部へ伝達される。踵を持ち上げる足関節の底屈動作は，すべての身体セグメントのエネルギー量を変化させる。垂直跳びでは，エネルギーの伝達は，遠位の関節（足関節）から近位セグメントへ向かって行われる。

2. **セグメントから関節へ**：たとえば，踏切中，膝が最大伸展位に近づくと，大腿部の

回転エネルギーは，二関節筋を経由して足関節へ伝達される（van Ingen Schenau ら，1990）。減速中に失われた大腿部のエネルギーは，足関節の力学的仕事として出現する。エネルギーの伝達は，近位セグメント（大腿部）から遠位関節（足関節）へ向かって行われる。

3. 関節から関節へ：股関節伸展筋群が正の仕事を生み出した場合を考える。二関節筋である大腿直筋が等尺性収縮を行えば，その筋自体は力学的仕事を生み出さない。しかし，大腿直筋自身は，股関節から膝関節へエネルギーを伝達させている。その結果，股関節伸展筋群によって生み出された仕事の一部が膝関節において力学的仕事として出現する。セグメントから関節へのエネルギー伝達との違いは，エネルギーがどこに由来するかにある。セグメントから関節への伝達では，動いているセグメントのエネルギーが使われる。一方，関節から関節への伝達では，筋の仕事が直接のエネルギー源である。どちらの場合も，エネルギーは，二関節筋を経由して関節へ伝達される。

二関節筋によって脚の任意の関節へあるいは任意の関節からのエネルギー伝達率は，以下の式により与えられる（式 7.30）（Prilutsky と Zatsiorsky, 1994）。

$$P_j^{tr}(t) = P_j(t) - \sum {}_j P^m(t), \quad j = 1, 2, 3 \qquad (式 7.30)$$

ここで，下付 j は脚の関節数，t は時間，$P_j(t)$ は j 番目の関節の関節モーメントによって生み出されたパワー，$\sum{}_j P^m(t)$ は j 番目の関節に作用するすべての筋によって生み出されたパワーの合計である。ただし，任意の符号を持つ。仮に任意の関節に作用する筋の総パワー$\sum{}_j P^m(t)$ と関節のモーメントパワー $P_j(t)$ が同一の符号を持ち，$P_j(t)$ が正であるなら，関節に力学的エネルギーが追加される。

4. セグメントからセグメントへ：1 つの筋により連結された 2 つのセグメントが同じ方向へ回転していて，筋が活動している場合，エネルギーの交換がおこる。セグメントの一方において，筋力とセグメント速度の方向が互いに反対であれば，セグメントはエネルギーを放出する。このエネルギーの一部は，次のセグメントによって獲得され，また，筋によって吸収される。この種のエネルギー伝達は，最初にピエリノスキーら（Pierrynowski ら，1980）によって研究されたものである。

7．まとめ

身体運動におけるパワーと仕事を決定するための基本的な方法には，以下の 3 つがある。
① 身体重心に作用する力によるパワーと仕事（単一質量モデル）
② 身体各セグメントの重心に作用する合成力と合成偶力によってなされる正味のパワーと仕事（エネルギー分割アプローチ）
③ 関節モーメントによる見かけのパワーと力学的エネルギー消費（MEE）（エネルギー源アプローチまたはアレシンスキーモデル）

これらの方法は，いずれも，確たる筋の仕事量を表したものではなく，また，最初の 2 つの方法は，確たる関節モーメントによるパワーと仕事量を表したものでもない。加えて，

筋の負の仕事をどのように扱うのかが定まっていないため，以下の暫定的な仮定がなされているにすぎない。(a) エネルギー相互補償，(b) エネルギー回復／再利用，(c) 負の仕事に対するコスト。こうした状況は，一見われわれを落胆させるものであろう。しかしながら，これらのパワー・仕事の決定方法には限界があるとはいえ，これらは，絶えずわれわれに身体運動についての新しい知識をもたらし，また，強力な研究の道具であることに変わりはない。さまざまな被験者，実験条件，そして運動間の比較を可能とする評価を与えているのは，まさしく，これらの方法ということなのである。

【謝辞】

アレシンスキー博士，ネルソン博士，ニッグ博士との論議はこの上なく有意義なものであった。本章へコメントを組み入れさせてもらったプリルスキー博士にも深く感謝している。

また，アンドリュー・ハーディック氏とトニー・スパロー氏には原稿の編集に多いに協力していただいた。ここに深謝いたします。

【訳者注】

43）反対称…符号反転対称。ある2つのものの座標と，その符号が反転した状態。

44）力の同値系…実際には面で力が加えられているような複数の力ベクトルを，重心に加わる1つの力ベクトルで表すことで同じ作用を表すようにしたもの。

【引用・参考文献】

Abbott, B.G., X.M. Aubert, and A.V. Hill. 1951. The absorption of work by a muscle stretched during a single twitch or a short tetanus. *Proceedings of the Royal Society of London, Series B* 139: 86-104.

Aleshinsky, S.Yu. 1986. An energy 'sources' and 'fraction' approach to the mechanical energy expenditure problem. 1. Basic concepts, description of the model, analysis of a one-link system movement. *Journal of Biomechanics* 19: 287-293.

Aleshinsky, S.Yu. 1986b. An energy 'sources' and 'fraction' approach to the mechanical energy expenditure problem. 2. Movement of the multi-link chain model. *Journal of Biomechanics* 19: 295-300.

Aleshinsky, S.Yu. 1986c. An energy 'sources' and 'fraction' approach to the mechanical energy expenditure problem. 3. Mechanical energy expenditure reduction during one link motion. *Journal of Biomechanics* 19: 301-306.

Aleshinsky, S.Yu. 1986d. An energy 'sources' and 'fraction' approach to the mechanical energy expenditure problem. 1Y. Criticism of the concept of 'energy transfers within and between links.' *Journal of Biomechanics* 19: 307-309.

Aleshinsky, S.Yu. 1986e. An energy 'sources' and 'fraction' approach to the mechanical energy expenditure problem. Y. The mechanical energy expenditure reduction during motion of the multi-link system. *Journal of Biomechanics* 19: 311-315.

Alexander, R.McN. 1980. The mechanics of walking. In *Aspects of animal movement,* eds. H.Y. Elder, and E.R. Trueman, 221-234. Cambridge: Cambridge University Press.

Asmussen, E. 1953. Positive and negative muscular work. *Acta Physiologica Scandinavica* 28: 364-382.

Beletsky, V.V. 1984. *Biped walking.* Moscow: Nauka Publishers (in Russian).

Bernstein, N.A. 1935. *Study of biodynamics of locomotion.* Moscow: VIEM (in Russian).

Blickhan, R., and R.J. Full. 1992. Mechanical work in terrestrial locomotion. In *Biomechanics—Structures and Systems: a practical approach,* ed. A.A. Biewener, 75-95. New York: IRL Press.

Cavagna, G.A. 1975. Force platforms as ergometers. *Journal of Applied Physiology* 39: 174-179.

Cavagna, G.A., F.P. Saibene, and R. Margaria. 1963. External work in walking. *Journal of Applied Physiology* 18: 1-9.

Cavagna, G.A., F.P. Saibene, and R. Margaria. 1964. Mechanical work in running. *Journal of Applied Physiology* 19: 249-256.

deKoning, J., and G.J. van Ingen Schenau. 1994. On the estimation of mechanical power in endurance sports. *Sport Science Review* 3: 34-54.

deLooze, M.P., J.B.J. Bussmann, I. Kingma, and H.M. Toussaint. 1992. Different methods to estimate total power and its components during lifting. *Journal of Biomechanics* 25: 1089-1095.

Elftman, H. 1939. Forces and energy changes in the leg during walking. *American Journal of Physiology* 125: 339-356.

Fenn, W.O. 1930. Work against gravity and work due to velocity changes in running. *American Journal of Physiology* 93: 433-462.

Gregor, R.J., and T.A. Abelew. 1994. Tendon force measurements in musculoskeletal biomechanics. *Sport Science Review* 3: 8-33.

Komi, P.V. 1990. Relevance of in vivo force measurements to human biomechanics. *Journal of Biomechanics,* 23 (Suppl.1): 23-34.

Pandy, M.G., and F.E. Zajac. 1991. Optimal muscular coordination strategies for jumping. *Journal of Biomechanics* 24: 1-10.

Pierrynowski, M., D. Winter, and R. Norman. 1980. Transfer of mechanical energy within the total body and mechanical efficiency during treadmill walking. *Ergonomics* 23: 147-156.

Prilutsky, B.I. 1990. *Eccentric muscle activity in human locomotion.* Ph.D. diss., Latvian Research Institute of Traumatology and Orthopaedics, Riga (in Russian).

Prilutsky (Prilutskii), B.I., and V.M. Zatsiorsky (Zatsiorskii). 1992. Quantitative estimation of the "tendon action" of two-joint muscles. *Biophysics* 36: 154-156.

Prilutsky (Prilutskii), B.I., V.M. Zatsiorsky (Zatsiorskii), and L.N. Petrova. 1991. Mechanical energy expenditure on the movement of man and the anthropomorphic mechanism. *Biophysics* 37: 1001-1005.

Prilutsky, B.I., and V.M. Zatsiorsky. 1992. Mechanical energy expenditure and efficiency of walking and running. *Human Physiology* 18: 118-127.

Prilutsky, B.I., and V.M. Zatsiorsky. 1994. Tendon action of two-joint muscle: transfer of mechanical energy between joints during jumping, landing, and running. *Journal of Biomechanics* 27: 25-34.

Thys, H., P.A. Willems, and P. Saels. 1996. Energy cost, mechanical work and muscular efficiency in swing-through gait with elbow crutches. *Journal of Biomechanics* 29: 1473-1482.

vanIngen Shenau, G.J., 1989. From rotation to translation: constraints on multi-joint movements and the unique action of biarticular muscles. *Human Movement Science* 8: 301-337.

vanIngen Shenau, G.J., and P.R. Cavanagh. 1990. Power equations in endurance sports. *Journal of Biomechanics* 23: 865-881.

vanIngen Shenau, G.J., W.W.L.M. van Woensel, P.J.M. Boots, R.W. Snackers, and G. de Groot. 1990. Determination and interpretation of mechanical power in human movement: application to ergometer cycling. *European Journal of Applied Physiology* 61: 11-19.

Weber E., and W. Weber. 1836. *Mechanik der Menschlichen Gehwerkzeuge: Eine anatomisch physiologische Untersuchung.* Gottingen.

Wells, R.P. 1988. Mechanical energy costs of human movement: an approach to evaluating the transfer possibilities of two-joint muscles. *Journal of Biomechanics* 21: 955-964.

Whiting, W.C., R.J. Gregor, R.R. Roy, and V.R. Edgerton. 1984. A technique for estimating mechanical work of individual muscles in the cat during treadmill locomotion. *Journal of Biomechanics* 17: 685-694.

Williams, K.R., and P.R. Cavanagh. 1983. A model for the calculation of mechanical power during distance running. *Journal of Biomechanics* 16: 115-128

Winter, D.A. 1978. Calculation and interpretation of mechanical energy of movement. *Exercise Sport Science Reviews* 6: 183-201.

Winter, D.A. 1979. A new definition of mechanical work done in human movement. *Journal of Applied Physiology* 46: 79-83.

Winter, D.A. 1990. *Biomechanics and motor control of human movement*. 2d ed. New York: Wiley.

Zajac, F.E. 1993. Muscle coordination of movement: a perspective. *Journal of Biomechanics* 26 (Suppl.): 109-124.

Zatsiorsky, V.M. 1986. Mechanical work and energy expenditure in human motion. In *Contemporary problems of biomechanics 3: optimization of biomechanical movements*, ed. I.V. Knets, 14-32. Riga: Zinatne Publishing House. (in Russian).

Zatsiorsky, V.M., and N.A. Iakunin. 1980. Mechanical work and energy during locomotion. *Human Physiology* 6: 579-596 (in Russian).

Zatsiorsky, V.M., S.Yu. Aleshinsky, and N.A. Iakunin. 1982. *Biomechanical basis of endurance*. Moscow. (In Russian, published also in German, 1986).

Zatsiorsky, V.M.and B.I. Prilutsky. 1987. Soft and stiff landing. In Johnson B.(Ed.) *Biomechanics X-B,* ed. B. Johnson, 739-744. Champaign, IL: Human Kinetics.

Zatsiorsky, V.M., and M.A. Latash. 1993. What is a 'joint torque' for joints spanned by multi-articular muscles? *Journal of Applied Biomechanics* 9: 333-336.

Zatsiorsky, V.M., S. Werner, and M.A. Kaimin. 1994. Basic kinematics of walking: step length and step frequency: a review. *Journal of Sports Medicine and Physical Fitness* 34: 109-134.

著者紹介

バルディミア・ザチオルスキー（Vladimir M. Zatsiorsky）…ペンシルバニア州立大学（アメリカ）教授。主な研究テーマ：スポーツバイオメカニクス，手と指の機能のバイオメカニクスを基礎とした運動制御法。

ロバート・グレゴー（Robert J. Gregor）…ジョージア工科大学（アメリカ）教授。主な研究テーマ：運動の生成と制御の際の骨格筋の利用，筋腱複合体に加わる力の測定，高齢者の転倒予防。

Column 6

パフォーマンス向上のための身体特性の有効利用

　筋腱複合体は，バネとダンパーを組み合わせた粘弾性体としてその特性を表現できる。運動中に，この弾性要素を巧く利用することによって，パフォーマンスを向上させることができる。垂直跳びでできるだけ高く跳ぼうとする際やバレーボールのスパイクを打とうとする際に無意識に一度しゃがみ込むのは，足関節底屈筋である下腿三頭筋，膝関節伸展筋である大腿四頭筋，股関節伸展筋である大臀筋をいったん引き伸ばす動作（プレ・ストレッチ）を入れることによって，これらの筋群の弾性エネルギーの再利用を図っているのである。そして，このプレ・ストレッチの方法が，パフォーマンスに影響を与えることが明らかになっている。

　ヴォイトら（1995）は，スクワット姿勢から反動動作を入れずに行うジャンプ，反動動作を入れたジャンプ，台の上（30，60，90cm）から着地した直後にジャンプするドロップジャンプを実施し，ジャンプ高と腱に蓄積される弾性エネルギー量の推定を行った。その結果，反動動作を入れたジャンプと30cmの台からのドロップジャンプにおいて最も高いパフォーマンスが得られ，プレ・ストレッチのための最適負荷があることを示唆した。この際の足関節，膝関節，股関節の腱に蓄えられる弾性エネルギー，特に各関節が伸張性の運動をすることによって蓄えられる弾性エネルギーは，ジャンプ高と高い相関関係にあったと報告している。

【文献】

Voigt, M., et al. (1995). Mechanical and muscular factors influencing the performance in maximal vertical jumping after different prestretch loads. J Biomech, 28, 293-307.

第8章

周期的運動の学習における最適化

ビヨン・アルモスバック /H.T.A. ホワィティング / ローランド・ファンデンティラー

　最適化（optimization）という言葉は，身体運動や行動を扱う文献の中で頻繁に目にすることができる。しかしながら，その意味が明確に定義されていないため実際の使用が難しい用語でもある。「最適化」の概念は，本章のテーマである周期運動の「適応（adaptation）」や「効率（efficiency）」といった概念とも深い関わり合いを持っている。本章の内容をよりよく理解するためにも，まずこの「最適化」という用語の解釈を明確にすることから始めることにする。

　辞書の上では，「最適化する」という動詞は，「対立した性質を持つものが最良の妥協点を見つけること」と説明されている。この観点から生体の運動における最適化の意味を考えてみよう。ダイナミカル・システムズ・アプローチの理論に基づけば，生体は互いに影響を及ぼし合う複数の要素から構成される　複合的なシステムと見なすことができる。このようなシステムでは，ある1つの構成要素が適応的に変化しようとすると，その他の構成要素もその影響を受けて変化してしまう。この際，影響を及ぼされた側の要素の変化は，必ずしも適応的な方向に向かうとはかぎらない。場合によっては，より非適応的な状態に移行してしまうこともある。つまり，個々の構成要素をすべて最適化しようとしても，システム全体としてはあちらを立てればこちらが立たず，といった状況に陥ることのほうが多いのである。

　人間を1つのシステムとして見なしたとき，思考，感覚，信念，観念，記憶，意志決定といった概念的な要素を構成しているサブシステムが，互いに影響を与え合っている。しかし，たとえそのどの2つのあいだに強いつながりがあったとしても，それらのサブシステムがつねに同一の状態を維持することは困難だと考えざるをえない。つまり，システム

としての人間のふるまいが最適だと思われる状態にあっても，それを構成しているサブシステムは最適以下の状態にとどまっている可能性が高いのである（Levine & Leven, 1995）。

　人間の行為の自由度は，これらのサブシステムによって制約されていると考えられている。この制約は物理的，生理的，情報的，社会的，神経的など，さまざまな形で現れ，行動をする者の意志決定に影響を与える。また，ある特定の時点における種々の制約の優先順位により，意図と行動の関係が形成されるのである。

1. 適応と最適化

　よりよいパフォーマンスを発揮できるようにシステムの構造が変化することは「適応」と呼ばれている。したがって，「適応」はパフォーマンスを改善する一種の「最適化」と考えることができる。「適応」と「最適化」は，一見するとよく似た意味を持っているように思われるが，実際には異なった概念として扱われている。適応とは，あるシステムがより高水準の最適化を実現するために構造的，機能的に変化することである。たとえば，運動の学習によって生ずる協応パターンの変化は運動効率の改善を引き起こすことが知られているが，これは適応の1つと考えられる。ただし，適応によって高度に洗練された構造や外部環境との相互作用を獲得したシステムであっても，それらはつねに改良の余地を含むことが多い。たとえ適応を繰り返したシステムであっても，完全に最適化された状態にあるとはいいきれないのである（CoveneyとHighfied, 1995）。

　ダイナミカル・システムズ・アプローチでは，システムのふるまいを固有ダイナミクス（intrinsic dynamics），秩序パラメータ（order parameter），制御パラメータ（control parameter）といった概念を利用して記述する（Kelso, 1995）。固有ダイナミクスとは，システムが先天的に有している自律的な協応傾向のことであり，固有ダイナミクスがつくり出す運動の協応パターンは秩序パラメータと呼ばれている。たとえば，四足動物が比較的制約の少ない環境下で移動する場合，四肢の動きは特定の位相関係を示すことが知られている。馬の場合では，移動速度が増加するにつれて歩行，速足[訳注18]，疾走とロコモーションのパターンが変化していく。このパターンは秩序パラメータとして見なすことができ，四肢の運動の位相差によって記述することができる。また，ここでの移動速度のように，秩序パラメータを変化させる変数は制御パラメータと呼ばれている。移動のためにどの秩序パラメータが利用されるかは，制御パラメータである移動速度によって決定されるのである。制御パラメータの変化に対して秩序パラメータは非線形の変化を示すことが知られている（HoytとTaylor, 1981）。注意が必要なのは，制御パラメータは秩序パラメータを変化させることができるが，運動パターンそのものを制御しているわけではない点である。制御パラメータが秩序パラメータの状態を直接的に規定することはないし，そこに秩序パラメータを制御する変数が含まれているわけでもない。

　先天的に獲得されている動作の協応パターンが，どの程度遺伝的に決定されているのか，また学習によってどういった変化を示すのかといった問題は，未だ十分に明らかになっていない。他方，不自然な協応パターンであっても，練習を重ねることによりそのパターン

を習得することは可能である。つまり，生物は身につけるべき固有ダイナミクスに対する適応能力を有している。ただし，このトレーニングには莫大な手間と時間がかかる。これは，「エネルギー消費の経済性」という本来優先されるべき制約の優先順位を意図的に低くするという，不当な選択をシステムに強要する必要があるためであろう。また，新しい協応パターンを学習する過程において，種々の制約の優先順位がどのように変化するかは重要な問題であるが，この点に関しては，これまであまり注目されてこなかった。おそらく「エネルギー消費の経済性」という制約に割り当てられている優先度は，学習が進むにつれてより高くなっていくことが予想される。この問題は，著者自身が行った周期運動を課題とした学習実験で検討しているものであり，詳細は本章の後半部分で再び触れることにする。

2. 行為と反応

　生物が示す連続的な適応も最適化への努力も，環境に対する受動的な反応の結果として生じたものと見なす必要はない。人間に関していえば，環境と相互作用しているだけではなく，自らが自由にできるものに対してはすべての意味において能動的に働きかけていることは明らかである。そうしているあいだは，ある特定の機能を最大限に活用する必要はないのである。

　適応の意味を保守的にとらえると，システムが破綻しないように現状を維持する受動的な現象と見なすことができる。環境の要求にしたがって生体が自らの特性を変化させることが，適応の1つの性質だと考えられる。しかしながら，この考えとは対照的な解釈も可能である。適応による最適化は受動的な結果だけではなく，生体が環境の中にある利用できるものすべてに対して能動的に働きかけたことに起因している（Warburton, 1969）。生物が生命現象として行っていることは環境とのバランスを取るだけではなく，種（属）の発達や自己保存のプログラムの実現に有利なように，能動的に環境を征服しているとも考えられるのである（Bernstein, 1967）。運動の学習過程においては，能動的な働きかけと受動的な働きかけの双方が，固有ダイナミクスの変化を引き起こしていると考えるべきなのであろう。

　学習の初期段階のように，新しい協応パターンを獲得する必要があるときには，生体が能動的に固有ダイナミクスを修正することが多くなる。ダンサーが新しい振り付けのルーチンを学習したり，高跳びの選手が背面跳びを新しく習得しようとすることは，その典型的な例である。この際には，当初システムに割り当てられていた運動の配列を，課題の制約にしたがうように再配列することになる。これにより，可能なかぎり定式化し，安定した運動システムの構造を獲得する（Bernstein, 1967）。ベルンシュタイン（Bernstein, 1967）によれば，「練習」とは，ただ単に運動の正しいやり方を繰り返すことを指しているのではない。反復によってより完璧なものに近づいた技術を利用して，目的を達成するために繰り返し運動問題の解決を試みる過程が練習なのである。つまり，練習はまったく同じことを反復することはないという，特殊なタイプの反復から成り立っているものである。練習

によって生ずる運動の最適化は，運動を能動的に収束，生産していく過程であり，それに費やされる期間は想像以上に長い。たとえば，葉巻づくりの作業者が2年間にわたって3万回の動作を行ったにもかかわらず，その後も動作時間の改善が生じたという報告もある（Crossman, 1959）。

固有ダイナミクスの改善にとって重要なのは，「どうやってその運動を行うか」というよりも，運動によって発揮される機能，つまり「その運動が成功するかどうか」という点である。探索的に学習をしている幼児のふるまいは，この事実を如実に示している。動いている物体を捕まえる，口に食べ物を運ぶ，ある地点から目標の地点まで移動するといった，さまざまな運動を行っているときの幼児は，動作を実行する方法よりも目的の達成に興味が向いているようである。その一方で，この間には子どもの固有ダイナミクスが急激に変化する。生後1年間の幼児を観察すれば，実際にこの変化を目にすることができる（ただし，言語による介入を加えない状態で観察する必要がある）。この時期は，「どうやって運動するのか？」といった運動の方法は，潜在的に学習されているのである。

ここまでの説明でポイントとなるのは，ある1つの制約に注意が向いているときには，その他の制約がその下位に置かれることである。この制約の優先順位の変更は一時的なものであり，学習の進行に応じて変化すると考えられる。ダンサーを例にとって考えてみると，一連の複雑な振り付けを習得するときには，まず手続き的な技術を身につけることが最優先事項となり，美的表現やエネルギー消費量低下の優先順位は下位のものとなる。しかしながら，手続きの習得が達成された後には，これらの制約はより上位の優先事項として見なされるようになる。

3. 適応と調整

練習によって生ずる協応パターンの変化は，適応（adaptation）と調整（attunement）の2つの過程に区別して考えることができる。ダイナミカル・システムの観点からすると，適応が生じたと見なされるのは，行動している生体の固有ダイナミクスが変化したときである。たとえば，指振り運動のカップリングの変化（ZanoneとKelso, 1992）や，スキースラローム・シミュレーターの操作の学習過程における制御様式の変化（Vereijken, 1991）は，適応によって新しい支配体系が出現したことを示している。

システムが新しい協応パターンをつくり出すことができるのは，固有ダイナミクスに対してシステムが可変性を有しているためである。つまり，システムの持つ固有ダイナミクスが変更されることで，ある運動問題に対する新しい回答を生み出すことが可能となる。また，関連する協応パターンに対しては固有ダイナミクスの般化も期待できる。生体の運動に関わる研究者たちは，この数年間，特定の課題に対する最適な動作パターンを同定することに明け暮れてきた。しかしながら，現在のところこの試みが成功しているとはいいがたい状況にある。その原因の1つに運動の持つ等価性の問題がある。ある1つの運動問題を解決できる運動の方法は無数に存在している。その中から理想のパターンを決定するためには，パフォーマンスに対して影響を与えている多数の制約を考慮する必要がある。

その結果，ある1つの運動パターンを決定するために，非常に多くの条件づけが必要になってしまうのである。

　適応は現時点というよりも，その次の時点で遭遇する環境に対応した変化を引き起こすものである。つまり，適応は未来への指向性を持つのである。この点に関しては，リハビリテーションの領域で行われている研究でとくによく説明されている。たとえば，ラタッシュとアンソン（LatashとAnson, 1996）は，障害者が示す風変わりな協応パターンは異常と見なすべきものではなく，中枢神経系の特性を再配列したことで生ずる適応的な変化だと考えている。つまり，障害者の動作パターンの多くは，その時点における最適なものとして見なすことができる。この指摘は大変に有用なもののように感じられるが，実際の解釈に際しては，次のような注意が必要である。皮質は可塑性を持つため，損傷からの回復過程では中枢神経のネットワークがつねに変化しつづけている可能性が高い（Biryukovaら，1996）。したがって，この時点で生ずる運動はすでに最適化が達成された結果というよりも，最適化が生じている過程の現象として見なすべきものと考えられる。

　一方，「調整」が働くのは，運動が行われているその時点の問題解決のためであり，協応というよりもある種の統制と呼ぶべきものである。時々刻々と変化していく環境の中で運動課題を達成するためには，その変化に対応するために，外部環境の知覚的自由度と身体の生理学的自由度の対応を逐次的にマッピングした上で，それに基づいて運動を生成する必要がある。たとえば，飛んでくるボールをキャッチするときを考えてみると，その動作を制約するのはその人自身の持つ固有ダイナミクス（つまり適正なキャッチング動作を遂行する能力）だけではない。正確なキャッチ動作を導き出すためには適切な時間，適切な位置にキャッチする手を移動させなくてはならない。つまり，ボールの位置や速度，加速度，方向などの情報も運動を制約していることがわかる。実世界で行われているほとんどの動作は，このような知覚的情報からの制約を受けているのである。

[1] 日常生活での活動

　日常的に行われているような複雑な運動を研究の対象とする際には，適応と調整を同時に評価することは難しく，分析の対象をどちらか一方に絞らざるをえないことが多い。たとえば，デパートに買い物に来ている人の行動を分析することを想像してみれば，われわれが日常生活の中でどれほど複雑で多様な要因から影響を受けているかは一目瞭然である。したがって，実験室のように統制のとれた環境下で行われた実験の結果から導き出されたセオリーを利用して実践場面を切り分けることは，現実的には困難だといわざるをえない。また，日々の実践的な行動の中には，学問的なセオリーでは明確に割り切ることのできない関係性が数多く存在しているのも厳然たる事実である。このことは，運動学習や運動制御の研究で論じられているセオリーをそのまま実践場面に応用したところで，その妥当性が低下することは不可避であることを意味している。

　このジレンマに対して次のような指摘がある。科学者がセオリーを構成したり，明確な目的を持つ統合的な調査をする場合には，実験のデザインに沿わないふるまいを示すものを排除し，現象に含まれる複雑性を矮小化して扱うことが多い（Gilgen, 1995）。平均や標

準偏差，他の要因との合計化といった，データの持つ固有の複雑性を減少させる描写的な統計が好まれて利用されてきたのもこのためである。また，予測された影響に沿った情報を得るための推理統計も同様に数多く利用されてきた。つまり，行動に含まれている複雑性は均質化した上で扱われているのである。しかしながら，実際に行動する人間からすると，日常生活の行動を決定している要因は，研究者が注目した以外のものが高い優先順位を持つことが少なくないのである。

　日常生活で一般的に行われている運動スキルは，さまざまな要素が入れ子構造をなすことで形成されている（Whiting, 1990）。あらゆる熟練したスキルも，巨視的に見ればそのスキルを包含するより大きなシステム，つまり生活の中の出来事（event）や文化，社会など，の一部として行われている。スポーツの例としてアイスホッケーに注目してみると，試合中にパックをコントロールするスキルは，競技が行われているその試合に属するものと見なすべきであるし，より一般的な観点からすればアイスホッケーという競技の持つ文化でもある。もし，それがオリンピックの試合中に行われていたものであったなら，社会的な現象としてもとらえられる。このような幅広い文脈が，競技者の意志決定やパフォーマンスを制約しているのである。臨床的な例として，歩行においても同様のことが当てはまる。歩行は個人が有する運動スキルであり，歩行パラメータ（gait parameter）と呼ばれるバイオメカニクス的な変数によって定義することができる。その一方で，環境の中を動き回ることが歩行本来の目的である。実環境は実験室と比較すると雑然としていることが多く，投薬の影響，家族や世話人の看視のような知覚的な負荷があることも珍しくはない。このような環境は，もちろん実験室のものとは大きく異なっているが，文化的にはむしろ標準的であろう。したがって，日常的な環境下で患者が選択した最適な歩行パターンが，理論家やセラピストの定めた基準と異なることになっても別段驚くことではない。研究者は，むしろ複雑な環境下における歩行がどのような制約の影響を受けているかに注目すべきなのである。実際に日常的な環境で運動する者を悩ませているのは，環境に存在する数多くの制約の中から，制御に影響を及ぼす主要なものを見きわめることの難しさなのである。このような指摘は，近年になって取り上げられた目新しいものではない。たとえばウェルフォード（Welford, 1968）によれば，1958年にはすでにこの問題に関する議論がなされており，注目すべき問題は運動によって達成された結果だけでなく，その課題を達成するための方法であることが指摘されている。それによれば，不利な条件やなんらかの障害がある条件では，その時点で利用できるもの（身体機能や環境を含めて）をうまく活用して，システム全体のパフォーマンスを最適にするように，方法を代償的に変化させるという。つまり，あるきっかけごとに最適化の基準が時々刻々と変化しているのである。

　このような論議において中心的な問題となるのは，実世界で行われる運動のふるまいが，実は幅広い制約の影響下にあるという事実である。研究者が理論に則った研究調査を進めていく場合，実環境下に存在する制約のいくつかを，人為的にコントロールしたり取り除くことがよくある。これは，運動をする者が自ら処理できる問題を減少させ，実験の統制を図りやすくするために行われている。このような状況下では社会的要素に起因する制約の影響は低減され，バイオメカニクス的な特性に注目した説明のほうがシステムとし

ての人間のふるまいをよりよく記述することができる．たとえば，運動時のエネルギー消費量を最少とする最適化の原則は，バイオメカニクス的側面に沿った展望から得られたものである．この原則は多くの運動によく当てはまることが知られているが，実際にはその適応に際しても生態学的な妥当性を有する説明が必要となる．理学療法士であるショルツ（Scholz, 1996）は，最近の報告で次のような例を示している．疾患の影響により罹患前とは異なった動作パターンを示すようになった患者であっても，練習を重ねることで体を動かすある種のゲームを楽しむことが可能となる．しかしながら，その際に利用される運動パターンは非常に非効率的なものであり，過剰なエネルギーを必要としていた．エネルギーの消費量を最少とする最適化理論ではこの患者のケースを説明することは困難であり，別の基準を設定する必要がある．実際に運動の学習過程で最適化されているのは，いったいどのような制約なのだろうか？

　適応と調整の違いは，前者はシステムに対する制約の変化そのものを意味するのに対して，後者はすでに適応が生じたシステムの微調整をさす点である（Boden, 1984）．運動の学習過程においては，適応と調整の関係性から最適化の対象となる制約の優先順位が決定されていると考えられている．この関係性は，運動の学習段階に応じて変化するようである．陸上競技の背面跳びを学習する過程を例として考えてみよう．学習過程を通して最適化の目標となるのはもちろん跳躍高であり，その程度は跳躍高の漸増によって評価することができる．背面跳びの動作パターンを獲得するまでの過程は適応が重点的に生ずる局面であり，比較的大規模な固有ダイナミクスの変化が生ずる．動作パターンが獲得された後は，主に調整に主眼が置かれるようになる．この局面における反復練習は，動作パターンの安定化やエネルギー消費量の効率化といった最適化を引き起こす．また，跳躍高の改善と同時に滑らかさ（躍度の減少）で規定される動作パターンの効率も改善されていることが予想される．つまり，運動の成績（outcome）と効率のあいだには高い相関関係が期待されるが，それは未だ明らかにされていない．

　運動の省力化に関する研究には，現在でも未解決の問題がつきまとっている．ボトルネックになっているのは，効率化に対する中枢神経系の寄与が十分に解明されていない点である．実際に効率化に関与している要因は複数存在していると考えられるが，中枢神経系がその中のどの要因をコントロールしているかはほとんど理解されてない．運動の制御に必要な力学的変数が多様性を持っていることは1982年にすでに指摘されているが（Partridge, 1982），今日の考えはその時点からほとんど進展が見られていないのである．とくに，システム全体の目標に関しては，下位レベルの変数はほんの部分的にしか関与していないにもかかわらず，システム全体の上位目標に向かって各要素が組織化される必要がある．このように，上位目標に向かってシステムが組織化される問題を解決するのは非常に難しい（Ito, 1982）．

　したがって，実際にシステム中で最適化される要因を同定することは難しく，論理的考察に基づいて推測的に決定せざるをえない．自己組織的なシステムである中枢神経系は，無数に存在する筋の活動パターンの組み合わせの中から，どのようにして最適化する変数を決定しているのだろうか？　ベルンシュタイン（1967）が示した多義性の原理は，この

問題の困難さを浮き彫りにしている。たとえば熟練した蹄鉄工がハンマーを打つときの動作を観察すると，ハンマーの先端部の軌跡は比較的不変に保たれていることがわかる。その一方で，関節の軌跡や筋の活性化のパターンの示す再現性は低い（Latash, 1996）。つまり，中枢から抹消へと伝達されるインパルスがどのような運動をもたらすかについては，中枢だけで決定されることはなく，末梢も含めることで完全に決定されると考えるべきである。また，最適な状態を決定する変数が特定されないかぎりは，最適化の議論は意味をなさないといった主張もある（Requin, Semjen, Bonnet, 1984）。だとすれば，動作の「最適な」解は中枢には存在しないが，最適化基準を満たす複数の「等価な」解が複数存在する可能性が考えられる。この仮説には，異なったレベルの神経構造が，システム全体の目的を達成するように最適化されるという前提がある。このことは 2 種類の最適化過程を含んだ適応の形態が存在することを意味している。1 つめは異なった運動プランを習熟することにより，代替の運動方略を獲得する適応である。これは同一の目的に対して複数の運動プランを利用することを可能とする方略である。2 つめは，異なった協応パターンによって，同一の運動プランを実行するものである。

セラピストの領域においては，ある課題に対して機能的な動作が可能となるように治療を行うことが一般的な了解事項となっている。しかしながら，この見解には数多くの疑問が未解決のまま残されている。最初の問題は，運動の目的を定義する主体が不明な点である。運動の目的を決定しているのは行為者本人だろうか？　それともそれ以外のだれかなのだろうか？　もしくはその両者の同意が必要なのだろうか？　また，たとえ目的が定義されたとしても，最適化をする要素の優先順位を決定するのはだれなのだろうか？　また，課題の制約（課題を首尾よく成功させる），個人的制約（個人の知覚−運動連関の許容能力），最適な制約（システムのコスト最少化）などのあいだの動的なトレードオフ（play-off）が存在するのだろうか？　それらの項目の中では，最適化も操作される 1 つの制約にすぎず，もし他に優先的に制約される要因がある場合には，その制約にしたがうことになるだろう。

人間の運動制御は非常によく自己組織化された発展的なものであり，人間工学的な側面から見れば「巧みな動物（skilled animal）」としての人間の特徴を十分に把握することができる。しかしながら，これは人間のパフォーマンスを決定している要因の一側面を説明しているにすぎない。意識的な思考能力や人格を持ち，非物質的な処理を行うことが人間のパフォーマンスの特徴であることはいうまでもない。しかしながら，システム用語でこれを表現することは困難であり，計算処理を行う際の前提条件から外されるのが常である。パフォーマンスに影響を与えているすべての制約を明らかにしようとすると，この非物質的な処理過程も合わせて観測することが必要となり，非常に煩雑な状況に陥ってしまう。ダイナミカル・システムズ・アプローチでは，システム全体のふるまい（behavior）を分析対象として，それが環境によって規定される運動の協応パターンに近づく，半永久的な変化を学習とみなす（Zanone と Kelso, 1992）。つまり，学習は，システム全体のふるまいを決定している固有ダイナミクスの修正を含んだ適応であると見なすのである。この定義によって，上記の困難さに対処できるものと思われる。

学習によって獲得されることになる運動パターンは外在的ダイナミクス（extrinsic

dynamics）または，行動情報（behavioral information）と呼ばれる。これは，新たな協応を生み出すアトラクターになると考えられている（ZanoneとKelso, 1992）。この提言は興味深いものであるが，その限界も明らかとなっている。ミッチェルズとビーク（MichaelsとBeek, 1994）は行動情報という概念は，環境の中にある流れ場から抽出できる情報的変数とは関係を持たないことを指摘している。つまり，この結果として生じるモデルは，課題の要求を満たすように協応パターンの調整を行う際に中心的な役割を果たす知覚学習に対して，重要な意味を持っていないのである。

　このアプローチによって学習の現象を説明するには限界があるが，それを誇張して批判するよりは，建設的に考えるべきではないだろうか。つまり，このアプローチには表象というあいまいな概念を引き合いに出さなくても運動のふるまいを記述できるようになるメリットがある。このことは運動生成の過程を説明する理論のパラダイム転換を押し進めるための1つのステップとなる可能性を示している。ダイナミカル・システムから見た最適化のアプローチは，人間を力学的なシステムとして扱う。理論的なパラダイムは自然物理学の概念に基づいたものである。ただし，限定的な説明しかできない動作に対しては，このパラダイムを適応すべきではない（IngvaldsenとWhiting, 1997）。また，運動課題を完全に説明することが可能となるなら，より多くのカテゴリーの制約を考慮して分析する必要がある。

　要約すると，これまでの運動スキルにおける最適化のアプローチは，調整よりもむしろ適応に限定したものがほとんどであった。とくに，エネルギー消費の効率に焦点を当てた場合にその傾向が強いように思われる。ごく少ない例外としてあげられるのは，筆者が行った適応と調整が同時に要求される学習実験である。

4．運動学習における効率の概念

　運動の適応過程で生ずる固有ダイナミクスの修正は，運動の効率の改善から吟味することができる。つまり，学習過程におけるパフォーマンス改善は，力学や効率といった観点から検討するべきである（WadeとGuam, 1996）。スパロウとイリザリー・ロペス（SparrowとIrrizary-Lopez, 1987）は，このような考えからエネルギー利用の最適効率の改善に注目して，運動学習の研究を行っている。最近の報告では，動作の修正がエネルギーの消費量に関連した感覚情報に基づいて行われている可能性が示されている（Sparrow 1996）。実際に，エネルギー消費量の効率が技術的なメリットを反映することは一般的にも知られた事実である。しかしながら，この感覚情報が固有ダイナミクスの修正に利用される唯一の制約というわけではない。たとえば，この制約条件だけでは単なるピアノ奏者がコンサート演奏者になるかどうかを決定することはできない。

5．エネルギー消費の最適化

　運動の最適化基準となるものには運動の安定性や運動出力，機械的効率の最大化や努力，時間，エネルギー消費量の最少化などのさまざまなものが候補としてあげられる（Hämäläinen,

1979)．計算上ではこれらの基準ごとに最適な値を求めることができるが，運動の効率化に着目するときには運動中のエネルギー消費量を最適化の基準にする．同じ運動を行う場合には，運動時間やエネルギー消費量が少ないもののほうが，より効率がよいと見なされることはいうまでもない．運動の効率化に着目したこれまでの研究では，エネルギー消費量を最適化する過程が2つのレベルに分割して検討されている．詳細に関しては，後ほど触れることにする．

［1］エネルギー消費と動作パターン

運動を効率化の側面から検討するときには，エネルギー消費量が最少となる動作パターンが重要となる．たとえば，歩行の効率を検討した研究では，歩行速度を外的に規定して歩行を行わせると，酸素消費量が最少となる歩幅と周波数が選択されることが明らかとなっている（Zarrughら，1974，Minettiら，1991）．また，階段歩行を対象とした実験では，段の高さと体格のあいだに最適な関係が存在していることが証明されている（Warren，1984）．エネルギー消費量を最少にするためには，階段の高さが下肢長の4分の1以上であることが必要である．階段昇降の場合は，歩幅が階段の幅によって決定されてしまうため，歩幅を自由に選択することができない．したがって，階段と生体のあいだに存在する関係性が代謝的な効率の大部分を決定することになる．段が低くなりすぎると目的の高さに到達するための歩数（段数）が増加するため，筋活動の総量やエネルギー消費量が増加する．他方，段高の増大も同様にエネルギー消費量を増加させる．これは膝関節および股関節の屈曲角度の増大が，筋の持つ力発揮効率の低下を引き起こすためである．また，関節周辺の筋群の同時収縮の増加も効率低下の原因となる．この段高と脚長の割合がエネルギー消費量の変化に及ぼす影響は，われわれが実際に階段を昇るたびに日頃から経験しているものである．

［2］エネルギー消費と協応パターン

協応パターンを生み出す固有ダイナミクスの変化は，筋の収縮特性の適応的な変化，もしくは筋の動員パターンを変化させている神経系の適応的変化に起因する．言い換えれば，練習によって新しい動作パターンが獲得されたときには，神経の活動にも新たな協応パターンが発達していることになる．神経系は，練習の過程において無数に存在する協応パターンの中から，ある特定のパターン（ある特定の神経発火パターン）を採用するが，歩行などではエネルギーの消費量が最少となるパターンを探し出し，採用していく傾向があると考えられている（SparrowとIrrizary-Lopez, 1987；SparrowとNewell, 1994）．通常歩行の協応や制御を支配している生体の原理として，このエネルギー消費の最少化は進化的適応の当然の結果であろう（SparrowとIrrizary-Lopez）．この仮説に関する中枢神経系の関与は不明であるが，理論的な妥当性を有するものと考えられる．つまり，中枢神経系は日常生活において確実に移動を行い，かつエネルギー消費量が最少となるような制御を行っていると考えてもよさそうである（ZajacとLevine, 1979）．

筋電図の記録に基づいたコンピュータ・シミュレーションを利用して，エネルギー消費最少の問題を検討した報告もある（WintersとSeif-Naragihi, 1991）．動作の遂行に利用される

協応パターンは，最適なもの（つまりエネルギー消費最少）か，またはそれに近いものを採用する傾向があると考えられる。そこで，何通りかの条件で神経構造の入力パターンを最適化し，そこからつくられた仮想的な運動と実際の運動のパターンの比較検討を行った。この結果，運動をつくり出している神経制御方略は練習によって最適化されることが示された。また，要求されたパフォーマンスを満たすことができない場合には，その運動を実行するためのアプローチをただちに変更することも明らかとなっている。つまり，練習によって協応パターンがダイナミックに最適化され，課題の達成に有効な新しい方略が神経レベルでも運動のレベルでもつくり出されるのである。よりよい協応パターンを獲得するためには，何年間にもわたる練習が必要となる。プロバスケットボール選手のフリースローであっても約25％ものミスが生じることからも明らかなように，莫大な練習によって手に入れがたい「完璧さ」を実現したとしても，ミスが生じる余地は残されるのである。

6. 最少努力

運動技術の習熟にともなって力の発揮パターンがより滑らかになることは，よく知られた現象である。筋活動の規模や活動時間の変化が減少し，同様の動作を行っても必要な力が少なくてすむようになる。また，運動時にエネルギー発揮の最大量を利用する必要がなくなれば，不測の外乱に直面した際に対応する能力を保持しておくことができるようになる。一般的には，生物には目的達成のために消費する生理学的なエネルギー量をできるだけ抑えようとする傾向があると考えられている。これは，最少努力の原則と呼ばれている。最少努力による制御は，ストレスの回避や「過負荷」によって引き起こされる構造的な損失を避けられるメリットがある。この原則に則した行動は，野生動物の活動においても頻繁に目にすることができる。

7. 仕事率

呼吸や循環に関連した生理学的要因の中にも，システムの協応状態に影響を与えるものがある。この典型的な例には，血中pHと二酸化炭素分圧の変化がヘモグロビンの酸素・二酸化炭素交換の効率に与える影響がある。この交換効率が最適となる血中pHと二酸化炭素分圧の値は，呼吸システムを内包している上位システム（すなわち生体）が適切な状態から逸脱することを防ぐための基準値となっている（Margaria, 1963）。また，筋の収縮速度と収縮時間から機械的効率の関係性を検討した研究では，機械的効率の面から見て最適な収縮率が存在することが示されている（Hill, 1922）。この最適な収縮率を示すテンポの運動は，動作者が運動する際に好んで選択するテンポとよく一致する。つまり，運動のテンポに制約がない場合には，筋生理学的な意味での最適化が生じ，最も効率よく運動すると考えられる（Sparrow, 1983）。このテンポを外的に変化させると，この最適な筋収縮運動の関係性は崩壊するようである。

生理学的システムが示すパフォーマンスの多くは，力の発揮量と速度を乗じることに

よって定量化できる。したがって，システムが示す仕事率は，パフォーマンスに関する妥当性の高い評価指標となる。たとえば，呼吸の頻度は，呼吸に関連するシステムの力学的仕事量が最少となるように選択されている（Otis, Fenn, Rahn, 1950）。つまり，ある肺胞換気量において，呼吸数を低下させ1回換気量を増加させると，弾性力による仕事量が増加し，呼吸数を増加させ1回換気量を減少させると粘性力による仕事量が増加するという。両者の合計で決定される力学的仕事の総量は，ある呼吸数で最少となる。また，ランニング動作においても力学的パワーの出力が最少となるような最適なストライド長（stride length）が存在することが知られている。

実際には，力学的仕事率に関する最適化だけでは協応パターンを決定できない運動も存在する。たとえば，最大努力で静的な筋収縮を行っても，身体の動きがともなわない場合には，力学的仕事量の計算結果はゼロとなってしまう。また，重い荷物を運ぶときに，バックパックを使っても荷物を頭の上に乗せて歩いても，合計の仕事量に変わりはない。このような選択は，力学的仕事率とは別の効率の基準によって決められている。

8. 最少時間

運動課題の目標が，最も短い時間で課題を達成することであれば（ただし，急激に制御方法を変えないとすれば），人間は最少時間を制御基準として採用する（Hämäläinen, 1978）。ただし，学習過程を縦断的に検討するときのように，学習過程に応じて運動の目的自体が変化するときにはこの基準は不良設定となり，最適な解を求めることができない（Hämäläinen, 1978）。最少時間を利用した代表的な例は躍度最少モデルであろう（Hogan, 1984；FlashとHogan, 1985）。最少時間の観点から考えてみると，適応が進行するにともなって躍度の減少と動作時間の短縮が引き起こされると考えられる。最適化の際には，動作の運動学的変数や動力学的変数，エネルギーに関する変数などに基づいたコストの関数が最大，もしくは最少となる解を算出する。時には「快適さ」や「努力」といった感情に関する関数が考慮に入れられることもある。躍度最少モデル（FlashとHogan, 1985）や，運動学変数に基づいたモデル（Gutman, Gottlib, Corcos, 1992）から得られる予測値は，実際の動作とかなり一致する。ただし，これらの実験結果は躍度の関数の最少化や非線形の「内的時間」に基づく指数関数の計算が，実際に身体のどこかで行われていることを意味したものではない。中枢神経系で実際に行われている処理の特性は不明なままである。

9. 最適な安定性

学習にともなってパフォーマンスが安定化することが，ほとんどの運動学習実験で認められている。実際に，たとえ環境に変動があっても，パフォーマンスのレベルが低下しないようにすることは重要である。最適な安定性を維持するには，変動を示す要因のばらつきを最少とする必要がある。しかしながら，生体の場合には，システムに影響を及ぼす反作用（reaction）が多数存在している。人工物がこのような状況におかれると，システム

を安定化させることが非常に難しくなる。たとえばスピードスケートでは，スケーターに作用する大気圧の変化でさえもパフォーマンスに影響を与えることが知られている。つまり，最適な安定性は環境からも多大な影響を受けるため，それを定義することは非常に難しいのである。

パフォーマンスを安定化することは，動作のコストの低減につながることが知られている。スピードスケートの場合でも，長距離種目の際にはストライドが安定するとパフォーマンスが安定化し，動作コストが低減することもある。しかしながら，天候などのコンディションが変化すれば動作も変動する。つまり，レースごとに最も効率的なペースを新しく探索する必要があり，その都度パフォーマンスのレベルも変化してしまうのである。

10. 複合的な最適化基準

生体システムのふるまいを説明するためには，これまでに論じられてきた種々の基準の中から，いくつかのものを組み合わせた指標によって説明する必要がある。複数の基準が競合するときには，それぞれの変数のうちの1つが，他の基準に対して優先的に最適化されることになる。ここで注意が必要なのは，相互に関連を持つ基準を同時に扱う場合である。たとえば，最少エネルギー消費に対して，最大効率や最少仕事率，最少努力のような変数を組み合わせて処理することは妥当ではない。最大効率は力学的仕事量の合計をステップごとの総エネルギー消費量で除した割合によって算出されているため，独立した変数と見なすことができないのである（Kanekoら，1987）。また，運動効率が最適化となる仕事量とエネルギーの消費量には個人差があることも重要な点である。周期的な運動課題では，これを考慮した分析の必要性が指摘されている（Sparrow, 1983）。

バイオメカニクスの研究領域では，仕事量とエネルギー消費量に同じSI単位が使われる。また，それらの時間微分は，どちらもパワー（なされた仕事の割合）として示される。両者の違いは，仕事量は力と速度の積を時間積分することで算出されるのに対して，エネルギー消費は運動時の酸素消費量から求める点である（van Ingen Schenau と Touissaint, 1994）。生理学的な観点から見ると，エネルギー消費量は酸素摂取量や心拍数，呼吸商などの指標をもとに算出した活動の消費カロリーと定義されている。一方「効率」は，ある力学的仕事を実施した際のエネルギーの必要量である。

この他にも，効率に関する研究は数多く報告されている。たとえば，競技自転車選手の運動効率と技術の関係性をギア操作とペダル比から検討したもの（Sparrow, 1983）や，スイムフィンと「水中自転車こぎ」の効率を比較検討したもの（Baz, 1979），ラットを利用したもの（Brener と Mitchell, 1989）などがある。これらの結果は，エネルギー消費量，効率，仕事率，最少努力が緊密に関係し合っていることを示している。次節からは，これらの基準が学習過程においてどのように最適化されていくかを，筆者らが行った周期運動の学習実験に基づいて考察していく。

11. 周期的運動の学習

　生体のふるまいを扱うダイナミカル・システムズ・アプローチでは，人間の動作中に認められる繰り返しの（周期的）現象や時系列領域での統計の利用に焦点が当てられている。制御パラメータによって支配されているふるまいを明らかにするには，制御パラメータを適切に操作し，それにともなって特定の協応パターンの変化がおこるような状況下でふるまいの変化を観測しなくてはならない。この現象の分析にはロコモーション課題が利用されることが多いが，振動子の結合が必要となる周期的運動であれば，どの動作であっても同様の分析が可能である。たとえば，筆者の研究室では周期的な重量負荷の挙上やスキースラローム運動を実験課題として利用している。

　周期運動の学習過程ではエネルギー消費量の減少や，力学的な出力の増大が生ずると考えられている。つまり，学習によって引き起こされるシステムのダイナミクスの変化は，エネルギー消費量の最適値を発見するための探索的なものだけでなく，システムの力学的な出力を増加させるように進行する可能性が高い (Sparrow と Irrizary-LOpez, 1987)。むしろ，学習者の効率は，単位時間あたりのエネルギー消費量の減少というよりも，技術の改善により発揮できるようになった付加的なエネルギーの効率的な利用による影響が大きいかもしれない。

　スキースラローム・シミュレーターを利用した近年の研究では，このエネルギー消費量の減少と出力される仕事量の増加が平行して生じるという仮説に基づいて分析が行われている（Almåsbakk ら，1998）。この仮説を定量的に検証するためには，運動時の消費エネルギーと運動によってなされた仕事量を正確に測定する必要がある。しかしながら，これまでに行われてきた研究では，測定値の定量化にいくつかの問題があり，未解決の部分が少なからず残されていた（Durand ら，1994）。

　著者らは前出のスラローム・シミュレーターを利用して，運動の学習過程における効率の変化を定量的に計測する実験を行った（図8-1）。この実験では学習にともなう動作の

図8-1　スラローム・シュミレーター

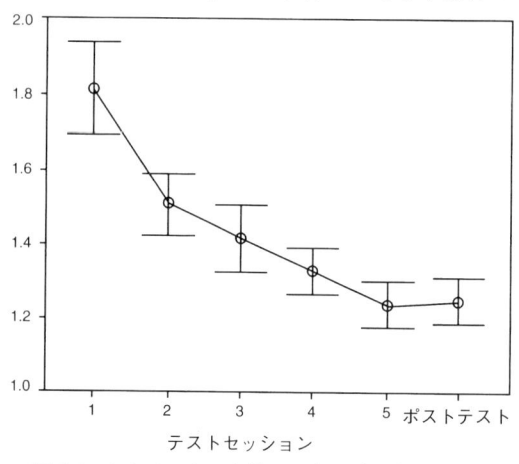

図8-2　250 ワットの負荷でエネルギー消費量の改善
平均±標準誤差（SE）（N=6）

効率化に加え，技術の改善が引き起こす自然な結果としての仕事量の増加にも検討を加えている。学習者が行った力学的仕事量を計測するために，シミュレーターをフォースプラットフォーム上に設置し，動作中の地面反力を計測した。また，地面反力から加重のタイミングを算出することで，被験者と装置間に存在する協応パターンの変化を指標化した。運動中のエネルギー消費量を求めるために，動作の計測と併せて酸素摂取量の計測も行った。実験に参加したのは6名の女性で，14日間に9セッションのトレーニングを行った。この間1, 3, 5, 7, 9番目のセッションとトレーニング期間終了後に上記の測定を行った。有酸素運動中には，なされた仕事と酸素摂取量のあいだに強い相関があることが知られているので，これを利用して酸素摂取量を推定した。ある標準的な負荷を用いて，練習によるエネルギー消費効率の変化を調査した。図8-2は250ワット負荷時の酸素摂取量の変化を示している。この図から動作時の酸素摂取量が，学習の進行にともなって漸減することがわかる。

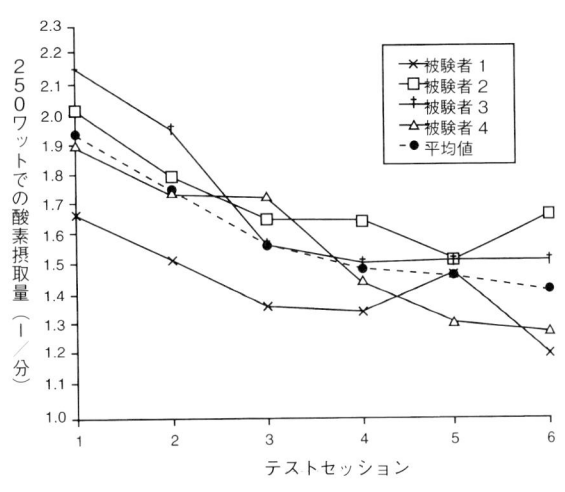

図 8-3　250ワットの負荷で期間延長した際のエネルギー消費量の改善（予備データ）
平均±標準誤差（SE）（N=6）

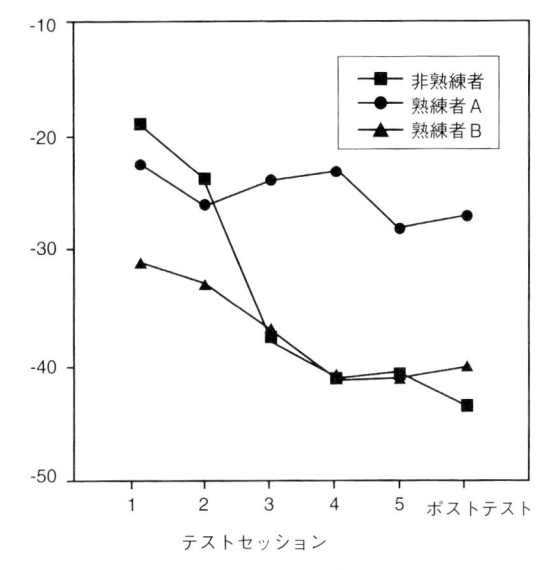

図 8-4　位相差の変化
熟練アルペンスキーヤーと非熟練スキーヤーの平均値との比較

　この実験では学習過程おける効率の変化は，協応パターン（被験者の重心とプラットフォームの中心位置の位相差）の変化と平行して生じていた。しかしながら，学習の終盤において，位相差の変化がプラトーに達した時点においても効率の改善は継続していた。これは，パフォーマンス（プラットフォームの振幅と動作周波数）の改善がプラトーに達した時点でも，エネルギー消費は改善しつづけていたというスパロー（1983）の結果を支持するものであった。この結果は，その後に行われた追加実験で，練習を19セッションまで延長しても同様であった（図 8-3；Almåsbakkら，1998）。特に注目したいのは，スキー競技選手である2名の被験者（被験者1と3）の示した結果である。彼女らの協応パターンはトレーニング期間を通して，比較的わずかな変化しか示さなかった（図8-4）。それに対して，エネルギー消費量に関する効率は他の被験者同様の改善がみられたのである。つまり，こ

図 8-5　振り子モデル

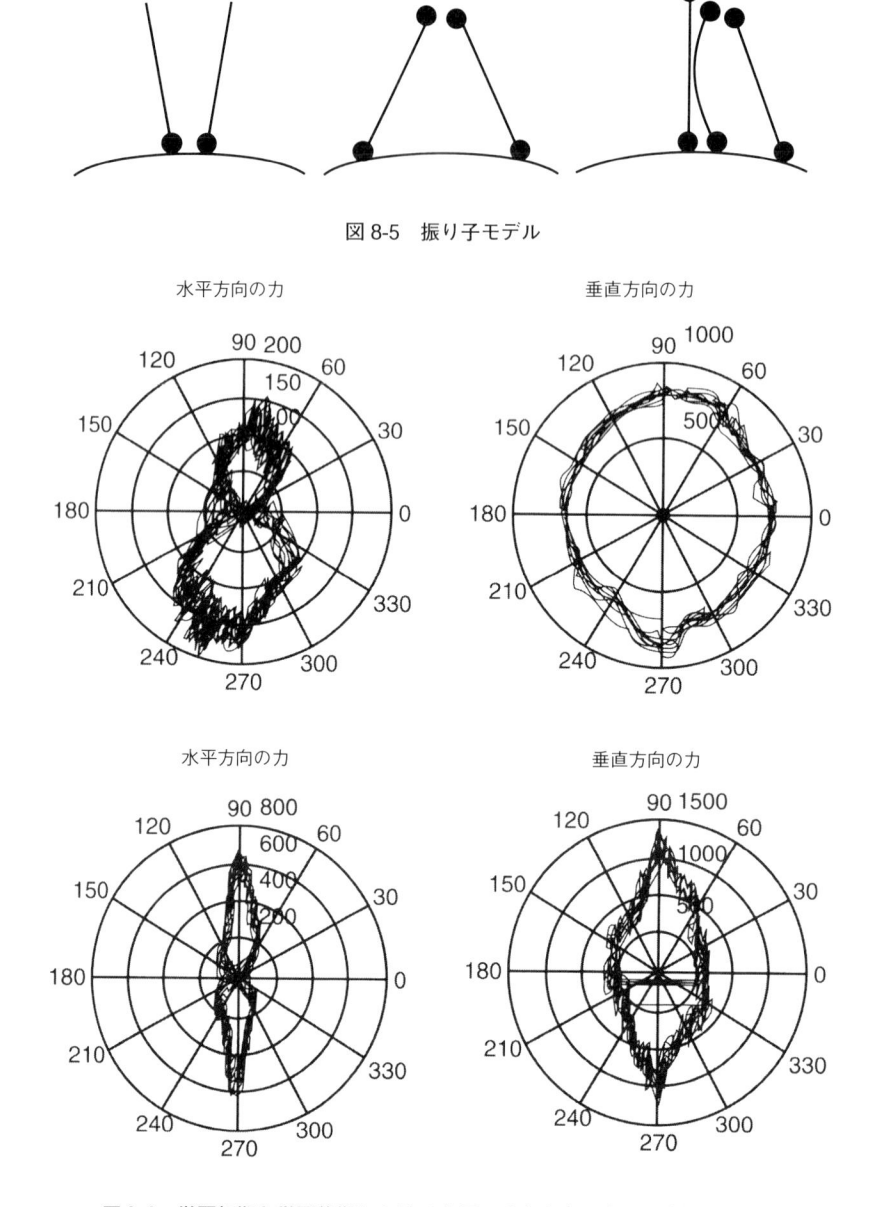

図 8-6　学習初期と学習後期における水平・垂直方向の力の局座標プロット

の2名の協応パターンは，実験前から実際にスキーのトレーニングによって十分に獲得されているにもかかわらず，今回の課題に転移している。この転移がエネルギー効率の改善を引き起こしていると考えられる。このような転移が，学習の後半に見られる調整局面において，より大規模に引き起こされるのか，あるいはどちらかの局面で得られた正の効果が別の局面にも影響を与えるのかについて，より詳細な実験パラダイムで追跡調査中である。

　ダイナミカルシステムの観点からすると，このような効率の改善は，協応パターンを形成している固有ダイナミクスの変化を反映したものと考えられている。学習過程における被験者の運動パターンの変化は，図8-5に示すような3つの振り子モデル（逆振り子，振り子，

座屈振り子）によって描写することができる（Vereijken, 1991）。この3パターンはさまざまな学習段階で発現することが認められているが，学習過程に生ずるパターン間の転移が非線形であることは立証できていない。つまり，運動パターンをつくり出している固有ダイナミクスを操作的に変化させることは未だ達成されておらず，推測の域を出ていない。

現在進行中の実験では，練習による位相差の変化に明らかな個人差が認められている（図8-4; Almåsbakk ら，1998）。位相差はシステムのダイナミクスを表していると考えられるので，位相差の変化に個人差が大きいことは，それぞれの被験者の探索が多様な協応パターンで行われていることを意味している。図8-6は座屈振り子モデルの形態を詳細に記述するために，回転と並進の力のさまざまな組み合わせを図示したものである。このような分析を精緻化し，評価の精度を向上させることによって，エネルギー消費量の最適化に対する固有ダイナミクスの変化と，タスクの要求に対する調節がどのように変化するかといった問題を解明していくことが今後の課題であろう。

12. まとめ

これまでに見てきたように，生体のシステムに当てはめることのできる最適化の概念にはさまざまな種類がある。中でもエネルギー消費量の省力化に基づく概念は，とくに優れたものといえる。この変数は直接測定することが可能であるだけでなく，運動の協応パターンを変化させる際に優先的に最適化される要因の候補として，研究者間の同意が得られている。

運動の学習を適応と定義することができる。たとえば，背面跳びの運動パターンは運動問題を解いた結果，学習されたものだとみなすことができる。この場合の運動問題は規定された高さを跳び越えることである。この問題を解決するためには，学習者は相当量の適応と調整に直面することになる。この際に複数の制約同士が互いに作用し合う程度は，これまでにも運動指導者が直面してきた興味深い問題であり，数多くの実際的な解法が示されてきた。

運動の学習過程において，適応と調整のそれぞれに要求されるものを分離することが困難なときには，本章の後半で紹介したスキースラロームシミュレーターのような実験装置を利用することが有効であろう。調整（装置と被験者間の位相差）は固有ダイナミクスの変化を必要とする。固有ダイナミクスの変化は協応パターンの変化として示すことができる。この変化は極座標にプロットされた水平・垂直方向の力やエネルギーの消費効率によって指標化できる可能性がある。

【引用・参考文献】

Almåsbakk B., H.T.A. Whiting, and J. Helgerud. 1998a. The efficient learner. *Under Review*

Almåsbakk, B., Whiting, H.T.A. and R. van den Tillaar 1998b. The improving expert (work title). *In Preparation*

Baz, A. 1979. Optimisation of man's energy during underwater paddle propulsion. *Ergonomics* 22: 1105-1114.

Bernstein, N.A. 1967. *The coordination and regulation of movements*. Oxford: Pergamon.

Biryukova, E.V., A.A. Frolov, Y. Burnod, and A. Roby-Brami. 1996. Evaluation of central commands: toward a theoretical basis for rehabilitation. *Behavioral and Brain Sciences* 19: 69-71.

Boden, M.A. 1984. Failure is not the spur. In *Adaptive control in ill-defined system*, eds. O.G. Selfridge, E.L. Rissland, and M.A. Arbib. New York: Plenum.

Brener, J., and S. Mitchell. 1989. Changes in energy expenditure and work during response acquisition in rats. *Journal of Experimental Psychology: Animal Behavior Processes* 15: 166-175.

Brener, J., K. Philips, and A. Sherwood. 1983. Energy expenditure during response-dependent and response-independent food delivery in rats. *Psycholophysiology* 20: 384-392.

Cappozzo, A., and T. Leo, eds. 1974. *Biomechanics of walking up stairs. On theory and practice of robots and manipulators. Proceeding of the first CISM-IFToMM symposium*. Vol. I. New York: Udine/Springer-Verlag.

Coveney, P., and R. Highfield. 1995. *Frontiers of complexity: the search for order in a chaotic world*. New York: Faber and Faber.

Crossman, E.R.F.W. 1959. A theory of the acquisition of speed-skill. *Ergonomics* 2: 153-166.

Durand, M., V. Geoffroi, A. Varray, and C. Prefaut. 1994. Study of the energy correlated in the learning of a complex self-paced cyclical skill. *Human Movement Science* 13: 785-799.

Flash, T., and N. Hogan. 1985. The coordination of arm movements: an experimentally confirmed mathematical model. *Journal of Neuorscience* 5: 1688-1703.

Gilgen, A.R. 1995. Prefatory comments. In *Chaos theory in Psychology*, eds, F.D. Abraham and A.R. Gilgen. London: Praeger

Gould, S.J. 1980. *The panda's thumb*. New York: Norton.

Gutman, S.R., G.L. Gottlieb, and D.M. Corcos. 1992. Exponential model of a reaching movement trajectory with non-linear time. *Comments in Theoretical Biology* 2: 357-384.

Hämäläinen, R.P. 1978. Optimisation concepts in models of physiological systems. *Progress in Cybernetics & Systems Research* 3: 539-553.

Hatze, H. 1976. Biomechanical aspects of a successful motion optimisation. In *Biomechanics V-B*, ed. P.V. Komi, 5-12. Baltimore: Universtity Park Press.

Hill, A.V. 1922. The maximum work and mechanical efficiency of human muscles and their most economical speed. *Journal of Physiology* 56: 19-41.

Hill, A.V. 1930. The heat production in isometric and isotonic twitches. *Proceedings of the Royal Society of London. Series B* 107: 115-131.

Hobart, D.J., and J.R. Vorro. 1974. Electromyographic analysis of intermittent modifications during the acquisition of a novel throwing task. In *Biomechanics IV*, eds. R.C. Nelson and C.M. Morehouse, 559-566. Baltimore: University Park Press.

Hoff, B.R. 1992. A computational description of the organization of human reaching and prehension (Computer Science Tech. Rep. No. USC-CS-92-523). Los Angeles: University of Southern California.

Hogan, N. 1984. An organising principle for a class of voluntary movements. *Journal of Neuroscience* 4: 2745-2754.

Holt, K.G. 1996. "Constraint" versus "choice" in preferred movement patterns. *Behavioral and Brain Sciences* 19: 76-77

Hoyt, D.T. and C.R. Taylor. 1981. Gait and the energetics of locomotion in horses. *Nature* 292: 239-240.

Ingvaldsen, R.P., and H.T.A. Whiting. 1997. Modern views on motor skill learning are not 'representative'! *Human Movement Science* 1: 705-732.

Ito, M. 1982. The CNS as a multivariable control system. *Behavioral and Brain Sciences* 5: 552-553.

Jones, J.C. 1967. The designing of man-machine systems. In *The human operator in complex systems,* eds. W.D. Singleton, R.S. Easterby, and D.C. Whitfield. London: Taylor and Francis.

Joseph, J., and R. Watson. 1967. Telemetering electromyography of muscles used in walking up and down stairs. *Journal of Joint and Bone Surgery* 49B: 774-780.

Kamon, E., and J. Gormley. 1968. Muscular activity pattern for skilled performance and during learning of a horizontal bar exercise. *Ergonomics* 11: 345-357.

Kaneko, M., M. Matsumtoto, A. Ito, and T. Fuchimoto. 1987. Optimum step frequency in constant speed running. In *Biomechanics X-B,* ed. B. Johnson, 803-807. Champaign, IL: Human Kinetics.

Kelso, J.A. 1995. *Dynamic patterns: the self-organisation of brain and behavior.* London: MIT Press.

Latash, M.L. 1996. *The Berstein problem: how does the central nervous system make its choices?* Mahwah, New Jersey: Lawrence Erlbaum.

Latash, M.L., and J.G. Anson. 1996. Movements in atypical populations. *Behavioral and Brain Sciences* 19: 5-68.

Levine, D.S., and S.J. Leven. 1995. Of mice and networks: connectionist dynamics of intention versus action. In *Chaos theory in psychology,* eds. F.D. Abraham and A.R. Gilgen. London: Praeger.

Lin, D.C. 1980. *Optimal movement patterns of the lower extremity in running.* Ph.D. diss., University of Illinois at Urbana-Champaign.

Margaria, R.A. 1963. Mathematical treatment of the blood dissociation curve for oxygen. *Clinical Chemistry* 9: 745-762.

McCulloch, T.L. 1934. Performance preferentials of the white rat in force-resisting and spatial dimensions. *Journal of Comparative Psychology* 18: 85-111.

Michaels, C., and P. Beek. 1994. *The state of ecological psychology.* Third European Workshop on Ecological Psychology. Marseille.

Minetti, A.E., and F. Saibene. 1992. Mechanical work rate minimization and freely chosen stride frequency of human walking: a mathematical model. *Journal of Experimental Biology* 170: 19-34.

Morrison, J.B. 1969. Function of the knee joint in various activities. *Biomedical Engineering* 4: 573-580.

Morrison, J.B. 1970. The mechanics of muscle function in locomotion. *Journal of Biomechanics* 3: 431-451.

Otis, A.B., W.O. Fenn, and H. Rahn. 1950. Mechanics of breathing in man. *Journal of Applied Physiology* 2: 592-607.

Partridge, L.D. 1982. How was movement controlled before Newton? *Behavioral and Brain Sciences* 19: 85-86.

Requin, J., A. Semjen, and M. Bonnet. 1984. Bernstein's purposeful brain. In *Human motor actions: Bernstein reassessed,* ed. H.T.A. Whiting. Amsterdam: North-Holland.

Scholz, J.P. 1996. How functional are atypical motor patterns? *Behavioral and Brain Sciences* 19: 85-86.

Sloane, E.A. 1980. *The all new complete book of bicycling.* New York: Simon and Shuster.

Sparrow, W.A. 1983. The efficiency of a skilled performance. *Journal of Motor Behavior* 15: 237-261.

Sparrow, W.A. 1996. What is the appropriate criterion for therapeutic intervention in the motor domain? *Behavioral and Brain Sciences,* 19: 86.

Sparrow, W.A., and V.M. Irrizary-Lopez. 1987. Mechanical efficiency and metabolic cost as measures of learning a novel gross motor task. *Journal of Motor Behavior* 19: 240-264.

Sparrow, W.A., and K.M. Newell. 1994. Energy expenditure and motor performance relationships in human learning a motor task. *Psychophysiology* 31: 338-346.

Townsend, M.A., S.P. Lainhart, R. Shaivi, and J. Caylor. 1978. Variability and biomechanics of synergy patterns of some lower-limb muscles during ascending and descending stairs and level walking. *Medical and Biological Engineering and Computing* 16: 681-688.

van Ingen Schenau, G.J. 1982. The influence of air friction in speed skating. *Journal of Biomechanics* 15: 449-458.

van Ingen Schenau, G.J. and H. Touissaint. 1994. *Klassieke mechanica toegepast op het bewegen van de mens.* Amsterdam: Vrije Universiteit (in Dutch).

Vereijken, B. 1991. *The dynamics of skill acquisition*. Ph.D. diss., Free University, Amsterdam.

Vereijken, B., H.T.A. Whiting, and W.J. Beek. 1992. Phase lag as an order parameter in the learning of a complex skill. *Quarterly Journal of Experimental Psychology* 45A: 323-344.

Wade, M.G., and J. Guan. 1996. Anthropomorphizing the CNS: is it what or who you know? *Behavioral and Brain Sciences* 19: 90-91.

Warburton, F.W. 1969. The structure of personality factors. Unpublished paper. Department of Education, University of Manchester.

Warren, W.H., Jr. 1984. Perceiving affordances: visual guidance of stair climbing. *Journal of Experimental Psychology: Human Perception and Performance* 10: 683-703.

Welford, A.T. 1968. *Fundamentals of skill*. London: Methuen.

Whiting, H.T.A. 1984. The concepts of adaptation and attunement in skill learning. In *Adaptive control in ill-defined system*, eds. O.G. Selfridge, E.L. Rissland, and M.A. Arbib. New York: Plenum.

Whiting, H.T.A. 1990. Decision-making in sport. In *Sport Psychology*, eds. F.C. Bakker, H.T.A. Whiting, and H. van der Brug. Alphen aan den Rijn: Samson.

Winters, J.M., and A.H. Seif-Naraghi. 1991. Strategies for goal-directed fast movements are by products of satisfying performance criteria. *Behavioral and Brain Sciences* 14: 357-359.

Wirta, R.W., and F.L. Golbranson. 1990. The effect of velocity and SF/FL ratio on external work and gait movement waveforms. *Journal of Rehabilitation Research and Development* 27: 221-228.

Zajac, F.E., and W.S. Levine. 1979. Novel experimental and theoretical approaches to study the neural control of locomotion and jumping. In *Posture and movement*, eds. R.E. Talbot, and D.R. Humphrey, 259-279. New York: Raven Press.

Zanone, P.G., and J.A.S. Kelso. 1992. The evolution of behavior attractors with learning: Nonequilibrium phase transitions. *Journal of Experimental Psychology: Human Perception and Performance* 18: 403-421.

Zarrugh, M. Y., F.N. Todd, and H.J. Ralston. 1974. Optimisation of energy expenditure during level walking. *European Journal of Applied Physiology* 33: 293-306.

著者紹介

ビヨン・アルモスバック（Bjorn Almasbakk）…ノルウェー科学技術大学（ノルウェー）大学院生。主な研究テーマ：協応動作と代謝エネルギー消費。

ジョン・H.T.A.・ホワィティング（John HTA Whiting）…2001年10月逝去。生前はフリー大学（オランダ）およびヨーク大学（イギリス）の名誉教授を含む欧米各国の教授職を歴任。

ローランド・ファンデンティラー（Roland van den Tillaar）…ノルウェー科学技術大学（ノルウェー）大学院生。主な研究テーマ：投球動作の協調性とトレーニング効果。

第9章

動力学および熱力学的制約とロコモーションの代謝コスト

ケニス・ホルト / セルジオ・フォンセカ / ジョーン・オーブセク

　"協調性のある筋張力発揮とは，反作用現象（reactive phenomena）を打ち消すことに余計なエネルギーを浪費することではなく，むしろ，能動的筋力発揮動員時にこのエネルギーを補足的な力として活用することにある。同じ動作であれば，必要とされる筋力発揮の消費エネルギーはより少なくてすむ。"（Bernstein 1967, p.109）

　一般的に巧みな動作と評価される人間の運動スキルをみていると「やすやすとやってのけている」，そんな感覚がともなうものである。パワフルかつ正確なテニスのショットには，「大変な努力をして打っている」感じはうかがえないのである。マラソンの自己ベストの更新は，疲労困憊というよりもむしろ陽気な感覚をともなうことがある。一見矛盾しているように思えるこのことが，パフォーマンスのエネルギー効率：最適性の考え方を導入すれば，かなり説明できる（Wilke, 1977）。熟練したパフォーマンスに消費される代謝コストは最少である。それは，すなわち骨格筋と反作用力（reactive force）が，効果的な筋力発揮のために有効に使われており，痛みがなく，バランスもよく，あるいはこれらのコンビネーションが効率的に発揮されている状態である。私たちはこの他，最適基準（optimality criteria）がこれまで観察されている多くの関節やセグメントの協調運動をより低コストに抑えるという枠組みにおいて，運動システムの組織化を引き起こす基準についても検討してきた。この観点から，スキルの学習とは，ある特定のスキルのための適切な基準に対して感性を鋭くし，それに適うようにすることであるといえる（Holt ら，1991；Holt ら，1995）。

　よく学習された多くの動作は最適化がなされているが，最適化が達成される実際のメカニズムはよくわかっていない。たとえば，選好速度（preferred speed），歩行率（cadence）[訳注45]，

ストライド長（stride length）は，最少代謝コスト，頭部の最大安定性，足に生じた衝撃の頭部への最少伝達によって，特徴づけられる（Holtら，1995；RatcliffeとHolt，1997）。さらに，歩行の選好周波数（preferred frequency）[訳注12]は，脚と軟部組織の振り子モデルで予想可能である。重要な問題は，最適基準がシステムの力学的な振り子の動きを引き起こしているのかどうかということ，あるいは振り子の動きに適用した法則が最適な動きを発現させるかどうかということである。原因と結果を区別することは難しい。しかし，1人の競技者のパフォーマンスを向上させようという場合や，身障者の残された機能を最大限に引き出そうという場合には，それを解くことはきわめて重要である。この章では，ベルンシュタイン（1969）に端を発し，1980年代初期（Kuglerら，1980；Kelsoら，1981）にその細部が発展したダイナミカル・システムズ理論の観点から，この問題の解決法を探る。とくに，われわれのロコモーションの動力学的研究から得た知見をもとに，最少代謝コスト，最大安定性，最大衝撃緩衝が，ある生体力学的，熱力学的，そして物理学的な制約のもとで行われる人間の所業の原因であり，かつ結果であるという論議を行う。また，われわれは，これらの制約が課題のタイプ，課題を遂行する個々の運動能力，課題が行われる環境，そしてそれらの相互関係に依存していることを明らかにするつもりである。

　人間のリズミカルな動作に起因する制約という概念が，ダイナミカル・システムズ・アプローチの根幹である。この領域の研究のほとんどにおいて，あるシステムを特定の方法で自己組織化させるような物理法則から，なんらかの協応パターンが導き出されることに焦点が当てられてきた。「運動プログラミング」は，動作の制御や協応を指揮するプログラマーによって，運動系の制御や組織化が行われているという考え方を基本とするが，それに代わる説明として，ダイナミカル・システムズ・アプローチが発展してきた（Turveyら，1978）。ある動作を実行する際には，無数の方法がある（自由度問題）。ダイナミック・アプローチは，この無数の解決法の中から，ある特定の運動が発現する理由を説明する1つの方法として，また環境が変化する（文脈多様性問題）にもかかわらず，それと生態系が相互作用していることを説明する方法として生まれてきた。

　とくに，振り子のダイナミクスは動きの制御と協応を理解するための核であり，その考え方はターヴェイとコネチカット大の同僚，そしてケルソーとフロリダ・アトランティック大の同僚によって主唱されてきたものである。ここ10年ほどの彼らの主要な実験研究は，一対の振り子の動きを制御する抽象的な非線形の動力学的制約の解明に焦点が当てられてきた（Kelso，1995；Amazeen, Amazeen, Turvey，1998）。たとえば，左右の手に異なる重さと長さの振り子を持ち，同じ周波数で振ったとき，片手はもう一方の手よりも遅れがちになる。この時間遅れは，2つの振り子の固有振動数（natural frequency）[訳注46]の差を説明する数学的な公式を使うことで予測できる。さらに，この方程式の項を拡張すると利き手によって生じる時間遅れや異なる倍数の周波数（たとえば，2：1）で振り子を振らせたときの時間遅れをも説明できる。公式の拡張が，物体や身体の物理特性に依存しない純粋な数学的操作であるということは注目に値する。代謝が運動パターンに影響を与えるかどうかについては，実験的な方法によって調べようとはしていない。

　しかし，ボストン大の理学療法学科においてわれわれが検討しているターヴェイらの初

期の研究には，他に2つの視点がある。1つは，実際の振り子の種類と，歩行速度，ストライド周波数，ストライド長のような歩行パラメータを決定する振り子の動きに関係することである。そしてそれらと代謝パラメータや他の生体力学的パラメータとの関係性に着目している。われわれは，人の筋骨格組織の特性を模した強制振り子とバネのモデルを使った実際の振り子で詳細に調べてみた。われわれの研究プロジェクトは，身障者，とくに小脳麻痺の子どもの研究も含んでいる。これによって，個々人の動力学的な運動能力に対する制約のうち，どのような制約が振り子のパラメータに影響を及ぼすのか，どの程度最適な制約にまで修正されるのか，あるいは歩行パターンの出現の問題ということに関して，いくつかの有益な知見を得ることができた。われわれが検討しているクッグラーとターヴェイの研究のもう1つの視点は，「人間は，歩行のような力学的目的のために継続的に得られる化学的／代謝的エネルギー源から，エネルギーを周期的に引き出す熱力学的エンジンである」という考え方を発展させることである。熱力学の法則を，運動パターンを生じさせるエネルギーの流れを理解するために使い，また，その法則は，代謝，力学的パラメータ，運動パターン間の規則正しい関係に大きな示唆を与えることになるであろう。この章では，運動の制御と協応に関する動力学的制約と生理学的制約との関係に焦点を当てる。

1．ロコモーションの振り子モデル

歩行を観察すると，2つのタイプの振り子の動きを観察することができる。遊脚相では，脚の質量が股関節周りに振動する普通の振り子のように見える。立脚相では，逆振り子のように，固定された足の足関節周りで身体全体の質量が振動する。エネルギーは，運動エネルギーと位置エネルギーとのあいだで，相互伝播がおこる。まず，身体または脚の質量を上に挙げることによって位置エネルギーを得，その後，位置エネルギーを減少させることで運動エネルギーを増加させる。身体と地面との接触中に摩擦でエネルギーを失うが，蹴り出そうとしている後ろ足は，身体質量を前足の着地点の上まで押し上げる役割を果たす。軟部組織の弾性によって，少量ではあるがエネルギーが蓄積され，また解放される。ランニングやホッピングでも，振り子機構と同様に位置エネルギーと運動エネルギー間でのエネルギーの保存も行われているが，より多くのエネルギーが運動エネルギーと弾性エネルギー間で相互に変換される。このため，身体はバウンドするボールやバネとして記述されることもある (Cavagna, 1977；Farleyら, 1991)。歩行と同様に，ランニングでも摩擦による損失を上回る大きな推進力が要求される。したがって，歩行でもランニングでも，エネルギーは振り子機構および弾性機構によって保存され，また積極的な推進力が必要となる。歩行は主に振り子機構を用いるが，ランニングでは弾性機構を用いる。したがって，ロコモーションの単純モデルは，本質的にハイブリッドであり，エネルギーは両者のメカニズムにより保存され，損失分のエネルギーは短縮性筋収縮によって産生された力で補われる。

振り子とバネのハイブリッド・システム (hybrid system) の固有振動数は，(通常振り子では脚の，逆振り子では身体の) 質量に作用する重力と脚や身体のバネ剛性によって決定する。固有振動

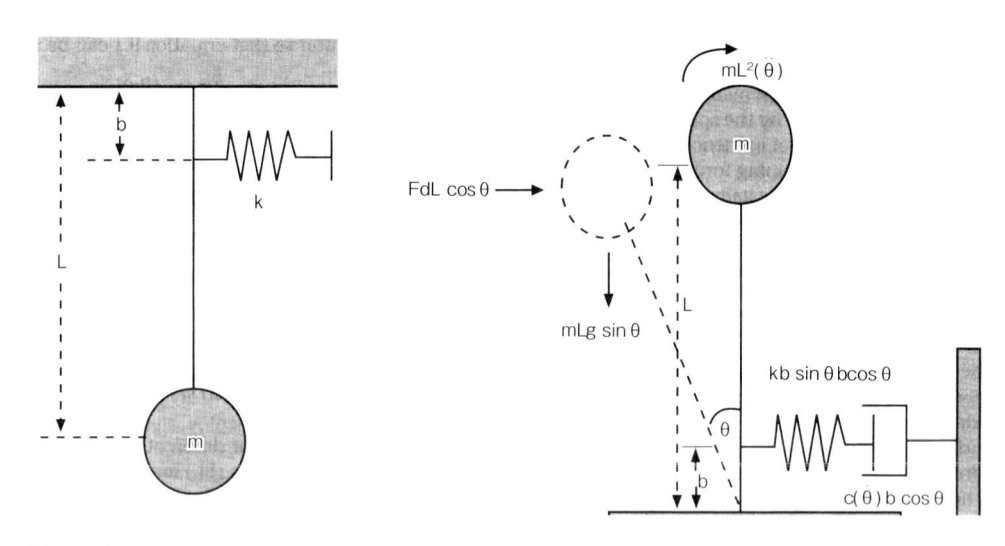

図9-1 振り子の模式図（左図）；調速機構のついた摩擦のないハイブリッド減衰振り子とバネのモデル（右図）
詳細は本文参照

数とは，強制的に他の周波数で振られないときの振り子の周波数のことである．固有振動数は，人や動物の選好ストライド周波数のための重要な決定要因であることがわかっている．

遊脚相の脚のハイブリッドモデルの固有振動数は，以下の式で与えられる．

$$\tau = 2\pi \{mL_e^2 / (mL_eg + kb^2)\}^{1/2} \tag{式9.1}$$

ここで，τは共振周期（1/周波数），mL_e^2は脚の慣性モーメント，mL_egは重力依存モーメント，kb^2は軟部組織の伸張に起因するモーメント，bは回転軸から包括的バネ（複数のセグメントを1つのバネとみなした場合のバネ）までの距離（図9-1）．

mL_egとkb^2は同じ次元（mL^2T^{-2}）なので，他の表現をする場合もある（Turveyら，1988）．たとえば，2つのモーメントが同じであれば（KuglerとTurvey, 1987），

$$kb^2 = mL_eg \tag{式9.2}$$

式9.1は次のように書き換えることができる．

$$\tau = 2\pi (L_e/2g)^{1/2} \tag{式9.3}$$

脚長と等しい長さの振り子および重力から計算した固有周期は，四足動物（KuglerとTurvey, 1987）や人間の大人（Holt, Hamillら，1990, 1991；Holtら，1995）や子ども（Holt, Jengら，1991）が選好速度で歩いたときの選好周期をうまく予測できる．脚の数や種・属にかかわらず，ストライド周波数を決定する物理的原理（共振）が存在するのである．

2．固有振動数，最適性と振り子モデル

通常の選好速度で歩く際と同じストライド長でも，メトロノームに合わせて別のストライド周波数で歩くと，代謝コストは増大する（図9-2）．これは，振幅（この場合，ハイ

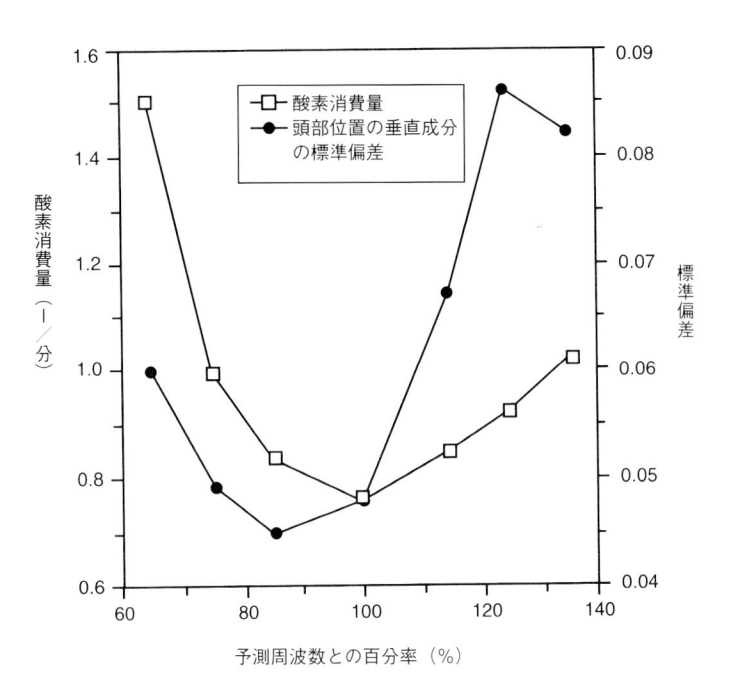

図 9-2　等速トレッドミル歩行時に歩行周波数を変化させた場合の代謝コストと頭部軌跡の変動性
予測周波数に関しては本文の式 9.3 を参照のこと。Journal of Motor Behavior 27-2, 164-178 より許可を得て掲載（Holt ら , 1995）。

ブリッドシステムのストライド長）を維持するには，固有振動数で歩くと最少限の駆動力ですみ，そうでないと増大するという事実によって説明できる。固有振動数で，あるシステムを駆動することを共振周波数と呼ぶ。筋の収縮には代謝が必要であり，この筋の能動的な収縮によって駆動力が得られるので，共振周波数では代謝エネルギー消費は最少となる。筋によって産出された力は，旧式の時計に仕組まれている脱進機（調速機構：バネによって周期的に力が供給される）に似ており，その力は振り子の位置に依存しているが，振り子の周期に影響しない。同様に，歩行やランニング中，力は歩行周期（gait cycle）中の蹴り出し期間という短い時間に生成され，脚の遊脚相に依存するが，振り子が固有振動数から外れるようには作用しない。ベルンシュタイン（1967）の見方からすると，力は摩擦によって減衰した損失分だけを埋め合わせ，振り子とバネの固有振動を補完するということになる。式 9.3 によってさまざまな選好ストライド周波数を予測できるということは，共振が 1 つの共通原理であり，代謝エネルギー消費が偶発的な結果であることを示唆している。

選好速度よりも速度があがると，ストライド周波数やストライド長も増加し，代謝コストも増加することになる。これらの知見は，快適に歩くために固有振動数以外のストライド周波数に変える必要がないことを示唆する。たとえば，ランニングにおける選好ストライド周波数を予測するためには，平方根の中にある定数を 5 に置き換えるとよい（Holt, Slavin ら，1990；Kugler と Turvey, 1987）。

$$\tau = 2\pi (L_e/5g)^{1/2}$$

速度が増加しても，他のストライド周波数やストライド長に比べて，選好ストライド周

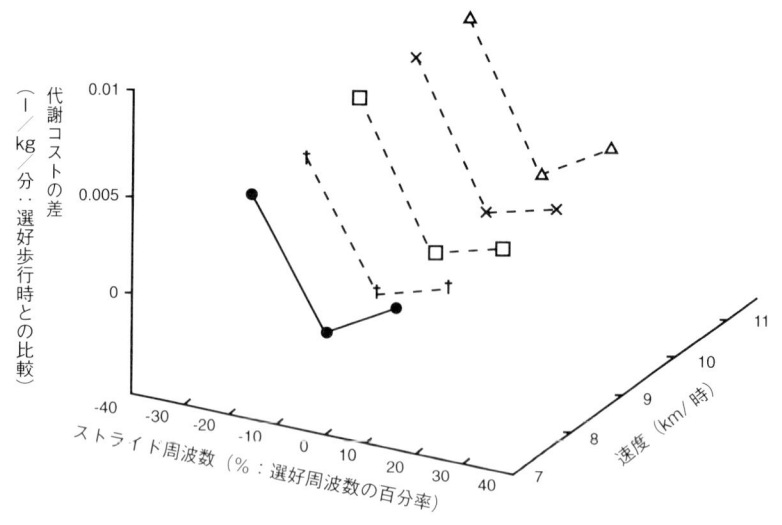

図9-3 選好ストライド周波数－ストライド長，±25％選好ストライド周波数－ストライド長での走行時の代謝コスト（$\dot{V}O_2$） 最少コストは選好条件時に出現する。

波数でのコストが依然最も低い（Zarrughと Radcliffe, 1978; 図9-3）。これらの結果は，もしモデルが正しければ，選好ストライド周波数とストライド長の組み合わせを決定し，またある特定の速度で最少コストとなる，複数の固有振動があることを示唆する。そこで，歩行やランニング速度が変化したときにどのように固有振動や共振が起こるのかという新たな疑問が生じることになる。

モデル（式9.1）によると，共振周波数は脚の慣性特性（$m L_e^2$），重力の影響（$mg L_{eg}$），組織の剛性（kb^2）に左右される。物理的な振り子においては，これらの値は時間に関係なく一定であり，1つの固有振動数しか持たない。しかし，生体システムにおいては，慣性モーメントや重力の影響は一定であるが，剛性は固有振動数にある変化を与えるのに十分なほど変動可能である。歩行中，拮抗筋を同時収縮させることで，あるいは重力に対して等尺性収縮することで，剛性は増加する。運動制御に関する文献にあるいろいろなモデルや実験結果は，上肢の動作中に筋の剛性を直接増加させること，あるいは拮抗筋の安静時の筋長を変化させることの，いずれかの方法によっても剛性は操作され得ることを示唆している（Latash, 1993）。バイオメカニクスの文献においては，下肢の剛性の変化によって，ランニングとホッピングの周期変化が生じることが報告されている（Farleyら，1991；Farleyら，1995）。われわれのデータでも，遊脚肢への負荷増大と剛性（kb^2）は比例関係にあり（Obusekら，1995），また歩行速度とも比例関係にあった（図9-4）。これらの結果は，固有振動数を一定にしながら歩行速度を増加するために剛性を操作していることを示唆する。図9-4は速度増大にともない，剛性が増大していることを示す。周波数と速度が比例することは，ハイブリッドモデルの運動方程式から予想され，振り子のダイナミクスにみられたような速度増大にともなうストライド周波数の変化（とストライド長の変化）との共通原理をみることができる（Obusek, 1995）。

固有振動数あるいはその付近で動くことの利点は，どの速度でも代謝エネルギー消費を最少にすること以外にもまだある。歩行中，足を底屈し，支持足を超えて重心を前方に押

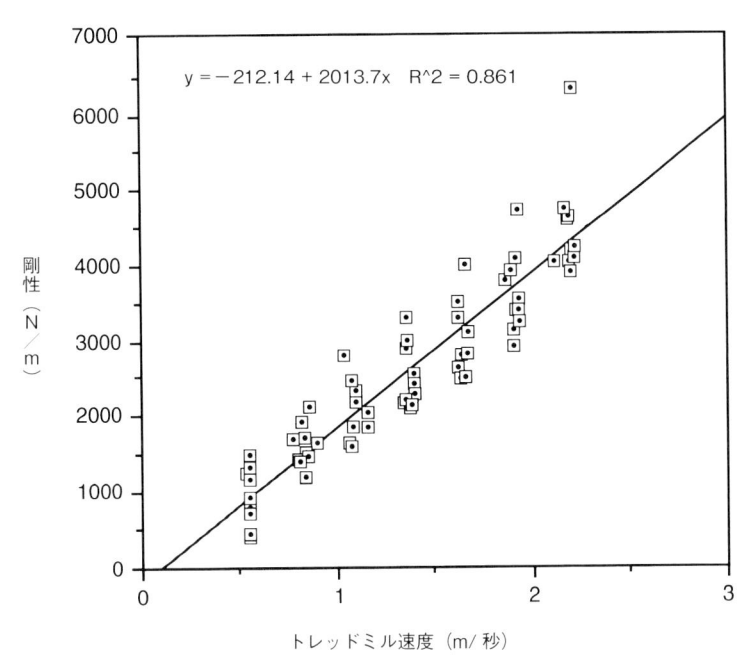

図9-4 歩行速度（トレッドミル速度）と剛性の回帰直線
すべての被験者が含まれている。グループおよび個人の回帰はどちらも有意である。

し出すために，腓腹筋－ひらめ筋が短縮性収縮する際に，1ストライドにつき，二度エネルギーが加えられる。これを子どもがブランコを押す動作と比較してみる。できるだけ少ない努力で効果的にブランコに乗った人を押すためには，適切なタイミングで力を加える必要がある。とくに，運動エネルギーが最少のときにブランコが重力の効果を受けやすい方向に力を加えるとよい。また，人の質量とブランコの長さによって決まる周波数と同じ周波数で，力を加える必要がある。言い換えると，速度と同期して時間的に最適に力を加えると，システムはその固有周波数が維持される。他のタイミングで力を加えると，より長い時間，より強い力が必要で，ブランコの方向を変える必要が出てくる。実際には，このことは代謝的にコストがかかるだけでなく，ブランコは不安定になるだろうし，方向の変化は速度の急激な変化を引き起こすことになるだろう。適切な時間に，固有周波数で力を加えられたシステムは，より安定し，ショックを被ることもより少ない（図9-2，9-5）。

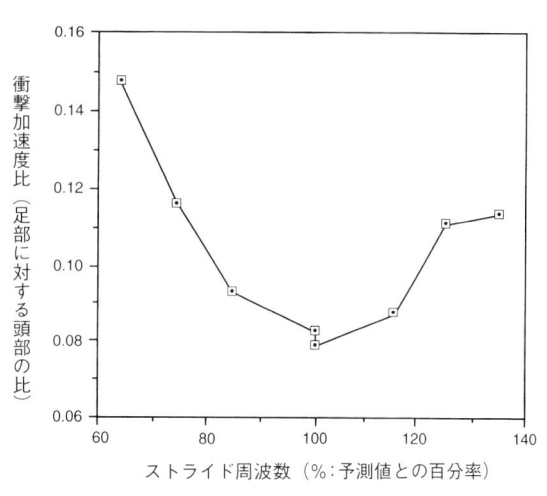

図9-5 衝撃吸収度
足関節での衝撃に対する頭部の衝撃で表した衝撃加速度比（SAR）。値が小さいほど，衝撃吸収力が高いことを示す。

3．ストライド長―ストライド周波数への強力な拘束条件としての共振問題

　これまで，固有振動数を維持することが，どの速度においてもストライド周波数やストライド長を決定する重要な要因であることが知られている。しかし，残念ながら，問題はもっと複雑である。もし，剛性を調整できるのであれば，どんな速度でも種々の固有振動数に設定することが理論上可能であり，また，ある速度でのどんなストライド長―ストライド周波数でも対応可能になる。われわれのデータでは，自然な歩行のときだけでなく，種々の速度条件で強制的に変更したストライド長―ストライド周波数条件の下でも，固有振動数で動くことがシステムに要求されることが示唆され（図9-6），脱進機[訳注47]モデル（escapement model）からもそのことが確認できる。歩行速度，ストライド周波数，あるいはストライド長にかかわらず，われわれは本質的にいつも固有振動数で歩行するのである。これらの観点からすると，共振がストライド長―ストライド周波数を拘束し，代謝エネルギー・コストが最少になるということが偶然の結果であるという議論は，不正確である。

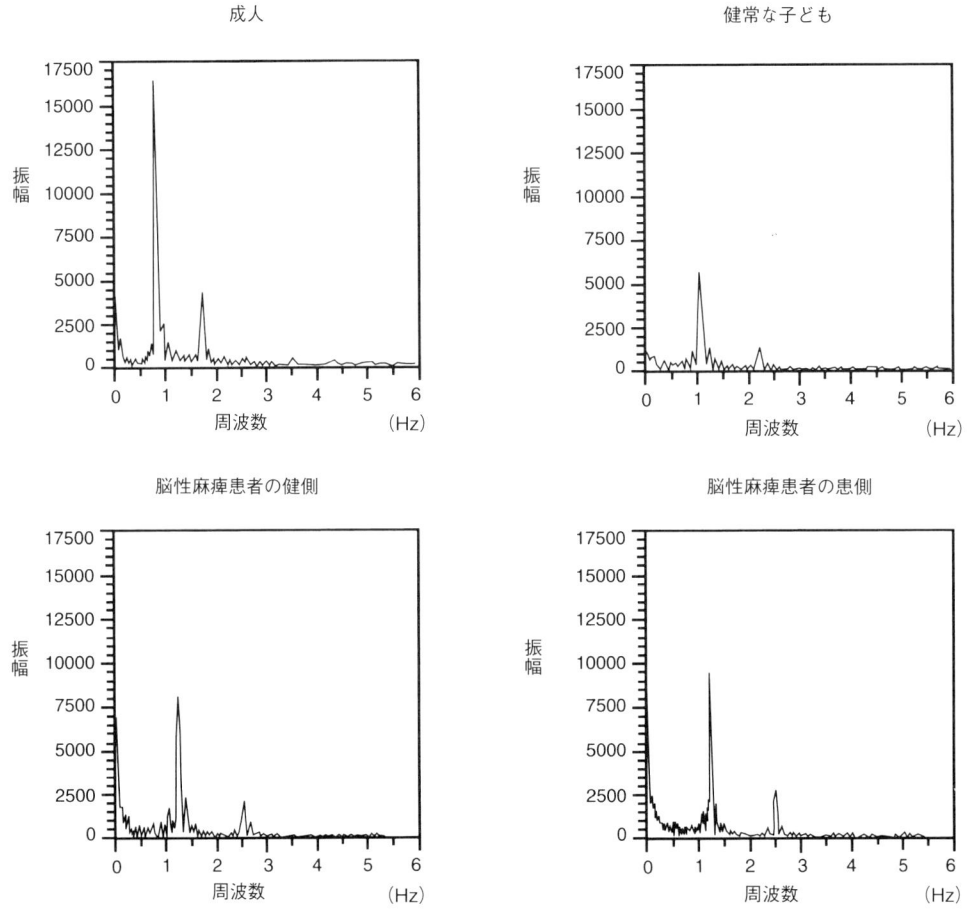

図9-6　ストライド周波数（大ピーク）とステップ周波数（小ピーク）のパワースペクトル
　　両者を合わせると，全パワーの95％の説明率を持つ。

しかし，選好速度付近で共通に認められる独特の動力学的な制約が存在するという事実は，身体を組織化する，ある共通の法則がある，ということを示唆している。

健常な動物や人間で採用されていた，ある特定の固有周波数（$kb^2=mLg$ のとき）の優位性について，疑問が投げかけられている。ジェン（Jengら，1996）は，上位の運動ニューロン障害で苦しむ人びとが，式9.3で予測されるストライド周波数で歩行しないことを示した。脳性の痙性片麻痺のある子どもがグラウンドを自由に歩き回ったときのストライド周波数は，平方根の中の定数を2.43とすることで予測できるが，健常な成人，子ども，四足動物ではその定数は2となる（Jengら，1996）。モデルによれば（式9.2と9.3），重力依存のトルクに対する剛性の1：1という特有の比率が，1.43：1に増加する。つまり，剛性が約1.5倍増加したことを示す。つまり，快適歩行を組織化する原理 $kb^2=mLg$ は，健常な組織や筋骨格機構を持った人にだけ適用できることを示唆する。脳性麻痺患者の異常歩行については，後述する。

共振に関するもう1つの問題は，ストライド周波数以外の歩行パラメータの最適値を予測するのに限界があるということである。歩行の選好速度は約1.3m/s（Turveyら，1996）であるが，ハイブリッドモデル（式9.1）の運動方程式ではどんな値を用いてもそれを予測することはできない。しかし，速度に対する距離あたりの代謝コストをプロットした図では，1.3m/sでコストが最少になることが示されている（Turveyら，1996）。これらの結果を統合することによって，代謝コストの持つ役割を説明できるかもしれない。

4．ロコモーションの逆ハイブリッド（振り子とバネ）モデル

もし，共振によって選好ストライド長やストライド周波数が生じないのであれば，最少代謝コストを維持するための用件が，特定のストライド長－ストライド周波数パターンを採用するように制約を与えているのだろうか？　この問題に対する1つの答えは，ハイブリッドモデルにさまざまな修正を加え改良したわれわれの最近の研究の中にある。われわれはモデルに，筋による駆動の項と摩擦による損失の項を加え，また，足関節軸で作用する重心の動きを表すために，このモデルを逆にした（図9-1b）。最終的な逆振り子とバネの運動方程式は，

$$mL^2(\ddot{\theta}) = F_d L\cos\theta + mLg\sin\theta + kb\sin\theta\, b\cos\theta + c(\dot{\theta})\, b\cos\theta \qquad (式9.4)$$

ここで，$mL^2(\ddot{\theta})$ は重心の総モーメントで，$F_d L\cos\theta$ は筋収縮によって生じる駆動モーメント，$mLg\sin\theta$ は重心に作用する重力によって生じるモーメント，$kb\sin\theta\, b\cos\theta$ は軟部組織が伸張されることによって生じるモーメント，$c(\dot{\theta})\, b\cos\theta$ は軟部組織の粘性特性や着地中あるいは体重を支えているあいだに反体側の脚によるエネルギー吸収によって生じるモーメントである（c は減衰項を示す）。このモデルは，力が時計の脱進機のように生じるモデルなので，振動は固有振動数のときだけに生じる。この振動状態のときに，筋力が減衰に打ち勝ち，振幅（ストライド長）だけに影響を与える。そして，もし減衰が小さければ，剛性が周波数だけに影響を与える。減衰が速度関連の定数だと仮定すると，ハイブリッド・

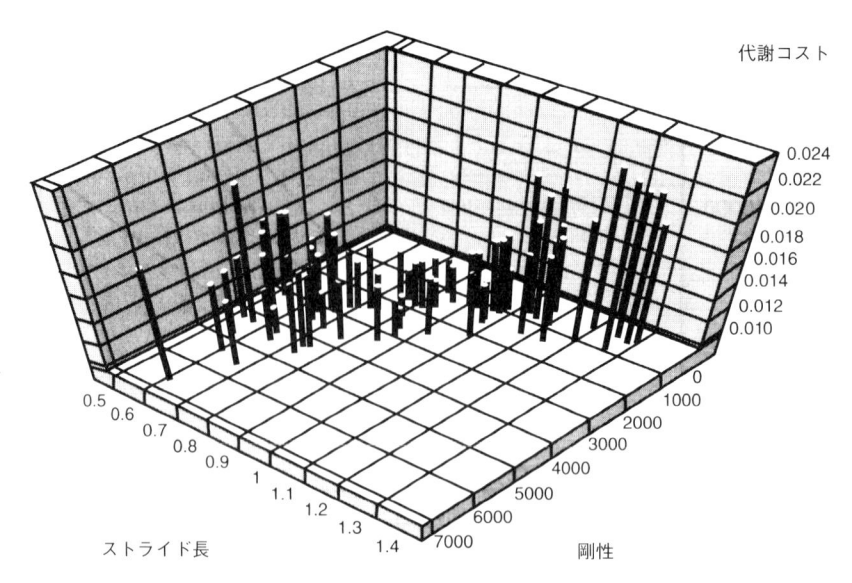

図9-7　単位距離あたりの代謝コスト（ml/min/kg），振幅と力から求めたストライド長（m），ストライド周波数での剛性（kb²）の関係
全体の最小値は選好ストライド周波数で生じ，力や剛性が変わると急激に値が増加する（Obusek, 1995）。

　システムが振動しつづけることに比例して貢献する要因（筋力，剛性，重力）の割合を少し緩めることができる。歩行の生理学的コストに関するデータは，コストを最少にするような，ある特別なストライド長－ストライド周波数があることを示している（図9-7）。図にあるデータは，さらに，ストライド長を変えることによる力は，剛性を保とうとする場合よりも，代謝コストがかかることを示している。代謝コストに関するモデルから2つのことを予測できる。まず1つは，最少代謝コストを生むような，ある特定の力－剛性関係（ストライド長－ストライド周波数）があるということである。驚くほどのことではないが，どんな速度でも選好ストライド長－ストライド周波数は，代謝ポテンシャル場の最下点にある。次に，ある一定速度の歩行実験では，ストライド長が長く，低いストライド周波数でシステムを駆動することは，短いストライド長で高いストライド周波数の場合よりも，代謝コストがかかることが予想される。すなわち，大きなストライド長－低ストライド周波数の場合，高代謝コストが予測され，どんな速度においても，代謝コストが選好ストライド長(筋力)とストライド周波数(軟部組織の剛性)を決定することが推測された（Holt, Hamill ら，1991；Holt ら，1995，図9-2）。

　このモデルでは，ある重要な予測ができる。それは，逆ハイブリッド振り子（inverted hybrid pendulum）が種々の速度帯にわたって共振周波数で振動しつづけるために，駆動モーメントの大きさは剛性の大きさに比例する可能性が高い，ということである。実験データはこの予測を実証し（図9-8），このモデルの有効性をさらに支持する結果となった。事実，いったんある特定のダイナミクスが召集されると，速度変化に対するストライド長とストライド周波数は，モデルの定常状態の必要条件に合うように決定される。

　ここまでをまとめると，動力学的歩行システムの運動方程式は，いろいろな点で満足できるものであった。重心の振動は剛性と力の組み合わせによって維持されている。運動学

的観点（kinematics）からみると，選好ストライド長－ストライド周波数には動的な制約は何もないが，実際には人や動物には快適なパターンがあり，それらのパターンは共通の動力学的な原理によって統制されているようである。その原理とは，歩行速度全般にわたって一定に保持されている力，剛性，重力環境の比率を決定するものである。われわれは，「最少代謝コストを与えるダイナミクスは学習過程で発見されるが，そのダイナミクスを一度見つけると，定常方程式の拘束条件に則って，単にパラメータの線形スケーリングを行うことによって，異なる速度に一般化させている」と解釈している。代謝コストはダイナミクスを召集する際の1つの決定要因である。一度，パラメータが集められると，動力学的制約は，確実に，代謝コストを課題の必要条件の中で最少のものにする。

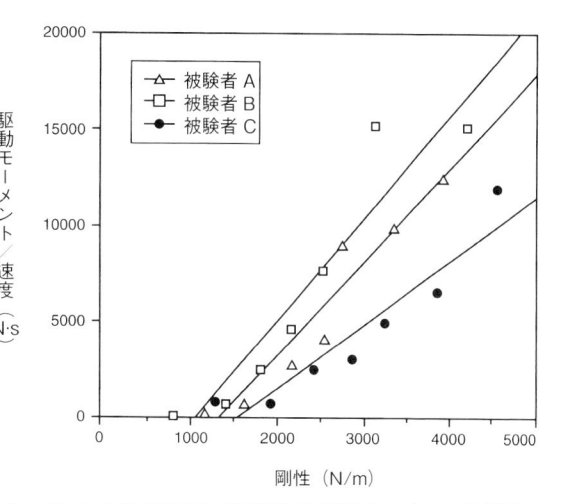

図9-8　3名の被験者の弾性要素と駆動モーメントの関係

被験者A（速度あたりの駆動モーメント＝ 4.9(kb^2) -6635, r^2(1,6)=0.92, r<0.0006)

被験者B（速度あたりの駆動モーメント＝ 5.3(kb^2) -5772, r^2(1,6)=0.89, r<0.001）；

被験者C（速度あたりの駆動モーメント＝ 3.3(kb^2) -5150, r^2(1,6)=0.88, r<0.002)

5．発達と疾病

　最適基準と振動の制約との関係は，歩容の発達や病的状態の際にみられる歩容パターンから裏づけられ，また同時に，それらの理解にも役立つ。健常成人の歩容は，ある意味でステレオタイプであり，普通，歩行とランニングの2つの形態だけである。そして，この2つの歩容パターンの特徴は，多くの人たちのあいだで類似している。大人は，膝を曲げた姿勢では歩かないし，関節間の協応にもあまり個人差はない。他のパターン（たとえば，ホッピングやスキップ）も可能であるが，普通は行わない。一方，歩行の初期段階にある子どもの歩容パターンは，著しく個人差がある。歩き始めの子どもは，いろいろなレベルでダイナミクスを探索していると考えられる。たとえば，彼らはよりよい協調性を探索するように，あるいはダイナミクスをうまく結びつけるようにスキップやホッピング，歩行，ランニングを行う。彼らは，また，振り子とバネのハイブリッド・システムのパラメータを探索するように，いろいろな速度，ストライド長－ストライド周波数関係，関節角度で歩く。この種の探索は，どのパターンが最も代謝コストが少なくてすむのか（疲れないのか），最も衝撃が少なくてすむのか（傷害が少なくてすむのか），あるいは最も安定しているのか（転ぶのを避けるのか）を見つけることにつながる。非常に広範な運動パターン（や動力源）を使えるが，最終的に，傷害につながらず，転ばず，疲れないような運動パターンが一貫して使われることになる。繰り返すことで，パターンを維持するための神経系と筋骨格系の

適応の両者が強化される（Edelman, 1987；SpornsとEdelman, 1993）。最適とはいえないパターンの多くは，結局，動作のレパートリーには入らず（しかし，利用することはできるが），大人の選好パターンの数を抑制することになる。

　筋骨格系をつくる遺伝構造は，1つの種で類似しており，探索の結果見つけ出した最適パターンも似ていると考えることは，直感的に妥当であろう。われわれが提唱するダイナミック・アプローチによれば，個人個人の歩容パターンの差は，歩行周期に関与するモデルの動的変数の違いを系統的に理解することで説明できる。このように，セグメント長や体重のパラメータは，ストライド長－ストライド周波数に影響を及ぼすが，それは振り子とバネのハイブリッド・システムのふるまいを制御する法則によって予測可能である。長さおよび質量パラメータは，モデルの重力効果に直接影響を及ぼし，またストライド長－ストライド周波数関係にも影響を及ぼす。この基本的な前提をもとにすると，原理的に，個人個人で利用できる動力源が変化することで生じる歩容パターンを理解できる。脳性麻痺は，ストライド長－ストライド周波数関係への制約因子として動力源の重要性を示す典型的な病態といえる。このモデルは，歩容が'ヘンに見える'かもしれないが，代謝コストや安定性という点では最適といえる協応パターンについても知見を与えることができる。

6．痙性脳性麻痺のケース

　脳性麻痺（CP）は上位の運動神経障害で，神経筋機能，組織形態，運動パターンに重大な変化をもたらす。これらの変化の動的な影響として，軟部組織の剛性が増加すること，運動する際に十分な筋パワーを生成する能力や筋パワーの生成をタイミングよく行う能力が減少することがあげられる。筋腱複合体の剛性の増加は，過度の伸張反射や結合組織の筋組織への侵入度に比例する（Tardieuら, 1982；Dietzら, 1981；KatzとRymer 1989）。後者は，筋腱複合体の力学的特性に変化をもたらし，結果として，筋電（EMG）活動の増加なしで筋への受動的なストレッチに対する抵抗が増えることになる（DietzとBerger, 1983）。剛性はまた，緊張過多や筋の同時収縮によっても増加する（BerbrayerとAshby, 1990；BrouwerとAshby, 1991；Myklebust, 1990）。足の底屈で底屈筋の剛性を増加することによって（Bergerら, 1982），カンガルーのように弾性エネルギーを使う動物の足と足首にある機構と類似した，バネとテコで構成されている機構をつくり出すことができるということは注目に値する。タイプⅠとⅡの萎縮あるいは運動単位数の減少により，歩行中の筋収縮による筋パワー生成能力を減衰させることになる（Olneyら, 1990）。

　上位の運動神経障害が脳性小児麻痺患者の歩容パターンに与える運動学的な影響も多い。軽度の痙性半身不随のある7～12歳の子どものグランドでの選好歩行速度は，平均すると，同年齢の健常者のものと変わらない。しかし，麻痺患者のほうが高いストライド周波数で，短いストライド長で歩く（Jengら, 1996）。また，支持脚相が長く，遊脚相が短く，身体の垂直方向の変位が大きい。これらの変数の変動は個人内でも大きい（Strotzky, 1983）。脳性麻痺患者の歩行は，ランニングにたとえられてきた。脳性麻痺患者の歩容の特徴として，位置エネルギーと運動エネルギー間のエネルギー交換の欠如（Olneyら，

1987），腰，膝，足首の同期した屈曲（Bruin ら，1982；Gage, 1990；Strotzky, 1983；Leonard ら，1991），重心の垂直方向の大きな変位（Strotzky, 1983），があげられている。

　脳性麻痺による痙性半身不随の子どもたちのロコモーション中の動力学的なあるいは運動学的な特性は健常者とは異なるものの，脳性麻痺患者も選好歩容パターンで最少代謝コストになる点は変わらない。ただし，代謝コストは健常者の 2, 3 倍になる（Jeng ら，1996）。また，選好パターンで頭部の安定性が最大になり，関節間の動作パターンの変動性が最少になるという多くの報告もある。しかし，前に触れたように，予測式 9.3 は脳性麻痺による軽度の半身不随の子どもたちの選好ストライド周波数を低く見積もってしまう。そこで，われわれは，脳性麻痺の子どもたちが利用できるダイナミックな運動能力を活用する方法が，選好ロコモーター・パターンの中に反映されている，という仮説をたてた。歩行中の筋活動の弱さやタイミングの悪さは，歩行周期中の正しい時刻に十分な力を発揮できない可能性があることを示唆している。通常の歩行では，推進パワーの 3 分の 2 は，離地直前の蹴り足の下腿三頭筋によって供給される。もし，このパワーが利用できなくても，子どもはまだ歩行可能であるが，これがどのように達成されているのかという疑問が生じる。脳性麻痺患者の歩容の他の多くの特徴は，弾性エネルギーの貯蔵と再利用を促進するような潜在的な適応能力である。同時収縮や重力に対する等尺性収縮の増加（緊張過度），足の底屈，多関節同時屈曲パターン，筋腱複合体の弾性組織の増加，これらすべてが剛性を増加し，歩行を維持するための弾性エネルギーの再利用化の要因となり得る。

　弾性エネルギーの貢献度がより高く，筋力の貢献度が少ない子どもの歩容パターンに関する種々の予測を，式 9.4 を使って行うことができる。まず，ロコモーションではストライド周波数の増加（剛性の増加を反映する）とストライド長の減少（短縮性筋収縮の減少を反映する）が予想できる。以前指摘したように，この結果はわれわれのデータによって裏付けられた（Jeng ら，1996）。ロコモーション時に弾性エネルギーの貢献が大きくなれば，脳性片麻痺患者の患側の剛性は，健側と比較してあるいは健常者と比較して増加していることが予想できる。この予測は，モデル（図 9-9）から導いた剛性の推定値を使ったものと一致する。垂直剛性（図 9-10）の推定値を導くためのフックの法則を用いたモデルとは別物である。脳性麻痺患者に見られるランニングに似た歩容パターンは，弾性エネルギーの貢献度がより高いロコモーター・システムを用いていることを示唆している。

　健側では，ストライド長の増加にともなう重心の角変位の増加が，患側や健常者と比べて大きい（図 9-11）。このデータに関するわれわれの予備的解釈は，子どもは前方にできるだけ強く重心を押し進め，バネを「組み込んだ」患側の上にその重心を落とす。患側のバネが，今度は，重心を押し戻すことに利用される弾性エネルギーを生成する（図 9-12）。この解釈は，力学的エネルギーのデータで裏づけることができる；つまり，健側の大きな前方への運動エネルギーが，患側へのわずかな位置エネルギーに転換されたが（図 9-13），外からは観察できない弾性エネルギーにも変換されたことを示唆している。

　このように，片麻痺患者で見られる非対称な歩容パターンは，重心の振動を継続するための適応を反映したものである。本質的に，力の生成は健側に委ねられ，力を発揮することができない患側は健側で生成されるエネルギーを蓄え，弾性エネルギーとして返すとい

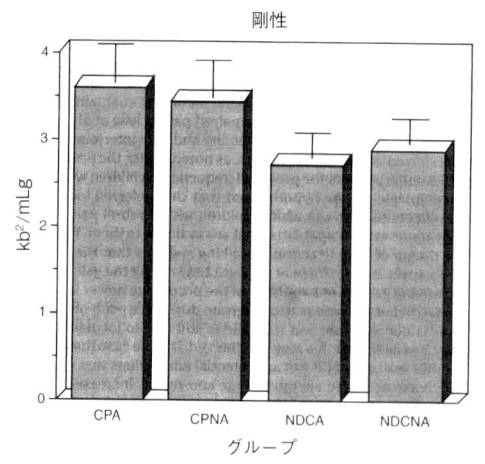

図9-9 脳性小児麻痺患者と健常小児の歩行中の重力に対する剛性
脳性麻痺患者の患側（CPA）および健側（CPNA）は，健常者の対応する同側肢（NDCA，NDCNA）よりも値が大きかった。

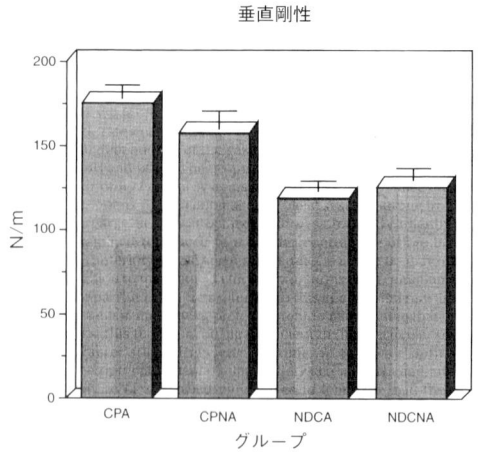

図9-10 歩行中の支持期における垂直剛性値
患側のほうが健側よりも大きな値を示した。健側においても，健常者よりも大きな値を示した。略語については図9-9を参照のこと。

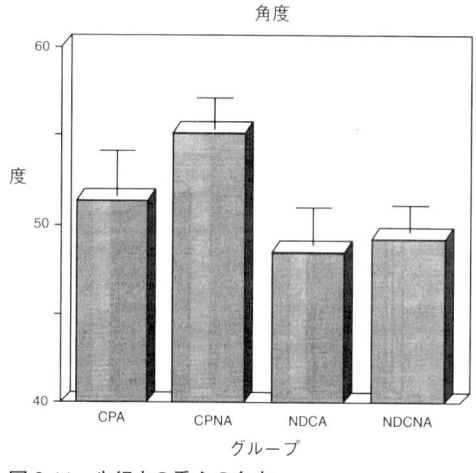

図9-11 歩行中の重心の角度
健側のほうが患側よりも大きな角度を示した。略語については図9-9を参照のこと。

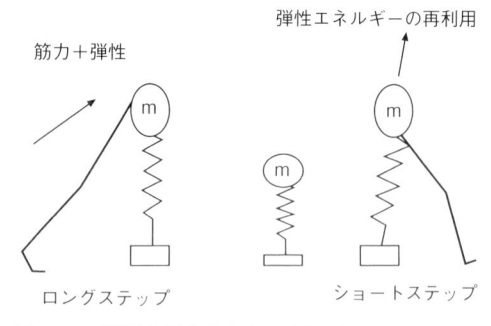

図9-12 脳性小児麻痺患者の歩行パターン
左図：健側（バネのついていない脚）では筋力と弾性力により大きなエネルギーが生成され，歩幅が大きくなる。
中図：患側の弾性要素の収縮
右図：次のステップでの弾性エネルギーの再利用

う適応を行っている。両側麻痺患者の場合，ハイブリッド振り子の運動方程式を満足させる十分なエネルギーを生成したり保存したりする能力があるかどうかということが，二足歩行できるかどうかを決定する境界条件となる。

　脳性小児麻痺患者は，課題（操作環境）と残存している運動能力との関係を模索している。健側と患側の歩容パターンの違いは，利用可能な運動源の差によって生じている。しかし，動作を導き出す供給源（運動源）にかかわらず，ロコモーション課題での最適制約条件は同一である。すなわち，代謝コストの最少や安定性の維持である。

　すなわち，ここでは，脳性麻痺患者の歩容を例に，個々人の運動能力によって課される制約条件の範囲内で，代謝的に最適な方法で，どのように協応パターンが表出するのかを示した。振り子とバネで構成されたハイブリッドモデルが振動をどのように維持するの

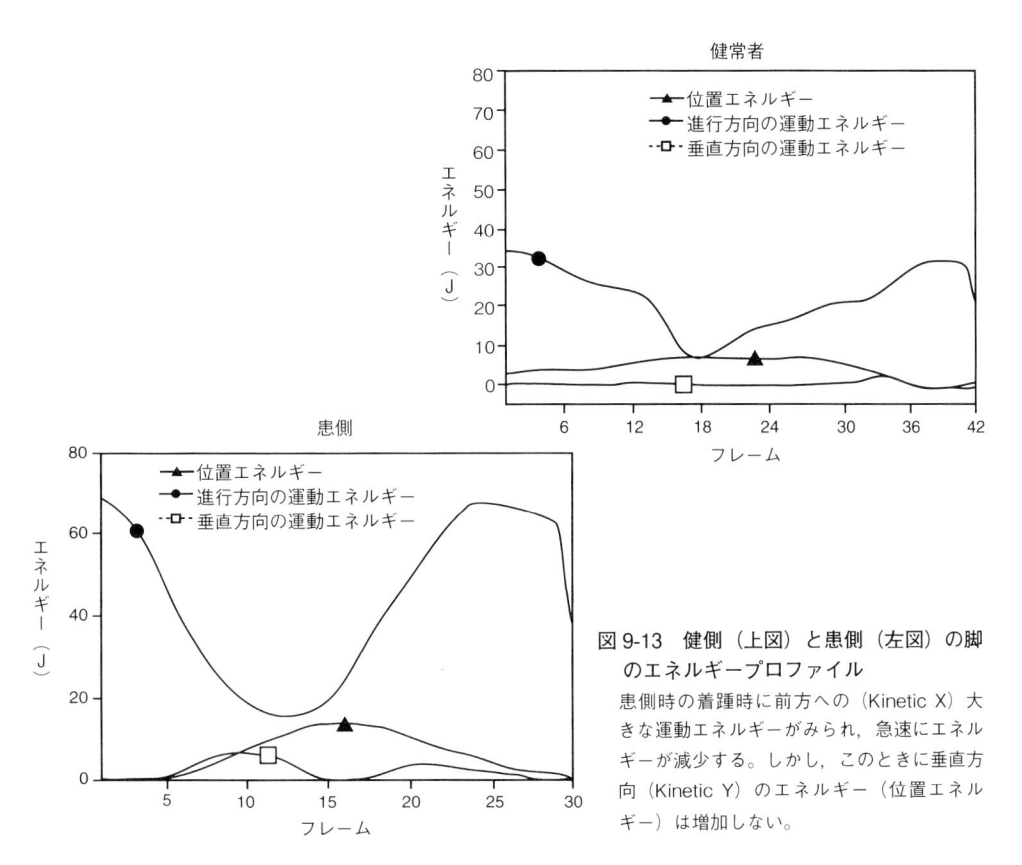

図9-13 健側（上図）と患側（左図）の脚のエネルギープロファイル

患側時の着踵時に前方への（Kinetic X）大きな運動エネルギーがみられ，急速にエネルギーが減少する。しかし，このときに垂直方向（Kinetic Y）のエネルギー（位置エネルギー）は増加しない。

か，その必要条件のダイナミックな変化を調べることで，これらの制約に関してより深く理解できよう。

7．ストライド周波数とストライド長の制御における熱力学

　四肢の運動結合を扱うダイナミカル・システムズ理論の分派は，代謝コストの最少化の影響，あるいは選好運動パターンに対する他の最適基準の影響について，参考文献として取り扱っているものの，自らの考えに組み込んでいない。たとえば，Kelso（1995）はシナジェティクス理論を馬の歩容変化へ適用した際の論議として，以下のことを述べている。「馬は，通常，潜在的に不安定な領域を避ける；利用可能な幅広い範囲の中からある特定の速度だけを選択する。事実，それはエネルギーを最少にするものである」(pp.73-74)。しかし，残念ながら，運動方程式の中には，四肢の運動連結がこのような基準の影響を受けていることを示す項はない。実際には，代謝コストは計算されない残差として残り，コストを最少にする歩容パターンを「選択する」ために馬が残った。このような説明は，頭の中に座っている小さな人間（あるいは馬！）がどんな歩容パターンを使うのか選択していることを連想させる。ダイナミカル・システムズ・アプローチの哲学的基礎の1つは，決定権を有する知能を排除することである（Turveyら，1982）。

　ダイナミカル・システムズ理論の哲学と同じように，最適に実行された運動パターンは，代謝過程と力学的な動作との秩序ある関係によって生じるにちがいない。先に述べた共

振によるアプローチは，この関係を理解するための1つの試みである。歩行解析でわれわれが現在研究しているもう1つのアプローチ法は熱力学である。熱力学は，熱（代謝）過程と力学的な動作間のエネルギーの流れに焦点を当てた物理学の一分野である（Turveyら，1996）。熱力学の法則は，これらの2つのリファレンス・フレームと出現した協調性のある運動との秩序ある関係性を理解する鍵となる。

最初に，少しだけ強制ハイブリッド振り子の話に戻り，その後，さらにそれを洗練したモデルを紹介する。1歩行周期において，腓腹筋－ひらめ筋は片脚1回ずつ二度の力（エネルギー）を振り子に注入する。エネルギーは離地直前のわずかな期間にだけ注入される。われわれのモデルでは，足が地面に着いていて底屈しているときだけと仮定している。そのメカニズムは，ブランコに乗っている人を押すことや旧式の時計のバネから振り子のスイングにエネルギーが注がれる際の相依存の力発揮にたとえられる。時計の中のエネルギーはバネを巻くことで得られるが，歩行する動物のエネルギーは，サルコメア（salcomeres）にある化学エネルギー E_{chem}（ATPの分解）に起因する筋収縮 E_M（蛋白フィラメントの機械的な滑り込み）によって得られる。しかし，筋によるエネルギーのすべてがロコモーションの力学的仕事（運動エネルギー）E_m に変換されるわけではない。そのうちのいくつかはエネルギー変換サイクルの中で熱の損失 E_t を穴埋めするために使われる。エネルギーは，実験時に観察できる機械的動作に使われるもの（保存されるもの），内部（化学-熱-機械）エネルギー・サイクルに存在するもの（保存されない），の2つの要素に分けられる。熱力学の第一法則は，総エネルギーはエネルギー変換を通して変わらない $E_{chem} \rightarrow E_M = E_m + E_t$。熱力学の第二の法則は，仕事が行われないエネルギー回路は存在しない $E_t > 0$。人のロコモーションは開放系であり，エネルギー浪費型であり，熱力学的である。さらに，ハイブリッド・モデルの枠組みでは，エネルギーは重力と弾性エネルギーとで保存可能である。したがって，消散したエネルギーがロコモーション時に測定された力学的エネルギーに直接的に結びつかなくても，なんら驚くことはない。

ここで，代謝コストとストライド周波数に関するわれわれの独創的な結果について考えてみる。ある歩行速度で代謝コストが最少になるような特定のストライド周波数があることが知られている（ZarrghとRadcliffe, 1978）。問題を再び熱力学の論議に戻そう。内部（代謝的）フレームと外部（力学的）フレーム間でのエネルギーの流れを統治する熱力学の法則の観点から上述の結果を考えてみる。種々の新しい歩行速度を考えた場合，ハイブリッド・システムを再構築する必要がある。この際，とくに，①速度増加ごとに熱力学の法則が周波数変換を制御しているのかどうか，②熱力学の法則が，最少代謝コストを維持するような方法で変換を制約しているのか，という点に疑問が残る。これらの疑問に答えるために，われわれはまず，熱力学の法則から生まれた断熱変換の考え方を引用しよう。断熱変換は，ある量が増えたり減ったりする際の2つの変量間に不変の比率が存在する場合の変換である。ある物体の運動エネルギー（E_k）が，下記の等式のように，断熱不変項（H: adiabatic invariant）を媒介として周波数（f）と関連しているというエーレンフェストの仮説（Ehrenfest hypothesis）[訳注47]は，とくに関連性の高いものである。

$$E_k / f = H$$

エーレンフェストの仮説は，非常にゆっくりとした変化が生じる保存型のシステムで提案された。そして，クッグラーとターヴェイ（1987）によって，非保存系非律速系に拡張された。非保存系の場合，損失エネルギーは，図9-14上図の縦軸の負の切片として記される。この変換タイプは，つま先で回転するアイススケーターで見られる。腕を縮めた際に，回転周波数は回転運動エネルギーと比例するように増加する。スケートの滑走摩擦は熱に変換され，回転速度に依存してエネルギーが失われる。エネルギーの損失は時間とは独立である。エーレンフェストの仮説をロコモーションに適用できるかどうかの重要な点は，傾きHで運動エネルギー（E_k）と正比例関係にある周波数（f）が，速度とも比例するかどうか，そしてまた，損失を表す運動エネルギー軸の切片（E_t：回帰直線の切片）が負かどうか，である。ランニングに関するわれわれのデータは，予想したとおり，運動エネルギーの変化と周波数（ストライド周波数）とのあいだに高い有意な相関があることを示し，

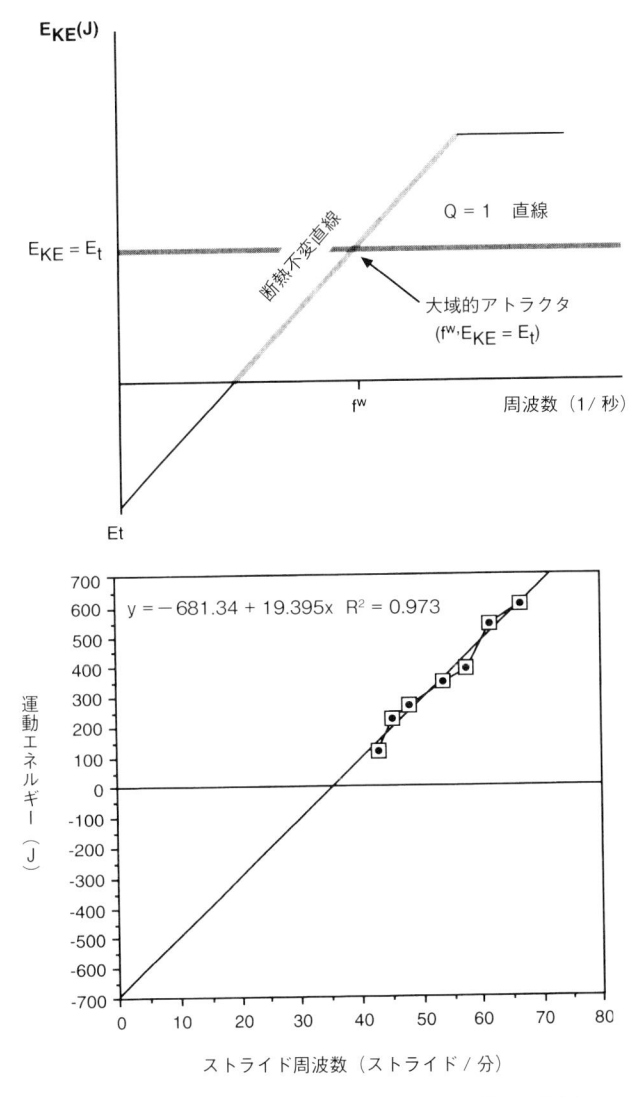

図9-14　上図：予測されるストライド周波数と運動エネルギー，断熱軌跡の関係。E_tはエネルギーの散逸を表す。下図：健康な成人のランニングのデータは，断熱軌跡に非常によく一致している。

その切片は負となった（図9-14下図）。この結果は，ランニング中の速度変化にともなうストライド周波数の変化が，断熱不変となる直線にしたがうことを示唆する。しかし，話はまだ終わっていない。断熱不変直線がどのようにシステムの最少代謝コストを成立させているのかを示す作業が残されている。

ハイブリッドな振り子とバネのパラメータは，質量，長さ，筋力，軟部組織の剛性である。質量と長さは成熟した動物では比較的一定に保たれているが，剛性（あるいは安静時の筋長）や力は操作可能である。断熱不変直線にしたがうと，速度変化に必要な力や剛性のパラメータの違いにかかわらず，エネルギー損失は時間的に不変である。いったん代謝の入出力が行われれば（たとえば，ある特定のストライド長とストライド周波数の代謝コストが決まってしまえば），エネルギー・コストが熱損失を表す指標となるような関数を，断熱軌跡によって提供できるということが報告されている（「内部安定性重視」，KuglerとTurvey, 1987）。そのコストは図9-14上図ではロコモータ速度に無関係に一定な損失項（E_t）に反映されている。この結果は，人ではランニング速度にかかわらず，単位距離あたりのエネルギー・コストが一定であるという研究（FallsとHumphrey, 1976）によって裏づけられる。また，動物の種属，形態，サイズ，生理の違いにおいても同様の報告がある（Full, 1989）。ある動物や人が速度帯にかかわらず断熱不変直線にしたがうとき，速度に対する最少代謝コストを保証することになる。

8．不安定性と代謝コストの再考

熱力学の第二法則は，Qファクターまたはクオリティ・ファクターの考え方を基にしている。Qファクターとは，単振り子周期における熱力学の指標である（Kugler & Turvey, 1987）。Qファクターは，熱として失われたエネルギー損失に対する産出された力学的エネルギーの割合である。したがって，単位はない。人のロコモーションでは，この割合はある一定速度での運動エネルギーの変化を代謝コストの変化で割ったものである。$Q>1$のとき，観察された運動エネルギーが，筋が供給するエネルギーよりも大きいことを意味する。この現象は，運動が反作用力（reactive force）を有効利用したときに生じる。つまり，運動エネルギーの何割かは弾性エネルギーの再利用によって供給されているはずである。人のロコモーションでは，とくにランニングなどで，バネあるいは「弾むボール」のようなメカニズムによって，エネルギーの多くが保存される（Cavagnaら，1977）。このシステムは外乱に対して開放されており，そのために本質的に不安定である。同時に，速度に関して，代謝コストが最少化されるという点において，その運動は基本的に効率的である。$Q<1$のとき，利用している筋エネルギーよりも観察できる運動エネルギーは少ない。ロコモーション時のエネルギーは，主に筋活動を通して生成され，反作用力に頼る必要はないので，外乱に影響を受けることは少ない。しかし，その運動は実行した力学的運動と比べると，本質的により多くの代謝コストが必要である。このようなメカニズムは歩行パターンに特徴的である。$Q=1$では，2つのエネルギー様式間でバランスがとれている。この場合，「熱力学の第一および第二の両法則のエネルギーの出納は，それぞれのすべてのサイ

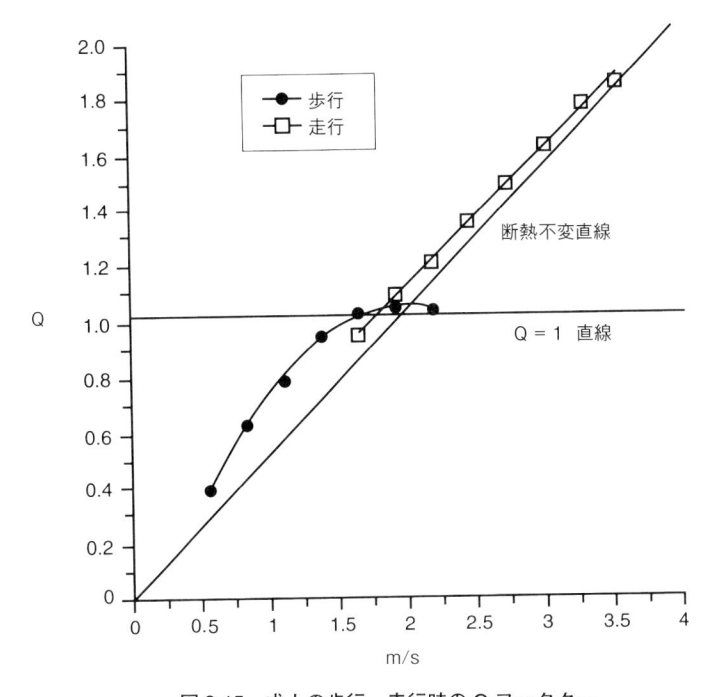

図9-15 成人の歩行，走行時のQファクター
どちらも断熱軌跡に非常によく一致しており，歩行のほうは断熱軌跡とQ=1の両方に沿う傾向がある。Turvey et al.（1996）。Biological Cybernetics, 74, 107-115 より許可を得て掲載。

クルで閉じている」（Kugler & Turvey, p.351）。

　断熱不変とQファクターという2つの法則から多くの仮説が導かれている。歩行からランニングへの選好転移速度（約2m/s）は，約2.02 m/sの際に断熱不変直線とQ=1が交わることから予測することができる（図9-15）。Q>1のときにはランニングが生じ，歩行はQ<1のときに限定される。

　以上をまとめると，熱力学によるアプローチは，速度変化にともなうストライド周波数の変化，それに関連する最少代謝コスト，歩容中の身体の振動ダイナミクスと歩容の変化，を説明できる1つの理論的方法として有望であることを示した。

9．将来の方向性：協応パターン

　ダイナミカル・システムのほとんどの研究は，四肢のダイナミックな運動結合，協応に関する本質的な特徴に焦点を当ててきた。方程式の多くの項において，物理的実体を持たない抽象的な数学モデルが重要視されてきた。さらに，協応パターンの変化は，力要素を含む運動力学（kinetics）というよりも，力要素を含まない運動学（kinematics）的な制御パラメータによって決定される。例をあげると，臨界周波数（kinematicな制御パラメータ）で生じる指の同位相・非同位相間の協応パターンの転移がある。

　これまでのわれわれの仕事は，人の身体に対する動力学的な制約によって出現するロコモータパラメータ（ストライド周波数，ストライド長，歩行速度）に注意が注がれてきた。この動力学的な制約は，熱力学的なエンジンによって駆動する減衰振動子とバネのように

人の身体に作用する。われわれはまた，種々のロコモータ様式（歩行やランニング）が熱力学的制約によって出現する方法にも簡単に触れた。今後の研究では，このような動力学的な制約が協応パターンの変化をどのようにおこさせるかを調査したいと考えている。

振動をつづけるために，（運動方程式の）ある特定の力，振り子，弾性エネルギーによって協応パターンが決まるというのがわれわれの仮説である。たとえば（前に述べたように），重心の振動を維持するために，弾性エネルギーが運動エネルギーに多大な貢献を果たすというのがランニングの特徴である。これは，質量－バネモデルとして論じられる。歩行では，位置エネルギーから運動エネルギーあるいはその逆の変換によって，エネルギーの保存を行う振り子のような特徴がある。協応とは，2つのタイプのエネルギー転移の利得を十分に享受できるように構成されたものであるといえる。足首，膝，腰の同時屈曲とそれにつづく同時伸展は，弾性エネルギーの貯蔵と再利用を促進するであろう。ダイナミクス・システムの観点からすると，ある関節まわりのセグメントは，ほぼ同位相で動き，逆に，複数の関節間の屈曲・伸展パターンの時間のズレは，位置－運動エネルギーの転換を促進し，セグメントが非同位相で動くことになる。

一般的には，協応パターンは課題の動力学的な要求に強く関連している。以下の3つのエネルギー源からの貢献を最も促進するような協応パターンを見いだし，実行する。①体重に抗するために生成された筋力の変換，②振り子機構によるエネルギー変換，③弾性エネルギーの再利用。片麻痺患者の歩容に関する仕事がこの主張を支持している。小脳麻痺患者の何人かの歩容は，同位相の屈曲パターンを示す（Bruinら，1982；Gage, 1990；Strotzky, 1983；Leonardら，1991）。われわれの予備実験の結果では，腰，膝，足首間の協応パターンは，健側に比べて患側でより同位相になる。患側でより弾性エネルギーの貢献が大きくなるというわれわれの他のデータと合わせると，体側間での協応パターンの非対称性は，利用可能なダイナミックな身体資源が体側によって異なることを直接反映したものと解釈できる。このアプローチは，反作用力の利得を有効利用できるような協応を学習することの重要性を強調した元祖ベルンシュタイン派（ダイナミクス・システム・アプローチの創始者）の主旨に適切に沿ったものである。この章の最初に載せたベルンシュタインの引用文，ベルンシュタインの云う反作用現象（reactive phenomena），を思い出してほしい。われわれは振り子のエネルギー保存と解釈したが，この反作用現象は明らかにエネルギーコストに影響を与える。省エネルギー機構の利得を十分に得ることによって，必要な代謝を減らせることになる。動作の協応を理解するために，筋力，弾性エネルギーの再利用，振り子機構を通して最も優れたエネルギー変換を行うような筋骨格系の生体力学的枠組みを決定することが今後の重要な課題であろう。

■要　約

この章では，動力学的な課題の要求，個々人の運動能力，ロコモーション中の自己最適化行動，についての相互依存性を中心に論じてきた。今のところ，以下のような結論を提示することができよう。

① 動力学的な課題の要求，個々人のダイナミックな運動能力，課題を実行する環境，こ

れら3つの条件に起因する制約によってロコモータのパラメータが決定される。
② 代謝コストの自己最適化と安定性は，運動の法則および熱力学の法則に基づいた制約であり，それらの結果でもある。
③ だれでも，多くの歩容パターンを行うことができる。学習とは，最少代謝コストで，かつ最も安定した方法で，課題を遂行するために，利用できる動力学的選択肢の中から最も効果的な利用法を見つけ出す過程である。
④ 障害者の歩容パターンは，利用可能な限定された身体資源の中から有効な方法を得るための適応である。
⑤ ロコモーションの選好協応パターンは，力駆動型の振り子－バネのハイブリッドモデルの運動方程式を，エネルギー変換機構の利得を最大限に得るように解いた解として現れたもの，と仮定できる。

【訳者注】

45) 歩行率…歩調，ステップ周波数ともいう。1分間に何歩の割合で歩くか（steps/min）。歩行を振動とみなせば，周期（ストライド周波数；stride frequency）の2倍が歩行率で，歩幅は振幅となる。

46) 固有振動数…物体に初期変位や初速度を与えることで振動させると，ある特定の振動数で振動する。この振動を固有振動といい，振動数を固有振動数という。振動はいくつかの振動成分で構成されていて，それぞれの振動成分の振動数は物体（系）に固有のものである。

47) 脱進機…時計の内部にある機構の1つ。時計の振り子あるいは振り子の役割を果たす歯車の振動が，減衰することなく，一定速度で回転するように力を与え続ける役割を持つ。

48) エーレンフェストの定理…ニュートンの運動方程式，F=ma，と同等の意味を持つ量子力学の定理。「粒子の運動量の平均値の時間変化は，粒子に働く力の平均値に等しい」という定理。

【引用・参考文献】

Amazeen, P.G., E.L. Amazeen, and M.T. Turvey. 1998. Dynamics of human intersegmental coordination: theory and research (Ch. 11). In *Timing of behavior. neural, psychological, and computational perspectives*, eds. D.A. Rosenbaum, and C.E. Collyer. Cambridge, MA.: MIT Press.

Berbrayer, D., and P. Ashby. 1990 Reciprocal inhibition in cerebral palsy. *Neurology* 40: 538-548.

Berger, W., J. Quintern, and V. Dietz. 1982. Pathophysiology of gait in children with cerebral palsy. *Electroencephalography and Clinical Neurology* 53: 538-548.

Brouwer, B., and P. Ashby. 1991. Altered corticospinal projections to lower limb motoneurons in subjects with cerebral palsy. *Brain* 114: 1395-1407.

Bruin, D.D., P. Eng, J. Russell, J.E. Latter, and J.T.S. Sadler. 1982. Angle-angle diagrams in monitoring and quantifications for children with cerebral palsy. *American Journal of Physical Medicine* 61: 176-192.

Cavagna G.A., N.C. Heglund, and C.R. Taylor. 1977. Mechanical work in terrestrial locomotion: two basic mechanisms for minimizing energy expenditure. *American Journal of Physiology* 233: R243-R261.

Diedrich, F.J., and W.H. Warren. 1995. Why change gaits? Dynamics of the walk-run transition. *Journal of Experimental Psychology: Human Performance and Perception* 21: 183-202.

Dietz, V., and W. Berger. 1983. Normal and impaired regulation of muscle stiffness in gait: a new hypothesis about muscle hypertonia. *Experimental Neurology* 79: 680-687.

Dietz, V., J. Quintern, and W. Berger. 1981. Electrophysiological studies of gait in spasticity and rigidity: evidence that altered mechanical properties of muscle contribute to hypertonia. *Brain* 104: 431-439.

Edelman, G.M. 1987. *Neural Darwinism*. New York: Basic Books.

Falls, H.B. and L.D. Humphrey. 1976. Energy cost of running and walking in young women. *Medicine and Science in Sports and Exercise* 8: 9-13

Farley, C.T., R. Blickhan, J. Saito, and C.R. Taylor. 1991. Hopping frequency in humans: a test of how springs set stride frequency in bouncing gaits. *Journal of Applied Physiology* 71: 2127-2132.

Farley, C.T., J. Glasheen, and T.A. McMahon. 1993. Running Springs: speed and animal size. *Journal of Experimental Biology* 185: 71-86.

Full, R.J. 1989. Mechanics and energetics of terrestrial locomotion: bipeds to polipeds. In *Energy transformations in cells and organisms,* eds. W. Weiser, and E. Gnaiger, 175-182. Theime, NY.

Gage, J. R., D. Fabian, R. Hicks, and S. Tashman. 1984. Pre- and postoperative gait analysis in patients with spastic diplegia: a preliminary report. *Journal of Pediatric Orthopedics* 4: 715-725.

Gage, J.R. 1990. Surgical treatment of knee dysfunction in cerebral palsy. *Clinical Orthopedic Research* 253: 45-54.

Holt, K.G., J. Hamill, and R.O. Andres. 1990. The force-driven harmonic oscillator as a model for human locomotion. *Human Movement Science* 9: 55-68.

Holt, K.G., J. Hamill, and R.O. Andres. 1991. Predicting the minimal energy costs of human walking. *Medicine and Science in Sports and Exercise* 23: 491-498.

Holt, K.G., M.M. Slavin, and J. Hamill. 1990. Running at resonance: is it a learned phenomenon? In *Proceedings of the Canadian Society for Biomechanics,* Quebec: Organizing Committee, CSB.

Holt, K.G., S.F. Jeng, R. Ratcliffe, and J. Hamill. 1995. Energetic cost and stability in preferred human walking. *Journal of Motor Behavior* 27: 164-179.

Holt, K.G., S.F. Jeng, and L. Fetters. 1991. Walking cadence of 9-year olds is predictable as the resonant frequency of a force-driven harmonic oscillator. *Pediatric Exercise Science* 3: 121-128.

Jeng, S.F., K.G. Holt, L. Fetters, and C. Certo. 1996. Self-optimization of walking in non-disabled children and children with spastic hemiplegic cerebral palsy. *Journal of Motor Behavior*. 28, 15-27.

Katz, R.T., and W.Z. Rymer. 1989. Spastic hypertonia: mechanisms and measurement. *Archives Journal of Physical Medicine and Rehabilitation* 70: 144-155.

Kelso, J.A.S., K.G. Holt, P. Rubin, and P.N. Kugler. 1981. Patterns of human interlimb coordination emerge from the properties of non-linear, limit cycle oscillatory processes: theory and data. *Journal of Motor Behavior* 13: 226-261.

Kelso, J.A.S. 1995. *Dynamic patterns: the self-organization of brain and behavior.* Cambridge, MA.: MIT Press.

Kelso, J.A.S., and G.S. Schöner. 1988. Self-organization of coordinative movement patterns. *Human Movement Science* 7: 27-46.

Kugler, P.N., J.A.S. Kelso, and M.T. Turvey. 1980. On the concept of coordinative structures as dissipative structures. 1. Theoretical lines of convergence. In *Tutorials in Motor Behavior,* eds. G. E. Stelmach and J. Requin, 3-47. Amsterdam: North Holland.

Kugler, P.N., and M.T. Turvey. 1987. *Information, natural law, and the self-assembly of rhythmic movement.* New Jersey: Erlbaum.

Latash, M.L. 1993. *Control of Human Movement.* Champaign, IL.: Human Kinetics.

Leonard, C.T., H. Hirschfeld, and H. Forssberg. 1991. The development of independent walking in children with cerebral palsy. *Developmental Medicine and Child Neurology* 33: 567-577.

McMahon, T.A. 1984. *Muscles, reflexes, and locomotion.* Princeton, NJ: Princeton

University Press.

Myklebust, B.M. 1990. A review of myotatic reflexes and the development of motor control and gait in infants and children: a special communication. *Physical Therapy* 70: 188-203.

Obusek, J. 1995. *The force-driven hybrid oscillator model in the control of human walking speed and stride frequency.* Ph.D. diss., Boston University.

Obusek, J., K.G. Holt, and R. Rosenstein. 1995. The hybrid mass-spring pendulum model of leg swinging: stiffness in the control of cycle period. *Biological Cybernetics* 73: 139-147.

Olney, S.J., P.A. Costigan, and D.M. Hedden. 1987. Mechanical energy patterns in gait of cerebral palsied children with hemiplegia. *Physical Therapy* 67: 1348-1354.

Olney, S.J., H.A. MacPhail, and D.M. Hedden. 1990. Work and power in hemiplegic cerebral palsy. *Physical Therapy* 70: 431-438.

Ratcliffe, R., and K.G. Holt. 1997. Low frequency shock absorption in human walking. *Gait and Posture*. 5: 93-100.

Sporns, O., and G.M. Edelman. 1993. Solving Bernstein's problem: a proposal for the development of coordinated movement by selection. *Child Development* 64: 960-981.

Strotzky, K. 1983. Gait analysis in cerebral palsied and nonhandicapped children. *Archives of Physical Medicine and Rehabilitation* 64: 291-295.

Turvey, M.T., H.L. Fitch, and B. Tuller. 1982. The Bernstein Perspective: 1. The problems of degrees of freedom and context-conditioned variability. In *Human Motor Control*, J.A.S. Kelso, 239-252. Hillsdale, NJ: Erlbaum.

Turvey, M.T., K.G. Holt, J.P. Obusek, A. Salo, and P.N. Kugler. 1996. Adiabatic transformability hypothesis of human locomotion. *Biological Cybernetics* 74: 107-115.

Turvey, M.T., R.C. Schmidt, L.D. Rosenblum, and P.N. Kugler. 1988. On the time allometry of co-ordinated rhythmic movements. *Journal of Theoretical Biology* 130: 285-325.

Wilke, J.T. 1977. Ulradian biological periodicities in the integration of behavior. *International Journal of Neuroscience* 7:125-143.

Zarrugh, M.Y., and C.W. Radcliffe. 1978. Predicting metabolic cost of level walking. *European Journal of Applied Physiology* 38: 215-223.

著者紹介

ケニス・ホルト（Kenneth G. Holt）…ボストン大学（アメリカ）準教授。主な研究テーマ：正常歩行困難者のバイオメカニクス的研究および非線形モデリング，ダイナミカル・システムズ・アプローチを用いたリハビリテーション法の開発。

セルジオ・フォンセカ（Sergio T. Fonseca）…ミナスジェライス州立大学（ブラジル）助教授。

ジョーン・オーブセク（Colonel John P. Obusek）…米国陸軍環境医学研究所副司令官。理学療法研究員。主な研究テーマ：軍人の健康管理と運動能力保持に関連する，身体運動の動力学。

Column 7

断熱変換仮説は周期運動に幅広く適用可能か？

運動制御モデルは，記憶をもとにして作成された運動プログラムどおりに大脳皮質運動野が刺激されることで運動が生成されるという鍵盤支配型モデルから，階層性制御説へと変遷してきた。階層性制御仮説の中では，運動の協応パターンは運動プログラムのようにあらかじめ決められたものではなく，生理学的な特性や環境の制約などの情報を得ることにより，無意識に生成されることになる。この際に，何らかの物理法則に適応するような制御方式が採用されている，という仮説のもとに，これまでさまざまな説が提案されてきた。本書の主テーマである最小エネルギー説を含む最小化理論やダイナミカル・システムズ・アプローチはその有力な例である。

最近，新たな物理法則としてエーレンフェストの断熱仮説を非保存系非律速系に拡張したモデルが提案され（KuglerとTurvey, 1987），それが生体システムでの周期運動（座位での棒振り動作，ロコモーション）に適応可能なことが報告された（Turveyら，1996）。このモデルでは，何らかの不変項が表出される可能性があり，その有力な候補として断熱不変項があげられる。

ブローデリックら（2000）は，バスケットボールの鞠つき課題にこの断熱仮説を適用し，断熱仮説がロコモーション以外の人間のリズミック動作に幅広く適用可能かどうかを検討した。実験では，2名のバスケット経験のあまりない成人女性とバスケットボール部の学生2名に対し，座った姿勢のまま，5段階の異なる高さからできるだけ体幹を垂直に保つようにして鞠つきを30秒間行わせ，その際の体幹および上肢の動作分析を行い，断熱不変項の候補とするべくエネルギー変数と運動学的変数を算出した。その結果，セグメントの力学的エネルギーとセグメント速度の比，$\triangle Eks/s/\triangle v$，（$\triangle Eks/s$：1サイクルあたり，1秒あたりのセグメントの力学的エネルギーの変化，$\triangle v$：セグメントの最大速度の変化）が最も優れた断熱不変項として選択された（一定の比を維持する結果が得られた）。また，熟練者のほうがQファクターの値が大きく，高さが高くなると素早く値が上昇することも示された。この場合のQファクターの大きさは，手がボールと接触することによって失われるエネルギーが少なく，効率よくボールを弾ませることができることを示す。

このように，鞠つきという人間のリズミカル運動が，物理法則の一つである，エネルギー変数と運動学的変数のハイブリッドな指標を使って表される断熱不変項で表現可能であることが示された。また，Qファクターがスキルレベルの指標となる可能性も示唆された。

今後，どの程度一般化可能なのか，あるいは最小化理論やダイナミカル・システムズ・アプローチとの関連性などについての議論が待たれるところである。

【文献】

Broderick, M.P., Pavis, B., & Newell, K.M. (2000). Assessment of the adiabatic transformability hypothesis in ball-bouncing task. Biol Cybern, 82, 433-442.

Kugler, P.N. & Turvey, M.T. (1987). Information, natural law and the self-assembly of rhythmic movement: theoretical and experimental investigation. Hillsdale, NJ: Erlbaum.

Turvey, M.T., et al. (1996). Adiabatic transformability hypothesis of human locomotion. Biol Cybern, 74, 107-115.

終　章

ウィリアム・スパロー

　本書では，課題の目的を達成する際に，代謝エネルギーコストを少なくするような性質によって，運動の学習と制御が影響を受けるというテーマについて，それぞれの著者が自らの見解を述べている。何人かの著者は，人間の歩行のような特定の課題をもとに，彼らの立場を明らかにしているが，他の章では従属変数として代謝エネルギー消費を使ったいろいろな運動課題から得た知見を幅広く提示している。

　私の知る限りでは，運動経済性に焦点をあてた最初の本であり，現代の運動科学という視点から記述している。人間や他の動物では，外部情報や内部情報を，環境と適応的に相互作用するために利用する。このような適応がどのように達成されるかという基本的な疑問に焦点をあてることは，やりがいのある仕事であり，それは運動科学あるいはキネシオロジーの地位を正当に評価することにつながる。エネルギー消費の最適化によって生じる適応は，運動科学に関連する種々の研究成果によって支持されていることであり，本書の各章の知見は，バイオメカニクス，生理学，心理学をベースとした運動学習領域から得られた知見を反映している。

　このまとめの章では，各章に対する論評だけでなく，本の制作過程で気づいたいくつかの事項を加えた。また，本章をいくつかに分け，それぞれの中で記憶に留めておくべきことを記した。

1．学　習

　この節では，運動課題学習中のエネルギー動態について手短かに述べる。ヒューズ，ラッセル，ル・ロシニョール（Hughes, Russell, Le Rossignol）の書いた第4章は，動作の制御法—たとえば，運動のペースや選好様式の選択は，エネルギー消費に関連する努力感で規定されている可能性があるということ—に焦点をあてている。練習による運動経済性の変化には焦点をあてなかったが，他の章でこの学習問題を取り上げている。運動学習研究者の興味を引く，アルマスバック，ホワイティング，バンデンティラー（Almåsbakk, Whiting, van den Tillaar) の最近の研究が第 8 章の最後に載せてある。エネルギー消費と学習に関する，鍵となる知見のいくつかを以下に示した。

［1］エネルギー保存はすべての動物の学習に重要である

ブレーナーとカーニコム（Brener と Carnicom）は，代謝エネルギー保存の原則が人間以外にも適用できることを示した。第 6 章の最初に指摘しているように，学習の最少原理の歴史は，1920 年代から 30 年代のラットの研究までさかのぼる。第 6 章を読むことで，その時代の最も著名な実験心理学者，エドワード・トールマン（Edward Tolman）[訳注49]のことを思い出す。同じ学習の法則がすべての哺乳類に適用できるというソーンダイク学派の主張を取り入れると，オペラント条件や最適採餌法による動物実験の結果は，自然環境にうまく順応して進化してきた動物と同じように，人間も日々の運動課題を実行する際の代謝エネルギーを保存するように進化してきたことを示す，説得力のある証拠といえる。産業の発達した裕福な社会で，身体活動の減少に起因する「生活習慣病」が重大な健康問題になっているという事実もまた，人間が代謝エネルギーを保存する性質を有しているという証拠の 1 つといえよう。したがって，練習とともに発現する協応および制御パラメータが，最少代謝エネルギーコストを内包した，課題の目的に応じるために避けられない制約によって強く拘束されていることも納得できる。

［2］スキル学習の感覚情報

代謝という観点で最適な運動を学習する際に関与している中枢神経系で，感覚信号が利用されている，ということをオドワイヤーとニールソン（O'Dwyer と Neilson）が述べているが，このことは大変重要なことである。もし，代謝の経済性が運動の学習や制御に重要な方策であるならば，協応パラメータや制御パラメータの選択のもとになる感覚情報があるにちがいない。オドワイヤーとニールソンは，経済的な運動に関連する感覚情報について詳細に説明した。彼らの章の最初の部分では，経済的な運動の基礎となる感覚情報を理解するために，まず，中枢神経系で利用できる筋関連信号に焦点を当てている。また，中枢性の遠心性コピーが筋収縮に関連する努力感に有意に影響を及ぼすという証拠を示した。この感覚情報に関する意外な展開は興味深い。もし，中枢の努力感が筋収縮を反映しているのであれば，このような感覚は筋の代謝エネルギー消費を反映していたのかもしれない。このように，筋収縮レベルに関する感覚情報や代謝エネルギーに関連する感覚情報の起源は，ある程度，中枢にあるかもしれない。

［3］筋活動と学習

オドワイヤーらは，学習問題の中で実験的検証がほとんど行われてこなかった非常に古い行動学のトピックを再検討した。つまり，練習によって，筋活動パターンが変化するという点である。多くの読者は，段違い平行棒で倒立した状態から技をはじめるアップスタートの学習における筋活動パターンに関するカモンとゴームレイ（Kamon と Gormley, 1968）の研究を知ることになろう。この研究では，運動スキル獲得時の筋電図（EMG）の 2 つの

現象を紹介している。1つめは、全体的な筋活動の減少、"縮約仮説（reduction hypothesis）"の基になる結果である。2つめは、"シフト仮説（shift hypothesis）"、つまり、ある筋群から別の筋群へと筋活動パターンのシフトが生じるという説、のもとになる結果である。最近、われわれはローイング・エルゴメータを使って、練習がEMGパターンと代謝に及ぼす影響をみる学習実験を行った。その結果、外側広筋（脚）や上腕二頭筋（腕）の筋電積分値は、すべての被験者で全体的に減少した。しかし、1名の被験者では、上腕二頭筋のEMG活動パターンは減少を示し、外側広筋のEMG活動パターンは増加を示した（Hughes, Lay, Sparrow, 1999）。練習によって、代謝エネルギー消費量が有意に減少したことを考慮すると、脚のよりパワーのある漕ぎ方が高い経済性を有しており、それによって腕から脚への筋活動のシフトが生じたと推測している。この研究は、シフト仮説を支持するには弱い点もあるが、新しい運動課題を練習することによって、筋活動が減少し、代謝面で効率のよい筋群にシフトするという可能性を予感させる。

オドワイヤーとニールソンの章にある2つめの重要な点は、筋活動への練習効果を体系的にレビューしたことにある。いくつかの研究結果に不一致が見られるが、この不一致で考えられることは、新奇なスキル練習によって、速度の増加、振幅の増加、あるいはその両方が生じたことである。練習によって生じたこのような変化は、力学的パワーを増加させる。アルマスバックらは、周期運動の学習に関して記述した節の最初のコメントで、この点を強調した。彼らが使ったスラローム・スキー課題のような周期的運動の学習では、エネルギー消費が減少した。しかし、力学的仕事量は増加する場合がある。したがって、筋活動や代謝エネルギー消費への練習効果が、仕事量の増加で打ち消されるものかどうかを確かめることは重要である。つまり、練習によって改善される運動経済性の結果が、代謝エネルギーを節約し、少ないエネルギーコストで同じ課題をすることにあるのか、増加した出力パワーの中で代謝エネルギーを節約しながら使うのか、2つの可能性が考えられるのである。後者では、EMG活動や代謝コストは練習後には増加する可能性がある。

アルマスバックらは、また、練習による協応関係の変化およびエネルギー消費の最適化の指標としてEMGパターン間の関係づけを行った。彼らは、ウインターとセイフ・ナライー（WinterとSeif-Naraghi, 1991）のコメントを引用している。この論文の最後の段落では、以下の可能性をあげている。運動制御戦略は、あるバランスを保つように発生する可能性がある。そのバランスの"一方は、'努力'、'エネルギー'、あるいは'痛み'のような概念であり、もう一方は動作距離、タイミング、最終到達点の正確性といった、課題そのものの運動学的変数"（p.359）である。重要な点は、筋活動は特定の運動学的あるいは動力学的な要求を単に反映しているだけではなく、運動学習と制御に内在する"努力"あるいは"エネルギー"の制約をうまく調整するという要求をも反映しているのである。

［4］課題の要求に沿った学習

この節では、運動学習は、課題の要求あるいは"制約"を調整する過程として特徴づけられる、ということを繰り返し述べてきた。課題と環境の制約に、運動の協応と制御を適合させるように学習することによって、運動学習を理解するための有効な枠組みを得る

ことができる。ニューウェル（Newell, 1986）の初期の論文では，制約をベースにした運動学習のモデルが提唱されている。最近，ニューウェルと筆者は代謝エネルギー消費と行動の最適化という観点で，このモデルを拡張した（SparrowとNewell, 1998）。コールドウェル（Caldwell）らのグループもニューウェルの論文（1986）を引用した。また，このような動作への制約という考え方は，別の章にも現れる。制約の考え方は，種々の運動課題の実行を通して，環境と適応的に相互作用する人間の運動システムが直面している難問を理解するには，有効な方法である。運動システムが直面する必須の難問という点で考えると，代謝エネルギーの最少化が課題‐環境の制約に対する生体適応の最終目的地である，とみなすべきかどうかを判断しやすい。

2. 歩行のエネルギー論

多くの人にとって，日々の活動で最もエネルギーを消費するのは，ロコモーションである。身体的にかなり静的な仕事もあるが，高いエネルギーを要する仕事の多くには，ロコモーション要素が多く含まれている。人間は，いろいろな方法で，いろいろな環境の下でロコモーションを行うことができるが，最も一般的なロコモーションは，歩行である。3つの章で，人間の歩行に焦点をあて，全体として，以下に示した重要な問題について論じている。

[1] 人間の歩行の最適基準としての代謝コスト

人間の二足歩行を形成させた進化の力を強調することで始まったパトラとスパロー（PatlaとSparrow）の章は，二足歩行の進化は四足歩行よりも移動中の代謝コストが高くならない可能性があると結論づけている。ホルトら（Holt）の立場と同様に，パトラとスパローは，歩行では"複数の目的"で最適化されると結んでいる。推察の域を出ないが，人間の歩行の唯一の最適化基準として代謝エネルギーの最少化を提唱することは，単純化しすぎであろう。同様に，ホイトらは，"多くの熟練した動作では，多くの最適化基準が認められ"，選好速度で歩くことで代謝コストが最少になるだけでなく，頭部の安定性が最大になり，また足から頭への衝撃の伝達が最少になると論じている。このように，人間の歩行の場合，代謝エネルギー最少仮説は限定的に支持される。

歩行制御の最適化問題で最も重要な記述の1つは，ダイナミカル・システムズ・アプローチ理論を，脳性麻痺のような神経筋系の損傷を持つ人の歩行制御を説明するために使ったホイトらの仕事である。ある複雑なシステムがどのように動くのか完全に理解すれば，それがどのような条件で動かなくなるかも理解できる。ホルトらは，半球脳性麻痺患者に見られる歩行パターンが，下肢のダイナミクスを基に予測したものと，どのように一致するかを示した。また，歩行障害になると，代謝エネルギーコストが必ず増加するという事実を明らかにした点でも彼らの貢献は高く評価できる。前の段落でエネルギー最少仮説が"限定的な支持"にしかならないことを示したが，代謝エネルギー消費には反映されないように，通常歩行のメカニズムに修正を加えることが可能かどうかも興味深い。

［2］歩–走行転移

　人間の歩行は，2つの点で行動科学者の関心を集めている。1つは，自立して動く能力は，生命維持という点では絶対的に不可欠であるが，生活の質（Quality of life）を左右するという点においてもきわめて重要である。したがって，歩行障害者にとって，歩行能力を維持するための社会的事業があることは重要なことである。2つめは，この本の各章に非常に関係の深いことであるが，より一般的で"基礎科学"の特性を持った運動学習と制御に深い洞察を与えるような，人間の基本的運動の1つである，ということである。行動科学者の注目していることは，協応の変化あるいは"転移"の下にあるメカニズムである。人間の歩 - 走行転移は好例で，最近の多くの研究者が関心を示している。

　馬の歩 - 走行転移に関するホイトとテイラーの研究（1981）は，転移の問題に焦点を当てており，多くの行動科学者に引用されている。さらにここで最も重要なことは，彼らは，馬の歩行から速足，そして疾走への転移の誘因は，それぞれの歩容時の代謝エネルギーコストであることを示していることである。3種の歩容のエネルギーコストが，電動トレッドミルで計測され，パトラとスパローの章に描かれた図の曲線のように変化することが示された。その結果，ホイトとテイラー（1981）の言葉を引用すると，「人間のように，馬は歩容を変え，エネルギー消費を最少にする歩容の範囲内で速度を選択する」。それぞれの歩容の中で，1mの移動あたりの最少エネルギーコストが，一定の酸素摂取量（約14ml）になることも興味深い。人間のランニングにおいても同様の現象が見られる（KramとTaylor, 1990）。のちに多大な影響を与えることになるディードリッヒとウォーレン（DiedrichとWarren, 1995）の論文は，ダイナミック・システムズ・アプローチを転移現象に応用したものである。それによると，人間の歩走行転移は，システムのダイナミクスの不安定性のために生じると結論づけている。しかし，ディードリッヒとウォーレン（1995）の最初の実験では，8人の被験者の平均転移速度（2.09 m/s）は，代謝法によって求めた転移速度と完全に一致する。この点において，ディードリッヒとウォーレン（1995）は歩行とランニングの転移前後の代謝量を直接測定していなかったことを知っておくべきであろう。

　ハンナらも歩 - 走行転移に焦点をあて，人間の歩行に関連する四肢の協応の急激な転移の誘因について，明白で詳細，かつ広範な論評を書いている。実証的な知見に加えて，方法論的問題に対する彼らの詳細な論評は，転移研究からの実証的知見を正しく評価する際に重要であろう。しかし，最も重要なことは，エネルギー的観点での最適転移速度は，選好転移速度の99.6％であったということである。そして，彼らは，「エネルギー効率の最適化は人間の歩容間の転移に主要な部分を占めていることを強く示唆する」と結論づけた。

　二足歩行における協応の転移に関する記述の最後に，四足歩行の転移と違って，速度が変わっても四肢間の協応は変化がない，という件がある。四肢間のタイミングに位相差がないのでホッピングは除くとして，二足歩行の足どりは，速度にかかわらず，位相にズレのある半サイクルである。ニューウェルと筆者は，徐々に速度が上がるように設定したトレッドミルで，四足歩行の実験を行った（SparrowとNewell, 1994）。ストライドごとにビデオ解析した結果，2.0 m/s（7.2 km/h）の速度まで半サイクルの位相差は維持されていた。し

かし，同側の手足の場合，最大速度の約50％で急激な相転移がおこった。残念なことに，試技の継続時間が短かったため，同側の手足での相転移が代謝を引き金におこっているのかどうかを判断するための酸素消費量を測定することはできなかった。ハンナらの研究と同様に，われわれの研究でも同側での相転移は，ほぼ同じ身長，体重の2人の被験者では，まったく同じストライド相で観察された。身長の低い被験者では早目に相転移が生じた。相転移において，"ダイナミックな制約"が影響力を持つということが，これらの結果で支持されたが，通常歩行を行ったハンナのデータでは身体計測変数と歩-走行相転移の速度とのあいだに強い相関関係は認められなかった。四肢動作のダイナミクスが歩-走行相転移の決定要因であるという理論は，人間の歩-走行転移からは限定的にしか支持を得られないようだ。四足歩行の相転移は，四肢間の協応という観点で定量化されてきたが，人間の歩容転移は下肢のみの協応の転移を反映したものであるということが，このような身体計測値と歩-走行転移速度間の低い相関の原因なのかもしれない。

3. 理論の方向性

　本書の主要テーマの1つは，1つの共通の理論があるかどうかという点である。答えは「ノー」である。この答えは否定的に解釈されるかもしれないが，本書で焦点を当てたテーマは，種々の学問領域の研究者にとって十分に重要なことである。ブレーナーとカーニコムはオペラント条件づけの観点から経済的な反応の学習について述べている。この10年以上にわたるブレーナーの仕事は，運動学習，運動経済性，力－時間反応の基準の生成，および数々の関連するトピックスに焦点を当ててきた。しかし，この仕事は行動研究の主要な流れの中であまり注目を集めなかったようである。歴史的にいくつかのポイントで，行動研究は情報理論を取り入れ，何人かはそれをつづけ，何人かはダイナミカル・システムズ・アプローチの中に答えを見つけようとした。

　多くの章で，ダイナミカル・システムズ理論の影響を受けたことを感じさせる。ホルトらが最も強くこの立場を表している。彼らの章の最初に引用しているベルンシュタイン（Bernstein）に敬意を払っていることがその証拠といえよう。ホルトは，脳性麻痺のような障害を持った患者の典型的な歩行にダイナミカル・システムズ理論を適用する方向に関心が向いている。理論の検証は，おそらく，幅広い現象の予測と説明がうまくいくことにある。

　コールドウェルらは，彼らの前書きで書いているように，ダイナミカル・システムズ理論のほかに，人間の動きの"熟練"を解析するためのツールとして，ニュートンの古典力学を使っている。ザツィオルスキーとグレゴーの章は，ニュートン力学を基にしたリンク・セグメント・モデルを使った力学的パワーを解析する現代的な方法の好例である。身体運動科学におけるバイオメカニクスという用語は，昔からニュートン力学の文脈で使われてきたことは興味深い。内的な力学的パワーを求める際のリンク・セグメント・モデルは，課題に関連する内的仕事を測定するために開発されたものであり，多くの仕事が人間の歩行に焦点を当ててきた。ザツィオルスキーとグレゴーは，非常に有益な最新の文献を紹介している。

4．測定と定義

　本書全体を通して，"効率"，"経済性"，そしてそれに関連するような用語（"移動のコスト"のような）についての幅広い検討が行われている。運動中の代謝量の測定法や効率の式の分母に関する問題の節を書いた筆者の同僚，ピーター・ル・ロシニョールに大変感謝している。コールドウェル，ヴァン・エメリック，ハミルらも彼らの章の最初に同様の節を取り入れ，さらに効率の式の分子についての討論を加えた。彼らは，人間の身体によってなされる内的な力学的仕事と外的な力学的仕事の計測についても解説してくれた。また，全身の力学的エネルギーを表す"質点モデル"を使うと，四肢の動きをまったく考慮しないという点も強調してくれた。しかし，内的な力学的仕事を測定することは，非常に難しい問題であることを考えると，種々の力学的仕事の計算法の利点と限界を記したザツィオルスキーとグレゴーの秀逸な論評を考慮に入れて取り組むべきであろう。

　ザツィオルスキーとグレゴーは，身体運動の力学的仕事の定義と計算方法について集中的に論議した。力学の苦手な読者にとって，この章から得られるものは多いにちがいない。セグメントの並進，回転の運動エネルギーと位置エネルギーを計算したイリザリー・ロペスと筆者（SparrowとIrizarry-Lopez, 1987）の論文では，これらのエネルギー要素の合計が，新奇運動課題（手と足を使った這行）の練習によって変化するかどうかを明らかにすることが目的であった。練習による代謝エネルギーの変化に興味を持っていたわれわれにとって，リンク・システム機構の変化によって代謝エネルギーが節約できるという結果は勇気付けられるものであった。個々のセグメントあるいはセグメント間の協応や制御法を変えることによって，代謝エネルギーが節約できるという結果は，ザツィオルスキーとグレゴーの章でも強調されている。セグメントでのエネルギー変換やセグメント間のエネルギー伝達，弾性エネルギーの蓄積と放出，筋収縮率の調整，同時収縮の減少など，代謝エネルギーの節約のメカニズムの幾つかが明らかになっている。しかし，今日まで，代謝エネルギーコストに対する内的な仕事の練習効果に関して，リンク・セグメントを使ったパワー解析で行った研究はほとんどない。原則的に，外的な仕事が一定に保たれれば（エルゴメータを通して），代謝エネルギーの節約は，動作パターンが練習によって改善されたために生じる，内的な仕事の減少を反映することになる。

5．まとめ

　この章では，共通のテーマを共有する本書の論評を行った。そうすることによって，最優先事項を認識することにつながるであろう。代謝エネルギー最少仮説に関するさまざまな考え方をまとめるために，まずコールドウェルらが彼らの最初のページで行った報告に注目した。彼らは，討論の出発点として，本書の前書きから次の文を引用した。「経済的な運動とは，比較的少ない代謝エネルギー消費で課題の要求に見合う運動である」。課題の要求を強調しているのは，代謝エネルギーコストのような単一のパフォーマンス基準で

は，運動スキルの幅広い要求を満たすことができないという考え方を反映したものである。議論の余地はあるだろうが，異なるスキルには異なる課題の要求がある。そして，熟練したパフォーマンスとは，課題特有の制約がパフォーマーによってうまく調整される過程である。たとえば，100m走の課題の制約は，決められた距離をできるだけ時間をかけずに移動することで，経済性に関しては何ら要求されていない。同様に，人間の歩行においても，複数の要求，あるいは"基準"を有していることや，代謝コストを最少にすることは，種々の目的の1つにしかすぎない可能性があることが議論されている。オドワイヤーらは，以下のように言及している。「どんな動作を実行する場合でも主に考えなければいけないことは，課題の目的を満たすことである」。彼らは，エネルギー消費は練習の後半により影響力を持つようになる，と推論している。それは，おそらく，熟練した学習者は，課題の要求を満たすだけでなく少ない代謝コストで課題を遂行できるようになるためである。熟練した動きは，空間的にも時間的にも課題の制約にも見合う範囲内で，比較的少ない代謝エネルギーコストで達成されるということは，運動科学領域におけるスキルの多くの伝統的な定義と完全に一致する。

　課題の制約問題を解決する方法の1つとして，すべての課題の制約が，最少代謝コストで運動が行われるという性質を拘束していることを提案する。動作の協応と制御における本質的な問題は，課題の目的を達成するために自由度を調整することだけでなく，課題の目的が経済的に達成されるような方法で行うことである。したがって，代謝コストが競合する目的のうちの1つであるという立場を取るのではなく，むしろ課題の目的を経済的に達成することは，すべての運動課題の協応と制御に単一で共通する目的であるという立場を取る。このような観点から，他の目的は経済的に実行する能力を制約するものとみなす。たとえば，100m走では動作時間を最短にするという要求が，最少エネルギーコストで100mを走る能力に対する制約となる。同様に，障害物を跨ぐ際には，障害物を安全に跨ぐことが，障害物のない場合よりも代謝エネルギーコストが若干高くなるかもしれないが，そのような足の軌跡を制約する。障害物を避けて遠回りすることは，エネルギー消費が安全性に対して譲歩した好例である。仕事やスポーツに関わる人為的な，あるいは"不自然な"制約は，環境と経済的に相互作用するように発達してきた生体に課された拘束である。したがって，代謝エネルギーコストは，すべての運動課題の動作の協応と制御に重大な影響を与える要因とみなすことができる。

【訳者注】
49) Edward Tolman…学習の認知説の提唱者として有名な心理学者（1886-1959）。記号学習，ゲシュタルト理論，情報処理理論などを提唱。行動の主体が，それぞれの手段的行動がどういう目標に導くと期待しているかということを中心において，行動を解明すべきであると主張。SR理論でいうような単純な関係でなく，手段-目標関係の認知，つまり手がかり刺激（sign），手段反応（行動通路 behavior route），目当てとなる対象（significate）の関係についての期待体系の獲得が学習であるというサイン・ゲシュタルトを提唱。

【引用・参考文献】

Diedrich, F.J., and W.H. Warren. 1995. Why change gaits? Dynamics of the walk-run transition. *Journal of Experimental Psychology* 21: 183-202.

Hoyt, D.F., and C.R. Taylor. 1981. Gait and the energetics of locomotion in horses. *Nature* 292: 239-240.

Hughes, K., B.S. Lay, and W.A Sparrow. 1999. Minimum principles in human motor control: the effects of practice on movement kinematics, metabolic energy expenditure, and muscle activation (EMG). Paper presented at the 26th Annual Experimental Psychology Conference, Macquarie University, April 9-11.

Kamon, E., and J. Gormley. 1968. Muscular activity pattern for skilled performance and during learning of a horizontal bar exercise. *Ergonomics* 11: 345-357.

Kram, R., and R. Taylor. 1990. Energetics of running: a new perspective. *Nature* 346: 265-267.

Newell, K.M. 1986. Constraints on the development of coordination. In *Motor development in children: aspects of coordination and control,* eds. M.G. Wade and H.T.A. Whiting, 341-361. Dordrecht, the Netherlands: Martinus Nijhoff.

Sparrow, W.A., and K.M. Newell. 1994 The coordination and control of human creeping with increases in speed. *Behavioural Brain Research* 63: 151-158.

Sparrow, W.A., and K.M. Newell. 1998. Metabolic energy expenditure and regulation of movement economy. *Psychonomic Bulletin and Review* 5: 173-196.

Taylor, C.R., and V.J. Rowntree. 1973. Running on two or four legs: which consumes more energy? *Science* 179: 186-187.

Winters, J.M., and A.H. Seif-Naraghi. 1991. Strategies for goal-directed fast movements are by products of satisfying performance criteria. *Behavioral and Brain Sciences* 14: 357-359.

著者紹介

ウィリアム・スパロー（William A. Sparrow）…ディキン大学（オーストラリア）上級講師。研究の主なテーマ：代謝エネルギー消費と運動制御。本章の他に第2章，第4章，そして編集を担当。

索　引

(太い数字は「見出し」「訳者注見出し」の用語)

【あ行】

EMG……3, 21, 47, 65, 218
ウェーバーの法則……21, 27
運動(の)経済性……19, **57**, 79, 94, 96, 98
運動単位……3, 4, 11
運動連鎖……3, 167, 168, 169
エネルギー源アプローチ……162, **175**, **176**, 179
エネルギー純利益……136, 138, 147, 154
エネルギー消費……**1**, **2**, **18**, 58, **73**, 83, 97, 121, **195**, **196**
　⇨代謝エネルギー消費, 代謝エネルギー量も参照
エネルギー純利益……136, 138, 147, 154
エネルギー相互補償……**170**, 183
エネルギー伝達……174, 177, 178, **180**, **181**
エネルギー分割アプローチ……162, **174**, **176**
エネルギー変換……57, 58, 167, **180**, 226, 227
エネルギー補償……167, 171
エーレンフェストの仮説……222, 223, 227
遠心性コピー……5

O₂ドリフト……82
オペラント強化, オペラント条件づけ, オペラント強化子……137, 139, 155

【か行】

外的ペース……89, 90, 92
隠されたパワー……160, 161
緩成分……82
関節トルク……175, 176
関節パワー……70, 163, 168, 169, 170, 172, 173, **175**, 176
関節モーメント……65, 163, 171, **175**, 177, 180
機械的効率……19, **27**, 55, 57, 58, 195, 197
逆ハイブリッド(モデル)……**215**, 216
逆振り子……112, 173, 209, 215
Qファクター……114, 224, 225
協応パターン……56, 71, 73, **92**, 188, 190, **196**, **225**, 227
強化……135, **155**
強化子……139, **155**
強化随伴性……137, **155**
共振……73, **75**, 210, 211, **214**

筋腱複合体……122, 160, 219
筋線維……4, 94
緊張性振動反射……6, **27**
筋反射信号……**9**
クランクトルク……66, 73
行動効率……**135**, 136, **139**, 142
効率……19, 55, **57**, 82, 83, 120, 140, 179, 187, **195**
ゴルジ腱器官……4, 9
固有振動(数)……75, 208, 209, **210**, 212, 214, **227**
固有ダイナミクス……188, 190, 195, 196, 202, 203

【さ行】

最終的フィードバック……**135**, 139, **140**, 154
最少化……2, 38, 47, 92, 98, 103, 114, **120**, **122**, 195, 198, 224
最少努力の原理……19, 135
最適化……1, 35, **46**, 49, 86, 120, **187**, **188**, **195**, **199**, 226
最適採餌理論……135
差分経済性……84
差分効率……83, 84
酸素消費(量)……3, 13,

26, 36, 45, 57, 70, 82, 87, 95
自己最適化……86, 226, 227
自己受容感覚……24
自己ペース……89
自覚的運動強度……13, **27**, 95, 97, 124
　　⇨ボルグ指数も参照のこと
疾走……50
シナジェティクス……104, **108**, **109**, 110, 221
自律系応答……25
熟練……56, **61**, 73
純経済性……84
純効率……83
純代謝量……58
正味の仕事……166, 174
正味の代謝量……58
正味のパワー……165, 167, 168, 175, 177
振動子……73, 75, 199
伸張性収縮……13, 64, 120, 171
スティーブンスのべき乗則……21, **27**
ストライド周波数……23, 27, 71, 96, 103, 210, **214**, **221**
ストライド長……43, **50**, 86, 103, 198, 208, 209, **214**, **221**
随伴発射……5
正確性……**1**, **14**, **19**, 27
制御パラメータ……71, 97, 104, 106, 109, 188, 225
セグメント……**27**
接地率……105
ゼロー仕事パラドックス……164
選好周波数……26, 95, 96, 208

選好相転移速度……114, 123
選好様式……**81**, **86**, 89, **93**, 97
総効率……83
総経済性……84
相互補償……**170**, 173, 176, 179
相転移（現象）……44, 72, **103**, **104**, **107**, **108**, **111**, **112**, **114**, **115**, **120**, **122**
即時フィードバック……**135**, 139, **140**, 154

【た行】

代謝エネルギー消費……1, **2**, **3**, 19, 81, 97, 103, 120, 123, 211
代謝エネルギー量……13, 24, 73, 82, 98
　　⇨エネルギー消費も参照
ダイナミカル・システムズ・アプローチ……**70**, 72, 187, 188, 194, 208, 221
　　⇨ダイナミカル・システムズ理論も参照
ダイナミカル・システムズ理論……57, 63, 70, 71
単一質量モデル……**171**, 174
断熱変換……114, **127**, 225
断熱不変……222, 224, 225
弾性エネルギー……59, 122, 126, 167, 178, 209, 219, 224, 226
弾性特性……39, 160
力のピーク……142, 149, 153, 154
力-速度関係……39
力-長さ関係……39, 160

秩序パラメータ……71, 106, 109, 110, 188
中枢神経系……1, 3, 5, 25, 38, 42, 49, 193
調整 (attunement)……**190**, 191, 193, 195, 201, 203, 215
適応……187, **188**, **190**, 193, 194, 195
同時収縮……15, 16, 24, 58, 196, 212, 218
頭部（の）安定性……73, 219
努力感……**1**, **7**, **10**, **13**, **14**, 24, 97, 124, 125

【な行】

内受容器……3
内的仕事（量）……46, 59, 83, 173
内的指令側枝……5, 8
内的パワー……161, 162
内的ペース……89, 90, 91, 92
二足歩行……35, **36**, **38**, 44, **112**, 172
熱力学……57, **75**, **207**, 221, 224
ノイズ……1, 20, 22, 23
脳性麻痺……**15**, 23, **27**, **218**

【は行】

ハイブリッドシステム，ハイブリッドモデル……113, 209, **215**, 217, 220, 222
パーキンソン病……73
速足……50
パワー
　隠されたパワー……160, 169
　見かけのパワー……**160**,

161, 178, 182
力学的パワー……27, 59, 61, **159**, 162, 163, **164**, 165, 173, **179**
パワー－速度関係……94
引き込み（現象）……**94**, 98
ヒステリシス……104, 106, 108, 110, **126**
疲　労　……6, 17, 81, 88, 138
フィードバック……8, 12, **139**, 145, 148, 151, 154
　⇨最終的フィードバック，即時フィードバックも参照のこと
フィードフォワード……8, 10, 12, 139, 143, 145, 153
フィクティブ・ロコモーション……10
歩行率……37, 93, 207, **227**
歩 - 走行相転移……**103**, **104**, 107, **108**, **111**, 112, 117, **120**, **122**
歩調……25, 227
歩容……35, **43**, **44**, **50**, **70**, 93, 104, **112**, **115**, 120, 217
ボルグ指数……13, 27, 95, 97, 124
　⇨自覚的運動強度も参照のこと

【ま行】

見かけのパワー・仕事……161, 162

【や行】

遊脚相……41, **50**, 64, 210

【ら行】

力学的エネルギー……**27**
力学的エネルギー消費（MEE）……166, 171, 173, 174, 177, 178, 182
力学的仕事……15, 27, 46, 55, 58, 82, 159, 162, **164**, 177, 182, 198, 222
立脚相……41, **50**, 64, 209
リン酸化結合……57
連結橋（クロスブリッジ）……39

[訳者紹介]
氏名，担当の章，①所属，②専門分野（主な研究テーマ等），著書など

松尾　知之（まつお　ともゆき）第3章，第4章，終章〈訳者代表〉
　①大阪大学大学院医学系研究科健康スポーツ科学講座
　②スポーツバイオメカニクス（投打の動作，運動の効率・経済性）
　　『野球人のための障害予防』（メディカルレビュー社，1996，共著）など

門田　浩二（かどた　こうじ）第8章
　①（独）科学技術振興機構　下條潜在脳機能プロジェクト
　②運動の制御と学習（運動スキルの獲得メカニズムの解明，感覚運動システムの解明）

木島　章文（きじま　あきふみ）第5章
　①福山平成大学福祉健康学部健康スポーツ科学科
　②運動の制御と学習（移動における視覚の制約と行動）
　　『コーチングの心理Q&A』（不昧堂出版，1998，共著）など

桜井　伸二（さくらい　しんじ）第2章
　①中京大学体育学部体育科学科
　②スポーツバイオメカニクス（投動作など）
　　『投げる科学』（大修館書店，1992）など

橋詰　謙（はしづめ　けん）第1章
　①大阪大学大学院医学系研究科健康スポーツ科学講座
　②身体運動学（運動の制御と学習，コツ）
　　『サッカーファンタジスタの科学』（光文社新書，2002，共著）など

深代　千之（ふかしろ　せんし）第9章
　①東京大学大学院情報学環
　②バイオメカニクス（跳躍動作，運動における筋腱複合体の役割）
　　『スポーツ基礎数理ハンドブック』（朝倉書店，2000，共著）など

宮西　智久（みやにし　ともひさ）第7章
　①仙台大学大学院スポーツ科学研究科
　②スポーツバイオメカニクス（投球動作，打撃動作）
　　『バイオメカニクス』（杏林書院，2004，共著）など

若山　章信（わかやま　あきのぶ）第6章
　①東京女子体育大学体育学部体育学科
　②バイオメカニクス（投運動，上腕の筋腱複合体の役割）
　　『からだを動かすしくみ』（杏林書院，2001，共著）など

　　〈代表以外は五十音順による〉

身体運動学―行動選択の規準と運動の経済性
ⓒ MATSUO Tomoyuki 2006　　　　　　　　NDC375　x，243p　26cm

初版第1刷発行― 2006年4月10日

原著編者	W. A. スパロー
訳　者	（代表）松尾知之
発行者	鈴木一行
発行所	株式会社　大修館書店

〒101-8466　東京都千代田区神田錦町3-24
電話　03-3294-2358（編集）　03-3295-6231（販売）
振替　00190-7-40504
http://www.taishukan.co.jp
http://www.taishukan-sport.jp（スポーツ）

編集協力・DTP	和田義智
装丁者	平　昌司
印刷所	横山印刷
製本所	三水舎

ISBN4-469-26599-3　　Printed in Japan
Ⓡ 本書の全部または一部を無断で複写複製（コピー）することは，著作権法上での例外を除き禁じられています。

運動学講義
金子明友、朝岡正雄 編著
●広範な運動学の問題圏の中から実践に直結した領域を取り上げたテキスト

A5判・304頁 本体価格 2000円

運動神経生理学講義
細胞レベルからリハビリまで

マーク・L. ラタッシュ 著
笠井達哉、道免和久 監訳

●この一冊で基礎から応用までの最新理論が学べる！

B5判・288頁 本体価格 3200円

Excelによる
健康・スポーツ科学のためのデータ解析入門
●調査や実験のデータ解析に必携！

出村慎一、小林秀紹、山次俊介 著

B5判・274頁 本体価格 2300円

スポーツ選手と指導者のための
体力・運動能力測定法
トレーニング科学の活用テクニック

鹿屋体育大学スポーツトレーニング教育研究センター 編

B5判・186頁 本体価格 2800円

最新
運動生理科学実験法
分子・細胞・組織レベルからのアプローチ

今泉和彦、石原昭彦 著

B5判・300頁 本体価格 3800円

ヒトのかたちと運動
●運動とかたちは、こんなに関係があったのか

服部恒明 著

A5判・216頁 本体価格 2200円

女性のスポーツ生理学
●スポーツと女性のからだとの関係を詳細に解説

C.L. ウェルス 著
宮下充正 監訳

A5判・352頁 本体価格 3000円

選手とコーチのための
スポーツ生理学
●スポーツ生理学の理論と具体的実践

E. フォックス 著
朝比奈一男 監訳　渡部和彦 訳

菊判・370頁 本体価格 3300円

定価＝本体価格＋税5％（2006年4月現在）